코치를 위한 티칭 가이드

THE COACH'S GUIDE TO TEACHING Copyright © 2020 Doug Lemov
Illustrated by Oliver Caviglioli

All rights reserved.
This Korean edition was published by Coachround in 2025 by arrangement with Doug
Lemov c/o Creative Artists Agency through KCC(Korea Copyright Center Inc.), Seoul.

이 책은 (주)한국저작권센터(KCC)를 통한 저작권자와의 독점계약으로 코치라운드에서 출간되었습니다.
저작권법에 의해 한국 내에서 보호를 받는 저작물이므로 무단전재와 복제를 금합니다.

더그 레모브

일러스트 : 올리버 카비글리올리

코치를 위한
티칭가이드

마스터 코치는 어떻게 가르치는가

감수자 서문

세계 축구는 빠르게 변화하고 있으며, 과학기술의 발전에 따라 코칭, 분석, 피지컬, 심리 등 다양한 분야에서 경기력 향상을 위한 노력이 이어지고 있다. 이러한 변화는 한국 축구를 비롯한 아시아 축구계에도 큰 영향을 미치면서 우리에게 중요한 질문을 던지고 있다. "한국 축구는 현재 어디에 위치하고 있으며, 미래를 위해 무엇을 준비해야 할까?"

축구는 본질적으로 예측할 수 없고 무작위적인 상황이 반복되는 스포츠다. 경기의 흐름은 순간마다 달라지고, 각 선수들의 의사결정이 승패를 좌우한다. 특히 현대 축구는 더 좁은 공간에서 더 높은 강도로 진행되며, 선수들에게 더 빠르고 좋은 의사결정 능력을 요구하고 있다. 이러한 변화 속에서 선수들이 주어진 상황 안에서 다양하게 문제를 해결할 수 있는 능력을 키우는 것이 중요하다. 우리는 과연 이 스포츠의 특수성을 충분히 이해하고 선수들을 적절히 육성하고 있는지, 그리고 좋은 선수를 키울 수 있는 코칭 환경과 시스템을 갖추고 있는지 되돌아볼 필요가 있다.

많은 코치들과 선수들이 궁금해하는 질문이 있다. "유럽 최고의 팀들은 어떻게 훈련할까?" "유럽 최고의 코치들은 무엇이 다를까?"

이 책은 그에 대한 완전한 답을 제시하는 것은 아니지만, 적어도 깊이 있는 질문을 던지고 성찰의 기회를 제공한다. 또한 이 책은 단순히 답을 제시하지 않는다. 우리에게 중요한 질문을 던지면서 그 답을 함께 찾아가는 과정을 제시한다.

    더그 레모브 박사의 이 책 『코치를 위한 티칭 가이드』는 축구의 특수성을 깊이 이해하고, 최신 과학적 이론들을 바탕으로 우리가 어떻게 코칭하고 훈련해야 하는지 중요한 통찰을 제공한다. 레모브 박사와 직접 대화를 나누지는 못했지만, 책을 감수하는 시간을 통해 그와 대화하고 논의하는 과정이 매우 즐겁고 뜻깊었다. 독자분들도 레모브 박사가 제시하는 내용을 통해 스스로에게 질문을 던지고, 자신만의 답을 찾아가는 즐거움을 경험하기를 바란다.

    코치라운드는 지난 몇 년간 한국 스포츠 코칭의 발전에 많은 기여를 해왔다. 국내외의 훌륭한 책들을 소개하며 또 다른 렌즈와 새로운 시각으로 스포츠와 코칭을 바라보는 기회를 제공해 주었다. 코치라운드의 고민이 한국 스포츠와 축구의 성장에 큰 발판이 되기를 진심으로 바란다. 레모브 박사의 훌륭한 책이 한국어로 번역되어 많은 코치님들과 함께 나눌 수 있게 되어 매우 기쁘며, 이를 가능하게 해주신 코치라운드의 최승표 대표님께 깊은 감사의 말씀을 전한다. 앞으로도 경기장 너머에서 한국 스포츠와 축구의 발전을 위한 작업들이 지속적으로 이루어져 나가기를 희망한다.

배태한 (전) 웨스트햄 유스 전력분석관

추천사

■   협회에 몸담고 있던 시기, 한국 축구의 기술 철학을 정립하기 위한 작업이 시작되었다. 테크놀로지의 발달과 과학에 기초한 트레이닝 기법의 진화로 경기 운영 방식과 선수 육성의 패러다임이 빠르게 변화하는 시기였다. 한국 축구의 미래를 고민하는 전문가들은 세계적인 트렌드를 반영하면서도 고유한 정신과 플레이 스타일을 담은 기술 철학과 게임 모델을 만들어야 한다는 생각을 공유하고 있었다. 기술 철학에 관한 논의는 열정과 실력을 갖춘 전문가들의 헌신적인 노력으로 조금씩 구체화되고 있다.

하지만 기술 철학과 게임 모델을 만드는 작업보다 중요한 것은 인내심을 가지고 이를 현장에 전파하는 일이다. 그리고 현장의 피드백을 반영해 지속적으로 수정·보완해 나가야 경기장 곳곳에 기술 철학이 자연스럽게 스며들 수 있다. 당연히 지도자들의 이해와 관심이 절대적으로 중요하다. 지도자가 현장에서 선수들과 나누는 대화, 적절한 시점에 제공하는 피드백, 실수를 두려워하지 않고 도전하는 문화를 조성하는 일, 그리고 연습 속 수많은 디테일을 모두 구체적인 언어로 표현하는 것은 사실상 불가능하다. 기술 철학과 게임 모델이 '무엇을'에 관한 일종의 선언이라면, '어떻게'를 채우는 것은 지도자들의 경험과 깊은 고민에서 비롯된다.

이 책은 '무엇을'과 '어떻게' 사이에서 고민하는 지도자들에게 길잡이가 되어주는 역할을 한다. 예를 들어, '주변을 지속적으로 살핀다'는 게임 원칙을 어떻게 훈련해야 할지 고민하는 지도자에게 저자는 질문의 방향을 바꿔

보라고 조언한다. "어떻게 했어야 해?"라고 묻기보다 "어디를 보면 좋았을까?"라고 질문하는 것이 더 효과적일 수 있다고 제안한다. 선수의 시선 처리와 경기 흐름을 읽는 습관이 중요하다고 생각한다면, 반복적인 질문을 통해 선수 스스로 자각할 수 있도록 유도하라는 단순하면서도 통찰력 있는 조언이다.

선수에게만 코치가 필요한 것이 아니다. 코치에게도 코치가 필요하다. 그런 면에서 이 책은 더욱 의미가 크다. 어느 종목이든 기술이나 전술, 테크닉을 다루는 콘텐츠는 많다. 하지만 그것을 선수에게 '어떻게' 효과적으로 전달할 것인지에 대해 이야기하는 책은 드물다. 저자인 더그 레모브 박사가 책에서 반복해서 강조하듯, '가르침'과 '배움'이 항상 일치하는 것은 아니다. 레모브 박사는 그 차이를 인지 과학의 최신 연구 사례와 함께 설명하고 있다.

선수의 미래와 성장을 위해 고민하며, 보다 더 잘 가르치고 싶다는 열정으로 가득한 지도자분들을 응원하는 이 책이 나와서 매우 기쁘게 생각한다.

이용수 대한축구협회 부회장 / 세종대학교 명예교수

■　　선수 시절에도 그렇고 감독이 된 지금도 자주 받는 질문이 있다. 어떻게 하면 패스의 길을 볼 수 있나요? 무슨 훈련을 해야 소위 말하는 '킬패스'를 잘 할 수 있나요? 아마도 내가 선수 시절에 보여주었던 침투 패스 때문에 하는 질문일 거라 생각한다.

사실 선수 시절에는 나 역시 나의 패스에 대해 진지하게 고민하지는 않았던 것 같다. 다만 패스를 받을 동료 선수의 움직임을 유심히 관찰하고 머리에 담으려고 노력했던 것 같기는 하다. '이런 공간 패스는 쫓아오지 못하네? 이 정도로 빠르게 찔러주어도 받아내는구나.' 그런 생각을 자주 하면서 나만

의 데이터와 감각을 쌓아 나갔다.

하지만 선수를 지도하는 입장이 되니 나의 그런 감각을 가르치지가 만만치가 않았다. 순식간에 선수의 위치가 이동하는 축구 경기 중에 어디를 보고 누구에게 공을 보내라고 말해주는 것도 불가능할 뿐 아니라 연습에서 그런 감각을 훈련시키는 방법을 찾기도 쉽지 않았다.

요즘은 모두가 후방 빌드업이나 중원에서의 '티키타카' 플레이를 이야기한다. 그러면서 패스가 돌아가는 모습이나 선수의 움직임에만 주목하는 경향이 있다. 물론 올바른 위치 선정과 패스의 테크닉은 중요하다. 하지만 그것만으로는 상대의 프레싱을 뚫어내거나 찬스를 만들지 못한다. 보기에는 좋아 보이지만 임팩트는 없는 패스 플레이만 반복하며 오히려 우리만 지치기 쉬운 위험도 있다.

이 책 『코치를 위한 티칭 가이드』에서는 코치가 놓치기 쉬운 바로 그 부분을 자세히 다루고 있어 반가웠다. 움직임 이전에 벌어지는 관찰과 선택의 과정이다. 동작과 테크닉에만 몰입하다 보면 소홀히 하기 쉬운 요소다. 중원에서 패스 플레이를 하다보면 순간적으로 머리에 전구가 켜지는 순간이 있다. '아. 지금이다. 상대의 수비 밸런스가 무너졌다. 공간이 살짝 비었다.' 바로 그 찰나의 순간에 결단력을 발휘해 수비의 질서를 깨뜨리는 패스를 시도하려면 눈이 항상 살아있어야 한다. 움직임의 문제는 대개 선택의 문제인 경우가 많으며, 그런 선택은 눈이 어디를 향하고 있느냐에 따라 정해지는 경우가 많다고 말하는 레모브 박사의 생각에 나도 동의한다.

이 책은 많은 분들이 나에게 질문하는 의사결정이라는 주제를 1장부터 다루고 있다. 중요성을 인식하고 있지만 그걸 어떻게 가르쳐야 할지 막막해 하는 지도자들을 위해 여러 사례를 들어 안내하고 있다. 레모브 박사의 책을 보고 나는 한 시름 덜은 기분이다. 이제 후배 지도자가 찾아와 "어떻게 해야 경기를 읽는 법을 가르칠 수 있어요?"라고 물으면 이 책을 건네주려고 한다.

윤정환 인천 유나이티드 감독

■ 　　축구에서 코칭은 단순히 기술을 가르치고 전술을 전달하는 역할에 그치지 않는다. 선수들의 사고방식을 변화시키고, 경기 중에 빠르고 정확한 의사결정을 내릴 수 있도록 돕는 과정이다. 결국 경기장에서 선수들이 보여주는 퍼포먼스는 코칭의 질에 따라 크게 달라질 수 있다고 생각한다.

　최근 들어 엘리트 축구 현장에서는 선수들의 경기력을 향상시키기 위해 데이터를 적극적으로 활용하고 있다. 데이터 기반 분석과 활용이 점점 더 중요해지는 흐름 속에서 나는 연구자로서 한 가지 중요한 사실을 깨달았다. 데이터 자체가 경기력을 변화시키는 것이 아니라 그것을 '어떻게 해석하고 선수들에게 전달하느냐'가 더 중요하다는 점이다. 수많은 경기 데이터를 분석해도 그 데이터가 실제 코칭과 연결되지 않으면 선수들의 실질적인 변화를 이끌어내기 어렵다. 데이터는 단순한 숫자가 아니라 신뢰할 수 있는 정보로 변환되고, 코칭의 맥락에서 적절하게 활용될 때 비로소 의미를 가진다.

　나는 대한축구협회에서 선수들의 장기적인 육성과 성장을 지원하며, 경기력 향상을 위한 다양한 방법을 연구해왔다. 하지만 "어떻게 하면 현장 지도자들이 연구한 내용을 실제 코칭에 활용할 수 있을까?" 하는 고민은 여전히 남아있다. "데이터와 분석이 중요한 것은 알지만, 그것이 실제 선수들에게 영향을 미치려면 어떤 방식으로 전달되어야 할까?", "코칭이란 결국 무엇이고, 우리는 어떤 역할을 해야 하는가?" 이러한 고민을 하던 바로 그 시점에서 이 책을 읽게 되었다.

　이 책은 코칭이란 무엇인가에 대한 본질적인 질문을 던지면서, 선수들이 성장할 수 있도록 지도자가 어떻게 접근해야 하는지를 명확하게 설명한다. 특히, 선수들이 실수를 두려워하지 않고 배우는 환경을 조성하는 방법, 개별적인 피드백과 팀 내에서의 학습이 어떻게 조화를 이루어야 하는지에 대해 구체적으로 다루고 있다. 선수들에게 단순한 지시를 내리는 것이 아니라, 그들이 스스로 문제를 해결하고 발전할 수 있도록 돕는 과정이야말로 코칭의 핵심임을 강조한다.

뿐만 아니라, 분석관, 피지컬 코치와 같은 다른 분야의 전문가들이 어떤 방식으로 코치들과 소통하며 협업할 수 있을지 고민할 수 있게 도와주는 책이기도 하다. 축구는 점점 더 세분화되고 있으며, 분석관과 피지컬 코치는 이제 단순한 지원 역할이 아니라 선수의 성장과 경기력 향상을 위해 코치들과 긴밀하게 협업해야 하는 필수적인 존재가 되었다. 하지만 이러한 협업이 효과적으로 이루어지기 위해서는 각자의 역할과 책임을 명확히 하고, 코칭 프로세스 안에서 유기적으로 결합되는 과정이 중요하다.

책을 읽고 난 후 나는 연구자로서 선수의 성장을 위해 어떻게 노력해야 할지 다시 한번 방향성에 대해 고민하게 되었다. 코칭에 대한 새로운 시각을 열어줄 이 책은 선수들에게 더 나은 환경을 제공하고자 하는 모든 코치들에게 훌륭한 길잡이가 될 것이다.

주원우 대한축구협회 하이 퍼포먼스 그룹 전임연구원

◼ 요즘 나의 전문 분야인 축구만 봐도 퍼포먼스를 향상시키기 위한 정보들이 거의 매 분(min)마다 여러 매체들을 통해서 나온다. 조세 무리뉴의 말처럼 이제 현대 스포츠에서 어떤 새로운 지식을 가지고 있다고 상대편보다 경쟁력을 갖는 시대는 끝났다. 모두가 내가 아는 것을 알고 있다. 그

럼 '승리'가 중요한 목적인 엘리트 스포츠에서 무엇이 '게임 체인저'가 될 수 있을까?

나는 개인적으로 자신있게 '코칭 기법'이라고 말할 수 있다. 물론 '코칭'이란 분야에서도 이제는 누구도 새로운 지식을 가지고 있다고 말하긴 어렵다. 하지만, 누군가를 '코칭'한다는 것은 단순히 지식을 알고 써먹는 것 이상의 어려운 능력을 요구한다. 왜냐하면 '코칭'을 잘하기 위해선 단순히 코칭 지식을 이해하는 것(understanding)으로는 부족하며 완전히 이해하는 수준(comprehending)을 요구하기 때문이다.

스포츠를 코칭한다는 것은 누군가에게 어떤 스포츠를 잘하는 방법을 말로 가르치는 게 아니라, 그(녀)가 그 스포츠를 잘하기까지 인도(guide)해주는 것을 의미하며, 그 여정에서 그(녀)가 경험할 장애물과 그에 따른 실질적인 선택들을 함께 고민하는 것이다. 그러기 위해선 단 하나의 지식이라도 다양한 관점으로 살펴보고, 다양한 질문들로 다양한 답을 이끌어낼 줄 알아야 하며, 코칭하는 상황에서의 복잡한 감정적, 문화적, 사회적 맥락들을 이해하고 있어야 한다. 생각만 해도 숨차고 어려운 여정 아닌가? 그래서 누군가는 코칭의 지향점이 예술(art of coaching)이라고 하지 않았던가?

그렇다. 코칭은 이렇게 복합적이고 입체적인 분야다. 그래서 어찌보면 누군가는 코칭을 논할 때 '경험'이 중요하다고 주장한다. 코칭의 여러 순간들을 경험했다는 것은 위에 언급한 '복잡한 맥락'을 여러 방식으로 마주쳤다는 것을 의미한다. 하지만 여기서 절대로 잊지 말아야 하는 것이 지식, 즉 이론의 중요성이다. 왜냐하면 감사하게도 우리 앞 세대의 많은 분들이 자신들이 '경험한 것들'의 공통된 원인들을 설명하기 위해 자신들의 경험을 '이론화' 즉, '지식화'했기 때문이다. 따라서, 앞 세대들의 경험과 연구의 결과물들을 읽거나 이해해보지도 않고 순전히 나의 나라, 나의 지역, 나의 도시, 나의 팀, 나의 선수들과, 혹은 내가 선수일 때 했던 경험만을 가지고 누군가의 여정을 인도하는 것은 위험하고, 한편으로는 안내자로서 책임을 다한다고 할 수 없다. 오히려 100년 전에 했던 실수를 반복할 가능성만 높아질 수 있다.

결론적으로 이 책을 통해 독자 여러분들은 먼저 적절한 코치가 되기 위한 '지식의 기반'을 잘 다지길 기원한다. 아이작 뉴턴이 말한 것처럼 선대 스포츠 코치들을 대표하는 '코칭 거인'의 어깨에 겸손히 올라가서 코칭을 할 수 있도록 말이다. 그렇게 된 이후에, 그 날, 그 시합에서, 그 시각, 그 날씨에 여러분의 팀과 선수들이 그 상대팀을 상대할 때, 여러분만의 경험과 직관을 활용해 '코칭을 예술적으로' 할 가능성이 높아지지 않을까 기대해본다.

김주표 대한축구협회 전임 피지컬 코치

이 책은 코치들이 효과적으로 학습과 훈련을 이끌어가는 방법에 대한 깊은 통찰을 제공한다. 특히, 탁월한 교사들과 코치들의 구체적인 사례를 통해 교육과 훈련의 본질적인 요소를 다시 한 번 생각하게 만든다.

저자는 교육 현장에서 수십 년간 경험한 교사들의 뛰어난 성과와 그들의 철학을 공유한다. 작은 개선이 누적되었을 때 그 변화가 어떻게 큰 성과로 이어지는지에 대해 설명한다. '매일 1%씩 발전한다'는 개념을 단순히 이론적인 접근이 아니라 실제 교육 현장과 스포츠 현장에서의 실천 아이디어를 소개하며 풀어내고 있다.

특히 데나리우스 프레이저 선생님의 수업으로 코칭의 핵심 개념을 설명하는 대목이 나에게는 크게 와닿았다. 나는 프레이저 선생님의 수업과 레모브 박사의 설명을 통해 일부 학생이 아닌 모든 학생에 대한 지속적인 관심, 개인 맞춤형 피드백을 어떻게 실천할 수 있는지 나의 일과 연결시켜 구체적인 방법을 떠올릴 수 있었다.

교육자와 코치들에게 필요한 것은 '답을 찾는 것'이 아니라 '어떻게 답을 찾아낼 수 있을지 지속적으로 노력하는 태도'라는 레모브 박사의 메시지는 코치가 일상을 살아가는 중요한 지침으로 삼을 만 하다. 『코치를 위한 티칭 가이드』는 단순한 이론을 소개하는 책이 아니다. 이론을 실제로 경기장과 필드에서 적용할 수 있는 방법을 제시한다. 교육자든 스포츠 코치든 책에 소개된 아이디어들을 조금씩 실천해 나가다 보면 다른 차원의 교육과 코칭 세계가 열리리라 확신한다.

김민호 KPGA 교육기술위원

■   "어떤 코칭이 좋은 코칭인가?"

내가 영국 프리미어리그와 2~3부 리그 구단에서 다양한 국적과 연령대의 선수들, 최고 수준의 경험을 쌓은 코치들, 최신 과학 지식과 장비를 활용하는 스포츠 과학 스태프들과 6년 넘게 함께 일하며 나 자신과 주변 사람들에게 끊임없이 던져 온 질문이다.

코칭의 본질은 다양한 방식의 개입(intervention)을 통해 다른 사람의 행동에 변화를 주는 과정이라 생각한다. 코치는 선수의 몸을 물리적으로 조작하는 것이 아니라, 훈련 디자인, 설명, 시범, 그리고 질문과 피드백 등의 개입을 통해 결과적으로 선수들의 사고 방식과 행동을 변화시키기 때문이다. 결국 코치가 선수들에게 보여주고 들려주는 것들이 훈련과 경기에서 선수들의 행동에 효과적이고 긍정적인 변화를 이끌어낼 수 있을때 비로소 '좋은 코칭'이라고 할 수 있을 것이다.

더그 레모브 박사는 최고의 지도자들(스포츠 코치와 교사)이 어떻게 훈련이나 수업에서 효과적인 결과물을 만들어 내는지 체계적으로 관찰하며 코치와 교사들의 지도 능력 향상에 관해 연구해온 인물이다. 그는 『코치를 위한 티칭 가이드』에서 선수들의 긍정적인 행동 변화를 이끌어낼 수 있는 다양한 코칭 도구들을 실제 사례와 과학적 연구를 바탕으로 상세하게 설명하고 있다.

특히, 지각(perception)과 인지(cognition) 기능의 중요성, 상황 판단(decision-making) 능력과 신체 조작(body coordination) 능력의 관계에 관해 설명한 부분은 특히 최상위 엘리트 선수를 육성하는 코치들에게 반드시 필요한 필수적인 통찰을 제공하고 있다.

이 책은 단순히 코칭 현장에 적용 가능한 솔루션을 제시하는 데 그치지 않는다. 코치들이 각자 가지고 있는 철학과 훈련 방법론 안에서 보다 효과적인 훈련 아이디어를 스스로 고안하도록 돕는 촉진제 역할을 할 수 있도록 구성되어 있다. 나는 이 책을 읽으며 자연스럽게 더그 레모브 박사의 다음 티칭 세션을 기대하게 되었다. 좋은 코칭이란 무엇인지 고민하는 모든 지도자들에게 이 책을 추천한다.

장우혁 노리치 시티 FC 스포츠 과학 연구원

■   프리미어리그 구단에서 전력분석관으로 일할 때 나는 선수들의 경기력 향상을 위한 분석뿐만 아니라 코치들의 행동에 대해서도 함께 분석을 했다. 이 책을 읽으면서 당시에 코치들의 행동을 분석했던 기억들이 떠올랐다. 워밍업부터 훈련 세팅, 훈련에 대한 설명과 진행 등 모든 코칭 과정을 촬영했고, 훈련이 끝나면 영상을 코치들에게 전달하곤 했다. 코치는 영상을 보며 자신의 언행이나 훈련 내용이 적절했는지, 선수들이 훈련에 집중했는지 등을 되돌아볼 수 있었다. 그런 과정을 통해 자신이 부족했던 부분을 파악하

여 다음 훈련 때 더 좋은 지도를 하기 위한 배움의 기회로 삼을 수 있었다.

좋은 코칭이란 무엇일까? 누군가를 가르치는 일은 단순한 일이 아니다. 아무리 좋은 내용을 전달해도 선수가 이해를 하지 못할 수도 있고, 이해를 했더라도 실전에 적용하지 못할 수 있다. 더그 레모브 박사의 책 『코치를 위한 티칭 가이드』는 지도자가 선수들에게 전달하는 내용을 선수의 뇌가 어떻게 인지하는지에 대해 자세히 다루고 있다. 또한, 선수가 코치의 가르침을 보다 잘 인지하려면 어떤 지도 방식을 사용하는 게 좋은지 이야기하고 있다. 종목이나 수준에 관계없이 누군가를 지도하고 있거나 지도할 계획을 갖고 있는 분이라면 이 책을 통해 선수의 인지와 습득 과정을 먼저 이해하면 큰 도움이 되리라 생각한다.

김종원 비프로컴퍼니 데이터 사이언티스트

■   '경기가 경기를 가르친다'는 오래된 격언은 해외뿐만 아니라 한국에서도 자주 회자된다. 경기를 많이 뛰면 경험이 쌓이고 자연스럽게 선수는 성장한다는 의미다. 그렇다면 왜 주말마다 축구장에 나가 경기를 하는 동호인들의 실력은 큰 변화가 없을까? 유소년 시절 뛰어난 신체 조건과 기본기로 대회를 휩쓸던 유망주 선수들이 성인이 되어서는 평범한 선수로 남는 이유는 무엇일까? 반대로, 오랜 시간 동안 눈에 띄지 않던 선수가 어느 순간 팀의 핵심 선수로 성장하는 이유는 무엇일까?

우리가 주변에서 자주 목격해 왔지만 명확한 답을 찾기 어려웠던 이러한 질문들에 대해 『코치를 위한 티칭 가이드』는 명쾌한 해답을 제시한다. '경기가 경기를 가르친다'는 말이 단순한 경험의 누적이 아니며 '선수가 경기 상황을 이해하고 지각 능력을 키울 때 비로소 의미를 갖게 된다'는 걸 깨닫게 해준다. 나아가 지각 능력과 의사결정 능력을 효과적으로 성장시키는 방법을 체계적으로 소개한다.

레모브 박사의 이야기를 쫓아가다 보면 자연스럽게 코칭의 본질을 되돌아보게 된다. "나는 선수들을 어떻게 지도하고 있는가?" "선수들이 스스로 배울 수 있도록 돕고 있는가?" 책을 읽으며 나는 단순히 훈련을 제공하는 자가 아닌, 선수들이 스스로 배우고 성장할 수 있는 환경을 조성하는 지도자가 되는 방법을 발견할 수 있었다. 여러분들도 그 경험을 누리시기를 권해 드린다.

구성은 동고FC 감독, '동네축구 고수' 유튜브 운영

◼ 나는 '정답은 없다'는 말을 좋아하지 않는다. 자신의 의견을 말한 후 끝에 가서 '정답은 없어'라고 말하는 모습은 마치 자신의 의견이 반박당할까봐 취하는 방어적인 자세로 보이기 때문이다. 정답은 분명 존재한다. 정답이란 틀린 것과 맞는 것이 있다는 사실뿐만 아니라 다른 것보다 더 효율적인 방법이 존재한다는 의미로도 말할 수 있다. 선수의 성장을 가로막는 훈련이라면 그것은 틀린 방법이라고 과감하게 말할 수 있어야 한다. 둘 다 선수의 성장에 도움이 되지만 더 많은 성장을 일으킨다면 그 훈련은 다른 훈련에 비해 정답이라고 말할 수 있다.

첨단 데이터 분석이 즐비해지는 스포츠 과학 분야에서 막상 코칭을 어떻게 할 것인지와 관련된 지식은 상당히 부족한 것이 현실이다. 현재의 '훈련 프로그램'과 나의 '코칭 방법'을 통해 선수들의 '의사결정' 능력에 '장기적인 변화'를 일으키는 일이 지도자의 역할이고, 이러한 지도자의 고민을 도와줄 분야가 바로 뇌과학이다.

이 책은 뇌과학의 연구와 자료들에 근거를 두고 있기에 정답을 이야기하

는 책이라고 말하고 싶다. 축구와 같이 빠른 의사결정을 요구하는 스포츠에서는 시각을 통한 지각 프로세스가 상당히 중요하다. 하지만 그동안 무언가 하나 빠진 느낌이었다. 훈련 프로그램, 코칭 방법, 장기적인 의사결정 능력 향상과 관련하여 너무 인지만을 강조해서도 안되고 그렇다고 지각만을 강조해서도 안된다고 생각하던 찰나에 더그 레모브 박사의 책을 접하게 되었다.

레모브 박사는 인지과학 분야의 연구 사례들을 소개하며 기존의 지식에 대한 기억에 기반해야 창의력을 극대화할 수 있다고 말한다. 창의력이란 아무것도 없는 상태에서 나오지 않는다. 창의력은 기존 지식의 새로운 조합을 통해서 발현된다. 첫 장에서부터 이러한 관점을 강조하고 있기 때문에 나는 이 책을 믿음을 가지고 읽어나갈 수 있었다. 레모브 박사는 "지각은 지식과 경험에 바탕을 둔 무의식적 작용"이라는 말로 지각과 인지의 상호작용을 잘 표현하고 있다. 그리고 그러한 움직임이 스포츠 상황에서 자동적으로 나오도록 하기 위해 어떻게 훈련을 구성해야 하는지, 지도자는 어떻게 코칭해야 하는지 뇌과학에 기반하여 명쾌히 설명하고 있다.

"어떻게 선수들에게 잘 전달할 수 있을까?"

이 질문은 그동안 많은 지도자들이 미처 생각하지 못했거나 확신이 없이 코칭했던 부분일 지도 모른다. 나는 레모브 박사의 책이 이 질문에 대한 답을 제공한다고 생각한다. 우리나라에는 열정을 가지고 선수들을 지도하는 많은 운동 지도자들이 있다. 이 책을 보며 지금까지 선수에게 제공한 훈련 환경과 코칭 방식이 과연 정답이었는지 생각해보며 지도자로서 다시 태어나는 시간이 되시길 바란다. (또한 다 읽고 나서 '결국 정답은 없어'라고 말하지 않길 희망한다). 지도자는 선수를 대상으로 이익을 챙기는 비즈니스가 아니라 선수의 인생을 책임지는 직업이기 때문이다.

오성환 대한축구협회 피지컬 코치, 피지컬 강사 및 연구원

◼︎   코치로서 늘 고민하는 질문들이 있다. 선수를 더 잘 성장시키기 위해 내가 알아야 하는 것은 무엇일까? 지금 내가 하는 것이 정말 선수들에게 도움이 되고 있을까? 그리고 좋은 코칭이란 도대체 무엇일까? 이 책은 그런 질문에 대해 잘 정리된 지식과 현장의 통찰을 바탕으로 깊이 사유할 수 있는 시간을 선물해 주었다.

　더그 레모브 박사는 "좋은 코칭은 누가 하느냐의 문제가 아니라, 어떻게 하느냐에 모든 비밀이 있다"는 말을 했다. 하지만 실제 선수들을 가르치는 현장에서는 종종 누가 코칭하는지에 더 많은 관심이 쏠리곤 한다. 운 좋게 프로 선수로 활동했지만 어떻게 선수들을 가르쳐야 하는지에 대해서는 늘 고민하는 하루하루를 살아왔었다. 레모브 박사의 조언에 감사함과 더불어 더욱 커진 책임감을 느낀다.

이슬기 풋볼A U18팀 코치

◼︎   카타르가 개최한 지난 2022 FIFA 월드컵이 끝난 후 문자가 한 통 왔다. 한국 대표팀을 4년간 이끈 파울루 벤투 감독 사단의 세르지우 코스타 수석코치가 보낸 문자였다. 나는 월드컵을 앞두고 한 방송 인터뷰에서 "한국이 16강에 오른다면, 그것은 선수들이 이룬 성과가 될 것이다. 벤투 감독의 사단은 이미 그들이 해야 할 일을 마쳤다. 이미 한국 대표팀은 벤투 감독의 사단과 함께 하며 더 높은 기준에 부합하는 경쟁력 있는 퍼포먼스를 보여줄 능력이 있다는 점을 4년간 꾸준히 발전한 모습을 통해 보여줬기 때문"이라고 말한 적이 있다.

　문자를 보내온 코스타 수석코치는 그 방송을 직접 봤다면서 "4년간 우리가 한국에서 진행한 '프로젝트'의 과정을 이해해줘서 고맙다"는 문자를 보내왔다. 이를 시작으로 코스타 수석코치와 친분이 쌓였다. 이후 내가 진행하는 팟캐스트 방송과의 인터뷰에 응한 코스타 수석코치는 "한국 선수들의 체력, 기술은 이미 수준급이다. 그런데 한국의 엘리트 선수를 제외한 '일반' 선수들은 좋은 몸상태, 좋은 기술을 가지고 있으면서도 자기가 가진 강점을 어디서, 어떻게, 왜 해야 하는지를 잘 모르고 있다"는 말로 현재 한국 축구의 지도자들이 직면한 문제점을 진단했다. 한국의 수많은 어린 선수들이 훈련을 받으며 『코치를 위한 티칭 가이드』가 설명한 고정(blocked) 연습, 시리얼(serial) 연습, 랜덤(random) 연습으로 발전하는 과정에서 '고정 연습'에 지나치게 큰 비중을 두는 건 아닌지 의심스럽다.

이후 벤투 감독과도 만나 장시간 대화를 나눌 기회가 있었는데, '벤투 사단'은 더그 레모브가 이 책에서 소개한 경제학자 로빈 호가스의 '의도와 결과가 일치하지 않는 사악한 학습 환경' 속에서도 자신들만의 프로세스를 가지고 선수들을 지도했다는 데 대단한 자부심을 가지고 있었다. 『코치를 위한 티칭 가이드』는 벤투 감독 사단과 직접적인 인연은 없지만, 앞서 코스타 코치가 결정적으로 지적한 '기술은 좋지만, 그 좋은 기술을 어디서, 어떻게 왜 해야 하는지를 코칭하는 방법'을 매우 구체적으로 담고 있다. 선수들을 잘 가르칠 수 있는 지도자가 되고 싶어하는 모든 이들에게 이 책을 꼭 읽어보시라고 추천한다.

한만성 기자, 국제축구연맹(FIFA) 공식 홈페이지 한국어 컨텐트 리드

■ 어떤 코칭이 좋은 코칭일까? 최고의 코치는 보통의 코치들과 무엇이 다를까? 지난 세기 동안 많은 이들은 뛰어난 코칭은 특별한 사람만이 가진 신비로운 재능이라고 생각해 왔다. 베이브 루스가 평범한 야구 선수

와 다르듯, 비틀즈가 일반적인 록밴드와 다르듯, 존 우든, 빈스 롬바르디, 요한 크루이프 등의 위대한 코치들은 다른 코치들과는 태생적으로 완전히 다르다고 믿었다. 그들은 모방하거나 훔칠 수 없는 타고난 DNA를 가진 코치들이라고 믿었다. 그러기에 위대한 코치가 되고 싶다는 소망은 복권에 당첨되기를 바라는 일처럼 여겨졌다. 누구나 도전할 수 있지만 운이 좋은 소수만이 선택받을 수 있는 일!

지난 수십 년 동안, 수많은 과학자와 연구자들의 노력 덕분에 우리는 이러한 믿음이 완전히 틀렸다는 사실을 알게 되었다. 뇌가 학습하는 과정을 알게 되었고, 가르치는 사람과 배우는 사람의 상호작용을 측정하고 평가할 수 있었다. 탁월한 코칭은 단지 마법처럼 '보일' 뿐 실제로는 전혀 마법이 아니라는 사실을 알게 되었다. 실제로 코칭은 지식, 커뮤니케이션, 리더십을 바탕으로 이루어지는 복잡한 기술들의 조합이다. 어쩌면 사회적 행동을 기반으로 한 스포츠라고 할 수 있다. 코칭 기술은 선수의 운동 기술과 마찬가지로 올바른 접근 방식을 통해 얼마든지 발전시킬 수 있다. 어떻게 하느냐에 모든 비밀이 있다. 그런 면에서 더그 레모브의 등장은 코치들에게 행운이다.

나는 그의 첫 번째 책 『최고의 교사는 어떻게 가르치는가』를 읽은 직후에 레모브 박사를 만났다. 그는 책에서 최고의 교사들을 체계적으로 관찰한 다음, 학생의 학업 성취도를 높이는 교사의 테크닉을 62가지로 정리했다. '이해했는지 확인하기', '실수를 예상하기'와 같은 간단하면서 파워풀한 도구에 전 세계 수십만 명의 교육자들이 영향을 받았다. 그의 책은 서로의 경험을 나누며 발전하고 싶은 교사들을 연결하는 창구가 되었다.

무엇보다 레모브 박사의 책은 가르치는 일(티칭teaching)에 숨어 있는 미지의 세계를 들여다 보게 해주는 엑스레이 역할을 한다. 그의 책은 티칭의 본질적인 메커니즘을 고스란히 담고 있다. 전 세계의 수많은 교사들에게 영감을 준 그의 책을 읽고 나서 나는 바로 질문이 떠올랐다. 레모브 박사의 이야기는 교실에서만 통하는 내용일까? 다른 곳에도 얼마든지 적용할 수 있지 않을까?

나는 레모브 박사에게 연락을 해서 내가 컨설팅하고 있던 클리블랜드 가디언스의 코치들에게 강연을 해줄 수 있는지 물었다. 돈이 많은 다른 메이저리그 구단과는 달리 클리블랜드는 최고의 선수를 영입할 수 있는 예산이 많지 않은 팀이다. 어떻게든 코칭을 통한 선수 육성 시스템을 발전시켜 팀 안에서 좋은 선수들을 만들어야 했다.

레모브 박사는 이미 미국축구협회의 코치 라이센스 과정과 교육 프로그램을 개선하기 위한 작업을 하고 있었다. 그는 이미 자신의 티칭 아이디어가 스포츠의 세계로 전이될 수 있는지 깊게 파고 들고 있었다. 스포츠계는 새로운 아이디어와 외부인에 대해 극도로 배타적인 모습을 보이는 경향이 있다. 가급적 위험을 회피하려고 하며 새로운 것에는 일단 저항하는 편이다. 나 역시 메이저리그 코치들을 대상으로 진행하는 그의 강연이 과연 성공할 수 있을까 자연스럽게 걱정하는 마음이 들었다.

하지만 그건 부질없는 걱정이었다. 강연이 시작되고 2분 정도 흘렀을 때였다. 한 코치가 '경기가 선수를 가르친다'는 스포츠계의 오래된 만트라를 말했다. 많은 코치들이 그렇게 말하기 때문에 반박할 수 없는 사실처럼 여겨지기도 한다. 결국은 경기가 선수를 가르치기 때문에 코치는 굳이 많은 것들을 가르칠 필요가 없다는 말로 들리기도 한다. 코치의 존재를 부정하는 듯한 뉘앙스로 들리기도 하는 말이다. 레모브 박사는 그 말을 듣고 이야기를 이어 나갔다.

"모두가 그렇게 말합니다. 경기가 선수를 가르친다고요. 그 말은 정말 사실일까요?"

레모브 박사는 잠시 말을 멈추었다. 이런 '잠시 멈춤'은 레모브 방식의 대화다. 기대를 품은 따뜻한 표정으로 바라보며 그는 그 자리에 있는 모든 코치들에게 잠시 생각할 시간을 주었다. 그러고 나서 계속 말을 이어나갔다.

　　"저는 얼마 전에 축구 코치들과 워크숍을 했습니다. 우리는 공이 없는 상태에서 달리는 플레이에 대해 이야기를 나누었습니다. 패스를 받기 위해 오픈된 공간을 찾아 이동하는 플레이죠. 워크숍을 하며 저는 그런 플레이를 할 때 다양한 유형의 달리기 방식이 있다는 사실을 처음 알았습니다. (잠시 멈춤) 저도 오랜 시간 동안 선수와 코치로 축구를 해왔는데요. 아무도 그런 여러 달리기 방식에 이름을 붙여서 구별하지 않았습니다."

　　코치들은 고개를 끄덕이기 시작했다. 레모브 박사는 야구에도 비슷한 사고틀(framework)이 존재하는지 물었고 코치들은 입을 열기 시작했다. 포수가 블로킹을 하는 방식은 6가지로 나눌 수 있었다. 타자가 1루를 도는 방식은 5가지로 구분할 수 있었다. 강연장이 코치들의 의견 교환으로 왁자지껄해지기 시작했다. 저마다의 아이디어가 테이블 위로 폭발했다. 코치들은 자신의 일을 새로운 관점으로 바라보기 시작했다.

　　"어쩌면 경기는 최고의 코치가 아닐지도 모릅니다. 경기는 공평한 학습의 기회를 주지 않는 코치입니다. 경기를 한다고 해서 모든 선수가 배우는 건 아닙니다. 어떤 선수는 배우지만 어떤 선수는 배우지 못할 수 있습니다. 훈련을 통해 선수에게 이해할 수 있는 사고틀을 제공하면 선수는 그 사고틀을 적용해 경기 중에 벌어지는 문제를 더 잘 해결할 수 있습니다."

　　그 강연이 끝나고 얼마 지나지 않아 메이저리그의 타격 코치와 선수 육성 디렉터가 레모브 박사가 교사들을 대상으로 진행하는 '챔피언처럼 가르치기(Teach Like a Champion)' 워크숍에 참석했다. 그것은 역사적인 시작이었다. 메이저리그의 코치들이 형광등이 비추는 교실에서 영어, 수학, 사회 교사들과 함께 앉아 공부를 하는 장면이 연출된 것이다.

이것이 바로 레모브 박사의 힘이다. 그는 교사와 학생, 코치와 선수 사이의 상호작용을 신선한 관점으로 바라본다. 학생과 선수의 학습에 긍정적인 영향을 미칠 수 있는 도구를 제공한다. 그는 수학 수업이든 축구 훈련이든 뛰어난 티칭은 서로 통한다는 메시지를 전달한다.

레모브 박사의 또 다른 힘은 그 자신이 항상 배우고 있다는 점이다. 그의 예리한 통찰력은 과학 분야의 최신 정보와 새로운 아이디어를 끊임없이 탐구하는 노력으로부터 나온다. 그는 자신의 첫 번째 책 『최고의 교사는 어떻게 가르치는가』를 쓰고 나서 자신의 생각을 업데이트해 『최고의 교사는 어떻게 가르치는가 2.0』으로 발전시켰다. 또한 그는 코로나 팬데믹 상황에서도 자신의 역할을 포기하지 않았다. 원격 코칭 모델을 개발해 멀리 떨어진 교사나 코치에게 도움을 주었다. 레모브 박사가 해온 일련의 작업들은 모든 것을 아는 구루가 되어 산 정상에 고상하게 서있는 일이 코칭이 아니라는 점을 일깨워준다. 코칭은 호기심을 가진 탐구자가 되는 과정이라는 사실을 레모브 박사의 경이로운 발자취를 통해 우리는 알 수 있다.

그럼 다시 원래의 질문으로 돌아가 보자. 어떤 코칭이 좋은 코칭일까? 최고의 코치는 보통의 코치들과 무엇이 다를까?

하나의 답은 말해도 좋겠다는 생각이 든다. 뛰어난 코치는 적절한 도구를 사용해 선수가 매일 조금씩 나아지도록 만드는 일에 전념하는 학습자다. 그런 면에서 우리는 엄청난 행운아들이다. 더그 레모브 박사와 같은 코치가 있고 우리의 손에 그의 책이 있기 때문이다.

대니얼 코일 저널리스트, 세계적인 베스트셀러 『탤런트 코드』, 『최고의 팀은 무엇이 다른가』 저자

차례

감수자 서문 · 4
추천사 · 6

서문 · 30

31 · 매일 1%씩 나아질 수 있다면
39 · 코치라는 이름의 또다른 교사
45 · 코치의 티칭 방식 : 새로운 머니볼

1장   지각 능력과 집단 침략 게임 · 47

52 · 선수의 문제인가? 훈련과 전술의 문제인가?
54 · 지각의 작동 방식
61 · 시스템1과 시스템2
65 · '문제해결 게임'의 아이러니
66 · 보는 법 배우기 : 의사결정 능력의 토대
70 · 청킹과 정신적 표상
74 · 의사결정 코디네이션과 게임 모델

● 레모브 노트 : "모든 어려움이 성장에 도움이 되는 건 아니다." · 79

2장 의사결정 능력을 키우기 위한 연습 · 83

84 · 사악한 학습 환경
87 · 기술 습득을 위한 연습
91 · 경기 기반 연습
95 · 전술 연습
101 · 지식 위에 지식이 쌓인다
102 · 커리큘럼의 이해와 활용 방법
105 · 플레이의 원리/게임 모델
110 · 언어를 공유한다
114 · 지각 능력을 키우기
121 · 플랫폼을 활용한 연습

● 레모브 노트 : 경기가 최고의 교사일까? · 94
● 레모브 노트 : 코치들의 말을 기록하다 · 98

3장 연습 계획과 디자인 · 125

126 · 학습은 망각과의 싸움
130 · 퍼포먼스와 학습의 차이
133 · 기억을 강화하는 인출 연습
151 · 인출 연습을 계획하기
156 · 4~6주 단위 계획 세우기
162 · 효과적인 연습 디자인
173 · 연습 디자인을 위한 경험 법칙
178 · 연습은 얼마나 어려워야 할까?

● 레모브 노트 : 연습의 변동성과 선수의 습관 바꾸기 · 141

- 레모브 노트 : 랜덤 타격 연습 · 146
- 레모브 노트 : 시즌 중에 선수를 교육하기 · 150
- 레모브 노트 : 연습과 경기의 차이가 큰 선수 · 171

4장　피드백 101 : 피드백의 기본 · 179

185 · 초점이 분명한 피드백
193 · 피드백을 바로 적용하기
202 · 솔루션 중심 피드백
208 · 긍정 프레이밍
210 · 피드백은 사람이 아닌 동작을 대상으로!
212 · 도전 정신과 성취 욕구를 자극하는 말
217 · 선수의 숨은 노력을 인정하는 교정 피드백
221 · 익명성 활용 피드백
224 · 목소리 톤과 모델링
225 · 모델 피드백

- 레모브 노트 : 경기 중의 코칭과 피드백 · 205
- 레모브 노트 : 코칭 언어의 영향력 · 215
- 레모브 노트 : 실시간 피드백으로 만드는 긍정 프레이밍 · 223

5장　피드백 201 : 피드백의 적용 · 229

232 · 피드백 정렬하기
237 · 비판하지 말고 교정한다
243 · 학습에는 시간이 필요하다
249 · 실행-피드백 루프를 줄여라

253 · 칭찬 : 좋은 동작을 반복하도록 도와주는 도구

- 레모브 노트 : 3의 법칙 · 236
- 레모브 노트 : 바이너리 피드백 · 240
- 레모브 노트 : 경기 기반 연습에서 코치의 역할 · 252
- 레모브 노트 : 신호와 노이즈 : 스티브 커와 스테판 커리 · 257

6장 피드백 301 : 피드백의 확장 · 259

263 · 지각 능력을 훈련시키는 세 가지 질문
270 · 문제해결을 원한다면 먼저 문제를 보여줘라
273 · 생각 비율과 참여 비율
284 · 질문의 테크닉
286 · 5가지 목적의 질문
292 · 데이터 기반 질문

- 레모브 노트 : 지각, 자기 인식, 피드백 · 268
- 레모브 노트 : 미팅을 학습의 장으로 만들다 · 282

7장 관찰과 확인의 기술 · 295

297 · 관찰의 어려움
302 · 프레이저 선생님의 수업으로부터 배울 수 있는 교훈
313 · 실수 환영 문화
318 · 코치의 감정적 일관성이 선수의 학습에 미치는 영향
323 · 질문을 확인 도구로 활용하는 방법
326 · 모든 선수를 관찰하기

327 · 시범과 모델 피드백의 효과를 높이는 방법
331 · 연습 전에 시범과 모델을 준비하기
332 · 자기 보고 질문에서 벗어나기 위한 방법
335 · 의지보다 준비 : 연습 준비를 위한 4단계 프로세스

● 레모브 노트 : '실패에 대한 두려움'이라는 벽을 허물기 · 321

8장 팀 문화 만들기 · 339

349 · 팀 문화를 만들기 위한 원칙 리스트
367 · 실수 환영 문화 : 심리적 안전
369 · 포용력과 소속감
372 · 높은 주의 수준 : 집중력 수준
376 · 탁월함의 추구
377 · 인성과 진실함

● 레모브 노트 : '함께' 뛴다는 것은 무엇을 의미할까? · 354
● 레모브 노트 : 선수들 사이의 연결을 위한 노력 · 362

9장 코치가 마주하고 있는 문제들 · 379

381 · 모두를 코칭하기
388 · 선수를 평가하고 분류하기
394 · 승리와 학습의 경계
398 · 팀으로 승리하며 배우기
403 · 쉬운 승리의 유혹에서 벗어나라
404 · 동작보다 의사결정 능력을 먼저 훈련시킨다.

406 · 성장 마인드셋 : 두려움은 성공의 적이다

- 레모브 노트 : 객관적인 피드백 · 397
- 레모브 노트 : 후방 빌드업과 학습의 기회 · 402
- 레모브 노트 : 선수의 학업 이야기를 주의 깊게 듣기 · 408

10장 코치의 성장 마인드셋이 먼저다 · 413

414 · 코치의 에고 관리
420 · 벤치에서의 태도와 경기 중 코칭
428 · 선수의 연습 시간은 곧 코치의 연습 시간
429 · 팀의 철학을 부모와 공유하기
431 · 심판에 관한 이야기를 자제해야 하는 이유
433 · 코치의 성장 마인드셋을 확인하는 법

감사의 말 · 436

서문

몇 년 전에 교사들을 대상으로 강연을 할 때의 일이다. 나는 고등학교 수학 교사의 수업 영상을 보여줄 준비를 하다가 갑자기 패닉에 빠지고 말았다.

지난 수십 년 동안 나는 교사들을 연구해 왔다. 특히 '탁월한 아웃라이어'에 해당하는 교사들을 주로 관찰해 왔다. 이들은 주로 가난한 동네의 학생들을 가르치는 교사들이었다. 학생의 일부만 고등학교를 졸업하고, 대학 진학에는 별로 관심이 없으며, 수학이나 읽기에서 주정부가 주관하는 시험[1]을 통과하는 비율이 10~20%에 불과한 학교에서 놀라운 학업 성취도를 보여주는 교사들이었다.

그들은 동료 교사들과 같은 환경에서 일하면서도 남다른 성과를 보여주었다. 시험을 통과한 학생의 수가 네 배에 달하기도 했고 때로는 모든 학생이 합격하기도 했다. 주변에 있는 다른 학교의 학생들보다 최고 등급의 점수를 받은 학생들도 더 많았다. 주로 빈곤층 가정에서 태어난 학생들을 가르친 그 교사들은 부유층 가정에서 태어난 아이들과의 학습 격차를 줄일 수 있었다. 그들이 가르친 학생들은 학교로 가는 길이 가로수로 깨끗하게 정돈되어 있고, 신변의 위험이 존재하지 않으며, 해외 유학과 개인 과외로 무장한 아이들과 비교해도 결코 떨어지지 않았다. 심지어는 훌쩍 뛰어넘는 좋은 성적

---

1 시험은 완벽하지는 않지만 여전히 중요한 발전의 척도다.

을 거두기도 했다.

회의적인 사람들은 불우한 환경에서 학교를 다니면 제대로 배울 수 없다고 단정짓곤 한다. 대부분의 교사들은 그런 학생들에게 관심이 없다고 믿는다. 나는 최고의 교사들은 어떤 믿음을 가지고 있길래 그런 탁월한 결과를 얻을 수 있었는지 알고 싶었다. 그들에게는 의심과 회의가 아니라 '가능하다'는 기대가 있었다. 지금부터 내가 보여줄 영상 속 주인공인 데나리우스 프레이저와 같은 교사는 우리가 알고 있는 모든 교육 모델을 무너뜨렸다. 프레이저 선생님의 교실에서는 무엇이든 가능해 보였다. 나는 몇 시간 동안 그의 수업 영상을 보고 또 보면서 그가 어떻게 수업 시간을 관리하고, 피드백을 주고, 학생들과 관계를 만들고, 학생 한 명 한 명이 얼마나 이해했는지를 구체적으로 확인하는지 유심히 관찰했다. 나는 그와 같은 최고의 교사 수십 명의 수업 영상을 2~3분 짜리 짧은 영상으로 만들었다. 마치 경기 하이라이트 영상처럼[2].

그렇다면 프레이저 선생님이 보여준 놀라운 티칭의 비결은 무엇일까? 하나의 타이틀로 이름을 붙일 수 있는 확연히 드러나는 비법은 없다. 뛰어난 교사가 학생들을 가르치는 교실은 한 가지 두드러진 특징으로 정의할 수 없다. 그 교실은 눈에 잘 띄지 않는 수많은 디테일로 가득차 있다.

매일 1%씩 나아질 수 있다면

"문제를 100% 해결하는 솔루션은 없다. 1%를 개선하는 100개의 솔루션

---

[2] 이 내용은 『최고의 교사는 어떻게 가르치는가』에서 소개하고 있다. 교사들로부터 많은 것들을 새로 배우고 있기 때문에 이 책은 지속적으로 업데이트되고 있다. 현재는 『최고의 교사는 어떻게 가르치는가3.0』까지 출판되었다.

만 있을 뿐이다."

나의 동료인 브렛 페이저가 한 말이다. 뛰어난 교사들의 힘은 작은 개선이 누적된 효과로부터 나온다. 어떤 사람들은 이를 한계 이익(marginal gains)이라는 개념으로 설명하기도 한다. 여기에는 좋은 소식과 나쁜 소식이 있다. 제임스 클리어가 『아주 작은 습관의 힘』에서 설명한 것처럼, 시간이 지남에 따라 다음과 같은 곡선을 그리며 이익이 증가한다는 사실이 좋은 소식이다. 1년 동안 매일 1%씩 나아질 수 있다면, 1년이 지나면 37배나 나아지게 된다고 제임스 클리어는 말한다. 이것이 바로 뛰어난 교사들이 교실을 변화시킨 비결이다.

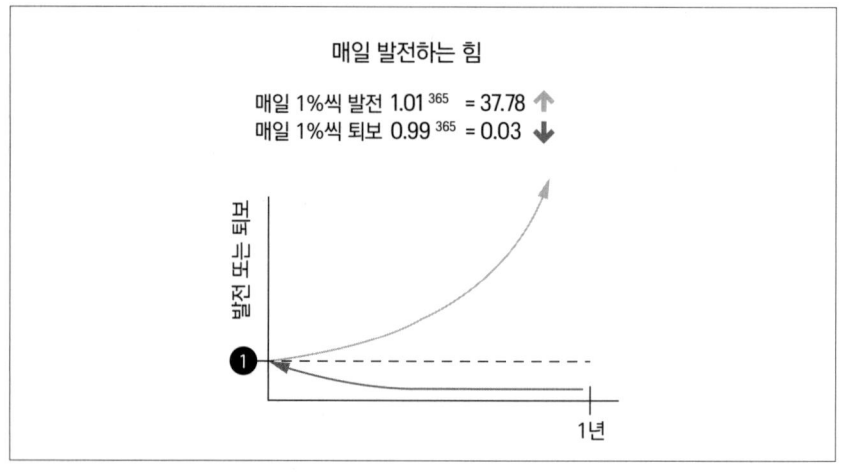

여기에는 나쁜 소식도 함께 온다. 이런 작은 부분들을 마스터하려면 성실함과 집중력이 필요하다. 비법은 없으며 매일 조금씩 사소한 디테일에 집중해야 한다는 말은 매력적이지 않다. 상당수의 교사와 코치가 그런 노력을 하지 않을 거라는 점을 의미한다. 쉽고 간단한 솔루션이 있다고 말하는 사람들로 가득찬 세상이다. 빛나는 무대 위의 주인공이 되지 말고 무대 뒤에서 묵

묵히 안내자가 되라는 조언에 사람들은 잘 끌리지 않는다.

물론 나는 안내자의 역할에 충실하지만 수업의 질은 형편없는 교사들도 많이 보았다. 학생이 아니라 자신이 주인공인 것처럼 행동하지만 수업의 내용은 무척 알찬 교사들도 많이 알고 있다. 엘리트 클럽스 내셔널 리그를 운영하는 크리스찬 레이버스 코치는 늘 이렇게 말한다. "답은 그때그때 다르다." 무엇이 올바른 전략인지는 무엇을, 누구에게, 언제 가르치느냐에 따라 달라진다. 하지만 어느 방향으로 가든지 결과는 결국 세심한 실천에 달려 있다.

그날 내가 교사들을 대상으로 한 강연의 핵심 내용은 다음과 같다.

- 학생은 더 나은 티칭을 통해 개인 차원에서나 그룹 차원에서 기대 이상의 성과를 낼 수 있다.
- 하지만 더 나은 티칭을 위해서는 테크닉이 필요하다. 교사는 일상적인 작은 과제에 지속적으로 집중해야 한다.
- 그렇기 때문에 대부분의 교사들은 그렇게 하지 않는다.
- 바로 그러한 이유 때문에(!) 기꺼이 매일 그것을 실천하는 교사는 엄청난 경쟁 우위를 갖게 된다.

사실 이런 포인트는 교사들만을 위한 내용이 아니다. 코치들에게도 그대로 해당되는 내용이다. 교실만 티칭과 학습이 벌어지는 공간이 아니기 때문이다. 교사를 위한 나의 첫 번째 책 『최고의 교사는 어떻게 가르치는가』가 나온 직후에 미국축구협회에서 연락이 왔다. 그들은 나에게 축구 코치들을 대상으로 강연을 해줄 수 있는지를 물었다. 나는 평생에 걸쳐 축구팬이었다. 대학까지는 직접 축구를 하기도 했다. 물론 기껏해야 후보 선수 신세였고, 상대가 달려들면 겁이 나서 공을 멀리 차버리거나 태클도 제대로 하지 못하는 선수였지만 나는 축구를 사랑했다.

'코치들도 매일 선수들이 1%씩 나아지도록 도움을 줄 수 있지 않을까? 프레이저 선생님이 매일 교실에서 집중하는 일들에 코치도 관심을 가진다면 어떨까? 훈련 시간을 보다 주도면밀하게 관리하고, 선수에게 필요한 피드백을 올바른 방식으로 제공하고, 선수와 좋은 관계를 만들고, 각각의 선수가 얼마나 발전했는지 평가하는 방법에 코치가 더 관심을 기울이도록 내가 도와줄 수 있지 않을까?'

나는 이런 생각을 품고 콜로라도로 날아가 축구 코치들과 워크숍을 진행했다. 그런데, 솔직히 말해서 그때의 경험은 나에게 끔찍했다.

나는 코치들에게 산만한 선수들이 집중하도록 하는 방법은 알려줄 수 있었다. 하지만 선수가 경기장에서 더 나은 결정을 내릴 수 있도록 가르치는 일은 차원이 다른 문제였다. 수학 수업에서 학생들은 혼자서 수학 문제를 풀며 배운다. 하지만 경기장의 선수들은 그룹으로서 의사결정을 해야 한다. 그것도 매우 빠르게 결정해야 한다. 선수들을 코칭하는 일에는 교실에서는 알기 힘든 다양한 이슈와 과제가 있다는 사실을 나는 알게 되었다.

그래서 나는 가르치는 일과 관련해 알고 있는 지식들을 스포츠 코칭에 적용해 보기 시작했다. 교실이 아니라 경기장에서 사용할 수 있는 방법을 탐구하기 시작했다. 학습의 이면에 작용하고 있는 과학에 대해서도 공부를 시작했다. 과학자들과 연구자들은 지난 20년간 뇌에 대하여, 그리고 뇌가 학습하는 방식에 대해 이전 300년보다 많은 사실을 발견했다. 나는 또한 인지과학에 관한 논문과 책을 계속해서 읽어나갔다. 일부 코치와 팀의 연구 능력과 지식은 정말 놀라운 수준이었다. 하지만 과학에 기초하기 보다는 오래된 미신이나 말만 그럴듯한 미사여구를 사용해 가르치는 경우도 많았다. 한 번은 어느 종목의 협회를 방문해 교육 과정을 뒷받침하고 있는 과학적 접근법이나 연구 배경이 있는지 물었지만 아무런 근거도 없었다.

코치들은 선수들이 빠르게 문제를 해결하는 능력을 키우려면 단체 훈련을 어떻게 디자인해야 하는지를 나에게 물었다. 나는 내가 읽은 논문들이 그 질문에 대한 답을 해줄 수 있을 것으로 확신하며 공부를 했지만 연구의 결과로는 일관성 있게 훈련에 적용할 수 있는 답을 얻을 수 없었다. 코치들과 함께 하는 작업이 점점 많아지며 나는 학교에서 그동안 마주해왔던 과제나 어려움들이 스포츠 코치에게도 그대로 적용된다는 사실을 알게 되었다.

티칭과 관련한 수많은 질문에 대해 많은 코치들이 이렇게 답한다. "그때그때 다르다." 대체로 맞는 말이긴 하지만 이 말을 '모든 답이 다 맞다'는 의미로 해석해서는 곤란하다. 과학은 분명 존재하며 익숙한 것으로부터 벗어나도록 도와준다. 답이라고 하기엔 너무나 멀리 벗어나 있는 방법을 구별할 수 있게 해주고, 조금이라도 더 나은 답으로 안내해 준다. 물론 그럼에도 불구하고 "그때그때 다르다"고 말할 이유는 충분하다.

이 책은 기억, 지각, 주의, 심지어 다차원적 자연 선택[3]에 대한 이야기도 담고 있다. 너무 많은 분야를 다룬 것은 아닌가 하는 미안함도 있지만 나는 코치가 이러한 지식들을 이해하면 큰 도움이 된다고 생각한다.

그러고 나서 몇 년 후에 나는 시카고의 한 컨퍼런스룸에서 MLS(메이저리그 사커)에서 이름이 널리 알려진 코치들 앞에서 강연을 했다. 여러 차례 TV에서 보았던 분들이었고 월드컵에도 여러 차례 출전했던 베테랑 코치들도 여러 명 있었다. 나는 데나리우스 프레이저 선생님의 수업 영상을 보여주고 자신이 선수를 코칭하는 방식과 연결해 보라고 요청할 계획이었다. 하지만 어마어마한 코치들 앞이다 보니 나는 긴장하지 않을 수가 없었다. 그들은 매일

---

3   진화론적 관점에서 개인의 강점만큼이나 집단을 형성하는 능력이 자연 선택에서 중요한 영향을 미쳤다는 개념

세계 최고의 선수들을 훈련시키는 사람들이었다. 매일 선수들의 에고를 컨트롤하면서 그들의 성공하고자 하는 갈망과 씨름하고 있는 사람들이었다. 실시간으로 확인할 수 있는 최첨단 데이터 측정 장비, 영상 피드백 장비, 가상 현실 기술, GPS 추적 장비 등을 이용해 치열한 하루하루를 보내고 있는 코치들이었다. 심지어는 자신의 말을 다양한 언어로 옮겨주는 프로그램을 사용하는 코치도 있었다. 그런 코치들에게 나는 뉴욕과 브루클린의 가지런히 정리된 책상에 앉아 있는 학생을 가르치는 교사의 영상을 보여주었다.

"프레이저 선생님이 중학교 3학년 학생들을 가르치는 모습에서 무엇을 배울 수 있을까요? 여러분들 팀에는 여러 나라에서 온 국가대표 선수들이 있습니다. 그런 선수들을 조금씩 다르게 훈련시킬 수 있는 방법은 뭐가 있을까요? 선수 생활의 막바지 단계에 있는 베테랑 선수에게는 어떤 자극을 주어야 할까요?"

어떻게 그렇게 멍청할 수 있었을까? 하지만 말을 이미 꺼냈기 때문에 돌이킬 수 없었다. 코치들은 나를 빤히 보고 있었고, 계속 이어나가는 것 말고는 다른 수가 없었다. 나는 프레이저 선생님의 영상을 열고 플레이 버튼을 눌렀다.

 데나리우스 프레이저 선생님이 수학을 가르치는 모습

나는 1분 정도 앞 부분만 보여주고는 잠시 멈추고 코치들에게 물었다. "무엇을 관찰하셨나요? 관찰한 내용을 자신의 코칭과 연결해서 말씀해 주시겠어요?" 이미 나의 목소리는 떨리고 있었다. 어색한 침묵이 길게 이어졌다. 그때 리그에서 가장 유명한 어느 코치가 침묵을 깨고 말을 했다.

"프레이저 선생님은 모든 학생을 가르치고 있습니다. 빠짐없이 모두를요."

나는 솔직히 그가 나의 곤란한 처지를 돕기 위해 불편한 침묵을 깨준 거라고 생각했다. 하지만 그의 목소리에서 단순한 배려 이상의 기운이 느껴졌고 나는 조금 더 이야기 해달라고 부탁했다.

"프레이저 선생님은 학생 한 명 한 명에게 말을 걸고 있습니다. 그는 학생 모두의 발전에 투자하고 있습니다. 학생들이 어떻게 하고 있는지 일일이 확인하고 있죠. '너희들의 노력을 내가 늘 보고 있다'는 메시지를 전달하고 있습니다. 그렇게 프레이저 선생님은 학생들 모두를 가르치고 있습니다. 우리는 그렇게 하지 않습니다. 우리 코치들은 어떤 선수들에게는 아무 말도 하지 않는 경우가 있습니다. 가끔은 며칠씩 그러기도 하죠. 프레이저 선생님의 영상을 보며 이런 생각을 하게 되네요. 저 분의 눈에는 나의 모습이 어떻게 보일까?"

다른 코치가 말을 이어갔다.

"우리의 세계에서는 단순히 친절하게 대해주고 등을 두드려 주는 정도로는 좋은 관계를 만들 수 없습니다. 선수는 성공과 발전을 원합니다. 경기를 뛰고 싶어 하죠. 많은 코치가 '너를 성장시키길 원한다'는 걸 드러내며 관계를 만들려고 합니다. 아니에요. '너를 성장시킬 수 있다'는 걸 보여주어야 합니다. 프레이저 선생님은 바로 그 일을 하고 있습니다. 제대로 가르치면서 학생들과 관계를 맺고 있습니다. 하이파이브는 많이 하지만 선수를 발전시키지 못하는 코치들이 있습니다. 하이파이브가 중요한 게 아닙니다."

우리의 대화는 점점 뜨거워지고 있었다. 사실 머리가 터질 것 같았다. 솔직히 나는 스포츠 분야에서 일하는 것에 대해 늘 약간의 죄책감을 느끼고 있었다. 공교육이 국가적으로 위기에 처해 있는데 스포츠에 빠져 공부를 하는 스스로에게 자괴감을 느끼곤 했다. 사무실로 돌아와서도 직원들에게 무슨 일을 하고 왔는지를 말하지 않는 경우가 많았다.

하지만 점점 나는 교사와 코치는 서로에게서 배울 점이 많다는 사실을 분명하게 알 수 있었다. 뛰어난 교사들이 하는 일은 탁월한 코치들이 하는 일과 보다 깊은 차원에서 연결되어 있었다. 수업 시간을 효과적으로 관리하기, 피드백을 올바른 방식으로 제공하기, 관계를 만들기, 학생들이 얼마나 알고 있는지를 평가하기 등은 코치들도 충분히 살펴볼 만한 가치가 있는 개념들이었다.

바로 그날 아침 워크숍에 참석한 100여명의 교사들은 축구 코치들이 한 말의 의미를 이해하지 못해 어려움을 겪고 있었다. 관계가 우선이며, 좋은 관계가 만들어지기 전에는 잘 가르치기가 어렵다고 믿는 교사들이었기 때문이다. 많은 교사들은 하이파이브와 같은 이벤트를 하며 먼저 관계를 만들고자 했다. 하지만 '너를 성장시키길 원한다'는 걸 드러내기 보다 '너를 성장시킬 수 있다'는 걸 보여주어야 한다는 축구 코치의 말처럼 교사가 학생과 실제로 좋은 관계를 형성하려면 먼저 학생의 발전을 도와야 한다. 먼저 좋은 티칭을 시작해야 한다. 하이파이브가 아니라 좋은 티칭이 연결의 도구가 되어야 한다.

코치들이 나의 질문에 답을 하는 모습을 보며 나는 코치들이 얼마나 겸손하고, 자기 성찰을 잘 하며, 배움에 대한 열망이 있는지를 알 수 있었다. 당시 강연에 참여한 코치들은 자신의 분야에서 최고의 위치에 오른 사람들이었다. 그들은 나의 질문을 자신과 무관하다는 이유로, 또는 별로 중요하지 않은 주제라 여기고 가볍게 무시할 수도 있었다. 그냥 출석 체크만 하고 보내야 할 중요한 메일이 있다고 적당히 핑계를 대면서 빠질 수도 있었다. 하지만 코치들은 나와의 대화에 기꺼이 뛰어들었다.

그날 나는 끊임없이 배우고 성장하려는 태도야말로 뛰어난 코치의 트레이드마크라는 점을 깨달았다. 치열한 경쟁 환경에서 성장한 코치들은 자신이 하는 일을 진지하게 돌아볼 줄 알았다. 그들은 잘난 척을 하지도 않았고, 그렇다고 불안해 하지도 않았다. 자신감으로 가득차 있으면서도 겸손했다.

뉴질랜드는 인구가 500만 명 밖에 되지 않지만 세계 최고의 럭비팀을 가지고 있다. 그곳에서 나는 럭비 코치들을 대상으로 강연을 하며 발레 교습 영상을 보여주었다. 교습가가 발레 댄서에게 팔 동작에 대한 피드백을 주는 모습이 럭비 코치들에게 생뚱맞게 다가왔을 수도 있다. 하지만 그곳에 모인 코치들은 거부감이 전혀 없이 반응했다. 대부분이 뉴질랜드 국가대표팀인 '올블랙스'에서 선수로 뛴 적이 있는 그들은 겸손한 자세로 내가 소개한 영상을 바라보았다. 또한 내가 함께 시간을 보낸 많은 코치들은 내가 준 것 이상으로 나에게 배움을 주었다. 어쩌면 이 책을 쓰게 된 중요한 동기도 그들이 나눠준 지혜를 전달하고자 하는 목적이 가장 크다.

코치라는 이름의 또다른 교사

물론 코치들이 자신을 소개하기 위해 교사라는 단어를 사용하지는 않지만 이 책은 코치라고 불리는 교사를 위한 책이다. 건강한 유소년 스포츠 문화를 위해 다양한 활동을 하고 있는 아스펜 연구소(Aspen Institute)에 따르면 학부모 자원 봉사자부터 전문 코치, 개인 트레이너에 이르기까지 미국에는 650만 명에 달하는 코치가 있다. 이렇게 다양한 배경을 가진 코치들이 있다 보니 이 책의 일부 사례는 자신에게 해당되지 않는 것처럼 느껴질 수도 있다. 보다 전문적인 내용을 원하는 코치는 이 책에서 다루고 있는 아이디어가 너무 기초적이라고 생각할 수도 있다. 그저 자신의 말을 선수가 잘 따르도록 만드는 방법을 알고 싶은 코치에게는 이 책의 이야기들이 너무 난해하게 느껴질 수도 있다. 그래서 나는 책을 읽는 누구라도 자신의 케이스라고 느낄 수 있도록 다양한 사례를 소개하려고 노력했다. 보다 다양한 환경에서 일하는 코치들을 위한 책을 쓰고 싶었기 때문이다. 부디 나의 바람이 통했으면 좋겠다.

스포츠는 우리의 집단 상상력에도 큰 영향을 미친다. 스포츠는 점점 국가와 도시, 지역 단위로 경쟁하는 방식으로 재편되고 있다. 사람들은 자신을 '레드삭스 팬', '양키스 팬'이라고 부른다. 지금 이 순간에도 많은 어린이들이 집 앞 차도에서 스테판 커리와 리오넬 메시를 상상하며 공놀이를 한다.

경제적인 측면에서도 프로 스포츠는 엄청난 영향력을 사회에 보여주고 있다. 르브론 제임스는 LA 레이커스와 4년 1억 5,400만 달러에 계약했다. 네이마르의 파리 생제르망 이적료는 2억 2,200만 유로에 달한다. 이런 트랜드가 마음에 들든 들지 않든 우리의 문화는 선수의 퍼포먼스에 가격을 매기고 있다.

하지만 스포츠에는 그 이상의 의미가 있다. 스포츠 코치는 어린 선수들에게 탁월함을 추구하고, 개인의 발전과 공동의 목표를 위해 노력하는 일의 가치를 가르친다. 스포츠를 통해 인성을 키우도록 안내한다. 사회생물학자 에드워드 윌슨은 인간이라는 종이 다른 종보다 월등한 지위를 차지한 비결은 개인의 진화와 적응 때문이 아니라 집단으로서의 적응 능력 때문이라고 주장했다. 개인 선택만큼이나 집단 선택의 결과라고 말하는 것이다. 인류는 공동의 목표를 위해 함께 일하고, 그 목표를 위해 자신을 희생할 수 있었기 때문에 계속 살아남아 번성했다고 이야기한다. 인간은 이런 방식으로 사유하고 행동할 줄 아는 몇 안 되는 포유류다. 팀 스포츠는 이러한 진화의 과정에서 인간을 살아남게 만든 자질을 배울 수 있는 기회를 제공한다. 승리를 추구하면서도 때로는 희생할 준비가 되어 있고, 개인으로서 성공하기를 원하면서도 집단에 남아 있을 수 있는 태도다. 스포츠는 우리의 진화 과정을 반영하기 때문에 우리를 더욱 인간답게 만든다.

하지만 스포츠를 가르치는 일은 어렵고 복잡하다. 코칭을 잘 하려면 모든 교사가 공통적으로 마주하는 복잡한 도전 과제들과 마주해야 한다. 바로 이런 질문들이다.

- 선수가 빠르게 잘 배우도록 하려면 어떻게 피드백을 제공해야 할까?
- 내가 가르친 것을 선수가 잘 배웠는지 어떻게 알 수 있을까?
- 선수가 잘 모른다는 확신이 들 때는 무엇을 해야 할까?
- 선수가 연습에서 익힌 기술을 경기에서 제대로 실행하도록 하려면 연습을 어떻게 디자인해야 할까? 연습의 순서를 어떻게 정해야 할까?
- 어떻게 선수의 의사결정 능력을 키울 수 있을까?
- 선수가 자기주도적으로 배우도록 하려면 무엇을 해야 할까? 선수에게 성장 마인드셋을 심어주려면 무엇을 해야 할까?
- 경기에 대한 재미와 열정을 잃지 않도록 하면서 동시에 강한 멘탈을 단련하려면 어떻게 해야 할까?
- 장기적인 성장을 위해서는 기꺼이 도전하고 실패하는 경험을 해야 한다는 사실을 깨닫게 하려면 어떻게 해야 할까?

이것 말고도 비슷한 질문이 무수히 많을 거라 생각한다. 코치가 이런 질문들에 답을 하며 연습을 어떻게 진행해 나가느냐에 따라 선수 개인과 팀의 성공은 좌우된다. 코치가 경기의 기술적, 전술적 측면을 보다 잘 이해하기 위해 참고할 수 있는 좋은 책과 웹사이트는 많다. 하지만 경기장에서 선수와의 사이에서 벌어지는 티칭의 문제를 구체적으로 다루고 있는 자료는 거의 없는 것이 현실이다.

이 책은 총 10장으로 구성되어 있다. 1,2장은 선수의 성장과 관련해 내가 가장 중요한 부분이라고 생각하는 의사결정에 관해 이야기한다. 코칭의 세계에서 잘 다루어지지 않고 있는 지각(perception)의 역할에 대해 집중적으로 소개한다. 기본적으로 눈이 올바른 대상을 향하고 있지 않거나 어디를 봐야 하는지 제대로 알지 못하면 올바른 결정을 내릴 수 없다. 어찌보면 좋은 움직임은 눈의 움직임에 좌우된다고도 할 수 있다. 1,2장에서는 선수의 지각과 인지 능력을 발달시킬 수 있는 방법에 대해 이야기한다.

3장에서는 연습을 디자인하는 방법에 대해 소개한다. 코치들은 보통 한 번의 연습은 계획하지만 4주나 6주 단위의 연습 계획은 세우지 않는다. 하지만 선수들의 장기 기억을 제대로 형성하기 위해서는 시간이 필요하다. 그렇기 때문에 일정 기간 단위로 연습 계획을 세우는 일은 하루의 연습 계획을 세우는 일만큼 중요하다. 많은 코치와 교육자들은 장기 기억의 역할을 대체로 과소평가하고 있다. 우리는 그동안 살면서 상당히 많은 것들을 배웠지만 그것들 대부분을 잊어버렸다. 운동선수도 다르지 않다. 코치가 가르친 것을 선수가 잘 기억하고 있는지, 기억한 것들을 필요한 순간에 소환해서 사용할 수 있는지를 어떻게 알 수 있을까? 3장은 이 질문에 대한 답을 함께 찾아나간다.

4, 5, 6장은 코치가 가장 많이 하는 코칭 활동인 피드백을 주제로 이야기한다. 피드백을 제공하는 일은 코치들에게 너무나 익숙하기 때문에 효과가 검증되지 않은 오래된 습관에 의존하기 쉽다. 20년 전에 나를 가르쳤던 코치가 했던 방식 그대로 따라 하는 경우가 많다. 4, 5, 6장을 읽으며 피드백에 관한 자신의 생각을 돌아보는 기회로 삼았으면 한다. 피드백을 효과적으로 사용하려면 작업 기억과 인간의 주의력을 올바로 이해할 필요가 있다.

7장의 주제는 전설적인 코치 존 우든의 말로 대신할 수 있다. '코치가 가르쳤다'와 '선수가 배웠다'의 차이를 알아야 한다고 존 우든은 말했다. 그의 말을 완전히 이해하는 일은 코칭에서 가장 중요하면서 어려운 일 중 하나다.

8장은 문화를 만드는 작업을 다룬다. 우리가 스포츠를 하며 기억하게 되는 최고의 순간들은 대개 문화와 관련되어 있다. 우리는 집단의 문화에 민감하게 반응하도록 진화해 왔기 때문이다. 문화를 잘못 이해하면 많은 것들이 흐트러질 수 있다.

8장까지 선수가 매일 1%씩 발전하기 위해 일상 속에서 코치가 실천해야 할 일들을 다루고 있다면 9, 10장은 장기적인 성장에 대해 이야기한다. 여기에는 선수 뿐만 아니라 코치의 성장도 포함된다. 눈 앞의 승리와 장기적인 성장 사이에서 균형을 잡기, 경기 중 코칭과 훈련에서의 코칭의 차이, 올바른 평가를 통해 선수를 나누는 문제, 코치 능력을 개발하는 방법 등을 소개한다.

이 책은 기본적으로 종목에 관계없이 모든 스포츠 코치를 위해 쓴 책이다. 축구라는 렌즈를 이용한 이유는 내가 그나마 잘 아는 종목이기 때문이다. 코치들이 자신의 종목에 대해 얼마나 많은 연구를 하고 있는지 알기 때문에 그런 전문성과 경험을 존중하기 때문이다. 내가 충분히 이해하지 못하는 종목을 사례로 들어 설명하기가 조심스러웠기 때문이다. 잘 가르치고 싶

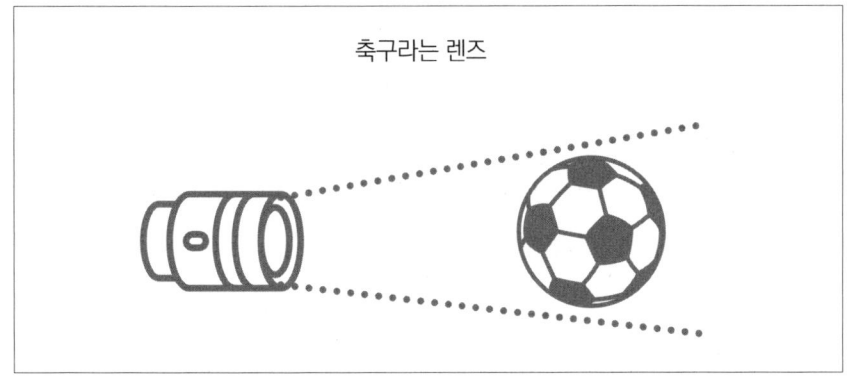

다는 바람으로 가득찬 코치라면 이 책에서 소개하는 어떤 아이디어나 사례라도 각자의 상황과 조건에 맞게 활용할 수 있으리라 생각한다. 비록 축구에서 많은 사례를 가져오기는 했지만 나는 다른 종목의 뛰어난 코치들에게도 피드백을 부탁했다. 이 책에 담긴 아이디어를 자신의 종목에 어떻게 적용할 수 있는지 검토해 달라고 요청했고 책의 곳곳에 그들의 생각을 담았다.

본격적으로 이야기를 시작하기 전에 몇 가지 당부하고 싶은 말이 있다. 교사는 끊임없이 변화하는 상황에서 다양한 도구를 이용해 다양한 문제를 해결하는 일종의 숙련공이라 나는 믿어왔다. 올바른 티칭이었는지 여부는 교사가 누구인지, 어떤 방식으로 가르치는지, 무엇을 성취하고자 하는지, 그리고 어떤 환경인지에 따라 달라진다. 모든 환경이나 모든 교사에게 정답인 공식은 없다. 항상 옳은 것도 없다. 하지만 앞서 말했듯이 하나의 답은 존재하지 않는다는 말이 '모든 답이 다 맞다'는 의미는 아니다. 어떤 방법은 분명 다른 방법보다 효과적이다. 어떤 방법은 특정한 상황이나 특정한 사람에게는 비효율적이다. 결국은 언제 어떤 방법을 사용하느냐의 문제다. 하나의 답은 없을지라도 과학은 우리가 결정을 내리는 데 중요한 정보를 제공한다.

나는 이 책을 쓰며 우리가 아는 것과 모르는 것 사이의 경계를 걸으려고 노력했다. 그리고 거창하게 시스템에 대해 말하기 보다는 학습 과학에 기반해 실용적인 도구들을 소개하고자 했다. 모든 게 항상 옳을 수는 없고, 내가 하는 말도 당연히 그럴 것이다. 나는 그 점을 충분히 인식하면서 나의 이야기를 나누고자 한다. 이 정도 분량의 책을 쓰면서 틀린 부분이 하나도 없을 수는 없다. 하지만 잘못된 부분을 발견했다고 생각되면 먼저 그 아이디어를 현장에서 시도해보라는 제안을 하고 싶다. 인간의 행동은 복잡하면서도 놀라운 면이 있다. 어떤 시도를 했는데 별다른 효과가 없었다면 무언가를 알게 된 것이다. 만약 효과가 있었다면 이 역시 무언가를 알게 된 것이다. 먼저 시도해보고 판단하자. 우리는 서둘러 결정할 이유가 전혀 없는데도 무언가에 쫓겨 급하게 결정하곤 한다.

코치의 티칭 방식 : 새로운 머니볼

마이클 루이스의 책은 프로 레벨의 모든 구단에 '머니볼'이라는 유산을 남겼다. 모든 팀들은 조금이라도 경쟁 우위가 되는 요소를 찾기 위해 여러 정보를 찾으려고 노력한다. 나는 코치의 티칭 방식도 머니볼처럼 경쟁 우위를 제공할 수 있는 요소라고 생각한다. 코치의 티칭 방식과 피드백을 전달하는 방식을 바꾸면 선수의 성장 속도가 크게 달라지리라 믿는다. 선수의 퍼포먼스에 중요한 영향을 미치지만 여전히 간과되고 있는 부분이다. 누가 이 미지의 세계를 먼저 열게 될 지가 궁금하다.

 피트 캐롤 감독의 연습

이것은 내가 좋아하는 코칭 영상 중 하나로 슈퍼볼 우승 감독인 시애틀 시호크스의 피트 캐롤 감독이 연습에 대해 말하는 내용이다.

"코치는 자신의 말을 훈련해야 합니다. 선수가 무엇을 잘못했고, 무슨 실수를 했는지가 아니라 어떤 플레이를 보고 싶은지 말하는 훈련을 해야 합니다. 선수가 어떤 실수를 했든 바로 다음 플레이로 선수가 무얼 해야 하는지 말하는 훈련을 해야 합니다. 해서는 안 되는 플레이가 아니라 원하는 플레이에 대해 말하는 훈련을 해야 합니다."

캐롤 감독이 슈퍼볼을 차지한 배경에는 코치들이 일상적으로 사용하는 말을 최적화하고 체계화하는 노력이 있었다. 하지 말아야 할 것이 아니라 해야 할 것에 집중하는 언어 습관으로 많은 코치들이 간과하는 부분이다. 코치가 사용하는 말에 변화를 주면 실제로 엄청난 게임체인저가 될 수 있다. 첨단 기술을 활용한 데이터 분석만큼이나 큰 영향을 미칠 수 있다. '인간은 어떻게 발전하는가?' 하는 물음을 바탕으로 코치가 티칭 방법을 훈련하는 일은 선수, 코치 모두를 위한 머니볼이다.

1장

지각 능력과 집단 침략 게임

축구, 농구, 럭비, 하키 등은 공이나 퍽을 소유하고 상대 진영으로 침입해 들어가는 '집단 침략 게임'이다. 상대의 강한 압박과 끊임없이 변화하는 상황 속에서 선수는 (의식적인 생각보다) 빠른 속도로, 정확하게, 동료 선수와 합을 이루어 플레이하는 능력을 키워야 한다. 이러한 집단 침략 게임에서는 기술만으로는 충분하지 않다. 스피드, 파워, 테크닉도 필요하고 재치나 임기응변 능력도 갖추고 있으면 좋지만 결국에는 한 개인으로서 그리고 그룹으로서 의사결정하는 능력이 가장 중요하다. 프리미어리그에서 뛰었던 한 선수는 의사결정의 중요성에 대해 이렇게 표현했다.

"최고 레벨의 경기에서는 동작이 빠른 선수가 아니라 생각이 빠른 선수가 이깁니다."

네덜란드의 전설적인 선수였으며 코치로서도 큰 족적을 남긴 요한 크루이프는 "다른 선수들보다 일찍 달리기 시작하면 더 빨라 보인다"고 말한 적이 있다. 여기서 그가 말한 '빠르다'의 의미는 빠른 결정을 의미한다. 어디에 서있을지, 어느 방향으로 달려야 할지 빠르게 결정을 한다는 뜻이다.[1] 특히 성인 경기에 가까워질 수록, 그리고 경기의 수준이 높아질 수록 경기 중의

---

1   빠른 움직임은 자신감있고 명확한 의사결정을 의미하기도 한다. '내가 지금 달려가서 막아야 하나?' 이런 생각으로 우물쭈물하는 선수가 공간을 차단하기 위해 전속력으로 달리기는 어렵다.

의사결정 능력은 더욱 중요해 진다. 하지만 의사결정을 가르치는 일은 만만치 않다. 수도꼭지를 틀면 나오는 물처럼 선수에게 잘 선택하라고 말한다고 해서 '짠' 하고 나타나는 능력이 아니다.

그저 좋은 결정을 내리고 싶다는 생각만으로는 부족하다. 선수는 먼저 기회가 왔다는 신호를 지각할 수 있어야 한다. 그런 다음 그 기회를 어떻게 활용할 것인지를 인지해야 한다. 이런 지각과 인지를 바탕으로 상대보다 빠르게 움직이며 반응해야 한다. 선수는 기회를 알려주는 신호가 나타나면 바로 알아차릴 수 있도록 경기 중에 정보를 찾는 습관을 키워야 한다. 올바른 결정을 내리려면 올바른 신호를 포착해야 한다. 올바른 팀 플레이를 위한 결정을 내리려면 여러 선수가 같은 신호를 알아차릴 수 있어야 하고, 서로의 움직임에서도 신호를 읽을 수 있어야 한다.

당연한 말이지만 빠르고 좋은 결정을 하기 위해서는 먼저 일어나는 일을 빠르게 볼 수 있어야 한다. 상대 센터백이 너무 뒤로 물러서 있다는 신호를

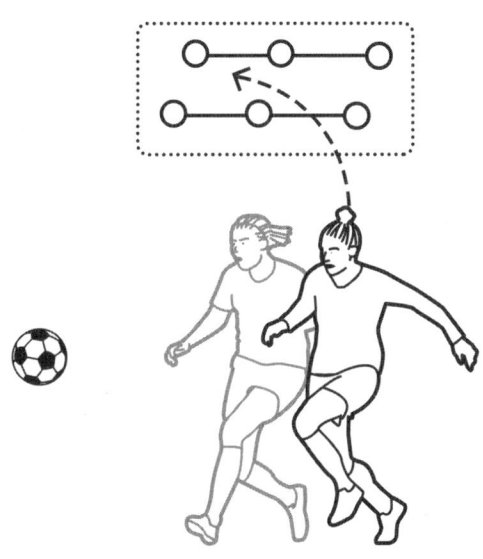

낚아채서 바로 움직이지 않으면 1초만 지나도 기회의 문은 닫혀버린다. 올바른 선택을 방해하는 수많은 불필요한 정보들 속에서 선수는 기회가 되는 신호를 재빠르게 포착할 수 있어야 한다. 사실 우리는 오랜 시간에 걸쳐 학습한 방식으로 세상을 본다. 심지어 우리는 그 과정을 인지하지도 못한다. 여기서 우리는 질문을 던질 필요가 있다.

선수가 빠르게 잘 볼 수 있도록 가르치는 일이 가능할까?

답은 분명하다. '예스'다. 그리고 한 가지 핵심 요소를 말하라면 그것은 '경험'이다. 자녀에게 운전을 가르친 경험이 있는 부모라면 금방 이해할 수 있다. 옆 차선에서 다른 차가 다가온다. 페달이 없음에도 불구하고 조수석에 앉아 본능적으로 브레이크를 밟는다. 하지만 아이의 발은 꿈쩍도 하지 않는다. 아이는 아직 어디를 보고 무엇에 집중해야 하는지를 모른다. 경험이 많은 운전자는 경험을 통해 알게 된 몇몇 대상에 효율적으로 시선을 가져가지만 아이는 수많은 불필요한 세부 사항을 신경쓰면서 얼어붙어 있다. 운전에 필수적인 신호를 잘 캐치하지 못하고 여기저기를 산만하게 신경쓴다. 부모는 다가오는 차를 보며 불안감을 느끼지만 아이는 그걸 지각하지 못하고 느리게 반응한다. 운전의 사례를 통해 우리는 지각 능력의 차이가 퍼포먼스에 매우 중요한 영향을 미친다는 점을 알 수 있다.

그런데 지각의 효율성을 높이기 위해 뇌의 신경 회로를 연결하고 구성하는데는 시간이 걸린다. 통계적 경향성은 있지만 절대적인 규칙은 없는 대상[2]을 읽으려고 할 때 특히 그렇다. 글을 읽을 때가 바로 여기에 해당하고 축구 경기에서 오픈된 공간이나 상대의 움직임을 읽을 때도 마찬가지다. (상대의 진형을 보고 스루 패스를 위한 공간 읽기, 상대의 신체 움직임을 보고 왼쪽으로 달릴

---

2 Language at the Speed of Sight (23)

것으로 읽기 등) 둘 모두 읽는 과정에 어느 정도의 패턴은 존재하지만 절대적인 규칙은 없다.

토니 로모는 AFC 챔피언결정전 중계 도중에 패트리어츠의 포메이션을 힐끗 보고는 "이건 보통 오른쪽으로 넓게 펼치는 전략을 의미한다"는 코멘트를 했다. 우리는 모두 몇 초 후에 바로 그 전략이 실행되는 모습을 보았다.

 다음 플레이를 예측하는 토니 로모

텍스트 읽기, 움직임 읽기, 공간 읽기는 결국 시각 정보를 최대한 빠르게 지각하고 처리하는 법을 배우는 일이다. 이런 형태의 배움을 위해서는 무엇보다도 '방대한 경험'이 쌓여야 한다. 뇌가 통계적 경향성을 추론할 수 있는 제법 많은 양의 시행착오 경험이 필요하다. 우리가 어떤 텍스트를 보자마자 그 뜻을 읽어내는 능력을 갖추게 된 것은 수많은 문자의 조합을 보고 해석한 많은 경험과 시행착오 덕분이다.

움직임과 공간을 읽는 능력도 마찬가지다. 상대하는 선수의 체형과 자리 잡은 위치 등을 지각하고 처리하는 수십수만 번의 경험과 시행착오를 통해 선수는 경기장 전체를 한눈에 보자마자 정보를 파악하는 능력을 키우게 된다. 여러 상황과 조건에서의 경험을 통해 시간이 지날 수록 지각 능력은 점점 발달한다.

선수의 의사결정 능력을 발달시켜야 한다고 판단했을 때는 이미 늦었을 수 있다. 선수의 의사결정 능력을 키우는 게 중요한 시기에 코치는 그 중요성을 충분히 인식하지 못할 위험이 있다. 지각과 의사결정이 선수에게 그다지 필요하지 않은 능력처럼 보이는 경우가 많기 때문이다. 또 하나의 문제는, 나중에 의사결정 능력이 떨어진다는 사실을 알게 되었어도 선수가 과거에 의사결정 능력을 발전시키기 위해 어떤 훈련을 했는지 되짚어보기가 만만치 않다는 점이다.

코치의 지도 여부와 상관없이 선수들은 계속해서 결정을 내리고 있다. 잘못된 정보에 근거해 결정을 내리고 결과는 운에 맡기는 방식은 바람직하지 않다. 나쁜 결정을 반복하면 그것 역시 습관이 된다. 나쁜 습관을 고치는 일은 처음부터 좋은 습관을 익히는 일보다 훨씬 더 어렵다.

유소년 경기를 보면 코치가 별다르게 가르치지 않았어도 일부 선수들이 경기를 지배하는 경우가 종종 있다. 다른 선수들보다 신체적으로 월등히 발달했기 때문이다. 그래서 코치들은 나쁜 의사결정 습관을 만들어 나가는 과정을 방치한다. 심지어는 장려하기도 한다. 하지만 그 선수가 5년 후에 다른 선수들과 비슷한 신체 조건과 운동 능력을 가지게 되었을 때도 늘 이긴다고 장담할 수는 없다. 우리 모두는 이런 선수들을 떠올릴 수 있다. 화려한 드리블로 여러 선수를 제치던 그 선수에게 무슨 일이 있었던 것일까? 운동에 대한 흥미를 잃었을까? 열정이나 동기가 부족했던 것일까? 어쩌면 코칭이 문제는 아니었을까?

선수의 문제인가? 훈련과 전술의 문제인가?

여기 하비에르라는 어린 선수가 있다. 키가 작고, 발이 다소 느리며, 기술이 없는 것은 아니지만 자주 공을 빼앗긴다. 공격을 할 때는 팀 동료가 없는 공간으로 공을 몰고 간다. 뒤로만 패스하며 부모와 코치를 답답하게 만든다. "제발 백패스를 하지 말라고!" 코치가 울부짖으며 소리쳐도 소용이 없다. 그런데 팀에는 번개같은 스피드로 돌파해 골을 만들어내는 선수가 있다. 그렇다면 코치는 과연 하비에르에게 그 선수만큼 시간과 노력을 투자해 왔을까?

팀 동료들이 하비에르의 움직임을 이해하고 있었다면 그가 그렇게 백패스를 자주 하지 않았을 지도 모른다. 하비에르는 오랫동안 팀의 관심에서 밀려나 있었다. 나름대로 공간을 만들기 위해 최선을 다해 움직여도 좀처럼 패스를 받지 못했다. 하비에르는 패스를 받아서, 바로 방향을 전환한 다음, 두 명의 수비를 무너뜨리는 스루 패스를 찔러주는 모습을 오늘도 상상했다. 하지만 팀의 '에이스' 선수는 12번 연속으로 혼자 공을 터치하고 있다. 혼자 드리블을 해서 달리다가 상대 수비에 막혀버렸다. 패스를 받기 위한 하비에르의 센스있는 공간 침투는 이미 의미가 없어졌다. 팀의 '에이스'는 생각한다. '왜 하비에르는 저기 서 있는 거야?'

아마 하비에르도 같은 질문을 할 것이다. 조만간 공간을 찾아 뛰는 플레이를 그만둘 지도 모른다. 그렇게 달려야 할 이유가 없기 때문이다. 전술 게임에서 어떤 선택과 움직임은 팀 동료가 같은 방식으로 게임을 하지 않는 한 눈에 잘 띄지 않는다. 보상도 거의 없다.[3] 센스있게 공간을 침투해 들어가도 패스를 거의 받지 못하는 팀에서 뛰면 경기장에서 신호를 읽고 과감하게 결정하는 능력을 발전시키기 어렵다. 그런 선수들이 얼마나 많을까?

이런 하비에르에게 물과 햇빛을 제공해 준다면 무슨 일이 벌어질까? 선수에게 물과 햇빛은 관심과 티칭이다. 여기에 더한다면 기회, 믿음, 그리고 높은 기대다. 몇 년 후에 하비에르는 스피드와 체격이 발달하며 놀라운 능력이 창발할지도 모른다. 공을 쓸데없이 끌지 않고 컨트롤하면서, 완벽한 각도

---

[3] 요한 크루이프는 이렇게 말했다. "사람들은 경기 중에 공을 멋지게 저글링한 후 수비수 네 명이 자리를 잡을 시간을 주는 선수를 좋은 선수라고 생각하는 경향이 있습니다. 그건 착각입니다. 원터치 패스로 팀 동료의 오른발에 딱 맞는 속도로 패스해 주는 게 진정한 테크닉입니다."

의 패스로 상대 수비를 무너뜨리는 스마트한 선수가 될 수도 있다[4]. 그렇다면 얼마나 많은 팀이 하비에르와 같은 선수에게 꾸준히 물과 햇빛을 제공하고 있을까?

오해하지 말았으면 한다. 신체 조건과 운동 능력은 당연히 중요하다. 그렇지 않다면 프로 구단이 그렇게 정성을 들여 선수들의 식단을 관리하지 않을 것이다. 하지만 근육질의 몸도 아니고, 상대적으로 작은 체격이거나 비교적 발이 느린 선수들 중에도 경기를 좌지우지하는 선수가 있다. 사비, 피를로, 캉테와 같은 선수들이다. 머리를 쓰는 일이야말로 궁극의 경쟁 우위 요소라는 점을 보여주는 선수들이다.

지각의 작동 방식

---

4   실제로 '사비'라고 불리는 하비에르 에르난데스는 경기를 읽고 페이스를 조절하는 능력이 탁월한 역대 최고의 중앙 미드필더 중 한 명이다. 그는 바르셀로나의 '티키타카' 스타일 축구를 대표하는 선수다. 바르셀로나에 8년 동안 리그 우승 6회, 챔피언스리그 우승 3회, 스페인 대표팀에 월드컵 우승 1회, 유럽선수권 우승 2회를 안겼다.

생각하는 기술을 가르치기 어려운 이유는 생각이 언제, 어떻게 일어나는지 인식하기 어렵기 때문이다. 터무니없는 말처럼 들릴지 모르지만 우리가 의식적으로 인식하는 생각은 우리가 하는 모든 인지의 극히 일부에 불과하다. 데이비드 이글먼이 『인코그니토』라는 책에서 말한 것처럼 생각의 대부분은 우리가 미처 알지 못하는 상태에서 무의식적으로 일어난다.

여기서는 연습과 경기 중에 선수의 뇌에서 일어나는 인지 과정을 설명하고자 한다. 여기서는 주로 축구와 같은 집단 침략 게임에서의 인지 기능에 초점을 맞추고자 한다. 물론 다양한 종목의 코치들에게도 도움이 되리라 생각한다. 다시 말하지만 나는 스포츠 과학자가 아니다. 그저 티칭과 학습이라는 렌즈를 통해 과학 분야에서 나온 연구를 코칭에 적용하는 일을 함께 고민하고 싶을 뿐이다.

선수의 의사결정 능력을 발전시키는 일은 코치의 능력을 테스트하는 확실한 시험대이기도 하다. 의사결정 능력이 중요하다고 믿는 코치도 이걸 실제로 가르치기는 무척이나 어렵기 때문이다. 그리고 의사결정 능력을 키우려면 용기있게 미래에 초점을 맞춘 훈련이 필요하기 때문이다.

먼저 두 가지 인지 과정을 구분하는 작업부터 시작하자. 많은 사람들이 이 둘을 구분하지 않고 사용한다. 바로 의사결정과 문제해결이다. 문제해결은 일반적으로 느린 과정이다. 의사결정은 빠르게 일어난다. 의사결정은 선수가 경기 중에 더 자주 사용하는 인지 과정이다. 문제해결은 궁극적으로 경기 중에 더 빠른 사고를 할 수 있도록 연결고리를 만드는 과정이다. 선수는 경기 중에 의식적인 생각의 과정을 생략하고 빠른 의사결정 능력을 보여주곤 한다. 그럴 때 우리는 보통 '본능적인 감각'이나 '경기 감각'이라는 말을 쓰곤 한다. 이런 빠른 의사결정은 선수의 의도적인 사고 과정 없이 자체적으로 작동하는 프로세스다.

지각의 작동 방식에 대해서도 살펴보자. 지각은 대부분의 사람들이 알고 있는 것보다 더 복잡하고 주관적이다. "우리 뇌의 절반은 시각에 할당되어 있다"고 시각을 연구하는 인지과학자인 어빙 비더만 박사는 말한다. 자동으로 순식간에 일어나기 때문에 우리는 시각 인지 과정이 매우 단순한 프로세스라고 착각하기 쉽다. 그러나 탁월한 시각 능력이란 무엇을 봐야 하고, 어디에서 중요한 정보를 찾을 수 있는지를 아는 능력을 의미한다. 피아니스트 다니엘 벨리아프스키와 그의 제자 샬롯 베넷을 대상으로 한 연구는 시각과 움직임의 연관성을 보여준다.

 피아니스트의 눈의 움직임 추적

벨리아프스키는 새로운 악보를 읽고, 단서들을 포착하고, 포착한 단서에 따라 손을 어떻게 움직여야 할 지를 결정하고, 그 결정을 신체 움직임으로 코디네이팅하고 있다. 그의 눈은 연주하려고 하는 바로 앞 구절로 정확하고 일관되게 움직인다. 먼저 고음 음자리표로 이동한 다음 베이스 음자리표 어딘가로 이동한다. 영상에서 그는 시각 추적 안경을 착용하고 연주를 하고 있기 때문에 우리는 그의 시선이 어디를 향하고 있는지 알 수 있다. 그가 바라보는 시야는 비교적 좁고 일정하다. 제자인 베넷보다 훨씬 일관성있게 움직인다. 베넷은 더 넓은 범위를 스캔하지만 눈이 향하는 지점이 일정하지 않다.

이는 예상치 못한 결과다. 전문가인 벨리아프스키는 베넷보다 의사결정에 필요한 시각 정보를 오히려 적게 받아들이고 있다. 하지만 그는 어디를 봐야 연주에 필요한 단서를 얻을 수 있는지 정확히 알고 있다. 그곳으로 보다 일찍 시선을 보내고 있다. 그의 지각은 연주에 도움이 되는 신호는 더 많이 포착하고 불필요한 신호(노이즈)는 적게 받아들이고 있다. 무엇보다 그는 무의식적으로 이런 지각 기능을 수행한다. 그는 영상을 보며 이렇게 말하고 있다. "제가 이렇게 보고 있는 줄 몰랐어요."

벨리아프스키와 같은 전문가는 어디를 봐야 하는지 무의식적으로 안다. 그리고 자신이 본 정보를 효율적으로 처리한다. 그는 신체 움직임이 자동으로 나오도록 오랜 시간 훈련을 했기 때문에 자신이 지각해야 하는 대상에 집중하는 데 작업 기억을 오롯이 사용할 수 있다.

연구 결과 교사들에게서도 비슷한 패턴이 발견되었다. 신입 교사들에 비해 베테랑 교사들은 더 적게 보면서도 많은 것을 알아냈다. 벨리아프스키와 마찬가지로 베테랑 교사들의 눈의 움직임은 더 좁고 일정했다. 중요한 변수를 안정적으로 파악하려면 어디를 봐야 하는지 오랜 경험을 통해 알게 된 것이다.

선수에게 무의식적으로 올바른 대상을 바라보는 습관은 탁월함의 척도다. 경기에 도움이 되는 신호를 찾고 불필요한 신호(노이즈)는 무시하는 습관은 최

고 수준의 경기력에 필수적인 요소다. 최근에 레전드 축구 선수 크리스티아누 호날두 선수를 대상으로 흥미로운 시각 추적 연구가 진행되었다. 영상을 보면 호날두 선수가 수비수로부터 공을 지키며 드리블을 할 때 벨리아프스키와 비슷하게 눈이 움직이고 있다는 사실을 확인할 수 있다. 그는 수비수의 골반과 무릎의 움직임에 집중하고 있다. 핵심 정보에서 단서를 찾아내고 오랜 훈련으로 익힌 자동화된 기술로 반응하고 있다. 결정적으로 호날두 역시 자신이 눈을 이런 방식으로 움직이고 있다는 사실을 인식하지 못한다. 최고의 선수들이 남다른 플레이를 보여주는 것은 남다르게 보기 때문일 수도 있다.

 크리스티아누 호날두의 눈의 움직임

그룹 안에서 여러 선수들의 의사결정을 조율하는 일도 중요하다. 팀은 경기 중에 지속적으로 문제를 해결해 나가야 한다. 좋은 팀은 동료 선수들의 움직임을 최적으로 예측하면서 문제를 해결한다. 이는 인공 지능과 유사한 방식이다.

그룹의 문제해결 능력을 키울 수 있는 방법은 무엇이 있을까? 지식(앎, knowledge)은 비판적 사고와 같은 고차원적 인지의 토대가 된다. 버지니아 대학교의 심리학자 대니얼 윌링험은 문제해결에서 지식의 중요성에 대해 다음과 같이 말하고 있다.[5]

"지난 30년간의 연구는 과학으로는 도저히 부정할 수 없는 결론에 이르렀다. 생각을 잘 하려면 사실(지식)을 알아야 한다. 이는 생각의 대상이 되는

---

5 대니얼 윌링험 『왜 학생들은 학교를 좋아하지 않을까?』

지식이 필요하다는 단순한 이야기가 아니다. 교사들이 가장 신경을 쓰는 추론과 문제해결과 같은 사고 프로세스가 장기 기억에 있는 사실적 지식과 밀접하게 얽혀 있기 때문이다[6]. (이 문장에 밑줄을 두 번 긋고 싶다.)

이해력, 비판적 사고, 심지어 창의력의 기초로서 지식의 역할은 인지과학자들 사이에서 거의 의견이 일치하고 있다. 하지만 교육자들의 생각은 오히려 정반대로 치우쳐 있다. 그들은 사실(지식)을 배우는 일이 '우선 순위가 떨어지는' 활동이라 여긴다. 무엇이든 검색을 하면 찾을 수 있는 시대에 시간 낭비라고 말한다. 여기에는 문제해결과 비판적 사고는 일단 배우면 다양한 영역에 걸쳐 사용할 수 있는 기술이라는 가정이 깔려 있다. '전이가능한' 기술로 바라보는 것이다.

나는 이 개념이 왜 그렇게 사람들에게 어필하는지 이해할 수 있다. 비판적 사고는 한 번 익히면 여러 환경에서 두루 활용할 수 있다는 개념은 그럴

---

6 윌링험의 말이 믿기지 않는다면 이 주제에 대한 국립 연구 위원회의 자료를 참조하길 바란다. www.bit.ly/3jw9LTR

듯하게 들린다. 하지만 이는 안타깝게도 뇌가 실제로 기능하는 방식과 상충된다. 비판적 사고와 문제해결 능력은 맥락과 조건에 따라 크게 달라진다. 우리는 어느 정도 지식을 가지고 있는 영역에 대해서만 비판적으로 생각할 수 있다. 워터루에서 나폴레옹이 한 결정에 대해 비판적 사고를 하려면 나폴레옹의 성격과 동기, 부하 장군들과의 관계, 영국과 프로이센의 지휘관의 성격, 1815년 6월 18일 전장에서의 각 부대의 위치에 대해 알아야 한다. 이러한 지식이 없으면 그가 왜 무모한 공격을 했는지에 대해 아무리 비판적으로 생각하려고 해도 결국에는 추측밖에는 할 수가 없다. 추측은 비판적 사고가 아니다.

윌링험의 말처럼 지식이 사고(생각)에 도움이 되려면 장기 기억에 인코딩(각인)되어 있어야 한다. 의식적으로 무언가를 생각하는 작업 기억은 용량이 매우 적다.[7] 하나를 생각하고 있으면 다른 것을 생각할 수 있는 용량이 줄어든다. 무언가를 의식적으로 생각해야 한다면 다른 것을 생각하지 못하게 된다는 의미이다. 하나의 생각이 작업 기억을 잠식하고 있기 때문에 주변 세계를 정확하게 지각하지 못하게 된다는 의미이기도 하다.[8] 따라서 생각을 잘 하는 선수로 만들길 원한다면 선수의 장기 기억에 보다 많은 지식을 인코딩시켜 주어야 한다. 지각 기능이 더 효율적으로 작동하도록 작업 기억을 여유있게 유지시켜 주어야 한다.

---

7 반면 장기 기억은 사실상 그 용량이 무한대다.
8 창의력조차도 대부분의 사람들이 생각하는 것보다 훨씬 더 지식과 밀접한 관련이 있는 것으로 보인다. 실제로 많은 인지과학자들은 창의성이란 우리가 지각한 정보가 장기 기억에 인코딩되어 있는 지식과 연결되어 예상치 못한 일이 창발하는 현상이라고 여긴다. 인지과학자들에 따르면 두 개의 이질적인 아이디어가 묘하게 연결되기 시작하면서 나타나는 현상이 창의성이다. 창의성을 구성하는 두 아이디어 중 하나는 이미 장기 기억 속에 있는 것이다.

시스템1과 시스템2

노벨상을 수상한 다니엘 카네만의 연구는 사람들이 충분히 예측 가능함에도 불구하고 사고(생각)의 오류를 저지르는 이유를 알고 싶은 동기로 시작되었다. 그의 대표작인 『생각에 관한 생각』을 보면 뇌의 두 가지 다른 사고 시스템을 말하고 있다. 카네만 박사는 이를 단순하게 '시스템1'과 '시스템2'로 나눠서 부른다. 두 시스템은 서로 연결되어 있지만 놀라울 정도로 독립적으로 움직이기도 한다.

시스템1은 빠르게 작동한다. 시스템1은 위기 상황에서 살아남기 위해 진화해 왔다. 자신을 향해 달려오는 정체를 알 수 없는 동물을 보고 의식적으로 생각하기 전에 먼저 반응을 해야 인류는 생존할 수 있었다. 달려오는 맹수를 보고 가만히 서서 '저게 뭐지?' 하고 생각한 인간은 그 자리에서 죽었다. 뇌는 피하는 본능이 먼저 작동하고 생각은 나중에 일어난다. 카네만은 이렇게 말한다.

"시스템1은 경험보다 더 큰 영향력을 발휘한다. 우리가 내리는 많은 선택과 판단의 숨은 주인공은 바로 시스템1이다."

시스템1은 속도가 중요한 의사결정에만 관여하는 게 아니다. 미처 인지하지 못할 뿐 우리는 주변을 끊임없이 빠르게 평가하고 있다. 본능에 따라 하는 일도 많다. 모두 시스템1의 지배를 받는 행동이다. 데이비드 이글먼은 『인코그니토』에서 이와 관련해 재밌는 연구 사례를 소개하고 있다. 남성들에게 여성의 사진을 보여주고 매력 점수를 매기도록 한 실험이다. 사진의 절반은 동공이 확장된 여성이었다. 동공 확장은 흥분 상태임을 암시한다. 남성들은 동공이 확장된 여성을 더 많이 선택했다. 그렇다고 동공이 확장되어 있다는 사실을 인식하고 선택한 것은 아니었다. 그저 매력적이라고 생각한 여성을 골랐을 뿐이다. 이처럼 우리가 '미처 의식하지 못하는' 지각 능력이 우리가 하는 의사결정에 광범위하게 영향을 미치고 있다.

시스템1의 또 다른 중요한 특징은 늘 스위치가 켜져 있다는 점이다. 대부분의 경우에 우리는 시스템1의 작동을 억제하고 싶어도 그렇게 할 수가 없다. 다음에 표시된 두 단어를 보자.

'주차 금지'

우리는 이 두 단어를 읽으려고 애를 쓰지 않아도 뜻을 알 수 있다. 지극히 예외적인 상황에서만 우리는 이 문구를 보고도 그 뜻을 바로 알 수 없다. 읽는 법을 배우는 데는 몇 년이 걸리지만 일단 텍스트에서 의미를 연결하는 법을 배우게 되면 그 연결을 꺼버리기는 어렵다. 이렇듯 시스템1은 의식적인 생각보다 빠르게 작동하기 때문에 의식적으로 통제하려는 노력이 개입되기 전에 실수를 저지르기 쉽다. 본능적으로 피하고 나서야 바람에 날려온 나뭇가지라는 걸 알게 된다. 급브레이크를 밟고 나서야 사람이 아니라 그림자였다는 사실을 알게 된다.

이런 시스템1을 시스템2가 보완한다. 시스템2는 보다 신중하게 생각한다. 여러 옵션을 검토하고, 가설을 테스트하고, 마음을 바꾸기도 한다. 시스템2는 생각에 생각을 거듭한다. 비판적 사고와 문제해결은 시스템2 차원에서 일어난다.

하지만 시스템2도 완벽하지는 않다. 일단 시스템2를 사용하는 일은 에너지를 많이 소모하기 때문에 우리는 시스템2를 자주 사용하지 않는다. 꼭 필요할 때만 시스템2를 가동시킨다. 선수가 시스템2를 켜놓고 훈련하게 만들려면 다양한 노력이 필요하다. 선수의 문제해결 능력을 키우고 싶다면 코치는 정신적으로 몰입할 수 있는 문화를 만들어야 한다.

시스템2의 또 다른 특징은 느리다는 점이다. 여기서 '느리다'는 물론 상

대적인 표현이다. 뇌가 의식적인 생각을 하는 데는 약 6~10초가 걸린다. 대부분의 기준으로 보면 꽤 빠른 속도다. 하지만 선수는 훨씬 더 빠른 속도로 생각을 처리해야 한다. 야구에서 투수가 던진 공이 홈플레이트에 도착하는 시간은 약 0.4초다. 타자가 의식적으로 생각하며 반응할 수 있는 시간이 아니다.

오랫동안 사람들은 좋은 타자는 반응 시간이 빠를 거라고 생각했다. 하지만 데이비드 엡스타인이 『스포츠 유전자』에서 소개한 것처럼, 최고의 홈런 타자 앨버트 푸홀스는 전성기 시절에도 성인 남성의 평균보다 낮은 반응 속도를 가지고 있었던 것으로 밝혀졌다.[9] 그가 그렇게 빠른 공을 잘 때려낸 데에는 다른 무언가가 작용하고 있었다. 바로 지각이다.

푸홀스같은 타자는 투수가 공을 손에서 놓기 전의 움직임과 피칭 동작 전반(투수의 어깨 각도, 손목의 위치, 골반의 회전 속도)에서 시각 단서를 지각한다. 타자의 눈과 뇌는 이를 의도적으로 보려는 노력 없이, 즉 무언가를 알아내려

---

9   야구 선수가 아닌 일반적인 대학생 나이의 성인과 비교했다.

는 의식적인 노력 없이도 이러한 시각 단서를 처리하고 무슨 구종인지를 판단한다. 타자가 투수의 공을 때려내고, 치기를 원치 않는 공은 골라내는 능력에는 반응 속도 이상의 심오한 세계가 있다. 대개의 성공한 선수들은 자신을 성공으로 이끈 진정한 원동력이 무엇인지 알지 못하는 경우가 많다. 자신의 지각이 그런 일을 한다는 사실조차 인식하지 못한다. 그저 우연히, 자신도 모르게 탁월한 능력을 습득했을 뿐이다.

경기 상황이나 상대의 움직임을 보고 신호나 단서를 찾도록 가르쳐 준 코치가 있다면? 그렇게 신호나 단서를 찾으려고 연습한 경험이 있다면? 코치가 지각 기능이 중요하다는 사실을 알고 있다면?

이러한 질문이 중요한 이유는 대부분의 집단 침략 게임에는 의식적인 생각의 과정이 펼쳐지기 전에 빠르게 결정을 내려야 하는 순간이 많기 때문이다. 상대 미드필더 뒤에 공간이 막 열리려고 한다. 어떻게 패스를 해야 한다는 의식적인 생각 없이 발끝으로 공을 툭 찔러넣어 준다. 선수는 패스에 대해 '생각'하지도 않았다. 팀 동료가 그 공간으로 이동하고 있다는 신호를 어렴풋이 알아챘을 뿐이다. 신호를 포착했다고 머리로 '알기' 전에 몸이 먼저 움직인 것이다. 이것이 바로 시스템1의 작동 방식이다. "내가 방금 그 패스를 한 거야? 믿을 수 없는데?" 가끔씩 선수가 내뱉는 이런 말은 사실 시스템2가 시스템1의 활동을 관찰하며 하는 말이다. 최고의 축구 선수 리오넬 메시는 이런 말을 남겼다.

"최고의 결정은 머리가 아니라 본능에서 나온다. 상황에 익숙해질수록 더 빠르고 더 나은 결정을 내릴 수 있다."

여기서 메시가 말한 본능은 타고난 본능이 아니라 장기 기억에 인코딩된 습관을 의미한다. 의식적인 사고는 정신 없이 돌아가는 경기 중에는 전혀 실용적인 도구가 아니다. 오히려 경기에 방해가 된다. 코치는 선수가 좋은 결정을 '무의식의 차원에서' 내릴 수 있도록 가르쳐야 한다. 이를 보통 지각-동작 연결이라고 한다.

선수의 뇌에 있는 두 시스템 사이에는 서로 간의 코디네이션과 긴장이 공존한다. 시스템1은 빠르게 결정해 무의식적으로 움직일 수 있게 해주지만 오류가 발생하기 쉽다. 시스템2는 깊이 생각할 수 있게 해주고 예리한 통찰력을 발휘하지만 긴급하게 처리해야 할 인지 기능을 방해할 수 있다.

'문제해결 게임'의 아이러니

문제해결 과정에서 뇌는 시행착오를 하기도 하고 의도적으로 단계별로 분석을 하기도 한다. 시스템2에 해당하는 이런 작업은 속도가 문제다. 번뜩이는 통찰력으로 문제를 순식간에 해결할 수도 있지만 일반적으로 문제해결 과정은 느리게 진행된다. 그렇기 때문에 경기 중에 하는 대부분의 생각은 문제를 해결할 수 없다. 대부분의 스포츠가 일종의 '문제해결 게임'이라는 점을 생각하면 이는 역설적으로 보이기도 한다.

중요한 포인트는 문제해결 능력이 코치가 가르칠 수 있는 기술이라는 점이다. 코치는 선수의 문제해결 능력을 키울 수 있다. 선수가 좋은 결정을 반복하면서 그 경험을 장기 기억에 인코딩하도록 도움을 줄 수 있다. 선수는 시스템2의 모든 기능을 늘 경기 중에 사용하는 것은 아니다. 하지만 경기에 사용할 의사결정 능력을 장기 기억에 인코딩하기 위해 시스템2에 의존한다. 윌링험은 "기억은 인지적 노력의 부산물이며, 애쓰지 않고도 실행할 수 있는 능력은 정신적, 신체적 훈련의 부산물"이라고 말했다. 인지과학자들은 이런 인지적 노력을 '바람직한 난이도'라고 부른다. 역설적이게도 선수가 경기에서 빠르게 결정할 수 있도록(시스템1이 작동하도록) 만드는 가장 좋은 방법은 훈련 중에 적절한 타이밍에 의도적으로 생각할 수 있는(시스템2를 사용할 수 있는) 연습 환경을 만드는 일이다.

보는 법 배우기 : 의사결정 능력의 토대

"의사결정은 모두 지각에서 시작된다"

바르셀로나 토보(TOVO) 아카데미 토드 빈 코치의 말이다. 우리가 어떤 대상을 지각하고 있다면 그 순간에도 사실상 어떤 결정을 한 셈이다. 무엇을 볼 지를 이미 선택했기 때문이다. 우리는 단순히 눈에 들어온 세계를 객관적으로 본다고 생각하지만 사실 그것은 '사용자 환상(user illusion)'이다[10]. 인지과학자 스티븐 존슨은 "의식이 있다는 것은 주변의 모든 것을 지각하고 있는 상태라고 여기는 경향이 있지만, 사실 그것은 현실의 작은 조각을 지각하는 것을 의미한다"고 말하고 있다.

우리가 무언가를 볼 때 뇌는 '아마도 거기에는 이게 있을거야' 하면서 비어있는 부분을 채우기도 한다. 그 덕에 우리는 눈으로 본 것이 무엇인지 알 수 있다. 인간의 주변시는 사실상 쓸모가 없을 정도로 흐릿하다. 시야의 중심에서 바깥쪽으로 15도 정도 떨어진 대상을 보는 주변시에도 시각 신경이 붙어 있다. 하지만 감각 세포는 없다. 그래서 우리의 시각에는 사각 지대가 생긴다. 그런 사각 지대 덕에 마술사는 우리의 눈앞에 물체를 놓고 깜쪽같이 사라지게 만드는 트릭을 보여준다[11]. 우리의 뇌는 보이지 않는 부분도 임의

---

10 덴마크 작가 토르 노레트란더스가 만든 용어다.

11 예를 들어 테이블 위의 한 지점을 바라보게 한 다음 가위를 시각의 사각 지대로 옮겨 놓는다. 놀랍게도 그 사각 지대는 제법 넓고 시야의 가운데 부근에 자리잡고 있다. 하지만 우리 뇌는 그런 사각 지대를 인지 과정을 통해 채우기 때문에 가위가 새로 놓여졌다는 사실을 눈치채지 못한다.

로 채우기 때문에 이를 알아차리지 못한다. 또한 뇌는 눈에 보이는 시야에서 어디에 주의를 기울여야 하는지 결정을 내리는데, 이러한 결정 과정 역시 우리가 의식적으로 컨트롤하지 못한 채 일어나곤 한다.

심리학자인 알프레드 야르부스는 어느 실험의 참가자들에게 그림을 보게 하면서 눈의 움직임을 추적했다. 야르부스는 그림에 대해 다양한 질문을 던졌는데, 그 때마다 참가자들의 눈이 향하는 위치가 달라졌다. 그림 속 인물의 나이를 말해달라고 하면 참가자들은 얼굴을 유심히 들여다보았다. 재산을 추정해 달라는 질문에는 옷에 집중했다. 참가자들의 눈은 알아야 할 정보에 따라 다른 패턴으로 움직였다. 하지만 중요한 사실은 (아마 지금쯤이면 예상할 수 있겠지만) 자신의 눈이 그렇게 움직였다는 사실을 인지하지 못했다는 점이다. 데이비드 이글먼은 이렇게 말한다.

"나의 눈은 마치 미션을 수행하는 비밀 요원처럼 세상을 탐색한다. 비록 '나의' 눈이지만 나는 눈이 어떤 임무를 수행하고 있는지 거의 알지 못한다."

실험 참가자의 뇌가 그림에서 정보를 찾기 가장 적합한 곳으로 (무의식적으로) 시선을 보낸다면 뇌는 도대체 어떻게 그런 방법을 알고 있는 것일까? 답은 바로 경험이다. 자신이 미처 인지하지 못한 상태에서도 올바른 대상을 바라보는 '암묵지'는 얼굴에서 사람의 나이를 읽고, 옷에서 그 사람의 부의 수준을 식별하는 수많은 반복 경험으로부터 만들어진다.

선수가 경기장에서 어디를 봐야 하는지를 알려주는 것도 암묵지의 역할이다. 수비수가 상대의 패스를 예측하려면 시선이 어디를 향해야 할까? 공을 가진 선수의 눈일까? 아니면 발이나 골반의 움직임일까? 그리고 이런 대상을 얼마나 자주 스캔해야 할까? 선수들 대부분은 이런 것들을 '생각하지 않고' 어딘가를 볼 가능성이 높다. 사실 아무리 뛰어난 수비수라도 자신이 어디를 보고 있는지 모를 가능성이 높다. 어느 인지과학자의 말처럼 "사람들은 자신이 어딘가를 보고 있다고 생각하지만 틀린 경우가 많다[12]." 우리는 어딘가에 집중하고 있음을 스스로도 인식하지 못하면서 보고 있는 경우가 많으며, 본 경험이 없는 대상을 볼 때는 보면서도 그것의 존재를 인지하지 못할 수도 있다.

어디를 봐야 중요한 신호를 포착할 수 있는지 배우지 못하면 좋은 패스의 기회를 놓치게 된다. 따라서 더 좋은 결정을 내리고 싶다면 먼저 눈에서 시작해야 한다. 눈이 주변을 제대로 보는 연습을 시작해야 한다. 주어진 조건과 상황에서 신호와 단서를 포착하는 습관을 만들어야 한다.

지각 능력은 이처럼 지식과 경험에 의해 무의식적으로 일어나는 능력이며 기술이다. 이러한 사실은 선수 육성에 중요한 메시지를 던진다. 첫째, 선수를 어릴 때부터 경기의 기하학적인 측면(구조와 패턴)에 폭넓게 노출시켜야 한다. 경기장의 구조 속에서 공간과 선수의 움직임을 보는 방법을 가르쳐 주어야 한다. 상대의 움직임에서 어떤 신호가 어떤 플레이로 연결되는지, 상대의 대형에서 어떤 단서가 어떤 전술로 연결되는지를 알려주면 선수의 지각 능력은 빠르게 발전할 수 있다.

둘째, 온갖 쓸데없는 정보(노이즈) 속에서 필요한 단서를 찾는 훈련을 해야 한다. 피드백을 이야기할 때 다시 설명하겠지만 "여기서는 어떻게 했어야 해?"라고 묻는 것보다 "방금 어디를 봤어?"라고 묻는 것이 선수의 의사결정 능력을 키우는 데 효과적이다.

셋째, 선수의 시각 능력은 충분히 개선할 수 있다는 사실을 인식할 필요가 있다. 남아프리카의 연구자인 셰릴 칼더 박사는 시각 훈련 전문가다. 영국 럭비 국가대표팀의 훈련에 참여했을 때 칼더 박사는 높게 날아오는 공을

---

12 샘 바인, 엑스터 대학교 The Atlantic에서 인용. www.bit.ly/32NLm5x

잘 잡지 못하는 한 선수를 발견했다. 그 선수가 높은 공을 놓치면 다들 "저 선수는 원래 저래." 하고 대수롭지 않게 넘어가곤 했다[13]. 하지만 칼더 박사는 그렇게 쉽게 단정짓지 않았다. 매일 훈련을 통해 그 선수의 수직 주변시를 조금씩 개선해 나갔다. 주변시 훈련에는 약간의 테크닉이 필요하지만 대부분의 유소년팀에서도 충분히 진행할 수 있다. 그 전에 칼더 박사는 다소 보편적인 조언을 한다. 바로 스마트폰 사용이다. 스마트폰은 주변시의 범위를 축소시키고 시각 시스템 전체를 약화시킨다. 장기적인 부작용도 크지만 단기적인 악영향도 심각하다. 칼더 박사는 선수들에게 경기가 있는 날에는 스마트폰을 사용하지 말라고 당부한다.

마지막으로, 잘 보기 위해서는 지식과 경험이 필수다. 경기를 제대로 보고 읽으려면 올바른 대상을 보는 수년 간의 경험이 필요하다. 책을 편안하게 오래 읽고 싶다면 어릴 때부터 독서 습관을 길러야 한다. 운동도 마찬가

---

13   칼더 박사의 CNN 인터뷰 www.cnn.it/34WnGOU

지다. 축구를 배우는 어린 선수가 고개를 떨구고 공을 내려다보면서 드리블 하는 연습을 6~7년 동안 하다가 갑자기 15살이 되었을 때 고개를 들고 경기장을 제대로 보라고 주문하면 제대로 될 리가 없다. 어떻게 움직일지 예측할 수 없는 팀 동료, 상대 선수들과 섞여 움직이면서 그렇게 한다? 그때 보는 법을 배우기 시작하면 너무 늦다. 훈련되지 않은 선수의 눈은 무언가를 보면서도 의미있는 정보를 발견하지 못한다.

청킹과 정신적 표상

뇌의 시각피질에는 이전에 본 적이 없는 사물이 어떻게 보일지 예측을 하는 흥미로운 기능이 있다. 지금 방 안에 의자가 있다면 그 의자를 잠시 쳐다보자. 의자를 아주 잠깐만 봐도 우리는 다른 각도에서 바라본 의자의 이미지를 떠올릴 수 있다. 그 각도에서 의자를 본 적이 없더라도 말이다. 뇌는 이런 추론 능력을 가지고 있다. 인지과학자인 어빙 비더만 박사는 이를 '패턴 인식의 기적'이라고 부른다. 비더만 박사에 따르면 뇌가 이렇게 패턴 인식을 할 수 있는 이유는 복잡한 모양을 '지온(Geons)'이라고 부르는 보다 단순한 형태로 분해할 수 있기 때문이다. 뇌는 일단 핵심적인 기하학적 구조를 알게 되면 그 지식을 바탕으로 새로운 상황에 빠르게 적용한다.

지각에 관한 또 다른 중요한 발견은 바로 '청킹(덩어리,chunks)'이라는 개념이다. 전문가가 초보자보다 많은 정보를 처리하는 이유가 바로 이 '청킹'에 있다. 전문가들은 덩어리 단위로 정보를 처리한다. 예들 들면 여기 13개의 알파벳이 있다.

'T ob EOR n oTTOB E'

우리는 이 13개의 알파벳을 하나하나 기억하는 대신 'To be or not to

be' 6개의 단어로 보다 쉽게 기억할 수 있다. 이 문장은 우리에게 익숙한 문장이기 때문에 하나의 덩어리로 기억할 수도 있다.

체스판의 이미지를 전문가 레벨의 체스 선수에게 보여주면 초보자보다 게임 상황에 대해 훨씬 더 많은 정보를 기억한다는 허버트 사이먼 박사의 유명한 연구가 있다. 사이먼 박사는 체스판의 이미지를 5초 동안 보여주고 얼마나 기억하는지를 분석했다. 전문가 레벨의 선수들은 말이 어디에 있었는지 3분의 2 정도를 정확히 기억했다. 반면 초보자 레벨의 선수들은 대략 4개 정도 말의 위치만 기억했다. 언뜻 보면 전문가들이 체스를 둔 경험이 많기 때문에 기억력이 좋은 것처럼 보이기도 한다. 어쩌면 타고난 재능 때문일지도 모른다. 하지만 사이먼 박사는 흥미로운 실험을 통해 정보를 덩어리로 처리하는 '청킹' 능력이 과제에 특화되어 발달하는 능력이라는 사실을 입증했다.

다음 실험에서 그는 체스판 위의 말을 무작위로 배치해 실제 게임에서는 일어나지 않는 판세를 만들었다. 그리고 선수가 체스판 위의 말을 얼마나 기억하는지 분석했다. 이 경우에 전문가는 초보자보다 특별히 더 나은 기억력을 보여주지 못했다. 실제 게임에서 벌어지는 상황이라는 맥락이 사라지자 전문가가 가진 지각 능력의 강점은 사라졌다. 자신에게 익숙한 체스 게임의 판세가 아니었기 때문에 지각 능력의 강점을 활용해 체스판의 의미를 파악할 수 없었다.

경기장 안에서 정신없이 공과 선수가 움직이는 모습을 지켜보기만 해서는 지각 능력이 발달하지 않는다. 선수는 자신이 보는 것이 무엇인지 알고 있어야 한다(지식). 미드필더는 수비 대형을 이해하고 상대의 움직임에서 신호를 재빠르게 포착해 팀동료가 뒷공간을 침투해 들어갈 거라는 사실을 알아차려야 한다. 이것이 바로 '경기가 최고의 교사'라는 생각을 과학이 인정하지 않는 이유다. 경기는 경기를 이해하고 있는 선수를 가르친다.

사이먼 박사는 전문가들이 체스의 말 위치를 덩어리 단위로 처리했다고 주장한다. '룩은 비숍을 위협하고 있다.' '비숍은 두 개의 폰이 방어하고 있다.' 이렇게 여러 말의 위치를 하나의 진형으로(덩어리) 인식하는 방식이다. 축구를 예로 들면 이렇게 설명할 수 있다. 초보 선수는 상대 풀백이 미드필드 라인에서 10미터 내려간 터치라인 부근에서 프레싱을 하고 있는 모습을 본다. 그리고는 오른쪽 센터백이 풀백과 15미터 떨어진 지점에 위치하고 있다는 사실을 확인한다. 하지만 전문가 레벨의 선수들은 이런 방식으로 보지 않는다. 상대 포백 라인은 비교적 견고하지만 센터백이 다소 떨어져 있음을 확인한다. '얼마나 떨어져 있지? 원래 유지했어야 할 거리보다는 다소 벌어진 것 같은데?' 전문가들은 '정신적 표상(mental representation)'을 사용한다. 그들에게는 오랜 경험과 지식을 통해 자신의 내면에 구축한 '정신적 표상'이 있다. 이걸 활용해 많은 양의 정보를 빠르게 처리할 수 있다. 전문성 연구의 대가인 안데르스 에릭손 박사는 바로 이 '정신적 표상'이 지각 능력을 빠르게 발전시키는 핵심이라고 주장한다.

나는 스코틀랜드의 국가대표 수비수였던 레인 먼로 감독로부터 비슷한 이야기를 들었다. 그는 포백의 모양을 '접시' 같다고 표현했다. 그에게 포백의 움직임을 보는 일은 하나의 이미지를 보는 것과 같았다. 그는 경기장을 가로지르는 곡선의 이미지를 포백에 대한 정신적 표상으로 삼았다. 그런 방식으로 경기장을 보면서 수비 라인에서 벌어지는 일을 한 눈에 파악할 수 있었다.

"왼쪽 풀백이 비었네요." 나와 함께 경기를 보다가 먼로 감독은 이렇게 말했다. "너무 벌어져 있다는 사실을 깨닫고 다시 자기 자리로 가려고 안쪽으로 움직이고 있어요. 그러다 보니 자신의 마크맨을 보질 못하네요." 그의 말과 동시에 잠시 시야를 잃은 왼쪽 풀백 쪽으로 긴 대각선 패스가 날아갔다.

그리고는 골을 허용했다. 먼로 감독은 이 말을 할 때 샌드위치를 먹으며 나와 이야기를 나누고 있었다. 살짝 눈을 들어 경기장을 보고 나서 무언가 문제가 생겼다는 사실을 순간적으로 알아챈 것이다.

에릭손 박사도 선수들에게 경기 영상을 보여주고 얼마나 기억하는지를 관찰한 실험을 한 적이 있다. 그의 실험에서도 '청킹'의 역할을 확인할 수 있었다. 에릭손 박사는 선수가 패스를 받는 장면에서 영상을 멈췄다. 뛰어난 선수일 수록 그 장면에서 다른 선수들이 어디에 있었는지, 어느 방향으로 움직이고 있는지, 공이 어디로부터 날아왔는지를 더 잘 기억했다. 다음에 벌어진 일도 잘 기억했다. 에릭손 박사는 이렇게 말했다. "전문가 레벨의 선수들은 패턴을 잘 해석하는 능력 덕분에 어디로 움직여야 할지, 언제 누구에게 패스해야 할지 등에 대해 더 나은 결정을 내릴 수 있다."

그뿐만이 아니다. 에릭손 박사의 설명에 따르면 뇌는 가소성이 있어 직면한 과제에 대응하기 위해 끊임없이 신경 회로의 연결에 변화를 줄 수 있다. 보는 능력은 꾸준히 발전시킬 수 있다는 이야기다. 런던 택시 기사의 뇌를 스캔해 보니 경로 탐색과 관련된 뇌 부위의 회로가 확장되어 있는 것으로 드러났다[14]. 결국 뇌는 자주 지각하는 대상을 더 많이 지각한다. 어릴 때 지각 능력을 발달시켜 정신적 표상을 형성해 놓으면 시간이 지남에 따라 지각 능력은 더욱 강화된다. 어린 선수의 지각 능력을 발달시킬 수 있는 환경에 코치가 관심을 기울여야 하는 이유다. 어느 종목의 코치든 선수가 경기의 핵심 기하 구조를 한눈에 보고 알아차릴 수 있도록 충분히 많이 그런 환

---

14 매핑mapping 소프트웨어가 등장하기 전에는 그랬다. 이제 그들의 뇌는 다른 모든 사람들과 마찬가지로 채팅앱이나 SNS를 사용하는 부분이 커지고 있다. 그 사례가 에릭손 박사의 책 『1만 시간의 재발견』에 소개되고 있다.

경에 노출시켜야 한다[15]. 일단 뇌가 경기의 핵심 기하 구조를 알게 되고 유용한 정신적 표상을 형성하게 되면 경기가 어떻게 펼쳐질 지를 빠르게 예측할 수 있다.

노르웨이 스포츠과학대학의 게르 요르뎃이 최근 수행한 연구에 따르면 실력이 더 좋은 선수일 수록 일반적인 선수들에 비해 공에서 잠시 눈을 떼고 주변 선수들의 위치와 공간을 파악하는 '스캔' 작업을 더 자주 하는 것으로 드러났다. 최고의 미드필더들은 10초 동안 5~6번 스캔을 한다고 요르뎃은 말한다. 저명한 축구 기자인 샘 딘은 최근 텔레그래프에 기고한 글에서 "스캔을 자주 하는 선수는 공을 받았을 때 주변 상황에 대해 분명한 이미지를 가지고 있다"고 적기도 했다.

하지만 스캔을 이야기할 때 주의해야 할 포인트가 있다. 그냥 보는 것만으로는 부족하다는 점이다. 무언가를 보기는 하지만 워낙 찰나의 시간 동안 벌어지기 때문에 정보를 얻지는 못할 수 있다. 빠르게 보는 능력 만큼이나 빠르게 정보를 포착하는 능력이 스캔의 효과를 결정한다. 단순하게 더 많이 고개를 돌리면서 주변을 스캔한다고 해서 정보를 포착하는 능력이 더 나아지는 것은 아니다. 선수는 먼저 지각 능력을 발달시켜야 한다.

의사결정 코디네이션과 게임 모델

하비에르가 마침내 1군에 합류해 경기를 하고 있다. 그는 앞으로 달리면

---

15 '체인징 더 게임 프로젝트Changing The Game Project'의 설립자인 존 오설리반은 몇몇 최고의 NBA 선수들(코비 브라이언트, 스티브 내쉬)이 농구 코트에서 특별한 지각 능력을 발휘할 수 있었던 비결로 어릴 때 경험한 스몰 사이드 축구를 꼽았다고 말한다.

서 중앙 미드필더가 자신에게 패스한 공을 받으려고 한다. 어깨 너머로 상대 수비수가 빠르게 다가오고 있는 모습이 보인다. 다른 두 명의 수비수도 눈에 들어 온다. 자신이 방향을 살짝 돌리면 이동 경로를 막으려는 듯 보인다. 수비수 뒤쪽 공간은 보일 듯 말 듯 하다. 그때! 수비수 한 명이 한두 발짝 가까이 다가온다. 하비에르의 뇌는 빛의 속도로 결정해야 한다. 어떻게 움직이라는 신호를 몸으로 보내야 한다. 퍼스트 터치를 어떻게 해야 할지, 공을 지키기 위해 어느 방향으로 몸을 움직여야 할지를 선택해야 한다. 하비에르가 가지고 있는 지각 능력의 수준과 기술을 자동으로 수행하는 능력에 따라 그 장면에서의 성패가 갈린다. 기술의 자동화 수준이 높아서 움직임을 수행하는 데 작업 기억을 최대한 적게 사용할 수 있다면 하비에르는 더 많은 것을 볼 수 있을 것이다.

또한 이 장면에서는 선수들의 지각이 공유되고 있다. 세 명의 상대 수비수가 하비에르에게 달려든다는 것은 다른 공간에 기회가 생길 수 있음을 의미한다. 하비에르의 동료들이 비어 있는 공간에서 공을 잡을 수 있다면 수적 우위를 가져갈 수 있다. 하비에르가 압박을 당하는 모습을 보면서 하비에르 자신과 팀동료들은 전술적 선택을 위한 단서를 지각할 수 있다. 하비에르는 퍼스트 터치로 상대를 현혹시킨 다음 뒤에 있는 베투에게 패스를 한다. 이런 상황을 연습한 적이 많은 베투는 그 상황에서 무얼 해야 하는 지 잘 알고 있다. 비교적 느리게 굴러오는 하비에르의 패스를 보면서 베투는 수적 우위를 만들 수 있는 지역을 찾기 위해 경기장을 빠르게 스캔한다. 마치 하비에르가 패스한 공이 천천히 굴러 오며 베투에게 말을 건네는 듯 하다. "세 명이 하비에르를 막고 있는 게 보이지? 1초의 시간을 줄테니 어디가 기회인지 잘 찾아봐!"

윙 쪽에 서있던 클라우디오도 같은 신호를 읽고 있다. 그는 자신이 비어 있는 공간으로 달리면 베투의 패스가 날아올 거라는 사실을 알고 있다. 클라우디오는 라인 쪽에 서있다가 갑자기 대각선으로 가로질러 컷인을 한다. 상대 수비수들은 하비에르의 백패스에서 어떤 신호도 읽지 못했고 클라우디오의 침투에 느리게 반응할 수밖에 없었다. 하비에르, 베투, 클라우디오는 이렇게 지각을 공유하며 결정적인 득점 찬스를 만들었다.

이 장면을 통해 우리는 좋은 의사결정 코디네이션을 위해 무엇이 필요한지 알 수 있다. 그룹 문제해결이라고 부를 수도 있다. 어떤 플레이를 원하는지, 특정 상황에서 어떤 옵션을 더 선호하는지에 대한 이해와 지식을 공유하고 있는 팀은 상대보다 더 빠르고 정확하게 동료 선수의 움직임에서 신호를 '읽어낼 수' 있다. 선수들은 비슷한 시각 단서를 보고 비슷한 방식으로 경기를 읽는다. 의사결정 코디네이션이 잘 이루어지고 있는 팀의 선수들은 마치 또 하나의 눈을 가진 것처럼 움직이는데, 최고 레벨의 경기에서 엄청난 경쟁 우위로 작용한다.

많은 팀들은 구체적인 상황과 조건에서 자신들이 원하는 플레이 방식에 대한 이해를 공유하기 위해 '게임 모델'을 만든다. 에릭손 박사가 말한 '정신적 표상'이라는 개념을 사용하면 '일련의 상호 연결된 정신적 표상'이라고 할 수 있다. 게임 모델의 근간이 되는 '플레이의 원리'는 플레이 스타일에 관계없이 동일하다. 하지만 게임 모델은 상대하는 팀에 따라, 때로는 환경에 따라 달라진다. 이를테면 전방에서 프레싱을 할 때와 깊게 수비 라인을 내려서 수비할 때 팀은 다른 게임 모델을 만들 수 있다. 어떤 의미에서 게임 모델은 팀이 합의한 하나의 약속이다. "프레싱을 할 때는 공이 미드필드를 빠져나가 반대쪽으로 넘어가지 않도록 막는다." "미드필드 지역을 거쳐 공격할 때는 상대의 압박을 유도해 살짝 뒤로 물러서는 척 했다가 빠르게 앞으로 치고 나간다."

게임 모델을 제대로 만들고 운용하려면 코치는 선수가 '지식'을 쌓아나가도록 해야 한다. 경기에서 벌어지는 상황과 그때 사용할 수 있는 솔루션을 이해하도록 훈련시켜야 한다. 지식은 다음과 같은 수준까지 이르렀을 때 실제 경기에서 도움이 된다.

- 지식이 장기 기억에 인코딩되어 있다.
- 지식에 명확하게 이름이 붙어 있어 코치와 선수가 그 플레이나 전술을 빠르고 정확하게 떠올릴 수 있고 소통할 수 있다.
- 지식이 구체적인 목적과 연결되어 있어 선수들이 주어진 상황에서 함께 대응할 수 있다. 모두가 목적을 잘 알고 있어야 의사결정 코디네이션이 제대로 이루어진다.

어떤 코치들은 역동적으로 흘러가는 경기 중에 게임 모델을 활용하는 것이 선수들의 플레이를 지나치게 통제하는 건 아닌가 하고 의문을 갖기도 한다. 하지만 어쩌면 반대일 수도 있다. 훈련을 통해 지식과 언어를 공유한 선수들은 코치의 개입 없이도 좋은 의사결정 코디네이션을 발휘할 수 있다. 앞서 인지과학의 연구 사례를 통해 말한 것처럼 아무런 맥락이 주어지지 않은 조건에서는 비판적 사고와 문제해결 능력이 발달하지 않는다. 구체적인 상황과 관련된 지식이 결합한 조건에서만 그러한 정신적인 기술을 가르칠 수 있다.

바르셀로나 토보 아카데미의 토드 빈 코치는 자신의 장인인 요한 크루이프가 좋아했다는 문구를 말해준 적이 있다. "간단한 일을 빠르게 하면 복잡해 보인다." 크루이프의 말은 '복잡성은 때로는 환상'이라고 해석할 수 있다. 하비에르와 베투, 클라우디오를 상대한 팀에게 그들이 보여준 일련의 움직임은 복잡한 패턴 플레이처럼 보일 수 있지만 실제로는 그렇지 않다. 우리는 가끔 전혀 예상하지 못했던 새로운 플레이를 보곤 한다. 엄청나게 창의적인 플레이처럼 보이지만 사실은 기존에 알고 있던 방식을 고도의 의사결정 코디네이션을 통해 독특하게 변형시킨 플레이인 경우가 많다. 이러한 창의성은 선수들이 서로의 움직임에서 신호를 캐치하는 능력이 고도로 발달되었기 때문에 나타난다.

이러한 이야기는 창의성을 지나치게 좁게 정의하는 말처럼 들릴 수 있다. 하지만 인간의 유전자 구성을 생각해 보면 이런 정의는 타당하다. 창의성은 DNA의 네 가지 기본 화학물질인 아데닌, 구아닌, 시토신, 티민의 서열 변화에 따라 상당 부분 결정된다. 겨우 이 네 가지 변수의 순서와 서열만 바꾸어도 수십억 개의 독특한 개체를 만들 수 있다.

또한 우리가 경기장에서 원하는 창의성은 다른 환경에서 요구되는 창의성과는 상당히 다르다. 스포츠에서 창의성을 말할 때는 완전히 새로운 발견이 아니라 일반적인 아이디어를 예상치 못한 방식으로 적용하거나 변형하는 것을 의미한다. 상자 밖에 있는 완전히 새로운 무언가를 찾는 일이 아니다. 오히려 상자 안에 있는 것을 이용해 상대가 예상할 수 없는 무언가를 만들어 내는 능력이다. 이는 선수 혼자 만들어낼 수도 있고 여러 선수의 코디네이션을 통해 만들어낼 수도 있다. 뉴질랜드 럭비팀의 명장 웨인 스미스 감독은 최근에 한 인터뷰에서 이런 말을 남겼다.

"많은 사람들이 우리 올블랙스 대표팀의 재능이라든지 창의적인 플레이에 대해 말하는 걸 들었습니다. 하지만 그건 창의성으로 포장된 연습일 뿐입니다. 창의성은 노력으로부터 나옵니다[16]."

---

16   www.bit.ly/2EZKB5J

> **레모브 노트**
> "모든 어려움이 성장에 도움이 되는 건 아니다."

인지심리학자들은 보다 효과적인 학습을 유도하는 과제가 있다고 말한다. 이를 설명하기 위해 '바람직한 난이도'라는 개념을 사용한다. 학습에는 노력이 필요하지만 모든 노력이 학습으로 이어지지는 않는다. 효과적인 학습은 문제가 어렵기는 하지만 도저히 풀 수 없을 정도는 아닐 때 가장 활발하게 일어난다. 그리고 이전에 학습한 것을 떠올려야 하는 과제가 주어졌을 때 기억은 강화된다.

Sans Forgetica

인지과학 연구자들은 다음과 같은 호기심이 생겼다. 인지적으로 더 많은 노력을 기울였을 때 더 많은 것을 배운다고? 그렇다면 사람들이 텍스트를 읽을 때 더 많은 노력을 기울이게 만들면 어떤 일이 벌어질까? 'Sans Forgetica' 글꼴을 만든 디자이너들은 이 글꼴이 읽기가 어렵기 때문에 사람들이 읽은 내용을 더 잘 기억할 수 있지 않을까 기대했다. 하지만 그런 예상은 절반만 맞았다.[17] 워윅 대학교에서 진행한 연구에 따르면 'Sans Forgetica' 글꼴은 읽기는 어려웠지만 그렇다고 기억을 더 잘하게 만들지는 못했다. 읽기의 어려움은 학습의 효과와는 관계가 없었다.

이는 스포츠 코치들에게도 의미가 있다. 코치들은 학습을 촉진하기 위해 난이도를 높인 연습을 디자인하곤 한다. 하지만 무작정 난이도를 높인다고 해서 선수가 잘 배우는 것은 아니다. 토끼와 총(Bunnies and Guns) 게임이 대표적인 사례다. 많은 코치와 트레이너들이 이 게임을 '운동 선수를 위한 인지 기술 트레이닝'으로 생각하고 진행한다. 바닥에 놓인 사다리 위에서 스텝을 밟으면서 손으로 토끼 모양과 총 모양을 번갈아 가며 만드는 이 게임은 멀티태스킹을 요구하는 움직임이기 때문에 정신적

---

17 www.bit.ly/2GhPOND

인 스트레스를 제공한다.

좌뇌와 우뇌 사이의 시너지를 강조하는 이 게임이 선수의 인지 능력을 발달시킨다는 주장은 제법 설득력이 있어 보인다. 하지만 토끼와 총 게임은 선수들이 경기장에서 마주하는 과제와는 그다지 연결되지 않는다. 인지과학자들은 내재적 인지 부하(마스터하려는 과제에 초점을 맞출 때의 부하)와 외재적 인지 부하(마스터하려는 과제와 무관한 작업을 할 때의 부하)를 구분한다. 토끼와 총 게임은 외재적 인지 부하를 더할 뿐이다. 실제 경기에서의 인지 작업과는 거의 관련이 없는 과제를 수행하는 데 작업 기억을 소모한다. 토끼와 총 게임을 자주 하면 토끼와 총 게임을 더 잘 하게 된다. 하지만 그게 전부다.

코치는 의도치 않게 토끼와 총 게임처럼 실제 경기에서 다루어야 할 과제와 무관한 외재적 인지 부하를 선수에게 주기 쉽다. 특히 지각 단서를 연습에 추가하려고 할 때 그런 일이 종종 벌어진다. 코치들은 색깔이나 숫자에 반응해 움직이는 훈련을 하는 경우가 있다. 선수가 공을 받는 순간에 코치가 "파랑"이나 "빨강"을 외치면 파란색이나 빨간색 골대를 향해 슛을 쏜다. "하나"를 외치면 앞으로 공을 치고 나가고 "둘"을 외치면 방향을 전환해 뒤로 이동한다. 이러한 외재적 인지 부하의 단점은 선수가 실제 경기장에서는 보거나 들을 일이 없는 대상에 반응하면서 작업 기억을 사용한다는 점이다. '파랑'이라는 단어를 움직임과 연결하기 위해 애를 쓰다 보면 선수는 기술을 장기 기억에 제대로 인코딩하지 못할 수 있다. 경기를 읽는 데 중요한 신호나 단서를 지각하지 못할 수도 있다.

요즘 코치들은 지각 능력을 키울 수 있고, 훈련의 효과가 경기로 전이된다고 주장하면서 다양한 훈련들을 자신의 SNS 등에 소개한다. 나는 최근에 한 인기있는 동영상을 본 적이 있다. 선수들은 네 가지 색상의 조끼를 나눠서 입고 있다. 코치가 훈련 중에 어떤 소리를 외치면 선수들은 새로운 색상 조합에 따라 새로운 팀을 구성한다. 갑자기 녹색과 파란색이 같은 팀이 된다. 다음에는 녹색과 노란색이 같은 팀이 된다.

하지만 지각 능력은 어느 조건에서든 일단 발달시켜 놓으면 다른 조건으로 학습의 효과가 전이되는 기술이 아닐 가능성이 높다. 경기의 조건과 무관한 정보를 지각하는 훈련을 한다고 해서 경기 중에 더 지각을 잘 할 수 있다고 보기는 어렵다. 데이비드 앱스타인의 『스포츠 유전자』에 나오는 메이저리그 타자의 사례가 바로 그 증거다. 앱스타인은 메이저리그 타자들의 뛰어난 타격 능력은 빠른 반응 시간 때문이라기보다 투수의 동작에서 시각 단서를 잘 읽어내기 때문이라고 주장한다. 즉, 스포츠에 요구되는 지각 능력은 상황과 조건에 특화된 기술이지 맥락과 무관하게 학습의 효과가 전이되는 기술(반응 시간)이 아니라는 주장이다. 앱스타인은 여자 소프트볼의 에이스 투수 제니 핀치가 메이저리그의 스프링 캠프를 돌며 최고의 타자들에게 도전장을 내밀었던 이벤트를 소개한다. 당시 최고의 홈런 타자였던 배리 본즈를 비롯해 많은 타자들이 제니 핀치를 상대했다. 그들은 제니 핀치와의 대결에 약간의 허세를 부리는 모습을 보였다. 성별에 대한 편견은 차치하고라도 매일 시속 150km의 빠른 공을 상대하는 타자가 고작 시속 100km로 날아오는 소프트볼을 치지 못할 거로 생각하지는 않기 때문이다.

하지만 배리 본즈와 같은 타자가 미처 생각하지 못한 문제가 있었다. 배리 본즈에게는 제니 핀치가 공을 던질 때의 팔의 움직임과 팔스윙 속도 등에 대한 정보가 없었다. 소프트볼 투수에 대한 '지식'이 없었기 때문에 제니 핀치의 낯선 공을 도저히 때려낼 수 없었다. 세계 최고 레벨의 타격 기술도 그 순간에는 무용지물이었다. 핀치는 딱 세 개의 공으로 배리 본즈를 삼진으로 돌려세웠다. 이 사례를 통해 알 수 있듯 경기에 필요한 지각 능력은 상황과 조건을 기반으로 발전시켜야 한다.

2장

의사결정 능력을 키우기 위한 연습

그렇다면 코치는 지금까지 우리가 다룬 내용을 연습에 어떻게 반영해야 할까?

지금부터는 선수의 나이, 기술, 이해 수준에 따라 다르게 적용할 수 있는 아이디어와 도구를 소개하려고 한다. 이것들은 권장 사항일 뿐이지 반드시 지켜야 할 공식은 아니다. 자신의 종목에 대해 나보다 더 많은 경험과 지식을 가지고 있는 코치분들이 지금부터 소개하는 아이디어를 실제로 적용하면서 발전시켜 나갔으면 한다. 여러분이 읽은 내용 중 비교적 낯설지 않은 아이디어부터 시도해 보라고 권하고 싶다. 이 일은 혁신이라기 보다는 길게 보았을 때 진화에 가깝다. 많은 코치들이 이미 여기에 소개하고 있는 아이디어를 사용하면서 발전시켜 나가고 있다. 비슷한 연습을 하더라도 분명한 의도를 가지고 작은 변화를 시도하는 매일의 노력이 결국 게임체인저가 된다.

사악한 학습 환경

"최고의 티칭 방법은 무엇일까?"

코치라면 누구나 답을 찾고 싶은 질문이다. 하지만 딱 하나의 답으로 말하기 어려운 질문이기도 하다. 코치는 선수에게 다양한 범주의 지식과 기술을 가르친다. 강하게 전방 압박을 하는 상대에 맞서 플레이하는 방법을 프로 선수에게도 가르치고, 10살 짜리 어린이에게도 가르친다. 그렇기 때문에 가르치는 방법이 같을 수가 없다. 상황과 조건에 따라 조금씩 달라져야 한다. 특정한 방법이 아무리 효과적일지라도 하나의 방법을 추종하는 방식으로 연습 환경을 만들어서는 곤란하다. 망치는 매우 쓸모가 있는 도구다. 책상을 만들기 위해 나무를 이어 붙이려면 망치가 필요하다. 하지만 나무를 자르는 데는 톱도 필요하다. 어떤 도구가 더 좋은 도구인지를 묻는 순간 목수는 작업을 망치게 된다.

스포츠의 세계는 의도와 결과가 일치하지 않는 환경이다. 경제학자 로빈 호가스는 이를 '사악한 학습 환경'이라고 표현했다. 코치들이 머리에 담고 있으면 좋은 개념이다. 올바른 일을 하고도 실패할 수 있기 때문에 '사악한 학습 환경'이라고 부른다. 코치는 경기의 결과를 보고 자신이 잘못한 것처럼 느끼기도 한다. 반대로 잘못된 일을 하고도 일을 제대로 한 것처럼 보일 때도 있다. 결국 시간이 흘러 과정과 결과가 계속 쌓이면서 실체가 명확하게 드러난다.

마리아 코니코바는 프로 포커 마스터가 되기 위한 자신의 여정을 『블러프』라는 책에서 소개하고 있다. 이 책에서 코니코바는 비슷한 이야기를 하고 있다. 포커 게임의 각 순간마다 내리는 결정은 그 결과가 분명히 드러난다. 하지만 코니코바는 어느 한 시점의 선택이 낳은 결과에 크게 비중을 두지 않는다. 그런 결과는 전체 포커 게임의 관점에서 볼 때 좋은 결정인지를 알려주는 지표가 될 수 없다고 말한다.

포커 게임에는 100개 정도의 데이터 포인트가 있는데 그러한 포인트들이 계속 변화하며 보내는 신호에 끊임없이 조율하면서 선택을 해야 게임에서 승리할 수 있다. 코칭과 똑같다고 할 수 있다. 코니코바는 포커 게임의 대가인 에릭 세이델에게 코칭을 받기 시작하며 이렇게 물었다고 한다. "이 패를 가지고 플레이하는 가장 좋은 방법은 뭘까요?" 이런 질문에 세이델 코치는 이런 조언을 해주었다고 한다. "확신을 줄이고 질문을 늘리세요." 복잡한 환경에서 이기는 법을 찾으려면 먼저 반사적으로 반응하지 않는 법을 배워야 한다.

어떤 방법을 사용할지 결정하려면 먼저 목적을 정의하는 일부터 시작하면 좋다. 목적에 따라 연습을 분류하면 여러모로 도움이 된다. 나는 연습을 세 가지 유형으로 나누면 좋다고 생각한다. 기술 습득을 위한 연습, 경기 기반 연습, 전술 연습이다. 이러한 분류는 완벽하지는 않지만 그런대로 유용하다. 세계 최고 수준으로 알려져 있는 프랑스 축구협회의 코치 훈련 과정에서는 이와 비슷하게 연습을 구분하는 작업을 한다고 한다. 이렇게 목적에 따라 연습을 구분하는 작업을 하며 코치들은 어떤 연습이 '좋은지'가 아니라 특정한 목적을 달성하는 데 도움이 되는 연습이 무엇인지를 생각하게 된다. 실제로 프랑스 축구협회의 코치 훈련 과정을 경험한 코치들은 하나같이 연습을 분류하는 일의 가치를 높게 평가했다.

애틀랜타 유나이티드 아카데미의 매트 로레이 감독은 코치가 가르치는

방식이 중요한 게 아니며, 선수들이 잘 배울 수 있는 방식으로 코칭을 해야 한다고 말했다. 때로는 서로 상충되는 듯해 보이는 방법도 긍정적인 시너지 효과가 나는 경우가 있다. 어떤 방법이 좋은지는 무엇을 얻으려고 하는지에 따라 달라진다. 티칭 방법에 대한 대부분의 질문에 대해서는 "그때그때 다르다"라고 말할 수밖에 없다.

기술 습득을 위한 연습

기술 습득을 위한 연습을 통해 선수는 특정한 동작이나 일련의 동작을 연속해서 수행하는 기능적인 움직임을 연습한다. 기술 습득을 위한 연습을 통해 선수는 발등으로 공을 차고, 허벅지와 가슴으로 공을 세워놓는 동작을 안정적으로 수행할 수 있을 정도로 연습한다. 그런데 나는 기술 습득의 영역을 보다 넓게 보아야 한다고 생각한다. 선수 개인의 운동 학습뿐만 아니라 그룹 차원의 코디네이션 활동도 기술 습득을 위한 연습에 포함되어야 한다고 생각한다.

패스 패턴 플레이가 여기에 딱 맞는 사례라고 할 수 있다. 여러 선수들 사이의 코디네이션으로 펼쳐지는 움직임이다. 이러한 형태의 그룹 움직임은 선수 개인의 몸 안에서 벌어지는 프로세스와 비슷하다. 마치 한 사람처럼 선수들 간에 빠르고 반사적인 반응이 이루어지기 때문이다. 코치는 앞서 소개한 하비에르, 베투, 클라우디오의 패스 패턴 플레이를 선수들의 장기 기억에 인코딩시킬 수 있다. 타겟맨에게 패스. 타겟맨은 뒤에 있는 동료에게 부드러운 백패스. 백패스를 받은 선수는 오픈된 공간으로 달리는 동료에게 롱패스. 타겟맨은 그 사이에 전방으로 공간 침투를 해서 패스를 받아 마무리. 코치는 여러 변형된 형태로 이와 유사한 패스 패턴 플레이를 연습할 수 있다.

기술 습득을 위한 연습을 할 때는 대체로 경기와 같은 조건에서 의사결정을 하는 연습을 하지는 않는다. 경기의 흐름이나 상황에 따라 어떤 기술을 어떻게 실행해야 하는지를 훈련하지는 않는다. 이런 말을 하면 기술 습득을 위한 연습이 우리가 지금 이야기하고 있는 의사결정이라는 주제와 관련이 없다고 생각할 지도 모르겠다. 사실은 그렇지 않다. 기술을 마스터하는 일은 의사결정에 당연히 중요하다. 작업 기억의 부하를 줄여 경기에서 지각 능력을 보다 잘 활용할 수 있기 때문이다. 어떤 움직임을 자동으로 수행할 수 있으면 의사결정 능력은 커진다. 선수가 경기 중의 특정 상황에서 의사결정의 어려움을 겪고 있다면 그 상황에 일반적으로 요구되는 동작이나 기술의 자동화 수준을 높이는게 솔루션이 될 수 있다. 그러면 선수는 작업 기억을 지각과 분석 작업에 보다 많이 활용할 수 있다.

기술을 자동적으로 수행할 수 있는 능력은 의사결정을 위한 필수 요건이다. 좋은 의사결정을 위해서는 적어도 기술을 유연하게 적용할 수 있는 능력을 갖추어야 한다. 전부는 아니지만 당연히 필요한 요소다. 최고의 선수들은 다른 데 신경을 쓰면서도 필요한 움직임을 안정적으로 실행한다. 최근 야구 선수를 대상으로 한 인지 관련 연구에서도 비슷한 결과가 나왔다. 뛰어난 타자는 일반적으로 의도적인 의사결정을 담당하는 전두엽 피질을 보통의 선수들보다 덜 사용하는 경향이 관찰되었다[1]. 작업 기억을 덜 사용한다는 의미로 읽을 수도 있다.

기술 습득을 위한 연습은 지각 능력을 발달시킬 수 있는 환경에서 하면 더욱 좋다. 선수 육성의 초기 단계에서는 다소 단순한 환경에서 패스 연습을 하는 게 도움이 될 수 있다. 패스가 얼마나 정확한지, 동작의 수준은 어느 정

---

1   www.bit.ly/3jKfRA4

도인지를 보다 쉽게 확인할 수 있다. 하지만 선수가 공을 어느 정도 정확하게 패스할 수 있는 수준이 되면 조금 더 경기와 비슷한 환경으로 바꿔줄 필요가 있다. 예를 들어, 포백이 정렬된 상태에서 패스 연습을 하거나, 30×30의 사각형 공간에서 여러 명이 쌍을 이루어 동시에 패스 연습을 하거나, 론도를 하며 패스 연습을 할 수 있다. 이런 연습을 하면 선수는 공만 바라보며 패스 연습을 할 수가 없다. 고개를 들어 선수와 공간을 체크하면서 적절한 패스의 속도, 각도 등을 선택해야 한다. 토드 빈 코치는 이렇게 말한다.

"맥락이 없는 환경에서는 선수의 패스 수준을 제대로 평가하기가 어렵습니다. 저는 코치들과 워크샵을 하면 선수가 패스하는 영상을 보여주고 좋은 패스였는지 물어봅니다. 코치들은 모두 '상황에 따라 다르다'고 답합니다. 제대로 이해하고 있는 코치들이죠. 어떤 패스가 좋은 패스였는지는 의도가 얼마나 실현되었는지에 달려있습니다."

론도[2]는 보통 경기 기반 연습으로 간주된다. 그래서 기술 습득을 위한 연습에 해당하기 보다는 다음에 다루어야 하는 게 아니냐고 생각하기 쉽지만, 론도 역시 기술 습득을 위한 좋은 연습이다. 실제로 론도는 패스만큼 중요하지만 눈에 잘 띄지 않은 기술(공을 받기, 공을 받기 좋은 자세 만들기, 패스를 받기 좋은 각도로 움직이기, 타이밍 등)을 패스와 함께 연습할 수 있기 때문에 아주 좋은 연습이다.

기술 습득을 위한 연습은 점진적으로 변화를 주며 선수의 적응 능력을 향

---

2   론도는 축구에서 일반적으로 많이 하는 연습 중 하나로 여러 명의 선수(보통 4~5명이지만 가끔은 그보다 많기도 하다.)가 가운데에 있는 두 명의 선수를 피해 공을 주고 받는 연습이다. 나는 다른 종목의 코치들에게 론도와 같이 경기장의 크기를 줄여서 하는 연습이 있는지를 물어보았다. 라크로스의 '박스 드릴', 테니스의 '포 스퀘어'가 비슷한 유형의 연습이었다. 어쩌면 농구의 '3대2'나 '캐롤라이나' 연습도 비슷한 예가 될 수 있다.

상시키는 방식으로 진행해야 실전에서 기술이 나타날 수 있다. 다음 장에서 보다 자세히 설명하겠지만, 연습에서의 퍼포먼스를 보고 경기에서의 퍼포먼스를 예상하면 낭패를 볼 위험이 있다. 연습의 효과가 경기로 전이되려면 고정(blocked) 연습, 시리얼(serial) 연습, 랜덤(random) 연습으로 발전하는 과정을 따라야 한다. 연습에 복잡성과 의사결정 요소를 조금씩 추가하면서 선수가 상황이나 조건에 맞추어 기술을 적용하는 방식으로 난이도를 높여가지 않으면 연습의 효과가 경기로 전이될 가능성은 많지 않다.

마지막으로, 동작을 자동화하거나 같은 플레이를 반복하는 연습이 창의성을 가로막는다고 믿는 사람들이 있다. 자유롭게 플레이하도록 놔두어야 창의성을 키울 수 있다는 생각은 오해일 수 있다. 다음은 크로아티아 축구협회의 매뉴얼에 담긴 내용이다.

"자동화는 (…) 창의성을 제한하지 않는다. 오히려 자동화는 더 많은 창의적인 플레이를 표현할 수 있게 해준다. (…) 경기에서 보여줄 수 있는 솔루션의 종류와 수준은 신속하고 올바르게 실행할 수 있는 테크닉을 얼마나 갖추고 있는지에 좌우된다. 자동화된 테크닉의 수준에 따라 선수의 플레이 수준과 선택 능력이 좌우된다. (…) 예를 들어 왼발잡이 선수가 오른발 플레이를 강요받는 상황에서 오른발을 사용하는 테크닉이 부족하면 솔루션을 찾기가 마땅치 않다. 결과적으로 선수는 그런 상황에서 다양한 솔루션을 동원할 수 없기 때문에 자신감을 잃게 된다. 실제 경기에서의 선택에도 영향을 미치게 된다."

기술을 자동화하기 위한 연습에 대한 또 다른 문제 제기는 상대가 없는 조건에서 하는 연습은 비현실적이라는 비판이다. 하지만 세계 축구계에서 가장 존경받는 감독인 펩 과르디올라 디에고 시메오네같은 감독들은 이러한 비판에 동의하지 않는 것 같다. 두 감독은 상대가 없는 조건에서의 패턴 패스 연습을 많이 한다.

패턴 패스 연습에는 몇 가지 장점이 있다. 이런 연습을 반복하다 보면 선수들은 패스가 흘러가는 순서에 익숙해진다. 자연스럽게 플레이의 속도를 높일 수 있다. 또한 선수들은 경기 중에 비슷한 패턴을 보다 쉽게 인식할 수 있다. 경기를 하다가 연습 때 반복한 패턴이 나타나면 바로 패턴의 기본적인 형태를 떠올릴 수 있다. 패턴 패스가 성공할 확률이 높아진다. 또한 선수들은 익숙한 움직임들 속에서 필요한 신호나 단서를 보다 잘 지각할 수 있게 된다. '이 백패스는 넓게 플레이를 전개하라는 신호로군!' 앞서 소개한 하비에르, 베투, 클라우디오가 서로의 의도를 읽어낸 플레이도 오랜 시간 패턴 패스 연습을 했기 때문에 가능했을 것이다.

경기 기반 연습

두 번째 연습 유형은 경기 기반 연습이다. 이는 전체 경기를 작은 규모로 전략적으로 변형하는 방식이다. 경기 기반 연습을 통해 선수는 경기 중에 자주 일어나는 상황을 비슷한 형태로 경험할 수 있다. 또한 선수들 사이의 상호작용을 읽으며 반응하는 능력을 발전시킬 수 있다. 연습 경기에서는 연습을 해야 하는 상황이 자주 일어나지 않을 수 있기 때문에 코치는 연습을 해야 할 특정 상황이 더 자주 일어나도록 연습 환경을 만들 수 있다. 연습 환경을 어떻게 세팅하느냐에 따라 특정 상황이 나타나는 빈도가 달라진다. 이를테면 코치는 공이 좌우로 넓게 움직인 다음에 들어간 골만 득점으로 인정한다는 조건을 세팅할 수 있다. 수비수는 특정 지역 안에서만 움직이게 하고 공격수는 자유롭게 움직이는 환경을 만들 수도 있다. 또한 선수가 지각 단서를 찾고 해석해야 하는 상황을 의도적으로 만들 수도 있다.

경기 기반 연습은 선수가 두 가지 경험을 더 많이 하도록 해준다.

첫째, 경기 기반 연습은 스몰 사이드 게임 방식으로 진행되는 경우가 많기 때문에 선수가 경험하는 '멘탈 터치'의 횟수가 늘어난다. 선수는 공을 가지고 있든 아니든 주변 선수의 동작이나 진형 등을 읽고 움직임을 결정하는 기회를 보다 많이 가지게 된다.

둘째, 경기 기반 연습은 제약을 사용해 특정 상황이 더 자주 일어나게 만든다. 예를 들어 경기장의 특정 지역에서 수적인 우위가 계속 발생하도록 조건을 세팅할 수 있다.

지각 단서가 풍부하게 숨어 있는 연습 환경은 선수의 성장에 필수적이다. 그런 면에서 경기 기반 연습은 분명히 효과적인 접근법이다. 게다가 경기 기반 연습을 하는 동안 선수는 드릴을 하기 위해 줄을 서서 기다리며 시간을 보낼 필요가 없다. 그런 단조로운 드릴에는 선수가 공을 터치할 기회가 많지 않다. 경기를 읽는 연습도 하지 못한다. 모든 상호작용이 정적이고 수동적이다. 동작은 배우지만 경기는 배우지 못하는 셈이다.

경기 기반 연습은 다음과 같이 진행되면 좋다.

- 소규모 그룹으로 나누기
- 특정 상황이 발생하도록 경기를 변형하기
- 모든 연습 시간 동안 모든 선수가 적극적으로 지각하고 반응할 수 있도록 구조를 세팅하기
- 가장 중요한 기본 개념을 강조하기

흔히 '제약'이라고 불리는 연습 디자인 도구를 이해하면 좋다. 제약은 원하는 상황이 자주 일어나도록 만들어 준다. 완전 무작위가 아닌 반무작위 방식으로 일어나게 만든다. 원하는 상황이 언제 어떤 방식으로 일어날지 정확히 예측할 수는 없지만 아주 빈번하게 발생하도록 만들 수는 있다.

가장 기본적으로 사용할 수 있는 제약은 경기장 크기다. 6대6으로 경기를 하면 선수는 공을 가지고 있는 시간이 늘어난다. 공 주변에 있는 시간도 늘어난다. 제한된 공간에서 6대6으로 플레이하면 순간순간 빠른 속도로 결정을 하며 움직여야 한다. 많은 코치들이 사용하는 제약에는 공 터치 횟수 제한, 공 터치 방식 제한, 움직이는 구역 제한, 순서의 제한(반드시 A구역을 지나 플레이를 해야 득점 인정) 등이 있다. 연습 경기는 그 자체로 가치는 있지만 경기 기반 연습이라고 할 수는 없다. 제약을 통해 전략적으로 변화를 주지 않기 때문이다. 11대11로도 할 수는 있지만 경기 기반 연습은 보통 더 작은 규모로 하는 게 효과적이다.

조금 더 과학의 관점에서 이야기하자면, 경기 기반 연습은 공간과 타이밍 등 경기의 핵심 기하 구조에 익숙해지도록 만드는데 특히 효과적이다. 경기를 읽는 훈련을 위한 가장 기본적인 도구라고 할 수 있다. 전이가능한 감각이나 인지 능력이 존재한다면 아마도 경기 기반 연습을 통해 가장 많이 발전할 것이다.

축구계에서는 골대의 유무라든지 특정 방향으로 플레이하도록 하는 제약의 효과에 대해 의견이 분분하다. 골대라는 제약은 좋은 연습이 될 수도 있고, 연습에 방해가 될 수도 있다. 골대를 없애면 선수는 경기의 다른 측면에 집중할 수 있다. 경기 기반 연습에 항상 골대가 있어야 한다거나 특정 방향으로만 플레이하도록 해야한다고 주장할 과학적 근거를 나는 아직 발견하지 못했다. 론도야말로 여기에 부합하는 사례일 것이다. 론도는 분명 최고의 연습 중 하나다[3]. 지각 능력과 의사결정 능력을 키우기 위해 반드시 골대나

---

[3] 최고의 코치들이 실제로 론도 드릴을 좋아한다. 바르셀로나, 맨체스터 시티, 바이에른 뮌헨에서 큰 성공을 거둔 펩 과르디올라가 론도 드릴의 열렬한 팬이다.

방향을 세팅할 필요는 없다. FC 바르셀로나의 코치 교육 책임자인 마크 카르모나는 최근 인터뷰에서 다음과 같이 말했다[4].

"좁은 공간에서의 게임, 론도, 소유권을 가지고 있는 상태에서의 게임, 4대4, 5대5 게임 등을 합니다. 결국 공입니다. 공을 패스하고, 공을 컨트롤하고, 공을 가지고 움직이고... 이것이 축구의 DNA입니다. 우리 코치들은 모든 연령대의 선수들에게 이걸 이해시키려고 노력하고 있습니다."

레모브 노트
경기가 최고의 교사일까?

훈련 시간의 대부분을 경기 기반 연습으로 채우는 코치들도 있다. 경기 기반 연습의 효과가 아무리 뛰어나다고 해도 잘못 적용하면 선수의 성장에 도움이 되지 않을 수 있다. 경기 기반 연습은 '경기가 최고의 교사'라는 믿음과 결합해 잘못 사용되는 경우가 많다. 지각 단서가 풍부하고, 선수가 경험을 쌓으며 배울 수 있는 최고의 환경이 경기라는 의미로 이 문장을 받아들인다면 나는 그 생각에 동의한다. 선수가 끊임없이 변화하는 상황과 조건에서 플레이하는 것이 중요하다고 말한다면 나도 같은 생각이다. "어떠한 두 개의 터치도 똑같은 것은 없다"고 어느 코치가 나에게 말한 적이 있다. 나는 그 코치의 말에 동의한다. 경기가 선수에게 흥미를 유발하고 경쟁심을 불러 일으키며 몰입의 수준을 향상시킬 수 있다는 주장에도 나는 동의한다. 제약이 코치의 말을 대신해서 많은 것을 가르칠 수 있다는 생각에 나는 동의한다. 제약을 활용하면 아까운 연습 시간을 중지시키고 설명을 하지 않아도 되며, 플레이를 계속 하면서도 효율적으로 가르칠 수 있다고 주장하면 나 역시 동의한다. 개인이 아니라 그룹 차원에서 계속해서 결정을 내리고 코디네이션하는 연습이 가능하기 때문에 경기 기반 연습이 좋은 연습이라고 말하면 나도 동의한다.

---

4   www.bit.ly/32w9yu7

> 하지만 '경기가 최고의 교사'라는 말을 코치가 훈련 중에 안내, 지시, 설명을 해서는 안 된다는 의미로 말한다면 나는 그 의견에 동의하지 않는다. 선수가 모든 것을 스스로 발견해야 하며 코치가 가르치는 것은 나쁜 방식이라는 생각에는 동의하지 않는다. 경기만이 선수의 발전을 위한 유일한 방법이라는 생각에도 동의하지 않는다. 의도적인 커리큘럼을 바탕으로 체계적으로 가르쳐서는 안 된다는 해석에도 동의하지 않는다. 경기에 구체적인 학습 목표가 있어서는 안 된다는 뜻이라면 나는 동의하지 않는다.
>
> 정교하게 디자인된 경기는 매우 훌륭한 티칭 수단이다. 물론 제약이 있으면 더 좋은 티칭 수단이 될 수 있다. 하지만 어떤 도구도 만능은 아니다. 우리는 종종 좋은 방법을 도그마로 만들면서 그 방법이 지닌 엄청난 가치를 오히려 파괴하곤 한다.

전술 연습

연습의 마지막 유형은 전술 연습이다. 특정 경기에서 예상되는 상황에 대비하기 위해 특정한 경기 조건과 상황을 재현하는 방식이다.

전술 연습에서는 상대팀에 맞추어 경기의 구체적인 양상과 전술을 검토한다. "토요일 경기에서는 이렇게 프레싱을 할거야." "상대가 이 지역에서 우리를 압박하기 시작하면 이렇게 대응하자." "세트피스를 막을 때는 이렇게 커버한다." "상대 센터백이 좁게 수비할 때는 이렇게 접근한다."

전술 연습을 할 때는 보통 경기에서 발생할 수 있는 상황에 맞게 기능별로 그룹을 나누는 경우가 많다. 가끔은 경기장의 특정 지역에 집중해 연습하기도 한다. 전술 연습의 주제는 상대하는 팀에 따라 매번 크게 달라질 수 있다.

전술 연습은 일반적인 의사결정보다는 구체적인 상황 이해에 초점을 맞추고 있다는 점에서 경기 기반 연습과 다르다. 경기 기반 연습이 제약을 통해 경기를 변형하는 방식을 주로 사용하는 데 반해 전술 연습은 대체로 실제 경기를 재현하는 방식으로 진행한다. 제약은 경기 기반 연습의 주된 도구지만 전술 연습에도 얼마든지 사용될 수 있다. 사실 이 장에 나오는 대부분의 아이디어는 경기 기반 연습과 전술 연습 모두에 활용될 수 있다.

여기서 우리는 '지식'의 역할에 대해 다시 한번 살펴볼 필요가 있다. 대부분의 코치들이 알고 있듯이 축구 경기는 4개의 국면으로 진행된다. 전술 연습은 이 4개의 국면 중 하나에 집중해서 진행된다.

나는 노스캐롤라이나 FC에서 코치들과 워크숍을 하며 크리스찬 레이버스 코치로부터 큰 영감을 얻었다. 레이버스 코치는 코치들이 많이 하는 전형적인 전술 연습인 8대6 게임에 대해 이야기를 시작했다. 공격수들이 수적 우위를 활용해 공격 포인트를 빠르게 바꿔서 상대 골대를 향해 가는 연습이다. 레이버스 코치는 이 연습을 할 때 사용할 수 있는 가장 중요한 질문을 소개했다.

"어디서 이 플레이를 시작하나요?"

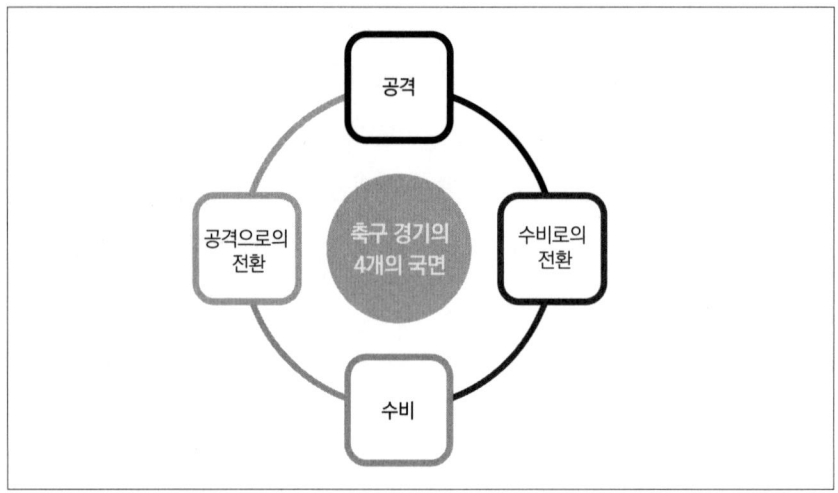

처음에 이 질문은 다소 진부하게 들렸다. 하지만 생각할 수록 이 질문은 매우 깊은 의미를 담고 있었다. 집단 침략 게임의 핵심 과제는 (혼란 속에서) '질서를 만드는' 일이다. 상대로부터 공을 빼앗긴 했지만 아직 팀의 조직력이 갖춰지지 않은 상태인 경우가 많다. 수비를 하고 있었기 때문에 바로 공격할 수 있는 진형이 만들어지지 않은 상황이다. 비록 공은 가져왔지만 많은 선수들이 서로 다른 움직임을 보여주고 있다. 어떤 선수는 자기 자리에서 완전히 벗어나 있고, 어떤 선수는 공을 잡은 선수를 쳐다보지도 않는다. 어떤 선수는 아직 공을 가로챘다는 사실조차 모르고 있다. 선수들이 효과적으로 공격 포인트를 바꾸는 연습을 하려면 먼저 공격할 수 있는 진형을 빠르게 갖추어야 한다.

바로 이 대목에 레이버스 코치의 통찰력이 숨어 있다. 대부분의 공격 전술 연습은 공격을 전개하기 좋은 위치에 있는 선수가 공을 가진 상태에서 시작하는 경우가 많다. 팀이 나름대로 공격 진형을 갖춘 상태에서 시작되는 경우도 많다. "어디서 이 플레이를 시작하나요?"라는 레이버스 코치의 질문에 코치들은 주로 "미들 써드 지역의 적당한 선수에게 공을 던져주면서 시작한다"고 대답했다. 이렇게 시작하면 공격을 전개해 나가는 과정에서 가장 까다로운 부분을 건너뛰게 된다. 바로 공격으로 전환하는 과정이다. "어디서 이 플레이를 시작하나요?"라는 질문을 진지하게 받아들이지 않으면 선수들은 실제 경기에서 직면하는 복잡한 전환 국면을 충분히 연습할 수 없다.

이는 전술 연습을 위한 좋은 경험 법칙이다. 선수가 경기의 복잡한 상황에서도 연습한 기술이나 플레이를 제대로 실행할 수 있도록 만들려면, 다시 말해 연습의 효과가 경기로 전이되도록 하려면 이전 단계의 플레이부터 연습을 시작하면 좋다. 예를 들면, 상대팀이 공을 가지고 시작하는 방식이다.

상대로부터 공을 빼앗은 다음에 즉시 공격을 위한 진형을 갖추어 나가는 연습을 한다.

이렇게 세 가지 유형의 연습을 구분해 보았다. 세 가지 연습을 세팅할 때 기억하면 좋은 몇 가지 원칙을 다음과 같이 정리할 수 있다.

- 기술 습득을 위한 연습을 통해 핵심 동작과 기술을 자동으로 실행할 수 있는 능력을 갖춘다. 특히 의사결정을 해야 하는 시점(퍼스트 터치)에 실행해야 하는 테크닉을 충분히 마스터한다.
- 스몰 사이드 게임 방식의 연습을 통해 경기장에 있는 선수들의 자세와 움직임, 공간을 읽는 능력을 발전시킨다.
- 선수가 많은 배경 지식을 쌓을 수 있도록 투자한다. 지식이 많을 수록 선수는 경기의 원리를 잘 이해할 수 있다. 똑같은 대상을 보더라도 더 많이 배울 수 있다.
- 팀원들이 서로의 움직임을 예측하고 코디네이션할 수 있도록 명확한 단어로 지식(플레이의 원리, 게임 모델)을 공유한다. 그룹 차원의 기술 습득을 위한 연습을 통해 일반적인 움직임을 자동화하는 작업이 팀 코디네이션을 발전시키는데 도움이 된다.
- 지각을 지속적으로 강조한다. 선수들이 경기 중에 의사결정을 해야 하는 시점에 봐야 할 대상을 최대한 많이 볼 수 있는 환경을 세팅한다.

레모브 노트
코치들의 말을 기록하다

세푸 버나드는 WNBA(미국여자프로농구) 워싱턴 미스틱스의 선수 육성 디렉터다. 그는 자신의 역할을 '선수들이 무엇을, 얼마나 잘 배우고 있는지 생각하는 일'

이라고 정의한다. 버나드 디렉터는 경기 기반 연습과 전술 연습의 연관성에 대해 이야기한 적이 있다.

우리 코치들은 2주나 4주, 6주 등 비교적 긴 타임라인에 걸쳐 연습을 어떻게 디자인할 지에 대해서는 그다지 고민하지 않는 경우가 많습니다. 특히 유소년 스포츠에서 그런 경향이 많죠. 그냥 하루하루를 살아가곤 합니다. 연습이나 경기가 끝나면 '내일은 무얼 할까?' 고민합니다. 오늘 경기에서 수비에 문제가 있었다면 '내일은 1대1 수비를 연습해야겠다'고 생각합니다. 그저 방금 벌어진 일에 반응하는 방식이죠. 선수들로부터 최고의 역량을 끄집어 내겠다는 장기적인 관점이 부족합니다.

프로 레벨의 경기는 매우 전술적입니다. 선수와 코치 모두 경기와 경기 사이에 전술을 조정할 수 있는 능력이 있습니다. 경기 중에도 마찬가지고요. 그래서 준비해야 할 게 많습니다. 여러 개를 동시에 준비해야 합니다. 시즌의 모든 경기에 적용되어야 하는 보편적인 원칙과 경기와 경기 사이의 전술 조정을 구분하는 일이 그래서 중요합니다.

볼 스크린은 현대 농구의 근간입니다. 모든 경기에서 자주 일어나는 플레이 중 하나죠. 농구라는 경기는 유리한 상황을 만들 수 있는 요소를 찾아서 활용하는 일이 경기의 승패를 좌우합니다. 스크린은 쉽게 유리한 상황을 만들 수 있는 방법입니다. 스크린을 이용해 유리한 상황을 만들 수 있는 방법은 무척 많습니다.

모든 팀은 상대가 우리 수비 포메이션을 무너뜨리기 위해, 또 유리한 매치업을 활용하기 위해 어떤 형태로든 스크린을 실행할 거라는 사실을 알고 있습니다. 우리는 상대가 스크린을 시도하지 못하게 막아야 하지만 아무리 전력분석을 잘 해도 모든 가능성을 고려할 수는 없습니다. 체스 경기와 같은 농구에서 길을 잃지 않으려면 선수는 상대의 스크린 동작을 차단하기 위한 몇 가지 보편적인 원칙을 이해해야 합니다.

이를테면 1미터 정도 떨어진 거리에서 수비를 잘 할 수 있어야 합니다. 볼 핸들러와 바짝 붙었을 때도 상대가 원하는 방향으로 움직이지 못하도록 해야 합니다. 적절하게 상대의 스크린을 피하며 움직일 줄 알아야 합니다. 상대가 스크린을 걸기 어렵게 움직이는 법을 배워야 합니다. 스위치를 할지 여부에 대해 팀동료가 말하는 신호를 듣고 빠르게 반응할 수 있어야 합니다. 이런 내용들은 상대가 어떤 유형의 스크린과 전술을 사용하든 상관없이 반드시 익혀야 하는 기본적인 기술이고 의사결정 능력입니다. 공을 가지고 있는 선수를 수비하는(온볼 수비) 능력이 뛰어난 선수, 다시 말해 스크린을 걸기 어려운 선수가 있으면 전술 조정이 그다지 많이 필요하지 않습니다.

그래서 저는 코치들에게 계속해서 질문합니다. 온볼 수비같은 기본적인 기술을 연습하는데 얼마나 많은 시간을 투자하고 있습니까? 선수들이 그런 기본적인 수비 능력을 발전시키려면 언제 연습을 해야 할까요? 얼마나 자주 그런 기본기 연습을 해야 할까요? 그런 기본기 연습을 위해 미리 계획을 세우나요? 아니면 순간의 감정에 반응하며 즉흥적으로 연습을 하나요?

시즌이 지날 수록 모든 게 산만해 집니다. 원래의 계획을 잊어버리게 되죠. 시즌이라 바쁘다는 이유로 가장 중요한 것을 잊어버리곤 합니다. 그렇게 되지 않으려면 어떻게 계획을 세워야 할까요? 어느 시즌부터 저는 코치들이 평소에 하는 말을 기록하기 시작했습니다. 저는 그 말을 '문제 진술'이라고 이름붙였습니다.

"우리는 OO을 잘 못해."

"저 선수는 OO를 안 해."

"우리는 OO 플레이를 하는 IQ를 높여야 해."

저는 오프시즌에 제가 적은 것들을 모아 코치들에게 보여주었습니다. 어떻게 보면 우리 모두에게 상처가 되는 말을 공유한 것이죠. 상대팀과는 관계 없는 내용이었습니다. 우리는 각각의 말들을 주제로 삼아 대화를 나눴습니다. 비록 대화는 불편했지만 우리가 채워야 할 부족한 부분을 드러내 주었습니다. 우리는 그러한 문제를 중심으로 앞으로 우리가 할 일을 정리할 수 있었습니다. 우선순위를 올바로 정할 수 있었습니다. 미리 계획을 세워 가장 중요한 일에 시간을 할애할 수 있었습니다. 진행 과정에서 우리가 어떻게 하고 있는지를 평가할 수 있었습니다.

좋은 경기를 위한 보편적인 원칙들을 세심하게 모으고, 이를 뒷받침하는 지각 능력, 커뮤니케이션, 의사결정 능력을 발전시키면 매 경기마다, 그리고 경기 안에서 전술 조정을 해야 할 일이 줄어듭니다.

지식 위에 지식이 쌓인다

"무엇을 알고 있는지가 무엇을 배울 수 있는지를 결정한다."

교사이자 교육자인 해리 플레처-우드의 말이다. 지식이 해박한 과학자는 이온의 전달 과정을 그린 다이어그램을 보고 그것이 무엇을 의미하는지 한눈에 이해한다. 크게 애쓰지 않고도 다이어그램에서 얻은 정보를 자신이 기존에 알고 있던 지식에 빠르게 추가한다. 하지만 과학 공부에 익숙하지 않은 학생은 처지가 다르다. 이온과 관련해 알고 있는 지식이 별로 없기 때문에 다이어그램을 그저 멍하니 쳐다볼 뿐이다. 이게 도대체 무슨 의미인지, 다이어그램이 무엇을 설명하고 있는지 알 길이 없다. 내 안에 자리 잡고 있는 지식이 많을수록 무엇을 보든 그것으로부터 더 많은 것을 배울 수 있다.

이는 심오하면서도 단순한 사실이다. 학습에서 쉽게 간과되는 부분이기도 하다. 인지심리학자들은 문제해결과 비판적 사고에 지식이 중요한 역할을 한다고 말한다. 심지어 지식은 지각에도 영향을 미친다. 코치는 선수들의 지식 수준이 경기에 미치는 영향에 대해 보다 진지하게 고민할 필요가 있다. 선수들은 공유한 지식을 바탕으로 의사결정을 코디네이션해야 하기 때문이다. 내가 알고 있는 것을 동료 선수도 알고 있다는 믿음이 있어야 의사결정을 최적으로 코디네이션할 수 있다.[5]

선수들이 지식을 공유하려면 정확한 표현을 일관되게 사용해야 한다. 선수들은 경기 중에 서로에게 말을 걸며 팀 플레이를 실행한다. 압박을 시작하고, 패스 라인을 자르고, 미드필드 지역을 차단하고, 라인을 올린다. 모든 선

---

5   이런 팀 코디네이션이야말로 운동 선수를 가르치는 일과 교실에서 학생을 가르치는 일의 큰 차이점이다. 교실에서는 학생 개개인이 문제를 푸는 방법을 알아내면 된다. 하지만 경기장에서는 여러 선수가 함께, 그것도 빠른 속도로 문제를 풀어야 한다.

수가 분명한 언어로 지식을 공유하고 있지 않으면 어려운 일이다.

선수들 사이에 지식 수준이 차이가 나면 선수 자신에게도, 팀에게도 심각한 문제가 생긴다. 이는 클럽 내의 여러 팀 사이에도 마찬가지다. U10팀의 코치는 주로 '하이 프레싱'을 가르치고, 다른 U10팀의 코치는 주로 '업백스루(up-back-through)'를 가르친다면 두 코치 모두 훌륭한 코치이고 잘 가르쳤다고 해도 U11팀의 코치는 선수를 가르치는데 어려움을 겪게 된다. U11팀 선수의 절반은 '하이 프레싱'이 뭔지를 모르고, 나머지 절반은 '업백스루'가 무얼 의미하는지 모른다. 어느 플레이도 제대로 실행할 수 없게 된다.

클럽이 선수의 지식 형성을 위해 사용할 수 있는 세 가지 도구가 있다. 커리큘럼, 플레이의 원리 세트, 공유 단어 리스트다.

커리큘럼의 이해와 활용 방법

커리큘럼은 장기적인 관점에서 선수 육성과 관련해 포괄적인 내용을 담은 문서다. 커리큘럼은 선수가 각각의 육성 단계에서 이해하고 수행해야 하는 내용들을 적고 있다. 커리큘럼을 바탕으로 선수는 의사결정의 측면과 실행의 측면에 필요한 지식과 기술을 갖추어 나가게 된다. 코치는 모든 선수가 특정 시점까지 익혀야 할 지식과 기술을 커리큘럼을 통해 인식할 수 있다. 대부분의 팀에는 커리큘럼이 있지만 내용이 부실하거나 거의 사용되지 않는 경우가 많다.

이상적인 커리큘럼은 언제까지 어떤 기술이나 지식을 어느 정도 수준까지 마스터해야 하는지에 대해 구체적으로 기술한다. 예를 들어 선수가 프레싱을 완벽히 이해하려면 오랜 시간이 걸린다. 시기 별로 명확한 마스터 포인트를 설정해야 한다. U14 레벨이나 U16 레벨에서는 프레싱에 관해 어느 정도까지 알고 수행할 수 있어야 하는지를 커리큘럼을 통해 정해야 한다. 프레싱과 같은 복잡한 기술을 마스터하려면 연도별로 마스터 포인트를 나누고, 프레싱의 여러 기술을 각각의 시기별로 할당해야 한다. 그리고 각 연령대에서 마스터할 포인트에 확실하게 집중한다. 그런 일련의 과정을 통해 선수는 프레싱 기술을 마스터할 수 있다.

'스파이럴링(나선형 교육과정, spiraling)'은 어떤 주제가 나타났다가 사라지는 방식의 커리큘럼을 설명하기 위해 교육계에서 사용하는 용어다. 이번 달에 어떤 주제를 연습한다. 한동안 잊고 있다가 몇 달 후에 다시 그 주제를 소환해 연습한다. 다음 해가 되어 다른 코치가 그 주제를 다시 다룰 수도 있다. 한 번의 연습으로 어떤 기술이나 플레이를 마스터하는 경우는 드물다. 마스터했다 하더라도 연습을 중단하자마자 잊어버리기 마련이다. 스파이럴링은 지속적인 마스터를 위한 커리큘럼 아이디어다.

스파이럴링은 좋은 원리에도 불구하고 잠재된 위험이 도사리고 있다. '그래. 나중에 다시 해보자.' '지금은 이 정도면 충분해.' '다음에 더 연습하면 되지.' 이런 말을 반복하다가 필요한 기술을 습득하지 못할 수가 있다. 그래서 U13팀의 코치는 그 해에 선수가 마스터해야 할 지식과 기술을 분명하게 알고 있어야 한다. U14팀의 코치는 선수가 U13팀에서 쌓은 지식의 토대 위에 무엇을 추가해야 할지를 정확히 알아야 한다.

커리큘럼 활용과 관련해 또 다른 과제는 깊이와 넓이 사이의 균형을 맞추는 일이다. 코치는 선수들이 특정 시기에 마스터해야 하는 기술을 분명히 가르쳐야 하고, 동시에 가장 중요한 기술을 제대로 마스터하는 일에도 관심을 가져야 한다. 선수에게 가르쳐야 하는 기술이 100개가 있다면 그 중에 정말 중요한 것은 20개 정도일 것이다. 가장 중요한 20%에 한 시간 더 집중하는 것이 나머지 80%를 연습하는 것보다 더 효과적일 수 있다.

커리큘럼을 만들고 활용할 때는 눈에 잘 띄지 않지만 경기를 풀어나가는 데 중요한 동작이나 플레이를 커리큘럼에 담지 못할 가능성을 늘 생각해야 한다. 이는 축구뿐만 아니라 다른 모든 스포츠에도 해당되는 문제다. 선수들은 공을 잡았을 때의 움직임에만 관심을 가지기 쉽다. 공이 없을 때나, 공을 빼앗겼을 때의 움직임은 등한시하곤 한다. 하지만 승부를 결정짓는 결정적인 찬스는 공이 없는 선수가 만들어내는 경우가 많다. 비어있는 공간을 보고 영리하게 이동해 침투 패스의 기회를 만들거나, 미묘한 움직임으로 수비수를 끌어내 동료에게 기회를 만들어 주기도 한다. 어디를 막아야 할 지 혼란스럽게 만들어 상대 수비를 교란시키기도 한다. 뛰어난 선수는 자신에게 스포트라이트가 집중되지는 않지만 팀에 꼭 필요한 이런 플레이를 충실히 해낸다. 하지만 대부분의 커리큘럼에는 이런 요소를 담아내지 못하는 경우가 많다.

반가운 소식은 과학기술과 테크놀로지가 코치가 일하는 방식을 변화시키고 있다는 사실이다. 첨단 테크놀로지와 결합한 커리큘럼은 중요하지만 소홀히 하기 쉬운 요소들을 다루기 좋은 수단이 될 수 있다. 예를 들어 영상은 연습과 경기에서 벌어지는 일을 이해하고 시너지를 내기 위한 좋은 도구다. 제시 마치 감독은 얼마 전 인터뷰에서 이렇게 말했다.

"영상은 우리가 원하는 방식을 선수들에게 완전히 이해시킬 수 있는 유일한 방법입니다."

커리큘럼에 선수가 갖추어야 할 기술이나 전술 등을 예시 동영상으로 만들어 보여줄 수 있다. 요즘 선수들은 스마트폰으로 전달하면 편하게 볼 수 있다.

"보내주는 영상은 회복을 위한 달리기 훈련이야. 다음 훈련을 시작하기 전까지 이 영상을 보고 느낀 점을 두 가지만 적어 보내주기 바란다."

선수와 코치는 지식을 공유하고 있다. 배우고자 하는 내용에 대해 공통의 이미지를 갖게 된다. 내가 존경하는 한 코치는 이런 스타일로 영상 기반 커리큘럼을 만들었다. 이 커리큘럼은 각각의 기술, 플레이, 전술에 대한 최고의 사례를 영상으로 보여준다. 선수는 자신이 최고 레벨에서 뛸 때 그 기술을 어떻게 사용하게 될지를 보게 된다. 훈련은 단순히 개념적으로 이해하는 수준에서 벗어나 공통의 이해를 바탕으로 빠르게 응용 단계로 넘어간다. 학습의 관점에서 볼 때 커리큘럼에 영상을 결합하는 방식은 정말 가치있는 아이디어다.

플레이의 원리/게임 모델

커리큘럼이 전반적인 배경으로서 무엇을 가르칠지 가이드를 하는 역할이라면 '플레이의 원리'는 팀의 목표를 공유하기 위해 만든다. 커리큘럼이 주로 코치와 관련되어 있는 반면, 선수는 플레이의 원리, 게임 모델의 영향을 받는다. 플레이의 원리는 팀이 추구하는 전반적인 전략과 전술, 플레이 스타일을 몇 가지 구체적인 움직임으로 정리한 것이다. 간단하고 기억하기 쉽게 우선순위를 정리해서 코치와 선수가 훈련 중에 참조할 수 있도록 만든 게 플레이의 원리다.

게임 모델은 더 구체적이다. 게임 모델은 팀이 추구하는 플레이의 원리를 보다 구체적으로 세분화한다. 모든 팀은 저마다 다른 게임 모델을 가지고 있다. 특정한 전술적 상황에서 실천해야 하는 내용을 게임 모델에 반영하기도 한다. 전방에서 압박을 할 때와 라인을 내려서 수비를 할 때의 플레이 방식은 달라야 한다. 다음 표는 FC 위스콘신에서 게임 모델을 정의한 문서의 일부다.

플레이의 원리는 '빠르게 공을 순환시켜 상대 수비의 균형을 무너뜨린다'로 정의하고 있다. 이런 원리를 다시 세 가지 하위 원리로 나눈 다음 연령별

플레이의 원리	세부 원리	U8(4×4)
빠르게 공을 순환시켜 상대 수비의 균형을 무너뜨린다	압박을 빠져나와 공을 이동시키기	공에서 떨어진 위치에서 공간을 만들기
	콤비네이션 플레이	공을 잡기 위한 삼각형 대형 만들기 공을 지키며 시간을 벌기
	마크맨 떨어뜨리기	수비수로부터 달아나기

팀에 매칭시켜 가르친다. 하나의 문서에 플레이의 원리, 게임 모델, 커리큘럼이 모두 담겨 있다.

클럽은 플레이의 원리나 게임 모델을 반드시 문서로 작성해야 한다. 클럽 안의 어딘가에서 그 문서를 볼 수 있어야 한다. 또한 문서로 정의된 원리는 코치나 선수가 계속 들여다 보면서 참고하지 않아도 알 수 있을 정도로 클럽 안에서의 상호작용과 대화를 통해 생생하게 살아있어야 한다.

클럽은 플레이의 원리를 여러 버전으로 가지고 있으면 좋다. 어린 선수들에게는 이해하기 쉬운 언어로 간단한 우선 순위만을 보여주면 좋다. 공격에서 중요한 2~3가지 원리, 수비에서 중요한 2~3가지 원리만을 알려주면 된다. 예를 들면 다음과 같은 형식이다.

수비를 할 때 우리는
- 간격을 좁히고 컴팩트하게 대형을 유지한다.
- 골대로 가는 직선 경로를 차단한다.
- 언제나 골대쪽 라인을 먼저 마크한다.

연령대와 수준이 높아질 수록 플레이의 원리는 복잡하고 정교해진다. 앞서 우리는 축구라는 경기를 네 개의 국면으로 나누었다. 공격, 수비, 수비에서 공격으로의 전환(공을 따낸 경우), 공격에서 수비로의 전환(공을 뺏긴 경우)이다. 각 국면마다 4~5개의 원리를 정리할 수 있다. 프레싱이나 카운터어택 등

U9(7×7)	U10(7×7)	U11(9×9)
경기장을 향해 몸을 열기	우리의 공격 숫자보다 수비의 숫자가 많은지 인식하기	앞으로 침투하는 선수를 찾기
월 패스 오버래핑	수비를 달라붙게 하는 드리블	써드맨의 자리에 있기 써드맨을 찾기
수비수를 속이기	수비를 유인해 공간을 만들기	보완하는 움직임

구체적인 상황에 요구되는 플레이의 원리를 정의한다. 플레이의 원리는 많다고 해서 반드시 좋은 것은 아니다. 단순하고 직접적인 언어로 관리할 수 있는 만큼 정보를 담고 있으면 된다. 잘 정리된 플레이의 원리는 코치가 스스로에게 던지는 여러 질문의 토대가 된다.

선수는 플레이의 원리를 떠올리는데 그쳐서는 안되고 원리를 실행할 수 있어야 한다. 선수가 플레이의 원리를 알고 있더라도 중간중간에 이를 떠올리는 인출(retrieval) 연습을 통해 보다 확실하게 기억하도록 해주어야 한다. 이는 마치 교실에서 가벼운 퀴즈를 내는 일과 같다. 플레이의 원리를 적절히 활용하면 코치가 선수에게 던지는 질문의 학습 효과가 한층 커진다. 예를 들어 어느 U16팀이 공을 막 빼앗고 공격으로 전환하는 플레이의 원리를 다음과 정의했다고 가정해 보자[6].

- 압박으로부터 즉시 벗어나기
- 빠르게 펼쳐서 수비 사이의 공간을 넓히기
- 최소한의 패스로 수적 우위를 만들기

코치는 선수가 이러한 플레이의 원리를 되새길 수 있도록 짧은 질문을 던진다.

---

6   설명을 위해 의도적으로 단순화한 원리라는 점을 밝힌다.

〈사례1〉

잠깐 멈춰! 파랑팀. 방금 공을 따냈잖아. 이 상황에서 우리의 첫 번째 원리가 뭐지?

압박으로부터 벗어나는 겁니다.

공을 갖고 있지 않은 사람은?

수비가 흩어지도록 움직입니다.

좋아. 카를로스가 방금 공을 따냈어. 어디에 프레싱이 들어오고 있었지?

여기요. 캐빈과 폴이 있는 지역입니다.

그래. 그럼 첫 번째 패스는 어디로 나가면 좋을까?

매티요.

왜지?

그래야 압박으로부터 벗어날 수 있으니까요.

매티. 공을 받으면 어디를 봐야지?

우리의 숫자가 많은 곳이요.

그래. 좋아. 다시 한 번 해보자. 카를로스부터 플레이. 시작!

〈사례2〉

지금 어느 국면이지?

막 공을 따낸 상황입니다.

그래. 우리가 방금 전에 한 선택을 평가해 볼까?

프레싱이 강하게 들어오는 지역에 계속 머물러 있었습니다.

맞아. 그럼 이 문제를 해결하는 가장 좋은 방법은 무얼까?

〈사례3〉

우리가 공격으로 전환하는 플레이를 할 때 기억해야 할 첫 번째 원리는 압박으로부터 빠르게 벗어나는거야. 그런데 우리가 어떻게 자리를 잡았는지 한 번 볼까? 왜 우리는 압박으로부터 빠져나오지 못했을까?

플레이의 원리가 코치의 질문을 보다 생생하게 만들어 준다는 사실을 알 수 있다. 선수는 플레이의 원리를 바탕으로 생각하면 되기 때문에 엉뚱한 추측을 하느라 시간을 낭비할 필요가 없다. 만약 플레이의 원리가 없는 상태에서 "방금 공을 따냈어. 이제 어떻게 해야 하지?"라고 질문하면 선수들은 잘못된 추측을 할 가능성이 높다.

플레이의 원리를 반영해 질문하는 방식이 좋은 또 하나의 이유는 선수의 사고를 전환할 수 있다는 점이다. 플레이의 원리를 공유하고 있기 때문에 선수는 '무엇을 할 것인가'에서 '어떻게 할 것인가'로 사고의 방향을 바꿀 수 있다. 프레싱을 해야 한다는 사실을 알고 있고 팀 전체가 실제로 프레싱을 하고 있는 상황에서 선수들 각자가 '무엇을 해야할 지' 고민하고 있으면 문제가 생긴다. 저마다 다른 플레이를 떠올리며 다르게 움직이면 제대로 프레싱을 할 수 없다. 선수들의 머릿속에서는 '어떻게 해야할 지'에 관한 선택이 일어나야 한다. "상대 골키퍼가 발기술이 좋은데? 어떻게 대응해야 할까?" "팀동료가 반응이 느리다. 어떻게 라인을 맞추어야 할까?"

선수 스스로 플레이의 원리를 발견해야 한다고 믿는 코치들은 이런 접근법을 좋아하지 않을 수 있다. 나 역시 가끔은 선수가 경기를 하며 스스로 플레이의 원리를 찾아내는 경험이 필요하다고 생각한다. 그저 30분 동안 가만히 지켜보며 선수들이 압박으로부터 벗어나는 방법을 스스로 찾게 놔둘 수도 있다. 가끔은 그런 연습도 필요하다. 하지만, 실제로 다양한 상황을 의도적으로 만들어 압박으로부터 벗어나는 방법을 배우는 것이 문제해결 능력을 키우는 데는 보다 생산적이다.

뉴욕 메츠의 타격 디렉터인 제프 앨버트 코치는 플레이의 원리를 문제해결 프로세스와 결합하는 방법을 소개한다. 그가 지향하는 핵심 방법론은 한 문장으로 요약할 수 있다. '모든 걸 바로 설명하려고 하지 않는다.'

"저는 먼저 선수의 내면에 정신적 표상을 만들려고 노력합니다. 선수는 먼저 자신이 발전시켜야 할 동작이나 기술이 어떤 모습인지 분명히 알아야 합니다. 동작이나 기술에 이름을 붙이고 몇 가지 연습 방법을 말해 줍니다. 과도하게 설명하는 대신 혼자 해보도록 시간을 줍니다. 연습을 영상으로 촬영해 보여주기도 합니다. 우리가 이야기를 나눈 작은 부분들이 연결될 때 실제 어떤 모습인지 확인시켜 줍니다."

제프 앨버트 코치는 명확한 비전을 가지고 시작한다는 이야기를 하고 있다. 미래의 모습을 담은 비전을 정신적 표상으로 삼고 문제해결 과정을 시작한다고 말한다. 또한 앨버트 코치는 이름을 붙이는 일을 강조한다. 동작이나 기술, 플레이를 나타내는 명확한 문구가 없다면 선수들은 자신이 익힌 내용을 다시 떠올리고, 반복하고, 적용하는데 어려움을 겪게 된다. 이름이 붙은 개념을 떠올리기가 훨씬 수월하다. 또한 어떤 상황을 같은 문구를 사용해 표현하면 선수는 자신이 경험한 수많은 사례를 연결해 경기에 대한 이해의 폭을 넓힐 수 있다. '이 상황은 이번 주에 연습한 '압박으로부터 벗어나기' 상황과 조금 다르네. 하지만 결국 크게 보면 같은 범주에 속하는 상황이야.'

선수들이 플레이의 원리를 분명히 알고 있다면 코치는 훈련 중에 원리에 대한 이야기를 꾸준히 전달할 수 있다. 질문도 보다 효과적으로 할 수 있다. 그러면서 선수들의 원리에 대한 이해 수준은 올라가고 자율성 역시 커진다.

언어를 공유한다

"축구를 가르칠 때 가장 중요한 것은 언어입니다. 언어가 커뮤니케이션을 원활하게 합니다. 언어가 우리가 어떤 팀인지를 표현합니다. 코칭의 첫 번째 단계는 계획을 세우는 일입니다. 선수마다 그가 어떤 선수이고 어떻게 플레이해야 하는지에 대한 세부적인 계획이 있어야 합니다. 두 번째로 언어가 있어야 합니다. 무엇을, 언제, 어떻게 해야 하는지 구체적인 지침을 언어로 표현해야 합니다. 그래야 구체적이고 명확하게 전달할 수 있습니다. 선수들의 이해를 높일 수 있습니다."

FC 레드불 잘츠부르크의 감독인 제시 마치가 나에게 전해준 말이다. 마치 감독은 팀이 추구하는 각각의 플레이나 전술을 표현하는 고유한 문구를 만드는 작업을 중요하게 여긴다. 예를 들어 '볼을 향해(ball-oriented)!'라는 단어는 공을 가지고 있는 상대 선수가 자유롭게 움직이지 못하도록 공간을 압박하고 컴팩트한 대형을 유지하는 플레이를 의미한다. 그는 자신만의 용어를 사용해 플레이를 정의하고 세부적인 면을 컨트롤한다.

팀 전체가 공통의 언어를 사용하면 학습이 가속화된다. 어떤 플레이나 전술이든 '터치 타이트 수비(touch-tight defending)', '사이드 온 리시빙(receiving side-on)'과 같이 이름을 붙이면 선수들은 보다 분명하게 그 플레이를 인지할 수 있다. 경기 중에 '터치 타이트 수비' 상황을 보다 쉽게 알아차릴 수 있게 된다. 이름을 통해 그 플레이를 경기장에서 구체적으로 떠올릴 수 있기 때문이다. 코치와 선수가 매번 같은 언어를 일관되게 사용하여 대화를 나누면 선수는 그 개념을 더 잘 기억할 수 있다. 또한 보다 많은 관련 경험을 그 개념과 연결시키기도 수월하다.

블랙워치 프리미어팀의 스티브 프리먼 감독은 공을 소유하고 있지 않은 선수의 움직임에 대해 말할 때 '공 위(above the ball)'와 '공 아래(below the ball)'라는 표현을 사용한다. "지금은 공 위? 공 아래? 어디에 있어야 해?" 이 질문은 "어디로 움직여야 해?" "어떤 선택을 해야 해?"와 같은 질문이다. 프리먼 감독과 코치들은 이 표현을 일관되게 사용하기 때문에 선수들은 이와 관련된 많은 경험을 공이 없을 때 움직이는 플레이와 연결시킬 수 있다. '공 위', '공 아래'와 같은 문구가 없으면 선수들의 배움은 다른 지식과 단절된 채로 작은 조각에 머물고 만다. 연습의 효과가 떨어질 수밖에 없다. 언어가 자신이 배운 것들을 연결해 줄 때 배움은 더욱 가속화된다.

비슷한 사례가 또 있다. 나는 최근에 미국 육군사관학교 축구팀 감독인 러셀 페인이 백패스 연습을 진행하는 모습을 참관한 적이 있다. 백패스를 어떤 각도로 주느냐에 따라 받는 사람이 다음 플레이를 할 수 있는 옵션이 달라진다. 페인 감독은 공을 똑바로 뒤로 주지 않고 살짝 대각선으로 넘기는 플레이를 '숏 스위치(short switch)'라고 불렀다. 칭찬을 할 때도, 추가적인 설명을 할 때도 그 표현을 반복해서 사용했다. 선수가 하는 모든 패스의 각도는 미묘하게 다르다. 사실 패스의 각도에 따라 구체적인 언어로 표현하기가 쉽지는 않다. 하지만 페인 감독은 선수들의 이해를 돕기 위해 이름을 붙였다. 그의 언어에 대한 건강한 집착으로 육군사관학교 축구팀은 백패스와 관련된 움직임과 의사결정에 대해 고유한 방식으로 이야기를 나눌 수 있었다.

코치는 사용할 단어 리스트를 작성하면 좋다. 코치가 이름붙인 '프레스 온', '오픈 업', '공간 차단'이라는 표현을 반복해서 말하고 들으며 선수는 그것이 무엇을 의미하는지 알게 된다. 물론 어떤 선수는 공통으로 사용하는 언어의 일부를 제대로 이해하지 못하고 있을 수도 있다. 그런 선수들은 그 언어를 언급하지 않을 가능성이 높다. 그런 선수들과는 대화의 질이 떨어지게 된다. 언어의 이해 수준에 따라 대화의 수준이 달라지기 때문이다.

내가 만난 거의 모든 코치들은 선수들 사이의 소통을 강조한다. 경기장 안에서 선수들 사이의 대화가 매우 중요하다는 사실을 인식하고 있기 때문이다. 하지만 이를 위해서는 먼저 모든 선수가 같은 언어로 말하는 훈련을 해야 한다. 모두가 이해할 수 있는 단어와 문구를 정해야 한다. '터치 타이트'와 같이 경기 중에 듣고 바로 실행할 수 있는 문구를 준비하고 있어야 한다. 정확한 실행을 위해서는 정확한 언어가 필요하다.

언어는 큐잉(cueing)에도 중요하다. 코치는 선수가 플레이를 하는 도중에 동작이나 움직임에 대한 주문을 하곤 한다. 선수의 경기력을 떨어뜨리는 대표적인 사례라고 할 수 있다. 코치의 주문대로 움직이려고 신경을 쓰다보면 선수는 지각 능력이 떨어지면서 퍼포먼스가 망가지게 된다. 만약 그렇지 않다면 코치의 말을 무시하는 법을 배운 셈이다. 짧은 휴식 시간 동안 동작이나 움직임에 대해 상기시켜주는 일은 괜찮다고 생각한다. 하지만 경기 중에는 새로운 것을 가르칠 수는 없다고 나는 믿는 편이다. 충분히 연습하지 않은 동작을 경기 중에 가르쳐주고 싶은 마음이 들 때가 있다. 말하고 싶은 충동을 멈추고 다음 연습에 그 동작을 다루기 위해 노트에 적어두는 게 좋다. 하지만 이미 충분히 연습한 움직임이라면 그 움직임을 떠올릴 수 있는 단어를 사용해 알려주면 된다. 내가 아는 어느 코치는 선수들의 움직임에 이름을 붙이기 위해 동료 코치들과 몇 시간 동안 이야기를 나누곤 한다고 말했다.

다음 표는 MLS 아카데미에 참석한 코치들이 효과적인 커뮤니케이션을 위해 언어를 표준화한 작업이다. 일부만 발췌해서 소개한다. 팀에서 사용할 언어 리스트를 만들면 대화와 학습을 촉진할 수 있다. 다만 이 점은 기억해야 한다. 리스트가 너무 길면 효용성이 떨어진다. 30개의 단어를 일부 선수들만 알고 있는 것보다 10개의 단어를 모든 선수가 알고 있는 게 낫다. 물론 모든 팀은 다른 단어 리스트를 가질 수밖에 없다.

⟨단어를 표준화한 사례⟩

공격	정의
하프 턴 Half-Turn	공격 방향을 바꾸거나 앞으로 전진할 수 있는지 체크하기 위해 몸을 여는 움직임
상대를 뒤돌아 움직이게 Turn Them	상대의 뒤쪽 공간을 노리는 플레이
라인 깨기 Break The Line	상대 수비 라인과 우리 포워드 사이의 공간으로 패스하거나 드리블하기
전방 주시 Look Forward	포워드 플레이를 할 수 있는지 순간적으로 보고 판단하기
게임 매니징 Manage The Game	경기 후반에 이기고 있을 때 위험을 감수하지 않고 포지션을 유지하기
주변 스캔 Check Shoulders	움직이거나 공을 받기 전에 주변 상황을 체크하기

지각 능력을 키우기

선수의 지각 능력을 키우려면 잠시 플레이를 멈추고 피드백을 주거나 질문을 하는 시간을 잘 활용해야 한다. 피드백에 대해 이야기할 4,5,6장에서 더 자세히 설명하겠지만, 이때야말로 선수의 시선을 원하는 방향으로 이끌어주기에 좋은 시간이다.

"무엇을 봤어?"

"어디를 봐야 할까?"

장기적인 관점에서 볼 때 지각에 초점을 맞춘 이와 같은 질문은 "어떻게 했어야 해?"와 같은 질문보다 더 유익하다. "어떻게 했어야 해?"와 같은 질문을 통해서는 선수가 무엇을 보고 방금 전의 플레이를 선택했는지를 알 수가 없다. 의사결정 능력을 키우는 관점에서는 그다지 도움이 되지 않는다.

때로는 신호나 단서를 발견해 보라고 지침을 줄 수도 있다.

"잠깐 멈춰. 에두아르도랑 가까이 있을 때 고관절이 어떻게 움직이는지 잘 봐. 에두아르도의 한쪽 고관절이 뒤로 크게 움직이면 뒤쪽 공간으로 롱패스를 찬다는 신호겠지? 그 신호를 잘 봐."

최근에 나는 한 유명한 럭비 코치로부터 태클을 하러 달려들 때 럭비 선수가 어디를 보아야 하는지 들은 적이 있다. 코치의 말에 따르면 두 손으로 공을 잡고 달리는 선수와 한 손으로 잡고 달리는 선수는 사용할 수 있는 옵션이 다르다. 두 손으로 럭비공을 잡고 뛰는 선수는 여러 옵션을 가진 상태에서 달린다. 수비는 상대 선수의 선택을 늦추거나 공을 떨어뜨리려는 의도로 달려들어야 한다. 반면 한 손으로 잡고 뛰는 선수는 오로지 앞으로 달리는데 올인한다. 수비도 거기에 대응해 공격적으로 차단해야 한다. 럭비를 보면서 가장 알고 싶었던 내용 중 하나였다.

지각 능력을 키우는 또 다른 방법은 선수가 경기 중에 지각해야 할 신호나 단서를 재현한 상황 속으로 최대한 자주 밀어넣는 것이다. 경기를 읽는 능력은 선수가 경기 중에 일어나는 통계적 경향을 무의식적으로 추론하는 수많은 상호작용의 결과다. 책을 잘 읽는 사람들은 대체로 많은 시간을 독서에 투자했던 이들이다.

지각은 다양한 영역에서 일어난다. 선수는 14~15명의 선수가 모두 눈에 들어오는 상황을 볼 때도 있고, 공 주변에 모여 있는 몇 명의 선수에게만 집중할 때도 있다. 때로는 전술적인 공간을 읽기도 하고(어느 공간을 공략할 수 있을까?) 때로는 상대의 바디랭귀지에서 단서를 얻어 다음 터치를 어느 쪽으로 할지 선택하기도 한다.

론도는 공간을 읽는 연습으로는 적합하지 않지만 바디랭귀지로부터 단서를 읽는 연습으로는 다른 어떤 드릴보다 좋다. 라인도 없고, 골대도 없고, 11

명의 선수로 하는 연습이 아니라는 이유로 지각 능력을 키울 수 없다고 단정 짓는 것은 어리석은 일이다.

코치는 선수의 지각 능력을 키우기 위한 다양한 연습을 준비해야 한다. 코치는 모든 연습을 준비하며 "어떻게 하면 선수들의 지각 능력을 키울 수 있을까?" 하는 질문을 던져야 한다. 나에게 경기 기반 연습을 하는 주된 목적은 선수의 지각 능력 향상에 있다. 경기 기반 연습은 대개 스몰 사이드 게임 형태로 진행된다. 그러다보니 공 주변의 비교적 좁은 공간에서만 지각을 경험하는 경향이 있다. 하지만 선수들은 경기장을 폭넓게 보는 법도 배워야 한다. 다양한 크기의 경기장에서 전술 연습과 경기 기반 연습을 진행해 선수가 보다 넓은 시야에서 지각을 경험하도록 해야 한다. 선수들은 시야의 가운데에 들어오는 신호나 단서는 (중심시) 잘 지각하지만 시야의 가운데로부터 멀어져 바깥쪽에 있는 신호는 (주변시) 종종 놓치곤 한다. 보다 넓은 영역에 걸쳐 시각 정보를 파악하는 능력은 특히 엘리트 레벨로 올라갈 수록 강점으로 작용할 수 있다. 플레이를 잠시 멈추고 선수와 대화를 나눌 때 이 부분을 체크하면 좋다. "어떻게 했어야 해?"라고 묻는 대신 "어디를 봤어?"라고 물어본다. 선수의 대답에 따라 질문을 추가한다. "조금 더 넓게 보려면 무엇을 봐야할까?"

앞서 나는 선수의 의사결정에 배경 지식이 중요한 역할을 한다고 이야기 했다. 팀 의사결정에는 배경 지식의 역할이 더욱 중요하다. 시더빌대학 여자 농구팀의 경기 영상을 보자.

 존 레온조 코치의 '플레이의 원리'

이 영상은 시더빌대학 농구팀이 추구하는 플레이의 원리 두 가지를 보여준다. '상대의 도움 수비를 끌어내고 패스'와 '침투 후 패스 + 패스'다. 선수들은 이 영상을 보고 팀이 지향하는 플레이의 원리를 눈으로 확인할 수 있다. 경기에서 이 플레이를 해야 하는 순간을 보다 쉽게 알아차릴 수 있다. 아는 만큼 잘 보인다. 이를 '테트리스 효과'라고 부르기도 한다. 테트리스 게임에 푹 빠진 사람은 일상 생활의 모든 곳에서 테트리스의 퍼즐 모양을 보게 된다는 이야기에서 나온 표현이다. 인지심리학자 숀 아처는 『행복의 특권』이라는 책에 "몇 시간씩 '테트리스' 게임을 하면 실제로 뇌가 바뀐다"고 적고 있다. 뇌가 재구성되어 대상을 지각하는 방식을 바꾼다는 의미다. 레온조 코치가 플레이의 원리 영상을 이용해 선수들의 눈을 훈련시키는 이유다. 그는 선수들에게 기본적인 플레이를 반영한 명확한 이미지와 영상을 반복적으로 제공한다. 그래서 실제 경기에서 그런 상황이 벌어졌을 때 빠르게 지각할 수 있도록 훈련시킨다.

지각 능력 향상을 위해 마지막으로 소개하고 싶은 아이디어는 선수가 플레이를 하지 않을 때 의도적으로 생각할 수 있는 시간을 제공하는 방식이다. 선수들은 연습 시간 중에도 실제로는 연습을 하지 않고 시간을 보내는 경우가 있다. 경기에서도 벤치에 앉아 경기를 볼 때도 많다. 8명으로 구성된 세 팀이 로테이션을 하며 연습을 한다고 해보자. 한 팀은 5분 동안 쉬게 된다. 그때 선수들은 무엇을 할까? 아마 다른 선수들의 연습을 지켜볼 것이다. 하지만 분명한 의도를 가지고 주의 깊게 연습을 지켜보는 경우는 별로 없다. 쉬는 선수들에게 '관찰 과제'를 주면 비록 몸은 쉬더라도 인지의 측면에서는 생산적으로 활용할 수 있다.

이를테면 퍼스트 터치를 보고 점수를 매기라는 과제를 준다. 그런 다음 연습이 끝나고 질문을 던진다. "자. 누가 퍼스트 터치를 보고 있었지? 에바의 퍼스트 터치는 어땠어?" 이런 과정이 반복되면 선수들은 보다 분명한 의도를 가지고 연습이나 경기를 집중해서 보게 된다.

선수마다 다른 과제를 주어도 좋다. 관찰 과제가 적힌 카드를 나눠주는 방법도 있다[7]. 각각의 카드에는 모두 다른 과제가 적혀 있다. '자신의 포지션에 있는 선수를 관찰한다.' '자신이 어려움을 겪고 있는 기술을 관찰한다.'

선수에게 필요한 카드를 골라서 주는 것도 하나의 방법이다. 퍼스트 터치를 정적으로 하는 경우가 많은 마가렛에게는 이런 내용이 적혀 있는 카드를 준다. '퍼스트 터치 관찰하기', '선수가 퍼스트 터치로 어떻게 방향을 바꾸는지를 관찰하고 좋은 사례를 공유하기.' 카드를 주면서 명확한 메시지도 함께 전달한다. "마가렛. 이 카드를 주는 이유는 퍼스트 터치가 너의 플레이를 한 단계 업그레이드하는 데 필요한 과제이기 때문이야. 잘 보고 배워보자!"

관찰을 그룹 과제로 만들 수도 있다. 오른쪽 사진은 루스 브레넌 모리 코치가 로체스터의 U12 여자축구팀을 지도할 때 사용한 관찰 노트다. 모리 코치는 쉬고 있는 선수들에게 이러한 관찰 노트를 클립보드로 만들어 기록하는 과제를 준다. 선수들은 경기를 보다가 패스가 성공하면 관찰 노트에 기록을 한다. '캐스퍼 패스'도 기록한다. '캐스퍼 패스'는 상대 선수에게 직접 가는 잘못된 패스를 말한다.

"상대팀 선수들이 벤치에서 "내일 연습 없어서 좋다." "금요일에 놀이공원 갈거야?" 이런 잡담을 하며 시간을 보낼 때 우리 선수들은 벤치에 앉아 집중해서 경기를 봅니다."

선수들은 방금 본 패스가 성공한 패스였는지를 놓고 때로는 토론을 한다.

---

[7] 뉴욕주의 로체스터에 있는 엠파이어 유나이티드 여자 축구 아카데미에서 마이크 엘리콧 코치의 탁월한 코칭을 보고 나는 이 아이디어를 얻었다.

멘탈 코치이기도 한 루스 브래넌 모리 코치는 이렇게 함께 관찰하고 기록하는 훈련의 효과에 대해 이렇게 말한다.

"캐스퍼 패스라고 이름을 붙이고 기록을 하기 시작하니까 캐스퍼 패스를 하는 실수가 거의 사라졌습니다. 그것도 거의 즉시 말이죠. 경기가 진행될수록 패스의 성공률도 점점 좋아졌습니다. 집중해서 관찰을 하고 기록을 하니까 경기를 이해하는 수준도 높아지고 플레이의 수준도 향상되었습니다. 선수 자신의 눈이 스스로를 지도하는 코치의 역할을 한 셈입니다."

테크놀로지의 발달로 이제는 선수의 문제를 정확하게 발견하고 확인할 수 있다. 최근에 분데스리가의 한 팀을 방문한 나의 동료는 경기장 옆에 대형 스크린이 설치되어 있는 모습을 발견했다. 스크린에는 연습 장면이 실시간으로 표시되고 있었다. 코치는 연습을 잠시 멈추고 스크린으로 걸어가 뒤로 15초를 돌리고는 선수와 함께 이야기를 나눴다. "봤지? 다닐로. 공간이 어디야?" 이렇게 현장에서 바로 제공하는 영상 피드백은 티칭에도 효과적이고 선수가 피드백 후에 빠르게 연습으로 돌아갈 수 있게 해준다. 대형 스크린이 없다면 태블릿을 이용해도 된다. 훨씬 적은 비용으로 스크린의 역할을 충분히 대신할 수 있다. 나는 캐빈 존스 코치가 버지니아에서 유소년 선수들에게 이런 방식으로 코칭을 하는 모습을 보았다. "무엇이 눈에 띄어?" 존슨 코치는 연습을 잠시 멈추고 선수들에게 태블릿을 보여주며 질문을 던졌다. 선수들은 자신의 움직임을 더 정확하게 보고 분석할 수 있었다.

하지만 이런 접근법은 약간 도박과 같은 측면이 있다. 선수들의 무의식적인 시선 처리 과정을 의식적으로 개선하고자 하는 노력은 괜찮은 투자이긴 하지만 확실한 발전이 보장되는 방식은 아니다. 내가 아는 한 럭비 코치는 선수가 공을 찰 때 공의 코 부분을 봐야 한다는 말을 했다. 그렇다면 선수들에게 공의 코를 보고 차라고 가르치면 될까? 어쩌면 그런 가르침으로 선수의 킥이 좋아질 지도 모른다. 하지만 무의식적으로 일어나야 하는 과정을 의식적인 노력이 개입해 오히려 킥에 방해가 될 수도 있다.

또한 좋은 시선 처리가 좋은 움직임의 절대적인 원인은 아니다. 오히려 시선과 움직임은 서로 영향을 미치는 상호적인 관계일 가능성이 높다. 단순히 보는 대상을 바꾼다고 해서 그 선수의 움직임이 근본적으로 변하지는 않는다. 그럼에도 불구하고 선수의 지각 능력을 키우기 위한 방법으로 지금까지 소개한 아이디어들은 충분히 해볼 만한 가치가 있는 베팅임에는 분명하다. 각각의 아이디어가 하나의 베팅일 뿐이라는 사실만 잊지 않으면 된다.

이와 관련하여 어느 세계적인 스키 선수의 흥미로운 시행착오 스토리가 있다. 그는 중요한 대회를 앞두고 다른 뛰어난 스키 선수의 헬멧에 카메라를 장착해 타고 내려올 슬로프를 촬영했다. 그 선수는 경기를 치를 코스를 손바닥 보듯 자세히 파악하고 싶었다. 하지만 이 실험은 성공하지 못했다. 헬멧에 장착된 카메라와 실제 눈의 위치가 미묘하게 달랐기 때문이다. 그 선수는 슬로프를 타고 내려오며 오히려 혼란을 겪으며 레이스에 집중하지 못했다. 어떤 의미에서 그 선수는 머릿속에 잘못된 코스를 저장한 셈이었다.

지각을 제대로 이해하려면 우리는 여전히 많은 시행착오를 겪어야 한다. 가상현실(VR) 기술도 우리가 탐구해야 할 분야 중 하나다. 가상현실 기술이 선수의 지각 능력을 개발하는데 도움이 될까? 나는 그렇다고 생각한다. 우리가 가상현실 기술로 실수를 저지를 가능성은? 이 역시 당연히 그렇다고 생각한다. 무엇이든 시장에 처음 등장하는 기술이나 제품은 좋은 의도에도 불구하고 결함이 있을 수밖에 없다.

플랫폼을 활용한 연습

축구 경기에서는 두세 명으로 구성된 소규모 그룹 간의 작은 게임이 계속해서 벌어진다. 수비는 서로간의 콤비네이션을 통해 밸런스를 유지하고 침투 패스를 막는다. 공격도 마찬가지로 서로간의 협업을 통해 수비수 주변의 공간을 관찰하며 방법을 찾는다. 선수가 경기의 기본 형태라고 할 수 있는 이러한 소규모 상호작용에 익숙해지면 시각적으로 복잡한 환경에서 일어나는 상호작용도 더 잘 이해할 수 있다.

론도와 같은 연습에 가능하면 많은 시간을 투자해야 하는 이유가 바로 여기에 있다. 공간에서의 상호작용을 기초적인 형태로 반복해서 재현하기 때문이다. 선수의 내면에 이러한 기초적인 상호작용 패턴을 형성하면 보다 복잡한 전술을 마스터하는 토대가 된다.

론도 연습에는 또 다른 장점이 있다. 론도는 경기의 네 가지 국면에서 벌어지는 주요 상호작용을 모두 재현할 수 있을 뿐만 아니라, 변화도 자유자재로 줄 수 있다. 지각 능력을 키우면서 동시에 특정 테크닉이나 전술에 초점을 맞출 수도 있다. 애틀랜타 유나이티드 아카데미 U15팀 감독인 매트 로레이는 론도를 이렇게 평가했다.

"론도는 경기의 축소판입니다. 론도에는 공격, 수비, 전환 국면이 모두 있습니다. 실제 경기에서 선수들이 이러한 국면을 어떻게 헤쳐나가는지를 보고 론도 연습을 전술적으로 조금씩 다른 원리를 적용해 진행할 수 있습니다."

로레이 감독의 말은 어찌 보면 경기 기반 연습의 장점이기도 하다. 나는 경기 기반 연습을 '플랫폼'이라는 이름으로 부르는 걸 좋아한다. 이러한 포맷의 연습에서 선수들은 중단되는 시간이 거의 없이 계속해서 경기에 몰입하며 배운다. '플랫폼'이 일단 갖추어지면 계속해서 새로운 형식의 연습으로 바꿀 필요가 없다. 약간의 전략적 변형을 가미하여 반복하면 된다. 연습의 생산성도 좋아지고 선수들의 몰입의 수준도 높아진다.

선수를 6명씩 세 그룹으로 나누어 '소유권 론도' 연습을 한다고 상상해 보자. 연습이 세 번째 라운드로 접어들 때쯤에 변화를 주기 시작한다. "세 명의 그룹으로 세팅! 소유권 론도야. 15초 후에 시작한다. 시작!" 선수들은 비슷하지만 다른 드릴을 하게 된다. 시간을 그다지 소모하지 않고 빠르게 준비해서 시작할 수 있다. 연습의 기본적인 구조를 파악하기 위해 플레이를 멈출 필요가 없다. 코치는 론도라는 '플랫폼' 위에 디테일과 복잡성을 더할 수 있다. '플랫폼'을 반복해서 사용한다고 해서 같은 드릴을 반복하는 것은 아니다. '플랫폼'을 사용할 때마다 조금씩 변화를 주면 된다. 이런 점진적인 변화는 좋은 의사결정 능력을 키우기 위한 방법이다. 어떤 코치들은 경기 기반 연습을 하기만 하면 의사결정 능력이 좋아진다고 생각한다. 물론 어느 정도는 가능하리라 생각한다. 하지만 이렇게 '플랫폼'을 바탕으로 연습에 조금씩 변화를 주면 의사결정 능력을 발달시키는 연습을 보다 효과적으로 진행할 수 있다.

최근에 나는 애틀랜타 유나이티드 아카데미에서 진행된 로레이 감독의 론도 연습을 참관한 적이 있다. 그는 5대2 론도로 시작했다. 거의 모든 연습이 론도로 시작하기 때문에 로레이 감독이 "시작하자"고 말하는 순간부터 선수들은 무엇을 해야 할지 정확히 알고 적극적으로 몰입했다. 처음에는 일반적인 론도 규칙으로 시작했다. 공을 뺏은 선수가 공을 뺏긴 선수와 교체하는 전형적인 방식이다.

다음 라운드에서 로레이 감독은 론도의 규칙을 바꾸었다. 수비를 하던 두 명 중 누구라도 공을 획득하면 둘 다 밖으로 나와 공격수가 되었다. 공을 뺏긴 선수와 그 선수의 오른쪽에 있던 팀원이 수비의 위치로 들어가야 했다. 이는 론도의 역학에 미묘한 변화를 일으켰다. 팀워크가 강조되는 규칙의 변화였다. 공을 빼앗으면 두 선수 모두에게 이익이 되는 인센티브는 공을 뺏기 위한 도박적인 플레이보다는 코디네이션에 집중하도록 이끌었다.

다음으로 로레이 감독은 팀워크를 더욱 강조하는 방식으로 론도에 변화를 주었다. 공격팀이 수비수 두 명을 가로지르는 패스를 성공시키면 수비수는 두 번 라운드를 반복해야 했다. 공을 따내더라도 공을 다시 내주고 한 번 더 수비를 해야 했다. 이런 변화를 통해 커버 플레이와 서로 간의 밸런스를 코디네이션하는 법을 생각하도록 유도했다. 둘 다 공을 뺏으려고 달려들면 대가를 치러야 했다.

다음으로 로레이 감독은 론도 박스 밖에 콘을 세워 놓았다. 새로운 수비수 두 명은 전력질주를 하여 콘을 돌고 박스 안으로 들어가야 했다. 이런 조건은 프레싱에 가까운 역동적인 상황을 만들었다. 두 선수는 빠르게 달려들어 공간을 좁혀야 했다.

새로운 도전 과제는 계속 이어졌다. 수비수 한 명이 공을 뺏고 자신의 파트너에게 패스를 성공하면 자신과 파트너 모두 수비로부터 벗어날 수 있었다. 패스가 실패하면 둘 다 그대로 남아있어야 했다. 반면에 공을 따내기만 하고 파트너에게 패스를 하지 않으면 파트너만 남기고 혼자서 박스를 빠져나갈 수 있었다. 이 연습 라운드를 하면서 선수들은 공을 따내고 빠르게 패스를 연결하는 법을 연습하며 팀워크를 경험했다. 어리석게 플레이해서도 안 되고 이기적으로 플레이해서도 안 되는 과제라고 할 수 있다. 팀원과 함께 나갈 수 있는 기회가 있었는데도 그러지 않은 선수는 자기밖에 모른다고 동료들로부터 잔소리와 야유를 듣곤 했다.

로레이 감독은 수비수들이 조용히 서로의 움직임을 읽고 위치를 코디네이션해야 하는 라운드를 계획하기도 했다. 이런 식으로 그는 끊임없이 집중해야 할 포인트를 바꾸면서도 경기의 핵심적인 상호작용을 지각하는 능력을 발전시키고자 했다. 물론 로레이 감독의 방식이 론도에 변화를 주는 유일한 방법은 아니다. 공간을 변수로 삼아 변화를 주는 방식이 오히려 일반적이다. 5개의 패스를 연속으로 성공시킨 다음에야 롱패스로 공격 포인트를 바꿀 수 있다는 조건을 걸 수도 있다. 내가 로레이 감독의 론도 연습에 관심을 가진 이유는 그가 수비 측면에 집중했다는 점이다.

어떤 연습이든 앉아서 몇 분만 생각해보면 연습의 역학을 미묘하게 변화시킬 수 있는 20가지 방식을 떠올릴 수 있다. '플랫폼'은 그대로 두고 선수가 집중할 대상에 변화를 줄 수 있다.

3장

연습 계획과 디자인

학습은 망각과의 싸움

"교습의 주된 기능은 학습자가 중요한 정보를 장기 기억에 축적할 수 있도록 하는 일이다." - 스웰러 외[1]

우리는 그동안 살면서 배운 것의 대부분을 잊어버렸다. 우리는 학교에서 배운 내용 중 극히 일부만 기억한다. 내 말을 믿지 못하겠다면 오늘 저녁 자녀의 수학이나 역사 숙제를 도와주길 바란다. 기억 나는 내용이 거의 없을 것이다. 학습은 망각과의 끝나지 않는 싸움이다. 티칭 역시 마찬가지다. 이번 장에서는 학습 디자인의 핵심 요소에 대해 다룬다. 연습을 어떻게 구성해야 하는지 이야기를 나누는 장이다. 학습과 연습 디자인에 대한 이야기를 하려면 먼저 기억과 망각에 대해 심층적으로 파고들어갈 필요가 있다.

다들 비슷한 경험이 있으리라 생각한다. 파티에서 여러 사람들과 이야기를 나누다가 알렉스라는 새로운 사람을 소개받는다. 만나서 반갑다는 인사를 나누고 대화를 시작한다. 대화를 나누는 동안 뇌는 작업 기억을 동원한다. 작업 기억은 의식적인 사고를 위해 사용된다. 복잡한 추론과 은밀한 지

---

[1] Sweller, J., van Merrienboer, J. J. G. and Paas, F. (2019) "Cognitive architecture and instructional design: 20 years later," Educational Psychology Review 31 (2) pp. 261-292.

각 활동을 위해서도 사용된다. 주차하기가 쉬웠다는 알렉스의 말에 순간적으로 의아함을 느낀다. 그냥 미소를 지으며 화답한다. 알렉스가 중서부 지역 어디선가에서 자랐다는 것을 그의 발음을 통해 유추한다.

작업 기억은 고차원적인 사고와 지각을 가능하게 한다. 문제 해결을 위해서는 작업 기억의 활동이 필요하다. 작업 기억 덕에 인류는 초끈이론을 발견했고 페니실린도 발명했다. 작업 기억 덕에 오버래핑 플레이도 만들어낼 수 있었다. 하지만 작업 기억에는 뚜렷한 한계가 있다. 한 번에 아주 적은 양의 정보만 처리할 수 있다는 점이다. 한 번에 너무 많은 생각을 하려고 하면 사고 능력이 떨어지게 된다. 그렇기 때문에 작업 기억은 필요한 활동을 위해 망각을 이용한다. 알렉스와 대화를 나누는데 친구가 막 도착해서 인사를 한다. 고개를 돌려 짧은 인사를 나눈다. 그리고는 깨닫는다. 자신이 대화를 나누는 상대의 이름을 잊어버렸다는 사실을. 작업 기억이 한계가 있다는 사실은 대단한 비밀이 아니다. 전화번호는 보통 7자리 숫자로 구성되어 있다. 작업 기억이 일반적으로 기억할 수 있는 최대치이기 때문이다. 숫자의 순서를 기억하는 일보다 어떤 아이디어를 저장하는 일이 더 어렵다. 우리는 대개 한 번에 한두 가지의 아이디어만 잠시 동안 저장할 수 있다. 스파게티를 만들기 위한 쇼핑 리스트를 작성하다 보면 상사에게 보낼 이메일을 완전히 까먹게 된다. 핸드폰의 벨소리가 갑자기 울리거나 잠깐 눈에 들어온 TV 화면에 조금만 주의를 빼앗겨도 방금 전까지 하던 생각이 순식간에 사라지기도 한다. 장기 기억에 지식을 인코딩(각인)하지 않으면 그 지식은 언제든지 사라질 수 있다.

지식을 장기 기억으로 저장하지 못하는 것은 여러 망각 현상 중에 하나일 뿐이다.[2] 파티를 마치고 집으로 돌아오는 길에 라디오를 튼다. 20년 전에 들

---

2 '지식'이 무엇을 의미하는지 잠시 설명할 필요가 있다. 첫째, 여기서 지식은 '사실 지식'뿐만 아니라

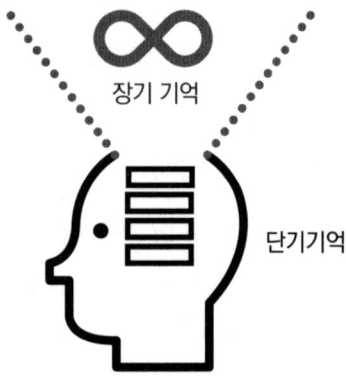

었던 머라이어 캐리의 노래가 나온다! 몇 년 동안 들어본 적이 없는 노래인데도 가사와 멜로디가 생생히 기억난다. 신기하게도 그 노래를 들었을 때 어디에 있었는지, 함께 있던 사람들은 누구였는지 등의 기억도 머릿속에 피어오른다.

머라이어 캐리 노래에 대한 지식은 자신도 모르는 사이에 장기 기억에 자리 잡고 있었다. 그러다가 갑자기 라디오를 통해 그 기억이 소환된 것이다. 자신이 알고 있다는 사실조차 잊어버린 기억이다. 이렇게 무언가를 작업 기억으로 불러오는 과정을 '인출(retrieval)'이라고 부른다. 선수 육성과 연습 디자인에서 대단히 중요한 개념이다.

다시 한번 정리하면, 어떤 지식은 장기 기억에 인코딩되지 않아서 '잊어버린다.' 또 어떤 지식은 장기 기억에 인코딩되어 있음에도 불구하고 역시

공을 받는 기술과 같은 '신체 지식'도 포함한다. 둘째, '사실'이란 추상적인 사실과 구체적인 사실을 모두 포함한다. 다니엘 윌링험은 지식을 이렇게 설명한다. "삼각형이 세 변으로 닫힌 도형이라는 개념도 지식이다. 개가 일반적으로 어떻게 생겼는지를 아는 것도 지식이다." 운동 경기에서는 추상적인 지식이 많이 필요하다. 공을 패스할 공간을 인식하는 것도 지식이다. 이런 내용을 지식의 한 형태로 인식하지 않는 경향 때문에 선수의 학습을 지식 중심으로 잘 다루지 않는 것은 아닌가 하는 생각이 든다.

'잊어버린다.' 비록 장기 기억에는 저장되어 있지만 필요할 때 꺼내서 쓸 수 없기 때문에 잊어버렸다고 표현하는 게 맞다. 라디오에서 흘러나온 머라이어 캐리의 노래처럼 적절한 자극을 통해 기억이 소환되어야 자신에게 그런 지식이 있다는 사실을 깨닫게 되는 경우가 있다. 하지만 저장한 지식의 대부분은 기억을 적절히 자극하는 이벤트와 만나지 못해 그대로 잠들어 있는 채로 머물게 된다.

20년 전에 즐겨 들었던 노래의 가사와 멜로디를 또렷이 기억하는 사례는 장기 기억의 또 다른 특성을 말해준다. 장기 기억의 용량은 사실상 무한하다는 점이다. 우리의 기억 속에는 어릴 때부터 들었던 수백 곡의 노래가 저장되어 있다. 그 노래를 들었던 순간의 여러 정보들도 함께 간직하고 있다. 지금은 저장되어 있는 기억 대부분을 알지 못하지만 적절한 단서와 함께 자극이 되면 다시 한 번 그 지식에 연결될 수 있다. 우리 머릿속의 노래방 기계에 저장되어 있는 노래들은 자신의 번호가 호출되기를 기다리고 있다.

장기 기억의 용량이 사실상 무제한이라는 사실에는 단점과 장점이 모두 존재한다. X나 Y에 대해 더 많이 알게 되었다고 해서 Z에 대해 제대로 배우지 못하는 경우는 없다는 점이 장점이다. 실제로는 한 주제에 대해 더 많이 알 수록 같은 주제에 대한 다른 지식은 더 쉽게 배울 수 있다. 지식은 이미 알고 있는 다른 지식들과 연결될 때 더 빨리 이해할 수 있다. 또한 지식은 다시 떠올리고 적용하는 과정을 통해 서로 연결되기 때문에 하나를 기억하면 다른 지식도 보다 쉽게 기억하게 된다.

심리학자 미첼 밀러는 "기억의 활용을 제한하는 것은 저장 용량이 아니라 필요할 때 필요한 것을 찾는 능력"이라는 말을 했다[3]. 선수는 경기를 하면서

---

3   James M Lang의 『Small Teaching』 28쪽에서 인용

순간적으로 필요한 지식과 기술을 기억으로부터 끄집어내야 한다. 경기에서는 속도가 중요하기 때문에 일반적으로 기억을 소환하는 작업보다 몇 배는 더 어려운 일이다. 기억으로부터 지식과 기술을 찾는 연습을 충분히 많이 한 선수들만 실제 경기에서 빠르게 찾을 수 있다.

퍼포먼스와 학습의 차이

선수는 또한 저장한 지식과 기술을 자동으로 불러낼 수 있어야 한다. 다른 동작을 하거나 다른 신호를 지각하면서도 기억에 저장한 지식과 기술을 소환해 사용할 수 있어야 한다. 무언가를 '알고 있어도' 능수능란하게 재현하지 못하면 선수에게는 별로 소용이 없다. 선수는 어떤 지식이나 기술이든 잘 알고 있어야 할 뿐만 아니라 그것을 능숙하게 다시 불러올 수 있어야 한다. 코치가 이 개념을 분명히 이해하면 연습 환경을 디자인하는 방식이 달라질 수밖에 없다.

코치가 선수들이 알고 있는 지식과 기술을 다시 작업 기억으로 불러오는 과정, 즉 인출 연습에 관심을 갖지 않으면 어떤 일이 벌어질까? 코치는 선수가 알고 있다고 확신하지만 막상 선수는 경기에서 그것을 사용하지 못한다. 선수 육성 과정에서 놓치기 쉬운 위험이다. 우리는 기억을 언제든지 소환할 수 있다고 믿는 경향이 있기 때문에 이런 일은 흔하게 일어난다. 선수가 어떤 기술이나 플레이를 잘 해내는 모습을 여러 번 목격한 코치는 선수의 학습이 끝났다고 생각하기 쉽다. 잘 하는 모습을 봤기 때문에 잘 알고 있을 거라 확신한다. 경기에서도 그대로 보여주리라 기대한다. 만약 그렇지 않다면 그건 선수의 집중력이 부족하거나 멘탈이 약하기 때문이라 여긴다.

사실 선수들 자신도 그런 사고의 흐름을 가지고 있는 경우가 많다. 선수는 자신이 어떤 동작이나 기술을 할 수 있다고 알고 있다. 하지만 자신이 알고 있다고 생각하는 지식이나 기술을 경기 중에 사용하지 못하고는 그 이유를 궁금해 한다.

퍼포먼스와 학습은 교육에서 가장 중요한 구분이다. 퍼포먼스는 특정 시점에 지식을 알고 기술을 수행하는 것을 의미한다. 학습은 장기적이고 지속적으로 지식을 알고 기술을 수행하는 것이다. 때로는 퍼포먼스가 좋아도 학습이 일어나지 않을 수 있다. 반대로 퍼포먼스는 좋지 않아도 학습은 일어날 수 있다. 교육 전문가 해리 플레처-우드의 말처럼 "가르치고 있는 동안의 학생의 퍼포먼스는 장기적인 학습의 지표가 되지 못한다." 이는 코치에게도 중요한 메시지다. 코치의 삶을 한 편의 영화로 만든다면 이 대사가 나올 때 천둥 소리가 배경음악으로 깔려야 한다. 워낙 중요한 말이기 때문에 살짝 표현을 바꾸어 반복하고 싶다.

"연습에서의 퍼포먼스는 잘못된 신호다. 선수가 연습에서 보여주는 퍼포먼스는 경기에서 보여줄 퍼포먼스의 지표가 될 수 없다."

코치들은 연습에서 선수들이 보여주는 능숙한 동작과 기술을 경기에서도 보여주리라 기대하곤 한다. 하지만 연습을 하는 동안 선수들은 아직 망각의 세계로 들어가지 않았다. 연습이 끝나자마자 피할 수 없는 망각의 과정은 시작된다. 망각은 무자비하고 지칠 줄 모르는 적이다[4]. 교육심리학자인 커쉬너, 스웰, 클라크는 이렇게 정리한다[5].

"관련 정보를 장기 기억에 저장하거나, 장기 기억으로부터 정보를 효율적

---

4   선수의 연습이 경기로 전이되지 않는 데는 망각 외에도 다른 이유가 있을 수 있다. 피로, 긴장, 도전적인 연습을 하지 못한 것 등이다.

5   www.bit.ly/31GB7YZ

으로 소환하는 능력을 키우지 않는 모든 방법론은 효과가 떨어질 가능성이 높다."

우리는 기억의 작동 방식을 잘 모르기 때문에 선수를 쉽게 비난하거나 편견을 가진다. 선수가 연습 때 잘 하는 모습을 봤기 때문에 '알고 있고 할 수 있다'고 단정지으면, 경기에서 그대로 하지 못할 때 집중력 부족이나 태도와 같은 멘탈의 문제로 엉뚱하게 결론을 내리게 된다. 코치가 기억과 망각이라는 개념을 제대로 이해하지 못하면 코치-선수의 관계는 위험에 빠질 수 있다.

부실한 경기력이 선수의 집중력 부족이나 멘탈의 문제가 아니라고 말하는 것은 아니다. 어쩌면 그럴 수도 있다. 하지만 코치는 선수를 비난하기가 훨씬 쉽다는 점을 늘 생각해야 한다. 책임의 방향을 스스로에게 돌려서 자신이 가르치는 방식이나 연습 환경에 대해 질문을 던지는 일이 더 어렵다. 선수의 태도나 정신력을 탓하기 전에 코치는 자신이 한 일을 먼저 돌아보면 좋다. 자신의 티칭과 연습 디자인을 평가해 봐야 한다.

계속 이어나가기 전에 지금까지 한 이야기를 요약해 보자.

- 배운 지식과 기술을 다시 작업 기억으로 소환하는 연습(인출 연습)은 처음에 그것을 배우는 연습과 관련은 있지만 분리된 과정이다.
- 편안하게 인출할 수 있어야 선수는 자신이 알고 있는 지식과 기술을 빠르게 경기 중에 사용할 수 있다.
- 코치는 인출의 불확실성을 간과하기 쉽다. 연습의 퍼포먼스가 코치를 속이기 때문이다. 퍼포먼스는 일시적으로 나타나는 현상이다.
- 처음에 잘못 가르쳐서 인출에 어려움을 겪는 거라고 쉽게 결론을 내려서는 안 된다. 기억을 보다 단단히 형성하기 위한 다음 단계의 연습(인출 연습)이 필요하다.

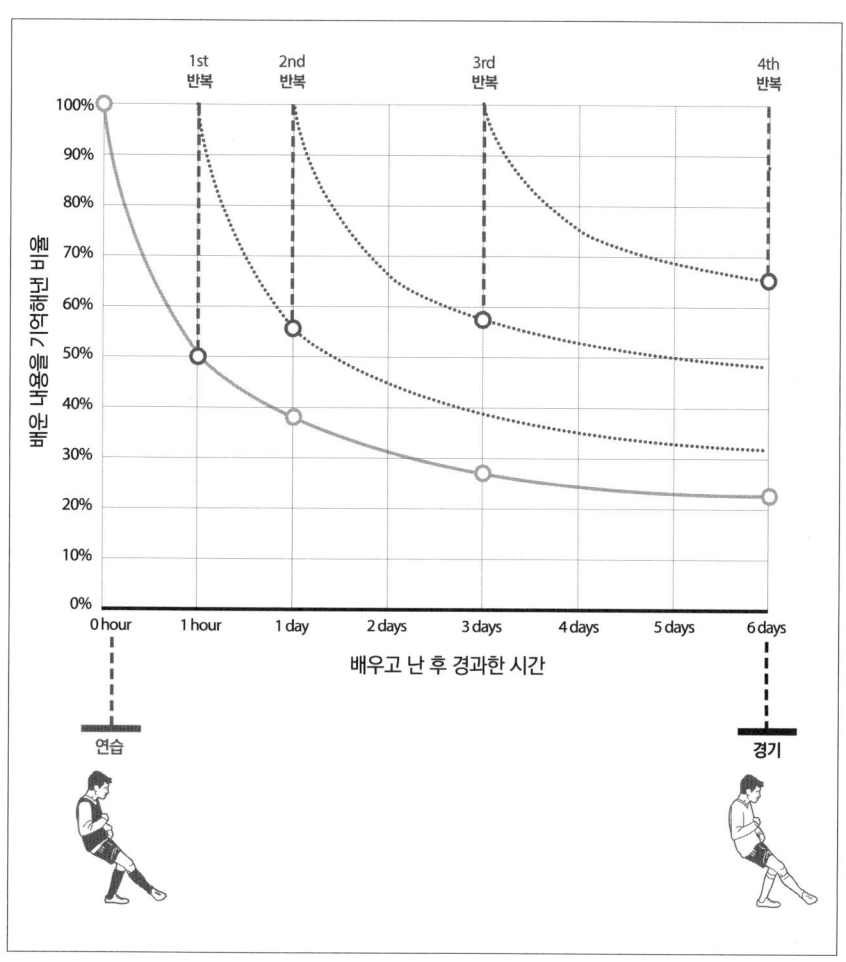

기억을 강화하는 인출 연습

'인출 연습'은 이미 학습했지만 잊어버리기 시작한 지식과 기술을 작업 기억으로 불러오는 연습이다. 인출 연습의 개념은 망각 곡선이라 불리는 위의 그래프로 이해하면 좋다.

1880년대에 헤르만 에빙하우스는 사람들이 일련의 무의미한 음절을 기억하는 비율을 분석해 최초의 망각 곡선을 만들었다. 이후 망각 곡선은 다양한 조건에서 만들어졌는데 공통적으로 다음과 같은 사실을 말하고 있다.

- 무언가를 배우자마자 우리는 즉시 잊어버리기 시작한다.
- 망각률은 충격적으로 높다. 우리는 대개 무언가를 배우고 몇 시간만 지나도 극히 일부만 기억한다.
- 아는 것을 떠올리는 연습(인출 연습)을 할 때마다 망각의 속도와 양은 줄어든다.
- 망각률을 낮추려면 잠시 시간이 지났다가 인출하는 연습을 해야 한다. 기억이 뇌에 더 깊게 인코딩되려면 망각이 먼저 시작되어야 한다.
- 매번 인출 연습을 할 때마다 연습 사이의 시간을 조금씩 늘려가면 기억에 보다 도움이 된다.

망각 곡선은 아주 유용한 정보지만 기억에 관해 모든 걸 알려주진 않는다. 수십 년에 걸쳐 다양한 학습 과제를 대상으로 많은 연구가 진행되었고, 망각 곡선이 담고 있는 원리는 비교적 널리 받아들여지고 있다. 하지만 위와 같은 망각 곡선은 가설에 불과하며 학습자, 콘텐츠, 환경에 따른 차이를 고려하지 않고 일반화한 형태에 지나지 않는다. 우리팀의 선수들이 특정 시점에 특정 지식이나 기술을 얼마나 알고 있는지 구체적으로 알려주지 않는다. 인출 연습을 정확히 얼마나 자주 해야 하는지도 말해주지 못한다.

암묵적 기억(어떤 일을 하는 방법을 실질적으로 알고 있는 기억)은 명시적 기억(정보를 떠올리는 능력)과는 다르게 인코딩된다. 연습 환경의 차이도 영향을 미친다. 연습 환경에 따라 선수의 집중력과 노력의 수준은 달라진다. 선수마다 망각의 속도와 내용도 다르다. 하지만 하나는 분명하다. 선수는 배운 것을 오랜 시간 동안 사용하지 않으면 잊어버린다. 시험 전날 밤에 벼락치기를 하면 시험은 조금 더 잘 칠 수 있을 지 모른다. 하지만 시험이 끝나면 금방 까먹게 된다. 밤에 숙면을 취하면서[6] 여러 번에 걸쳐 공부하면 몇 달 후에도 기억할 가능성이 훨씬 높다.

　망각 곡선에는 답할 수 없는 중요한 질문이 여전히 남아 있다. "학습자가 어떤 아이디어를 배우려면 얼마나 많이 그 아이디어에 노출되어야 하는가?" 다시 말하지만 이에 대한 확실한 정답은 없다. 필요한 반복 횟수는 배우려는 아이디어의 복잡성과 학습자의 사전 지식에 따라 달라진다. 전문가는 초보자보다 더 적은 횟수를 반복해도 관련된 지식과 기술을 배울 수 있다는 점은 분명하다. 뉴질랜드의 교육학자 그레이엄 누탈 박사는 자신의 책 『The Hidden Lives of Learners』에서 학생들을 대상으로 한 광범위한 연구를 바탕으로 실용적인 경험 법칙을 제안한다.

　"우리는 학생이 어떤 개념을 이해하기 위해서는 적어도 세 번 이상 완전한 정보 세트를 접해야 한다는 사실을 발견했다. 학생들은 정보가 불완전하거나 세 번 정도 반복 학습을 하지 못했을 때 제대로 배우지 못했다."

　그러나 세 번의 노출이라는 조건은 학생의 주의력 수준을 고려해야 한다고 누탈 박사는 말한다. 학생이 충분히 주의를 기울이지 않는다면 학습하려는 내용에 제대로 노출되었다고 보기 어렵다. 하지만 학생들의 주의력 차이라는 변수에도 불구하고 누탈 박사는 세 번의 노출이라는 기준에 따라 학생의 학습 여부를 80~85%의 정확도로 예측할 수 있었다.

　그렇다면 세 번은 학습을 위한 마법의 숫자일까? 당연히 그렇지 않다. 어떤 기술을 그저 아는 것과 치열한 경기 안에서 그 기술을 높은 수준으로 표현하는 것은 완전히 다른 차원의 일이다. 단순히 아는 수준을 넘어 능수능란

6　코치는 수면이 기억 형성에 중요한 역할을 한다는 사실을 알아야 한다. 과학자들은 잠을 자는 시간 동안 기억이 통합된다고 말한다. 이는 수면의 주요 생물학적 기능 중 하나이며 수면 장애는 기억력 장애를 초래하는 것으로 나타났다. 최근 연구에 따르면 좋은 수면은 선수의 성공에 생각보다 훨씬 더 중요하다.

하게 해낼 수 있어야 해당 기술을 마스터했다고 할 수 있다. 또한 선수는 상당한 압박감 속에서도 자신이 알고 있는 지식이나 기술을 빠르게 떠올릴 수 있어야 한다. 학생은 물리 시험에서 핵분열의 단계를 1분만에 떠올려도 문제가 없다. 하지만 상대 수비의 허점을 공략하는 방법을 찾기 위해 1초 이상 써버리면 그 방법은 쓸모가 없어진다. 그런 면에서 누탈 박사가 말한 '세 번의 노출'은 최소한의 기준에 불과하다.

기억과 망각에 관해 아직 과학이 답하지 못하고 있는 질문이 많지만, 연습 디자인과 관련해서는 분명한 시사점이 있다. 첫 번째는 아무리 완벽한 연습이라도 그 자체만으로는 학습 효과가 지속될 수 없다는 사실이다. 코치는 연습 사이사이에 인터벌을 가지고 인출 연습을 계획해야 한다. 배운 것을 잊어버렸다가 다시 인출해 사용하는 기회를 제공해야 지식과 기술을 확실하게 마스터할 수 있다.

둘째, 연습을 만족스럽게 마치면 코치는 선수들의 지식이나 기술 수준이 실제보다 더 높다고 믿게 될 가능성이 크다. 하지만 선수들의 지식과 기술은 연습이 끝난 그 순간부터 망각이 시작된다. 코치는 일주일 후에 경기를 치르고 나서야 그 차이를 인식하게 된다.

마지막으로, 인출 연습을 적절한 인터벌을 가지고 진행하면 학습에 효과적이다. 잘 계획된 공부를 매일 15분씩, 3일 동안 45분을 하는 게 한꺼번에 60분 동안 하는 공부보다 내용을 오래 기억할 수 있다[7].

그리고 매튜 워커가 자신의 책 『왜 우리는 잠을 자야할까』에서 강조했듯

---

7   학습자는 자신이 얼마나 알고 있는지를 정확하게 인식하지 못한다고 브라운과 뢰디거는 말한다. 이러한 이유로 사람들은 학습의 효과가 낮은 방법을 고수하곤 한다. 셀프 퀴즈와 같이 학습의 측면에서 가치가 높은 방법 대신 계속 다시 읽는 방식으로만 공부한다. 대부분의 경우에 선수들 역시 자신이 제대로 하고 있는지를 그다지 정확하게 말하지 못한다. 이 점을 기억하는 것이 중요하다.

이 수면은 기억력 강화에 매우 중요하다. 뇌가 하는 기억 작업의 대부분은 잠자는 동안 이루어진다. 세 번의 수면을 취하면 학습 효과가 배가 되고 기억이 더욱 강력하게 장기 기억으로 인코딩된다. 연습 디자인에 대해 본격적으로 이야기를 시작하기 전에 방금 말한 두 가지 중요한 개념을 정리해보자. 둘은 관련되어 있지만 별개의 개념이다.

- '인출 연습'은 기억에 인코딩한 내용을 다시 불러내는 행위다. 잊어버리지 않기 위한 연습이면서 경기에서 인출을 잘 하기 위한 연습이다.
- '시간 띄우기'는 인출 연습 사이에 망각이 시작되도록 일부러 인터벌을 두는 방식이다. 그래야 인출 연습의 효과가 커진다. 인터벌을 얼마나 줄 거냐가 중요한 변수다.

인출의 양과 타이밍만 중요한 게 아니다. 약간의 어려움도 기억을 강화하는데 도움이 된다. 교사들을 교육하는 펩스 맥크레아는 "인출 과정이 힘들수록 기억을 강화시키는 효과는 더 커지며, 다만 인출 시도가 실제로 성공했다는 전제 하에 그렇다"는 말을 했다. 여기서 핵심 포인트는 알고 있는 지식이나 기술을 인출하기 위해 에너지를 많이 쏟을 수록 인출을 위한 회로가 더 깊고 분명하게 인코딩된다는 점이다. 그래서 인지과학자들은 '바람직한 난이도'라는 표현을 사용해 이런 강화 현상을 설명한다. 아는 지식과 기술을 다시 인출해 사용하려고 할 때 어느 정도 어려움을 겪으면 그 지식과 기술은 장기 기억에 보다 분명하게 각인된다.

하지만 맥크레아가 말한 두 번째 포인트를 놓쳐서는 안 된다. 인출 연습에서의 어려움이 성공으로 이어져야 기억을 강화하는데 도움이 된다는 점이다. 지나치게 과제가 어려워서 인출에 실패하지 않도록 코치는 인출의 난이도를 적절히 조절할 필요가 있다. 최적의 학습을 위해서는 적절한 난이도의 도전 과제가 필요하다[8]. 어려움이 지나치면 작업 기억에 과부하가 걸리고 학습이 장기 기억에 인코딩되지 않는다. 그래서 코치는 도전 과제의 수준과 성공률 모두를 주의 깊게 관찰해야 한다.

어느 정도의 성공률이 이상적인지 신뢰할 만한 기준은 없다. 과제를 어느 정도 성공해야 좋은 인출 연습인지 말하기는 쉽지 않다. 아마도 초보자인지 전문가인지에 따라 크게 달라질 것이다. 전문가는 실수로부터 배울 확률이 더 높다. 지식이 많고 기술 수준이 높을 수록 복잡하고 도전적인 과제로부터 더 많은 것을 배울 수 있다. 하지만 초보자는 그렇지 않다. 이를테면 초보자는 80%의 성공률을 보여주는 과제에서 가장 많이 배운다면, 전문가는 50%의 성공률밖에 되지 않는 과제를 하면서도 많은 것을 배울 수 있다는 의미다. 물론 이러한 수치는 단순한 추측일 뿐이다. 우리가 기억해야 할 포인트는 다음 두 문장으로 요약할 수 있다.

기술 수준에 관계 없이 선수는 성공 경험을 꾸준히 해야 한다. 하지만 언제나 성공하는 경험만 해서는 안 된다.

코치가 인출과 더불어 알아야 할 개념은 '정교화(elaboration)'다. 브라운, 뢰디거, 맥다니엘은 과학적 검증을 통해 효과가 입증된 학습법을 소개하는 책 『어떻게 공부할 것인가』에서 '정교화' 작업에 대해 말하고 있다. '정교화'는 인출한 지식을 자신이 알고 있는 다른 지식과 연결하는 일이다. 그런 연결을 통해 독립적으로 존재하던 단일 지식이 연결된 이해의 그물망으로 바뀐다. 인지심리학자들은 이를 '스키마(schemas)'라고 부르기도 한다.

저자들에 따르면, 기억에 저장된 아이디어와 자주 연결될 수록 그 아이디

---

[8] 성공은 보상을 준다. 성공은 계속 몰입하고 싶게 만드는 도파민을 제공한다. 윌링험은 "적절한 난이도의 문제를 풀면 뿌듯함을 느끼고, 너무 쉽거나 어려운 문제를 풀면 기분이 나빠진다"고 설명한다.

어를 인출하도록 신호를 보내는 잠재적 단서도 많아진다. 또한 오래 기억할 가능성도 높아진다. 그렇기 때문에 기억에 저장되어 있는 아이디어와 연결하기 위해서는 세부적인 내용이 조금씩 다른 다양한 조건과 맥락에서 인출 연습을 하면 좋다. 예를 들어 다른 단어를 사용해 알고 있는 지식이나 기술을 인출하는 연습을 할 수 있다. "하프 스페이스가 무얼 의미하는지 말해볼래? 하프 스페이스라는 말은 사용하지 말고."

연습을 다르게 세팅하고 아는 걸 떠올리게 하는 방법도 있다. "여기에 수비수가 두 명 있으면 어떨까?" 인출한 아이디어가 새롭게 제시된 세부적인 내용과 얽혀 연결이 되면 단일 기억은 보다 포괄적인 기억으로 바뀌며 강력하게 저장되고 보다 실용적인 아이디어가 된다. 경기장의 다른 지역을 사용하도록 강제한다든지, 선수들 사이의 공간에 변화를 준다든지 하면서 인출 조건에 변화를 주면 선수들의 적응 능력과 인출 능력을 동시에 향상시킬 수 있다[9].

기억을 효과적으로 인출하기 위해서는 망각을 위한 시간이 필요하다. 망각을 극복하는 연습이 결국 장기적으로는 망각을 예방한다. 어떻게 보면 무언가를 기억에 저장하기 가장 좋은 시기는 잊기 시작했을 때라고 할 수 있다. 기억을 강화하려면 망각의 시간이 필요하다는 개념을 인출 연습과 어떻게 연결하면 좋을까? 적절한 난이도로 세팅한 다양한 환경에서 이미 배운 지식과 기술을 불러내서 적용하는 인출 연습을 통해 선수는 지식과 기술을 장기 기억에 보다 강력하게 인코딩시킨다. 코치는 이런 방식의 인출 연습 스케줄을 만들어야 한다. 이때 인출 연습 사이의 인터벌은 점점 늘려나가야 한다. 연습에 변동성과 예측불가능한 요소를 추가하면서 배운 것을 소환하는

---

[9] 예를 들어 경기에서 공을 드리블하는 선수는 모든 각도에서 접근하는 수비수에 대응해야 한다. 그런데 연습에서는 어느 한 방향으로 드리블하는 동작만 연습했다면 그 기술은 상황이 예측할 수 없이 변하는 경기에서는 제대로 발휘되지 않을 가능성이 높다.

능력을 키워 나가야 한다. (1장에서 이야기했듯이 이 과정은 최대한 지각을 충분히 경험할 수 있는 환경에서 이루어져야 한다.)

코치가 장기적인 관점으로 연습을 디자인할 때 알고 있어야 할 또 다른 중요한 개념은 '교차 연습(interleaving)'이다. 연습 중에 주제를 전환하면 원래의 주제를 잊어버리게 된다. 기억을 소환하기 어렵게 만들기 때문에 인출 연습을 여러 날에 걸쳐 인터벌을 가지고 하는 방식과 비슷한 효과를 얻을 수 있다. 이를테면 처음 했던 연습에서 벗어나 다른 주제의 연습을 잠깐 했다가 다시 처음의 연습으로 돌아가는 방식이다. 연습을 잠시 중단했다가 이어나가야 하기 때문에 기억을 소환하기가 어려워진다. 어떻게 보면 한 연습 세션 안에서 인출 연습을 진행하는 방식이라고 할 수 있다.

우리는 지속적으로 끊임 없이 집중해야 학습의 효과를 높일 수 있다고 믿는 경향이 있다. 나 역시 오랜 시간 그렇게 믿어왔다. 하지만 학습에 관한 우리의 직관은 틀린 경우가 많다. 집중을 하고 있으면 실수가 덜 나온다. 당연히 학습이 잘 되고 있는 것처럼 보인다. 하지만 연습의 초반에 나타나는 높은 성공률은 코치의 눈과 마음을 속이는 경우가 많다. 잊어버리는 속도도 빨라지기 때문이다. 하나의 동작이나 기술을 쉴 새 없이 반복하는 '고정 연습(blocked practice)'도 어떤 경우에는 도움이 된다. 하지만 고정 연습은 여러 연습을 섞어서 하는 '시리얼 연습(serial practice)'이나 '교차 연습(interleaved practice)'과 결합하지 않으면 망각 작용으로 인해 빠르게 기억에서 사라질 수 있다.

관련된 연구 결과를 이야기하며 고정 연습은 결코 좋은 연습 방법이 아니며 가급적 피해야 한다고 주장하는 사람들이 있지만 나는 그런 견해에 동의하지는 않는다. 나는 어떤 동작이나 기술이 안정적으로 자리잡을 때까지는 어느 정도의 고정 연습이 필요하다고 생각한다. 단, 선수가 안정적으로 그 동작이나 기술을 수행할 수 있을 때까지다. '초기 티칭 단계'라고 할 수 있는 시기에는 선(禪) 수행을 하듯 하나의 단일한 과제에 오롯이 집중하는 방식이 기술의 이해도를 높이는 데 도움이 될 수 있다. 선수가 충분한 이해에 도달하거나 기술을 올바르게 실행할 수 있게 되면 시리얼 연습이나 교차 연습으로 기억을 강화하기 위한 토대가 마련된 것이다. 이때부터 코치는 의도적으로 시리얼 연습과 교차 연습으로 이어나가야 한다.

교차 연습은 기억을 촉진할 뿐만 아니라 자신이 알고 있는 지식이나 기술의 새로운 측면을 학습하도록 해준다. 선수들은 지식과 기술의 핵심 개념을 장기 기억에 인코딩하는 동시에 새로운 맥락에서 지식 사이의 연결을 '정교화'한다. 그래서 교차 연습은 고정 연습에 소요되는 시간보다 훨씬 더 길어질 수 있다.

레모브 노트
연습의 변동성과 선수의 습관 바꾸기

데이브 러브는 NBA 팀을 비롯해 여러 레벨의 선수들을 지도해 온 슈팅 코치다. 그는 선수의 슈팅 메커니즘을 바꾸는 전문가로 통한다. 슈팅 동작의 문제를 바로 잡고 새로운 좋은 습관이 경기에서 드러나도록 하는 일이 데이브 러브 코치의 역할이다. 그가 교차 연습을 어떻게 적용하는 지를 설명한다.

선수가 기존의 습관을 바꾸거나 새로운 움직임을 연습할 때는 눈을 가리는 블라인더를 착용하기도 합니다. 내적인 느낌에 집중하도록 하는 거죠. 자신의 몸이 무얼 원하는지 느끼도록 고정 연습으로 시작하면 좋습니다.
심리적인 측면에서도 자신감을 가질 수 있도록 도움을

주어야 합니다. '나는 슛이 약해.' 이런 부정적인 자기 인식을 가지고 있는 선수들이 있습니다. 그런 인식을 바꾸려면 먼저 쉬운 것부터 시작하면 좋습니다. 부정적인 자기 인식에 변화를 주는 가장 좋은 방법은 퍼포먼스의 결과를 바꾸는 겁니다. 초반에는 간단한 연습을 하면서 선수에게 성공 경험을 제공해 줍니다.

이렇게 자기 인식에 변화를 주려고 노력하는 시기에 경기에 투입되면 문제가 생길 수 있습니다. 경기는 지금까지의 연습과는 완전히 다른 세계로 다가올 수 있기 때문입니다. 경기는 준비를 미리 할 수 없는 불확실한 요소들로 가득차 있습니다. 선수는 연습한 동작이나 기술이 경기에서 통하지 않는다는 사실에 낙담할 수 있습니다. 새로운 기술을 배울 때 선수에게 맞는 적절한 도전 과제를 정하는 일이야말로 코치가 평생에 걸쳐 해나가야 하는 일입니다.

코치 생활 초기에 저는 너무 많은 고정 연습을 시켰습니다. 연습에 불확실성을 도입하지 않았기 때문에 선수들이 의사결정을 할 일이 없었습니다. 당연히 선수들은 연습한 기술을 경기에 적용하는 데 어려움을 겪었습니다. 선수들이 연습 때는 잘 하는 움직임을 실전에서 보여주지 못하면 저 역시 좌절하곤 했습니다. 많은 시행착오를 거치고 나서 저는 코칭 방식에 변화를 주었습니다. 이제 저는 선수가 언제 자신의 몸이나 동작을 내적으로 인지하는 연습을 해야 하는지, 언제 자기 주변의 환경을 외적으로 인지하는 연습으로 전환해야 하는지 그 타이밍을 발견하려고 노력합니다. 그 시점에서 저는 연습을 더 복잡하게 만들고 변동성을 추가합니다. 선수가 자신이 어떻게 해야 하는지 정확히 알고 움직이는 상황을 피하려고 노력합니다.

저는 연습에 변동성을 더하기 위한 요소를 6가지로 정리했습니다. 거리, 속도, 움직임, 드리블과 캐치, 수비수, 의사결정입니다. 그때그때 연습의 진행 상황을 보고 변동성을 추가합니다.

습관을 바꾸거나 새로운 기술을 익히는 과정의 초반에 연습의 변동성이 너무 크면 아무것도 바꾸지 못할 수 있습니다. 하지만 움직임을 바꾸기 위해 어느 정도 고정 연습에 집중하는 기간은 사실 상당히 짧습니다. 저는 변동성이 풍부한 연습 환경으로 웬만하면 빨리 넘어가려고 하는 편입니다.

선수가 슛을 쏠 때 손목을 더 구부리는 동작을 연습한다고 가정해 보겠습니다. 일단 선수 스스로 자신의 문제를 인지할 수 있어야 합니다. 저는 처음에는 가능한 모든 요소들을 제거해서 선수가 움직임을 다르게 코디네이션하는데 집중하도록 합니다. 선수가 골대 가까이에서 슛을 하며 손목의 움직임을 다시 코디네이션할 시간을 줍니다. 새로운 움직임이 좋아진다 싶으면 천천히 6개의 변동성 요소를 연습에 추가합니다.

몇 년 전만 해도 저는 2m의 거리에서 슛을 제대로 성공시키지 못하면 3m 거리의 슛은 시키지 않았습니다. 무척 예측가능하고 선형적인(linear) 연습을 주로 했습니다. 하지만 지금은 보다 많은 변동성을 연습에 도입해 선수들이 도전하게 만듭니다. 바로 그 순간에 발전한 모습이 눈에 확 들어온다고 해서 반드시 의미있는 결과로 이어지는 건 아닙니다. 변동성이 많은 연습을 하면 퍼포먼스 결과가 그다지 좋지 않기 때문에 당장 눈에 띄는 발전이 없는 듯 보일 수도 있습니다. 코치 입장에서는 선수를 컨트롤하지 못하고 있다는 느낌을 받기 때문에 불안해지기도 합니다. 하지만 2m, 2.5m, 3m 이렇게 점차적으로 거리를 늘려가며 불안함이 사라지고 선수를 컨트롤하고 있다고 느낀다면 자신의 감정에 속고 있는 겁니다.

기억을 강화하기 위해 연습에 변화를 주는 간단한 예를 들어보자. 어린 선수에게 크루이프 턴을 가르치기 위해 고정 연습부터 시작한다. 크루이프 턴 동작을 20~30번 연속으로 연습한다. 숙련된 크루이프 턴의 움직임을 장기 기억에 인코딩하는 게 목적이다.

크루이프 턴을 안정적으로 수행할 수 있게 되면 시리얼(seriel) 연습으로 전환한다. 몇 가지 볼 컨트롤 동작을 차례로 연습한다. 크루이프 턴 연습을 하고, 스텝 오버 연습을 하고, 드래그 백 연습을 순서대로 한다. 아니면 잠깐 패스 연습을 해도 된다(교차 연습). 패스 연습 후에 크루이프 턴을 포함한 공을 다루는 테크닉에 다시 한 번 집중한다. 이렇게 과제가 바뀔 때마다 선수는 해당 과제가 요구하는 요소에 인지적으로 집중해야 하기 때문에 주의가 산만해지게 된다. 그로 인해 방금 전 연습한 크루이프 턴에 대한 기억은 조금씩 흐려지기 때문에 크루이프 턴 연습으로 다시 돌아오면 보다 많은 에너지를 써야 한다. 이런 과정을 통해 선수는 크루이프 턴을 보다 강력하게 장기기억에 인코딩한다. 인출 능력도 커지게 된다. 하지만 어린 선수가 크루이프 턴을 제대로 하지 못하는데 시리얼 연습이나 교차 연습으로 성급하게 넘어가면, 잘못된 움직임이 장기 기억으로 인코딩될 위험이 있다는 점을 기억해야 한다.

선수가 크루이프 턴과 같은 테크닉이나 하이 프레싱과 같은 전술을 경기에서 사용하려면 여기서 더 나아가야 한다. 선수가 지각 단서를 포착할 수 있는 환경에서 연습을 해야 한다. 언제 크루이프 턴을 사용해야 하는지 선택할 수 있는 조건에서 연습을 해야 한다. 선수들은 상황 단서(수비수와 얼마나 떨어져 있는가)를 읽고 반응하는 연습을 해야 한다. 이는 기억 형성의 관점에서도 중요하다.

랜덤(random) 연습은 교차 연습을 한 단계 더 발전시킨 방식이다. 랜덤 연습은 패턴과 타이밍을 예측할 수 없게 만든다. 상황과 조건에 따라 선수가

결정하도록 하는 방식이다. 훈련 프로세스의 어느 시점에서 예측가능성을 없애는 작업은 선수 육성에 반드시 필요하다. 그렇게 하지 않으면 연습은 항상 경기보다 쉬울 수밖에 없다.

제임스 커의 책 『Legacy』에는 뉴질랜드 럭비 대표팀 올블랙스의 레전드 코치 웨인 스미스의 말을 소개하고 있다. 그는 부담스럽지 않은 연습만 계속해서는 경기를 준비할 수 없으며, 의사결정의 관점에서 연습은 경기보다 더 힘들어야 한다고 이야기한다. 선수들에게 '문제를 던지고' '랜덤한 상황'을 겹겹이 마주하게 하는 것이 스미스 코치가 진행하는 연습의 기본 원칙이다. 선수들에게 랜덤한 상황과 마주하는 과제를 제공하는 일은 당장의 경기를 준비하는 것 이상의 의미가 있다. 스미스 코치는 문제를 던지고 랜덤한 상황을 제공하는 방식이 장기적으로 학습 효과가 더 좋다고 말한다.

'예상치 못한 상황에 대응하면서 문제를 해결하는 과제'라고 이야기하면 우리는 완전히 처음 보거나 예상할 수 없는 문제를 상상하곤 한다. 하지만 이미 알고 있는 지식과 기술을 예상치 못한 타이밍과 상황에서 지각 단서를 알아차리고 실행하는 문제야말로 선수에게는 가장 가치있는 과제다. 선수들은 랜덤 연습을 통해 새로운 솔루션을 발견하는 연습 뿐만 아니라 이미 알고 있는 솔루션을 적용하는 연습도 더불어 할 수 있다.

경기는 완전히 랜덤한 조건에서 진행된다. 그렇기 때문에 경기를 통해서는 배우고 있는 기술을 사용할 기회를 충분히 경험하지 못한다. 따라서 최적의 학습을 위해서는 코치가 전략적으로 랜덤 방식을 도입해야 한다. 바로 통제된 랜덤 연습이다[10]. 제약 기반 연습이 기술이 좋은 선수들에게 학습 효과

---

10 물론 엄밀히 말하면 통제된 랜덤 연습은 랜덤하다고는 볼 수 없다. 그저 완벽히 예측할 수 없을 뿐이다.

가 큰 이유다. 제약 기반 연습은 경기를 전략적으로 변형해 원하는 학습 상황이 더 자주 반복되도록 만든다.

> **레모브 노트**
> # 랜덤 타격 연습
>
> 나는 『Language Of Coaching』의 저자이며 아일랜드 럭비 유니온의 운동 퍼포먼스 & 과학 책임자인 닉 윈클먼이 메이저리그 코치들을 대상으로 고정 연습, 랜덤 연습, 시리얼 연습에 대해 소개하는 강연을 본 적이 있다. 윈클먼은 아주 간단한 예를 들었다. 배팅 게이지에서 타자가 매번 똑같이 날아오는 패스트볼을 치는 고정 연습이다. 대다수의 야구팀이 수십 년 동안 해온 방식이다.
>
> 스윙의 새로운 측면을 익히거나 스윙 동작을 바꾸려는 경우에 이런 고정 연습 방식을 사용하면 기본적으로 원하는 동작은 익힐 수 있다. 하지만 기본을 어느 정도 마스터하게 되면 고정 연습은 효과가 떨어지기 시작한다. 그 시점부터는 시리얼 연습으로 변화를 주어야 한다. 패스트볼, 체인지업, 커브로 구종을 바꿔가며 연습을 해야 한다는 의미다. 실제 경기에서 바꾼 스윙을 시도하면서 적응 능력을 키워가면 더욱 좋다. 고정 연습으로 스윙의 기본적인 동작을 익히고, 시리얼 연습이나 실제 경기를 통해 스윙을 조정하는 프로세스. 선수는 새로운 조건에 맞춰 조금씩 다른 스윙을 해야 하기 때문에 계속해서 망각의 과정이 일어난다. 변화구를 연달아 보다가 다시 패스트볼을 보면 앞서 연습한 패스트볼을 위한 스윙을 다시 기억으로부터 인출해야 한다. 계속해서 패스트볼을 칠 때보다 정신적인 에너지를 많이 쏟게 된다. 하지만 기억에는 보다 오래 남는다. 랜덤 타격 연습에서 선수는 예측할 수 없는 패턴을 마주한다. '패스트볼-커브-슬라이더-패스트볼-체인지업' 이렇게 랜덤하게 날아오는 공을 쳐야 한다. 선수는 매번 새로운 지각 단서를 포착해서 자신이 연습한 스윙으로 연결해야 한다.
>
> 특정한 상황을 가정해 시뮬레이션 게임 형태로 진행할 수도 있다. 이를테면 1루에 주자가 있는 상황에서는 투수가 패스트볼을 던질 확률이 높다는 점을 감안해 연습 환

경을 세팅한다. 이런 연습이 중요한 이유는 새로운 스윙을 익혔더라도 압박감이 심한 상황이 되면 다시 예전의 스윙으로 돌아갈 확률이 높기 때문이다. 새롭게 익힌 스윙을 경기에서 지각해야 할 신호나 단서와 연결하는 연습을 해야 과거의 습관으로 돌아가지 않는다.

여기서 한 가지 주목할 포인트는 랜덤 연습이라고 해서 완전히 랜덤할 필요는 없다는 사실이다. 예측할 수 없게 만들기만 하면 된다. 예를 들어 처음에는 타자가 패스트볼을 3분의 1 이상 상대하도록 세팅한다. 그러다가 점점 패스트볼의 비중을 줄여나간다.

시리얼 연습은 연습 사이에도 진행할 수 있고, 하나의 연습 안에서도 진행할 수 있다. 예를 들어 타격 연습을 한 다음 수비 연습을 하고 다시 타격 연습을 하는 식이다. 하나의 연습을 오랜 시간 집중해서 하면 고정 연습이 된다. 윈클먼은 하나의 기술에 80분을 투자하되 4일에 걸쳐 20분씩 나누어 연습하는 방식이 (하루 동안) 한꺼번에 80분을 연습하고 다른 연습으로 바꾸었다가 다시 그 연습을 하는 방식보다 낫다고 제안한다.

인지과학자들은 학습이 이루어졌는지를 확인하는 일이 어렵다고 고백한다. 효과가 없는 것처럼 보이는 연습이 장기적으로는 더 나은 학습 효과를 가지고 있을 수도 있다. 연습 때는 잘 하지만 미래의 퍼포먼스와는 그다지 연결되지 않는 경우도 있다. 연구에 따르면 고정 연습이 대체로 그렇다. 고정 연습을 할 때 선수들은 보통 좋은 퍼포먼스를 보여준다. 하지만 당장은 제대로 하지 못하더라도 시리얼 연습이나 랜덤 연습을 추가했을 때 장기적인 학습 효과는 커진다. 코치는 선수를 훈련시키기 전에 먼저 스스로의 연습 방식을 훈련해야 한다.

나는 육군사관학교 웨스트포인트 축구팀 감독인 러셀 페인의 훈련을 참관하면서 연습에 변화를 주는 아이디어에 대해 이야기를 나눈 적이 있다. 선수들은 패스 패턴 연습을 하고 있었다. 첫 번째 시퀀스에서는 공을 받자마자 방향을 바꿔 다른 선수에게 패스하는 연습을 했다. 두 번째 시퀀스에서는 공

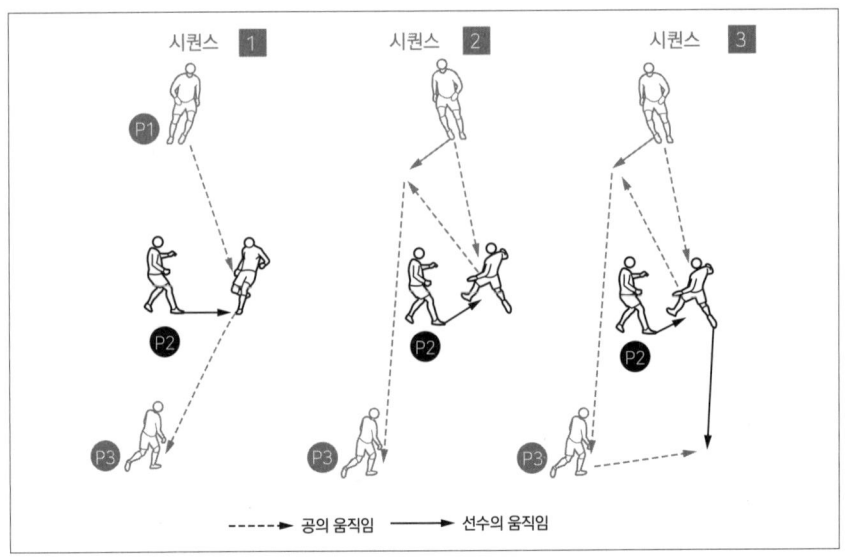

을 받은 선수가 패스를 해준 선수에게 살짝 다른 각도로 공을 돌려주는 연습을 했다. 공을 다시 받은 선수는 뒤에 있는 또 다른 선수에게 바로 패스를 했다. 세 번째 시퀀스에서는 하나의 움직임을 더 추가했다. 공을 받은 선수는 패스를 해준 선수에게 살짝 다른 각도로 공을 돌려주고 전방으로 달리며 팀 동료와 함께 2대1 상황을 만드는 연습을 했다.

선수들은 몇 분씩 돌아가며 연습을 한 다음 피드백을 받았다. 페인 감독이 제공하는 피드백의 테크닉은 정교했고 연습에는 역동성이 있었다. 페인 감독은 각각의 패턴을 언제 사용해야 하는지, 왜 그런 패턴이 필요한지를 질문을 통해 가르쳤다. 선수들은 높은 집중력으로 연습과 피드백에 몰입했다. 연습을 마치고 페인 감독과 나는 연습의 효과를 끌어올리는 방법에 대해 이야기를 나누었다.

페인 감독은 고정 연습으로 시작해 시리얼 연습, 랜덤 연습으로 변화를 준다. 그는 자신이 주문한 패턴을 선수가 안정적으로 해낸다 싶으면 바로 시리얼 연습으로 전환한다. 여러 패턴을 번갈아 가며 진행한다. 비슷하지만 조금씩 바뀌는 패스 패턴을 실행하려면 선수는 보다 많은 에너지를 사용해 기억을 소환해야 한다.

다음 단계는 랜덤 연습이다. 패턴의 순서를 예측할 수 없게 만든다. 각각의 연습 라운드가 시작되기 전에 코치가 말로 특정 패턴을 지시할 수도 있지만 페인 감독은 경기에서 볼 수 있는 시각 단서를 연습 환경에 세팅하고, 선수가 그 단서를 포착해 스스로 패턴을 선택하는 방식을 더 선호한다. 나 역시 같은 생각이다. 페인 감독은 첫 패스를 받는 선수의 바로 옆에 수비수를 배치하는 방식을 추천했다. 이 수비수는 처음에는 제한된 역할만 수행한다. 타이트하게 붙거나 느슨하게 떨어져 있으면서 처음으로 패스를 하는 선수에게 어떤 패스 패턴을 사용해야 하는지 선택하도록 하는 역할을 수행한다. 물론 선수의 지각 능력을 강화시켜주는 역할도 한다. 그러다가 시간이 지나면서 수비수는 점점 더 공을 받는 선수에게 압박을 가할 수 있다.

페인 감독은 연습의 효과를 높일 수 있는 방법으로 하루나 이틀이 지나 인출 연습을 하고, 4일 후에 다시 인출 연습을 하는 방식을 추천한다. 인출 연습에 대한 연구 결과에 따르면 원하는 결과를 얻기 위해 인출 연습을 오래 할 필요는 없다. 인출 연습을 3일에 걸쳐 5분씩 반복하는 것이 한 번에 20분을 반복하는 것보다 더 나을 수 있다. 짧은 시간의 간단한 인출 연습만으로도 효과는 강력하다. 다음 연습에 긴 시간을 잡아놓지 않아도 된다. 가볍게 푸는 퀴즈처럼 인출 연습을 끼워 넣어도 된다. 실제로 인출 연습을 일종의 즉석 퀴즈라고 생각하면 좋다. 인지심리학의 많은 연구들이 낮은 수준의 평가를 자주 하면 학습의 효과가 높아진다는 사실을 밝히고 있다. 20분간 론도 연습을 하고 잠깐 물을 마시며 쉰 다음 지난 주에 했던 패스 패턴을 딱 5분만 연습해도 좋은 인출 연습이 된다. 그리고는 다시 론도 연습으로 돌아간다. 짧은 5분의 인출 연습으로도 선수들은 패스 패턴을 한층 더 분명하게 기억에 저장할 수 있다.

> **레모브 노트**
> ## 시즌 중에 선수를 교육하기
>
> 마크 마넬라는 전직 교사로 프로 스포츠팀과 코치들을 컨설팅하고 있다. 메이저리그팀이 선수 육성과 관련해 풀어야 할 어려운 과제는 다름 아닌 일정이다. 187일 동안 162경기를 치르는 빡빡한 일정 속에 코치와 팀은 어떻게 선수들을 연습시키고 육성할 수 있을까? 부족한 시간을 쪼개 선수의 발전을 위한 시간을 마련해야 하는 게 모든 팀의 과제다. 마크 마넬라는 자신이 경험한 마이너리그 감독의 사례를 소개한다.
>
>
>
> 야구 시즌은 매일 빈틈없이 돌아가기 때문에 훈련과 육성을 위한 일정을 만들기가 보통 어려운 일이 아닙니다. 하지만 불가능하지는 않습니다. 프로팀은 일주일 동안 매일 밤낮으로 경기를 치릅니다. 쉬는 날도 거의 없습니다. 어쩌다 운 좋게 경기가 없는 날이 되면 정말로 하루를 푹 쉬곤 합니다. 그렇기 때문에 시즌 중에 학습 기회를 만들고자 하는 팀은 빡빡한 일정을 감안해 창의적인 방법을 찾아야 합니다. 제가 컨설팅을 했던 어느 마이너리그 감독은 새로운 방법을 고안했습니다. 이전 경기의 피드백에 초점을 맞춘 단기적인 측면과 선수의 장기적인 성장에 초점을 맞춘 장기적인 측면을 모두 고려한 방법입니다.
>
> "솔직히 저도 선수 시절에는 미팅이 싫었고 시간 낭비라고 생각했습니다. 클럽하우스에서 우리가 잘못하고 있는 걸 말하는 코치의 모습을 보며 빨리 끝나기만을 기다리곤 했죠. 감독이 되고나니 선수가 알아야 할 내용을 제대로 가르쳐야겠다는 생각이 들었습니다. 하지만 제가 일방적으로 말하는 방식보다는 더 나은 방법을 찾고 싶었습니다."
>
> 그가 만든 시스템은 다음과 같습니다. 경기 당일에 투수 코치는 전체 투수와 포수들이 모인 자리에서 10분간 미팅을 합니다. 전날 경기에 대한 피드백을 합니다. 미팅

은 짧아야 합니다. 짧게 마치려면 코치가 전날 경기와 관련해 선수들에게 전달하고자 하는 내용을 정확히 알고 있어야 합니다. "어제 경기 어땠어?" 이렇게 단순하게 물어서는 안 되고 포인트가 분명한 질문을 던져야 합니다.

코치가 선수들에게 일방적으로 말해서도 안 됩니다. 코치는 말하기와 듣기의 균형을 맞춰야 합니다. 선수들도 생각을 해야 합니다. 미팅 시간이 짧고 생산적일수록 학습의 효과가 높다는 점을 기억해야 합니다. 타자들도 타격 코치와 비슷한 방식으로 미팅을 합니다. (포수는 두 미팅에 모두 참여할 수 있습니다.)

이러한 피드백 미팅은 경기를 리뷰하기 위해 마련된 시간이기 때문에 감독은 경기를 하기 전에는 어떤 주제가 다루어질지 예측할 수가 없습니다. 하루나 이틀 전에 계획을 세우기도 힘듭니다. 그래서 감독은 장기적인 학습에 초점을 맞춘 또 다른 형식의 미팅이 필요하다고 생각했습니다. 막 끝난 경기에 민감하게 반응하지 않고 보다 주도적으로 주제를 정하는 미팅입니다. 감독은 중요한 주제를 미리 고르고 교육 계획을 세웠습니다. 일정을 어떻게 짤까 고민한 끝에 그는 7~10일마다, 주로 3연전 시리즈가 끝날 때마다 장기적인 성장을 위한 미팅을 하기로 결정했습니다. 미팅 사이의 기간 동안 그는 가르치려는 내용과 관련한 자료와 영상 등을 수집했습니다. 가르치는 내용이 기억 속에 흐릿해지지 않도록 일정 기간을 두고 주제를 반복했습니다.

이렇게 서로 다른 두 기능으로 미팅을 디자인한 감독의 노력으로 선수들은 경기를 통해서도 새로운 것을 알게 되고, 장기적인 성장에 필요한 폭넓은 지식도 갖추어 나갈 수 있었습니다. 두 가지 모두 메이저리그로 가기 위해 갖추어야 할 지식입니다.

인출 연습을 계획하기

연습 사이에 기억이 사라지도록 일부러 인터벌을 두고 연습하는 방식이 기억을 강화하는 방법이라는 이야기를 했다. 이는 다르게 말하면 한 번의 연습으로는 마스터할 수 있는 기술이 거의 없음을 의미한다. 연습을 하나의 주제에 집중해서 하면 선수는 짧은 기간 동안에도 다른 퍼포먼스를 보여줄 수 있다. 하지만 그러한 변화는 곧 증발한다. 선수가 마스터한 기술이 오래 지속되기를 바라고 장기적인 발전을 원하는 코치는 보다 긴 시간의 관점에서 계획을 세워야 한다.

그렇다면 얼마나 긴 시간에 걸쳐 연습 계획을 세워야 할까? 확실한 정답은 없지만 학교에서의 경험을 바탕으로 몇 가지 실용적인 기준은 말할 수 있다. 일단 내가 생각하는 이상적인 기간은 일주일이다. 내가 어쩌면 틀릴 수도 있지만 많은 코치들이 훈련 계획을 세울 때 일주일을 타임프레임으로 사용한다. 코치들이 주 단위로 연습 계획을 세우는 데는 매우 강력한 인센티브가 작용하고 있다.

첫째, 코치들은 경기를 보고 선수들을 평가한다. 그리고는 새로운 목표를 설정한다. 경기의 결과와 관계없이 코치는 팀이 다음 경기에서 더 나은 모습을 보이려면 무엇을 보완해야 하는지를 고민한다. 토요일 경기에서 선수들이 퍼스트 터치가 전반적으로 형편없었다거나, 프레싱을 당했을 때 공을 제대로 지키지 못해 어려움을 겪었다면 주중에 그러한 부분을 연습하기로 결정할 수 있다. 다음 주 경기에서 코치는 연습한 부분이 얼마나 나아졌는지를 유심히 보게 된다. 다음 경기에서 다소 개선된 모습을 보았더라도 학습이 제대로 이루어졌다고 결론을 내리기 보다는 그저 한 번의 퍼포먼스로 간주하는 태도가 필요하다. "잘했어. 지난 경기보다 훨씬 나아졌어. 이제 공격 포인트를 전환하는 플레이는 그만 연습해도 되겠어." 단순히 경기에서 보여준 모습만을 가지고 코치는 이런 착각을 할 수도 있다. 여러 주에 걸쳐 인터벌을 두고, 난이도와 복잡성을 높여가며 그 기술을 인출하는 연습을 반복해야 기술을 제대로 마스터할 수 있다는 사실을 코치는 인식해야 한다.

퍼스트 터치의 방향을 바꾸는 기술은 인출 연습을 정기적으로 하면 충분한 반복 연습이 가능하다. 그런데 처음의 학습 효과가 빠르게 사라지는 기술이나 플레이도 있다. 경기 중에 자연스럽게 반복되지 않는 플레이(반대편으로 넓게 공격 포인트를 스위치하기)라든가, 실수를 하면 커다란 위기를 맞게 되는 기술이라든가(압박을 받는 상황에서 퍼스트 터치로 방향을 바꾸기), 선수 사이의 코디네이션이 잘 이루어지지 않으면 낭패를 볼 수 있는 기술은(패스 패턴 플레이로 공격 포인트를 바꿔 기회를 만들기) 처음의 학습 효과가 빠르게 사라질 수 있다.

아이러니하지만, 코치가 다음 경기를 마치고 선수들의 플레이에 실망하는 순간이 선수에게는 학습의 기회가 될 수도 있다. "아직 부족해. 월요일과 수요일에 다시 연습하자." 이렇게 말하는 코치가 선수의 장기적인 발전을 위해 무언가 조치를 취할 가능성이 높다.

일주일 간격으로 계획을 세우는 일의 또 다른 장점은 다가오는 경기를 위한 전술적 조정이다. 코치들은 늘 다음 경기를 이기려면 어떤 훈련을 해야 할까를 고민하면서 연습에 변화를 준다. 그런 변화가 장기적인 성장에도 어느 정도는 도움이 되지만 상당 부분 단기적인 성과에 초점이 맞춰질 가능성이 높다. 경기가 끝나면 망각은 바로 시작된다.

코치는 늘 이런 단기적 성과와 장기적 성장 사이의 갈등을 마주하고 있다. 코치는 당장의 경기를 위해 전술적 조정을 해야 한다. 선수들은 상대팀과 전술에 대한 이해도를 높여 경기의 퍼포먼스를 끌어올릴 수 있다. 경기가 얼마나 중요한지에 따라서도 경기에서의 퍼포먼스는 달라진다. 하지만 아무리 중요한 경기라도 단기적인 측면에서는 하나의 경기에 불과하다. 선수들은 크로스타운 유나이티드를 상대하기 위한 프레싱을 준비했지만 다음 상대인 언더힐 FC와 싸울 때는 다른 전술을 준비해야 한다. 선수들이 크로스타운과의 경기를 위해 새로 시작한 연습은 팀이 장기적인 관점에서 준비한 연습이 아니라면 그 효과가 금새 사라질 가능성이 크다.

단기적인 성과와 장기적인 성장 사이에서 균형을 잡는 이상적인 방법은 시즌 초반에 몇 주 동안 몇 가지 핵심 전술을 연습하고 경기 전에 인출 연습을 통해 상대에 맞게 조금씩 조정하는 방식이다. 어떤 방식이든 다음 경기의 승리와 선수들의 장기적인 발전 사이에서 균형을 잡아야 한다. 단기적인 성과에 초점에 맞춰 경기의 퍼포먼스가 좋아지면 크로스타운을 이길 수 있다. 하지만 크로스타운과의 경기에서 나타난 퍼포먼스의 변화가 선수의 장기적인 성장과는 관련이 없을 수도 있다. 가장 경쟁이 치열한 환경에 진입하는 바로 그 시점부터 성장이 정체되는 선수들이 있다. 장기적인 관점의 학습과는 멀어진 채 단기적인 성과쪽으로만 기울어져 연습을 하기 때문은 아닐까 하고 나는 추측한다.

　코치들이 대체로 일주일 단위로 계획을 세우는 또 다른 이유는 주기화와 관련이 있다. 대부분의 코치들은 선수들의 훈련량을 신경써서 관리한다. 일요일 경기, 월요일에는 회복, 화요일에는 고강도 훈련, 수요일에는 가벼운 운동, 목요일에는 다시 고강도 훈련, 이런 식으로 훈련 강도를 조절한다. 구체적으로 연습을 떠올리지 않고 훈련의 부하 수준을 예상하기는 어렵기 때문에 대체로 일주일 동안 진행할 연습이나 트레이닝을 생각하며 대강의 부하 수준을 계획한다.

　이렇게 일주일 단위로만 훈련을 구상하다 보면 보다 긴 시간 단위로 계획을 세우지 않을 확률이 높다. 바로 그것이 내가 말하고 싶은 문제다. 기억에 관한 과학적 사실들이 말하고 있듯이 일주일간의 훈련으로 발전한 것처럼 보이는 기술은 이후 몇 주 동안 주기적으로 인출 연습을 하지 않으면 금새 사라질 가능성이 높다. 그러기에 경기 중심으로, 주간 단위로 계획을 세우는 것은 장기적인 발전을 위해 충분하지 않다. 보다 긴 시간 단위로 계획을 세우는 일은 특히 어린 선수들에게 중요하지만 사실상 어느 레벨의 선수에게도 해당하는 내용이다. 특히 커리어의 후반부에 접어들면 이 부분을 간과하기 쉽다.

그렇다고 주간 계획을 세우지 말아야 한다는 이야기는 아니다. 단기 목표를 위해서는 당연히 주간 단위로 계획을 세워야 한다. 특히 바로 결과를 내는 게 중요한 프로팀과 대학팀, 일부 고등학교팀에서는 주말의 경기를 위해 주간 계획을 세워야 한다. 문제는 바로 거기에 머무르는데 있다.

유소년팀도 1년에 몇 번은 중요한 토너먼트 경기를 치룬다. 코치는 팀의 승리나 선수가 눈에 띄는 발전의 징후가 보여야 좋은 평가를 받는다. 클럽으로부터, 부모와 선수로부터, 심지어는 코치들 사이에서도 성적에 따라 평가를 받는다. 그러면서 빨리 결과를 내기 위한 코칭 도구들은 계속해서 쌓여간다. 거의 모든 레벨에서 대부분의 선수들은 대부분의 시간을 당장의 결과를 얻는데 비중을 둔 연습을 한다. 코치들은 보통 이러한 사실을 깨닫지 못한다. 선수의 장기적인 성장과 학습 효과가 오래 지속되도록 만드는 작업에는 별로 관심을 기울이지 않는다[11].

어떤 코치는 이런 질문을 하기도 한다. 인출 연습은 프리 플레이(free play)를 하는 동안 저절로 하게 되는 연습이 아닌가? 단순히 훈련 시간에 인출 연습을 자주 끼워넣기만 한다고 장기적으로 기술이 마스터될까? 남미의 빈민가에서 자라 세계 최고가 된 선수들을 보면 프리 플레이만으로도 탁월한 기술을 마스터할 수 있는 것처럼 보이기 때문이다. 어릴 때 체계적인 훈련을 받은 적도 없고 그저 또래 친구들과 일상의 놀이를 하면서도 기술을 발전시킨 듯 보이기 때문이다.

물론 자주 플레이하는 것만으로도 일부 지식과 기술은 장기 기억으로 전이될 수 있다. 그리고 훈련에는 어느 정도의 프리 플레이가 필요한 것도 사

---

11 "배운 게 거의 없어. 처음부터 가르쳐야 해." 많은 코치들이 새로 선수가 들어오면 이렇게 한탄하곤 한다. 코치들은 너무 쉽게 이전에 가르쳤던 코치를 탓하는 경향이 있다. '이 선수를 잘 가르쳐야지'가 아니라 '이 선수로는 제대로 경기를 할 수 없어'라고 반응하는 코치들을 볼 때마다 나는 안타까운 마음이 든다.

실이다. 하지만 프리 플레이를 통해 어떤 지식이나 기술이 장기 기억으로 인코딩될 지는 랜덤하게 결정된다. 프리 플레이를 통해 선수는 많은 터치 경험을 하고, 임기응변 능력을 키울 수 있고, 움직임의 일반적인 원리를 배울 확률이 높지만 구체적으로 무엇을 배우게 될지 예측하기는 불가능하다.

또한 코치들이 프리 플레이의 장점을 이야기할 때 주로 사례로 드는 선수는 극소수의 예외적인 선수들이다. 빼어난 실력으로 길거리 축구에서 소문이 난 선수들도 대부분은 아카데미에 합류해 다시 축구를 배운다. 포지션에 요구되는 움직임, 코디네이션 프레싱, 잘 정비된 수비 블록을 무너뜨리는 방법을 배운다[12]. 프리 플레이는 분명 선수의 성장에 도움이 된다. 하지만 학습을 최적화하고자 하는 코치에게 프리 플레이는 필요 조건이지 충분 조건은 아니다.

4~6주 단위 계획 세우기

피할 수 없는 망각의 과정을 고려해 연습 계획을 세우려면 어떤 단계를 밟아야 할까? 장기 기억에 지식과 기술을 인코딩시켜 보다 지속적으로 전문성을 발휘하도록 하려면 무엇을 해야 할까?

보통의 클럽은 커리큘럼을 업데이트하는 방식으로 계획을 세운다. 1년에 한 번, 여러 색깔로 구분된 스프레드시트를 만들고 컴퓨터 드라이브에 저장한다. 커리큘럼을 만들면서 클럽 안에서는 무엇을 가르쳐야 하는지 활발하게 토론이 일어난다. 하지만 그 내용들이 문서로 작성되어 드라이브에 저장

---

[12] 전 세계의 골목골목에서 훌륭한 재능을 가진 선수들은 늘 나타나지만 그들 모두가 성공하는 건 아니다. 운이 좋게 성공하는 선수도 있지만 중간에 탈락하는 선수도 무척 많다.

되고 나면 거의 대부분 원래 했던 방식으로 돌아간다.

1주일은 너무 짧고, 1년은 너무 길다. 장기 기억에 필요한 지식과 기술을 탄탄하게 쌓으려면 어느 정도 기간을 기준으로 계획을 세우는 게 좋을까? 나는 4~6주 정도가 적당하다고 생각한다. 이 기간은 학교에서의 경험을 바탕으로 내가 추정한 기간으로 팀에 따라서는 조금 더 길 수도 짧을 수도 있다.

4~6주는 계획을 세우는 입장에서 관리하기 쉬운 기간이기도 하다. 나는 처음 영어 교사가 되었을 때 그 해의 수업 목표를 담은 계획을 제출하라는 요청을 받았다. 아직도 그때의 기억이 생생하다. 나는 정신이 혼미해질 정도로 그 과제에 스트레스를 받았다. '3월 11일 수업에서는 『분노의 포도』 17장을 읽어야 하나?' 이런 생각을 하며 내가 세우는 계획이 너무 현실과 동떨어진 것은 아닌가 하는 걱정이 들었다.

아마도 나의 이런 경험은 정교하게 계획된 수많은 커리큘럼이 거의 활용되지 않는 이유를 말해주는 좋은 사례라고 생각한다. 대부분의 사람들에게 1년은 계획을 세워 실천하기에는 너무 긴 시간이다. 그리스 희곡 시간에 다음 한 달 동안 매일 다룰 주제를 정하는 게 더 현실적이다. 교사가 계획을 세우는 능력을 키우는 데도 훨씬 더 도움이 된다. 1년에 6번 내지는 8번 정도 이 작업을 하면서 나는 수업이 어떻게 전개되고 있는지를 체크할 수 있었다. 물론 계획대로 완벽하게 진행되지는 않았지만 4~6주 단위의 계획으로 수업에서 다룰 주제, 퀴즈를 내는 간격 등을 고민하며 수업의 질을 조금씩 높여 나갈 수 있었다.

4~6주는 선수와 코치 모두 새로운 시도와 변화를 추구할 수 있는 기간이기도 하다. 나는 물론 일관성과 원칙을 고수하는 태도를 좋아한다. 하지만 학습자가 일 년 내내 같은 내용을 반복한다고 느끼게 해서는 안 된다. 학습자는 자신이 발전하는 모습을 확인할 때, 그리고 새로운 아이디어를 알게 되

었을 때 동기부여가 된다. 그렇기 때문에 새로운 목표와 주제는 학습자의 의욕을 높이는 데 도움이 된다. 집중력을 유지할 수 있는 시간이 짧고 비교적 단순한 주제를 다루어야 하는 어린 선수에게는 3주 단위가 적절할 수 있다. 보다 나이가 많고 보다 복잡한 주제(상대의 전술에 반응하면서 움직임을 코디네이션 하는 플레이)를 마스터해야 하는 선수들에게는 더 긴 단위의 계획이 필요할 수 있다.

4주에서 6주 단위로 집중해야 할 몇 가지 중요한 주제를 선택한다. 공격에서 두 개, 수비에서 두 개, 수비에서 공격으로 전환하는 플레이에서 두 개를 정한다. 몇 개의 동작이나 테크닉 등으로 정할 수 있다. 4~6주 정도 기간이면 익숙하지만 너무 뻔하게 느껴지지는 않는 연습들을 충분히 다양하게 포함시킬 수 있다. 전술 개념이 포함되어 있으면 더욱 좋다. 블랙워치 프리미어팀의 스티브 프리먼 코치는 연습 사이를 왔다갔다 하기 쉽고 연습 환경을 점진적으로 조정하기 편한 방식으로 주제를 정한다.

"한 쪽에서는 공격을 하고 한 쪽에서는 수비를 하는 방식으로 연습을 세팅합니다. 후방 빌드업과 프레싱처럼 말이죠. 연습을 할 수록 수비는 프레싱을 하는 데 능숙해져서 공격이 빌드업을 하기가 더 힘들어집니다. 반대로 공격의 빌드업 능력도 좋아지기 때문에 프레싱을 할 때 마스터해야 할 새로운 디테일이 생깁니다."

처음 며칠 동안은 고정 연습을 주로 하며 선수들이 알아야 할 기본적인 개념을 전달한다. 선수들이 인지 부하가 걸리지 않도록 단계적으로 정보를 전달하는데 신경을 쓴다. 여러 세션에 걸쳐 천천히 세부 사항을 가르친다. 서두를 필요가 없다. 지금 단계에서는 천천히 가는 게 길게 보면 빠른 길이다.

무엇을 하려고 하는지, 각자의 역할이 무엇인지 선수들이 이해했으면 교차 연습을 시작한다. 주제를 계속 바꾼다. A연습을 하고 잠시 B연습을 했다가 다시 A연습으로 돌아온다. 인출 연습을 반복할 때마다 난이도를 높이거나 복잡성을 추가해 지식과 기술을 정교하게 다듬을 수 있도록 한다.

1일차에는 프레싱을 연습한다. 2일차에는 후방 빌드업을 연습한다. 후방 빌드업을 연습하면서도 종종 프레싱을 할 때의 포인트를 상기시켜 준다. 상대 선수가 특정한 위치에 있다면 어떻게 플레이를 전개해야 하는지 질문을 던진다. 3일차에는 다시 프레싱을 연습한다. 4일차에는 후방 빌드업을 다시 연습한다.

이제 두 번째 주제인 크로스를 활용한 전술로 넘어간다. 공격에서는 크로스를 이용해 넓게 벌리는 플레이를, 수비에서는 상대가 크로스를 통해 공격 포인트를 전환하지 못하도록 막는 연습을 한다. 전술 세션의 대부분을 크로스에 할애하지만, 중간에 10분 정도 프레싱 연습을 한다(인출 연습). 다음 5회의 세션 중 3회는 크로스를 주로 연습하고, 2회는 프레싱과 후방 빌드업 중심으로 연습한다.

인출 연습을 할 수 있는 기회는 늘 있다. 예를 들어 크로스 연습을 갑자기 멈추고 선수들에게 빌드업 과제를 준다. "좋아. 지금 골키퍼가 공을 가졌지. 노랑팀! 이제 빌드업을 시도해 보자. 주황팀은 프레싱을 하는거야! 플레이!" 이게 전형적인 인출 연습이다. 크로스 연습에 집중하다가 갑작스럽게 프레싱이나 후방 빌드업을 하게 되면 선수는 관련 기억을 소환하기 위해 한층 더 많은 에너지를 써야 한다. 하지만 이런 교차 연습과 인출 연습의 효과로 자신의 역할을 장기 기억에 보다 분명히 각인하게 된다.

4~6주 단위로 큰 그림을 그릴 때는 '인출 리스트'를 작성하면 좋다. 지난 1년여 동안 선수들이 배운 내용을 보기 좋게 정리해 두면 과거에 진행했던 연습도 가끔씩 불러내 인출 연습을 할 수 있다. 어느 한 단위의 훈련 기간이 끝났다고 해서 망각의 시계가 멈추는 것은 아니다. 우리는 기억을 유지하기

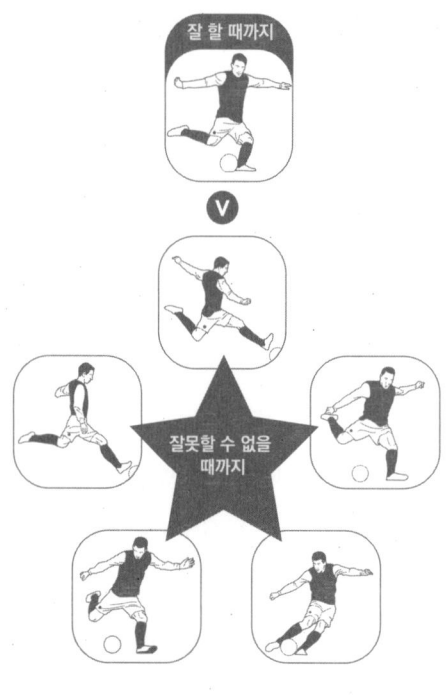

위한 노력을 과소평가하며 우리의 기억을 우연에 맡기는 경향이 있다. 인출 연습은 아주 적은 시간 동안 조금만 해도 효과적이라는 사실을 기억할 필요가 있다.

인출 리스트에는 짧게라도 다시 되짚어보고 싶은 연습을 적는다. 간단한 방법은 해당 연도의 커리큘럼에 있는 리스트를 사용하는 것이다. 이 방법은 컴퓨터에 잠자고 있던 커리큘럼을 깨워 코치의 머릿속으로 이동시킨다. 리스트에 각각 주제를 연습한 날짜를 기록할 수 있는 칸을 추가하면 전략적으로 연습 간격을 조정하면서 인출 연습을 할 수 있다. 5주 동안 '업-백-스루' 플레이를 연습하지 않았다는 사실을 리스트를 보고 한 눈에 알 수 있다. 코칭 컨설턴트인 마크 마넬라는 인출 리스트의 가치를 높게 평가한다.

"제가 프로팀 감독이고 코치와 함께 연습을 계획한다면 화이트보드에 가장 먼저 인출 리스트를 적을 겁니다. 인출 리스트는 코칭 스태프 모두가 함께 관리해 나가야 합니다."

인출 리스트에 적은 연습 주제는 계획한 훈련 기간 안에 얼마나 자주 다루어야 할까? 인출 연습이 중요하다는 믿음을 가지고 있다고 해서 '인출이 난무하는' 상황은 피해야 한다. 한 주제에서 다른 주제로 아무렇게나 건너뛰면 장기 기억으로의 인코딩을 촉진하기보다 주의만 산만해질 가능성도 있다. 인출 연습을 통해 앞서 연습한 주제에 대한 기억을 강화하는 것이 목적이라면 전체 연습 스케줄 사이에 한두 번 정기적으로 인출 연습을 하면 적당하다. 매번 연습할 때마다 10분씩, 아니면 일주일에 두 번 인출 연습에 할애할 수도 있다. 또는 프리 플레이나 연습 게임 중에 잠깐 인출 연습을 할 수도 있다. 잠깐의 인출 연습이 끝난 후에는 선수와 대화를 나누며 피드백을 주고받을 수 있다.

"녹색팀! 프레싱을 열심히 했는데 그다지 좋지는 않았어. 뭐가 잘 됐고 뭐가 잘 되지 않았는지 말해볼래?"

이렇게 말해도 선수들은 지적을 받는 것처럼 느끼지 않는다. 선수는 자신이 하고 싶은 말을 할 확률이 높다. 연습을 하다가 어느 순간 갑자기 프레싱 연습을 하게 될거라는 사실을 잘 알고 있기 때문이다. 연습 시간을 크게 재분배하지 않아도 인출 연습을 할 수 있는 방법은 다양하게 있다. 다른 주제로 연습을 하는 동안 질문과 피드백을 이용해 인출 연습을 하는 방법도 있다.

"잠깐만. 얘들아. 방금 공을 따냈잖아. 우리가 공을 따내서 트랜지션(전환) 상황이 됐어. 수비가 아직 흐트러져있고. 빠르게 무엇을 해야 하지?"

"잠깐 멈춰! 우리가 공을 따내서 공격으로 전환하는 상황이 됐어. 수비가 아직 흐트러져있어. 우리가 연습한 상황이지? 어떻게 하는 게 좋을까? 그래. 소피에게 공을 다시 넘겨주면 좋겠지. 노랑팀한테 공을 주고 다시 한 번 해보자."

경기 기반 연습을 인출 연습을 위한 플랫폼으로 활용할 수도 있다.

"5대5 게임을 하면서 플레이인, 백아웃, 공격 포인트를 바꾸는 연습을 할 거야. 좋은 플레이가 나오면 2점을 줄게."

인출 연습을 하는 방법은 여러 가지가 있지만, 중요한 것은 인출 연습에 대해 코치 스스로 책임감을 가지고 행동하는 일이다. 구체적으로 인출 연습을 할 시간과 주제를 정하고, 선수의 발전 상황을 주의 깊게 관찰하는 일이 중요하다.

어떤 방식으로 접근하든 인출 리스트 작성으로 시작하면 좋다. 인출 리스트를 작성하고 기록하면서 진행하면 어떤 인출 연습을 얼마나 자주 하고 있는지 분명하게 인지할 수 있다. 어떤 연습이 효과가 있고 어떤 연습이 효과가 없는지에 대한 인사이트도 빠르게 얻을 수 있다. '여전히 잘함', '여전히 어려워함', '곧 다시 연습', '다음에는 엔트리 패스에 집중' 이런 식으로 메모할 칸을 추가해도 좋다.

이런 단순한 목표를 가지고 시작하면 좋다. '이 플레이를 적어도 네 번은 다시 연습한다!' 그리고 인출 연습을 할 때마다 날짜를 적는다. 경기에서 그 플레이가 잘 펼쳐지는지, 언제 나타났는지를 기록한다. 선수들의 플레이가 점점 좋아지면 인출 연습을 하는 인터벌을 점차 늘려나간다.

효과적인 연습 디자인

인출 연습과 비슷한 맥락에서 코치가 작업 기억의 작동 방식을 이해하고 있으면 훈련 시간 안에서 개별 연습을 효과적으로 세분화할 수 있다. 다시 말하지만 작업 기억은 의식적인 사고를 담당한다. 작업 기억을 통해 우리는 자신이 무엇을 하는지 인지하고 생각한다. 복잡한 문제를 이해하고 해결한다. 인간을 지구상의 다른 종들과 구분하는 능력이다. 하지만 고차원적으로 사고하는 '슈퍼 파워'에도 불구하고 인간의 사고 능력에는 분명한 한계가 있다. 한 번에 한두 가지에만 집중할 수 있다는 사실이다. 주의가 다른 대상으로 흐트러지면 방금 배운 내용을 금방 잊어버리기도 한다. 한 마디로 작업 기억은 기억을 오래 지속시키지 못하는 심각한 약점이 있다. 따라서 코치가 연습 환경을 디자인할 때는 작업 기억에 가해지는 '부하'를 최우선적으로 고려해야 한다. 선수의 작업 기억이 얼마나 용량에 근접해 있는지, 의식적인 생각이 선수의 작업 기억을 얼마나 잠식하고 있는지를 잘 살펴야 한다.

작업 기억에 과부하가 걸리는 대표적인 상황을 떠올려 보자. 낯선 목적지로 운전을 하며 가고 있는데 아내로부터 전화가 온다. 화장실을 리모델링해야 하는데 비용이 많이 들지도 모른다는 말을 한다. 고민을 하고 결정을 내려야 하는 문제다. 아내와 이야기를 나누다 보니 운전에 집중할 수 없게 된다. 차선을 살짝 밟으며 달리기 시작한다. 지각 능력이 떨어져 신호에도 느리게 반응한다. 뒤에서 따라오는 차는 내가 주의가 산만해져 있다는 사실을 알아차리고 차선을 바꾼다. 좌회전을 한 번 놓친다. 작업 기억이 마주 오는 차량의 속도를 감안해 안전하게 좌회전할 수 있는지를 해석해야 하는 데 아내와의 대화로 과부하가 걸려 제대로 작동하지 않기 때문이다. 사고가 날 확률이 높아진다.

한 번에 너무 많은 일을 처리하도록 작업 기억을 밀어붙이면 이 사례에서 보듯 세 가지 뚜렷한 증상이 나타난다.

- 두 작업 모두 퍼포먼스의 질이 떨어진다. 운전의 질도 떨어지고 아내와 논의하는 문제에 대해서도 제대로 생각하지 못하게 된다.
- 새로운 지식을 기억하는 데 어려움을 겪는다. 목적지까지의 경로를 장기 기억에 인코딩하지 못했기 때문에 다음에 또 그곳을 운전해서 갈 때는 백지 상태에서 다시 시작해야 한다.
- 주변 세계를 정확하게 지각하지 못한다.

작업 기억의 부하를 관리하는 방법에는 크게 두 가지가 있다. 작업 기억에 과부하를 주어서도 안 되지만 부하를 지나치게 적게 주어서도 곤란하다.

사람은 본능적으로 호기심이 많다. 사람은 도전을 좋아하며, 도전은 학습과 동기 부여에 중요한 역할을 한다. 예를 들어 뇌는 퍼즐을 푸는 과제에 끌리는 경향이 있는데, 퍼즐을 푸는 과정에서 재미와 즐거움을 느끼기 때문이다. 하지만 퍼즐에 대한 흥미를 지속시키려면 적절한 난이도가 있어야 한다. 대니얼 윌링햄은 『왜 학생들은 학교를 좋아하지 않을까?』에서 이렇게 적고 있다.

"호기심은 사람들이 새로운 아이디어와 문제를 탐구하도록 이끈다. 그런데 신비로운 사실이 있다. 인간은 어떤 문제를 풀기 위해 얼마나 많은 정신적 노력이 필요한지 빠르게 판단한다는 점이다. 쏟아야 할 에너지가 너무 많거나 너무 적으면 문제를 풀기 위한 노력을 중단한다."

작업 기억에 과부하를 주지 않으면서 연습 환경을 도전적으로 디자인하는 일이야말로 코치가 해야 하는 가장 중요한 일이다. 인지심리학자 로버트 비요크의 표현처럼 '바람직한 난이도'를 연습에 반영해야 한다. 선수가 지루함을 느끼면 주의가 산만해지면서 학습 효과가 떨어진다. 선수의 뇌가 도전 과제에 흥미를 느끼도록 연습 과제의 난이도를 고민해야 한다.

하지만 과제의 난이도와 관련해 많이 오해하는 부분이 있다. 과제에는 참신함이 필요하긴 하지만 뇌의 도전 욕구를 자극하기 위해 늘 새로운 도전을 추구할 필요는 없다는 점이다. 기존에 하던 연습에 선수의 주의를 산만하게 만드는 변동성만 적절히 추가해도 연습을 충분히 까다롭게 만들 수 있다. 앞서 나는 애틀랜타 유나이티드 아카데미 U15팀의 매트 로레이 감독이 매일 진행하는 론도 연습을 소개했다. 로레이 감독은 익숙한 '플랫폼'을 활용해 론도에 지속적으로 변화를 주며 난이도를 높여나간다. 그가 론도 연습에 변동성을 추가하는 사례를 몇 가지 더 소개하면 다음과 같다.

"2라운드야. 이번에는 패스를 센다. 10번을 성공하면 수비수는 버피. 시작!"

"3라운드! 수비수들은 공을 따내면 3초 동안 공을 지켜야 해. 성공하면 공격수들이 버피. 시작!"

"잠깐 멈춰! 4라운드야. 수비수들은 이번에는 공을 따낸 다음 위험을 감수해도 돼. 파트너에게 패스를 성공하면 파트너와 함께 수비 포지션에서 벗어날 수 있어. 아니면 패스를 하지 않고 그냥 자기가 공을 소유하고 있어도 돼. 어리석게 플레이해서도 안 되고 이기적으로 플레이해서도 안 돼."

이런 새로운 과제가 주어져도 선수들은 '플랫폼'에 익숙하기 때문에 작업 기억의 부하 없이 바로 신나게 달려들 수 있다. 새로 주어진 과제에만 작업 기억을 집중해서 사용할 수 있다. 작은 변화로 인해 재미는 계속 유지된다. 로레이 감독이 론도 연습에 추가하는 다양한 변동성과 제약을 소개하려면 책 한 권으로도 부족하다.

'플랫폼' 위에 추가할 수 있는 도전 과제의 범위에는 거의 제한이 없다. 익숙한 환경이야말로 다양한 시도를 자극하고 새로운 도전 과제를 제공하기 가장 좋은 배경이 된다. 로레이 코치의 연습 디자인은 인지 부하 이론의 핵심 개념을 잘 반영하고 있다. 인지 부하 이론을 이해하면 코치는 작업 기억의 부하를 관리하여 선수의 학습을 극대화할 수 있다.

인지 부하 이론을 발전시킨 스웰러 박사는 대부분의 학습 상황에서 작업 기억에 가해지는 부하에는 두 가지 유형이 있다고 말한다. 앞서 잠깐 다루었던 내재적 인지 부하와 외재적 인지 부하다. 내재적 인지 부하는 학습하려는 내용에 대한 생각으로 가해지는 부하다. 외재적 인지 부하는 학습하려는 내용과 무관한 생각으로 가해지는 부하다. 로레이 감독은 익숙한 '플랫폼'을 이용해 외재적 인지 부하를 최소화하면서 작업 기억에 내재적 인지 부하가 적당한 수준으로 가해지도록 컨트롤하고 있다.

작업 기억과 인지 부하를 이해하기 위해 또다른 예를 들어 보자. 어느 코치가 샤워를 하다가 문득 프레싱 연습 아이디어를 떠올린다. 다음 날 그는 경기장에 도착해 선수들에게 이 연습에 대해 설명한다. 두 가지 색깔의 콘이 각각 두 개씩 총 네 개가 있다. 먼저 주황색 팀이 공을 가지고 전진한다. 녹색 콘을 세워놓은 첫 번째 라인을 통과하면 1점을 얻는다. 검은색 팀은 노란 콘을 세워놓은 첫 번째 라인까지 상대를 물러서게 만들면 1점을 얻는다. 노란 콘의 두 번째 라인까지 후퇴시키면 공을 획득한다. 공격과 수비를 바꾼다. 한 팀은 네 명으로 구성되어 있고 경기장의 어디든 움직일 수 있다.

나의 설명을 듣고 어떤 기분이 드는가? 뭐가 뭔지 정신이 없지 않은가? 지금 여러분은 코치가 가르치는 선수들이 처음 이 연습을 경험할 때 느끼는 엄청난 외재적 인지 부하를 간접 체험했다. 이런 상황에서 선수들은 이 연습을 어떻게 해야 하는지 알아내기 위해 작업 기억을 총동원해야 한다. 연습이 아무리 완벽하더라도 이렇게 가르치면 학습 효과는 떨어진다.

연습 환경을 단순화시키면 어떨까? 콘으로 네 줄이나 만들 필요가 있을까? 선수가 움직일 수 있는 지역과 움직일 수 없는 지역을 꼭 나누어야 할까? 연습의 규칙을 단계적으로 적용하면 어떨까? 간단한 형태를 먼저 익힌 다음 복잡성을 높여가면 되지 않을까? 선수들에 익숙한 론도를 하며 프레싱을 가르치면 좋지 않을까? 코치는 새로운 연습을 적용하기 전에 이런 질문을 해볼 수 있다.

로레이 감독의 론도를 활용한 연습은 상당 부분 선수가 잘 알고 매일 하는 연습이기 때문에 외재적 인지 부하가 거의 없다. 선수들은 거의 모든 작업 기억을 내재적 인지 과제에 집중해 사용할 수 있다. 새로운 연습을 피해야 한다거나 단순한 연습만 하라는 이야기가 아니다. 외재적 인지 부하와 내재적 인지 부하 사이의 상충 관계를 이해하는 게 중요하다는 의미다. 선수는 올바른 생각을 하면서 플레이해야 한다. 선수가 움직이며 무엇을 생각해야 할까에 대해 코치는 고민해야 한다. 새로운 내용을 가르치려면 새로운 연습 환경이 필요하다. 새로운 연습 환경에는 외재적 인지 부하라는 비용이 든다. 비용은 연습의 복잡성에 따라 달라진다.

로레이 감독의 사례처럼 나는 '플랫폼'을 바탕으로 한 연습이 선수의 인지 부하를 관리하면서 새로운 과제를 제공하는 가장 이상적인 방식이라고 생각한다. 코치는 '플랫폼'을 바탕으로 간단하게 변동성을 추가해 연습의 초점을 전환할 수 있다. '플랫폼'에 기반한 연습은 변화가 있으면서도 작업 기억이 외재적 인지 과제에 과도하게 소모되지 않도록 막아준다. 외재적 인지 부하를 적절히 차단하면 선수의 몰입을 유도할 수 있다. 연습을 하는데 외재적 인지 부하가 많이 걸린다는 것은 뭔가가 제대로 작동하지 않고 있다는 의미다. 선수들이 재미있게 연습에 몰입하지 못하고 있음을 의미한다. 당연히 학습 효과가 떨어지게 된다. 그렇기 때문에 새로운 연습을 하거나 과제의 난이도를 무작정 높인다고 해서 언제나 효과가 있는 건 아니다. 연습 방법을 생각하느라 작업 기억의 상당 부분을 사용하게 되면 선수는 오히려 몰입도가 떨어질 수 있다.

인지 부하 이론은 코치에게 또 하나의 중요한 메시지를 전달한다. 선수의 작업 기억이 한 번에 두 가지 이상 집중하기 어렵기 때문에 코치는 단계적으로 복잡성과 난이도를 높여야 한다. 선수가 어떤 기술을 작업 기억의 소모 없이 매끄럽게 수행하기 시작할 때 비로소 새로운 도전 과제를 추가하는 게 좋다. 이렇게 단계별로 접근하면 선수의 몰입 수준을 꾸준히 높게 유지할 수 있다. 흥미를 유지하면서 배워나갈 수 있다. 한 번에 너무 많은 것을 요구할 필요가 없다. 통화를 하면서 운전을 하면 지나온 길에 대한 정보가 잘 입력되지 않듯이 한 번에 여러 개의 일을 하려고 하면 장기 기억에 인코딩하는 작업이 제대로 이루어지지 않는다. 신호와 차선을 자주 놓치듯 지각 능력과 전반적인 수행 능력이 모두 떨어진다.

장기적인 관점에서 보면 서두르지 않고 한 번에 하나씩 단계를 밟아나갈 때 오히려 학습이 더 빨리 이루어지는 경우가 많다. 후방 빌드업을 연습하고 있는 선수를 보며 코치는 후방 빌드업 외에 가르치고 싶은 내용이 줄줄이 떠오를 수 있다. 말하고 싶은 욕구를 참지 못하고 다음과 같은 수많은 지시를 쏟아내곤 한다.

"빠른 패스로 공을 돌려야지!"

"(패스를 받는 선수에게) 몸을 열어서 주변을 스캔하고 공을 받아야지!"

"앞발로 받을 수 있게 패스를 해!"

"공간으로 패스를 해야지!"

"대각선 패스가 가능한지 먼저 봐야 한다니까!"

이것들을 전부 동시에 해야 한다는 코치의 말은 선수의 작업 기억을 얼어붙게 만든다. 연습할 하나의 과제를 분명히 말해주는 게 더 효과적이다.

"패스의 강도에 먼저 집중하자. 그거부터 시작하는거야. 공이 잘 돌려면 패스가 빠르고 날카로워야겠지. 상대가 받기 좋게 그라운드에 낮게 깔린 상태로 움직여야 해. 지금부터 연습해 보자."

5분 정도 패스의 강도에 집중하는 연습을 하고 나서 다음 단계의 주문을 한다. "그래. 이제 조금씩 되기 시작했어. 이제는 패스의 정확성은 유지하면서 어디로 패스할지를 생각해 보는거야. 패스를 받는 사람이 몸을 열면서 받을 수 있도록 앞발쪽로 차주는 거야. 앞에 공간이 있으면 그 공간으로 공을 보내서 받는 사람이 거기로 달려가게 시도해 보자. 시작!"

이렇게 단계별로 과제를 추가해 나가면 작업 기억에 쏟아지는 부하를 관리할 수 있을 뿐만 아니라 선수들을 재미있게 연습에 몰입하게 만들 수 있다. 선수는 작업 기억에 별다른 부담 없이 새로운 과제를 지속적으로 마주하며 즐겁게 연습에 참여할 수 있다.

　인지 부하 이론이 코치에게 말하는 또 다른 시사점은 초보자와 전문가의 차이다. 전문가는 작업 기억에 거의 부하를 받지 않고 대부분의 과제를 수행할 수 있기 때문에 새로운 아이디어를 쉽고 빠르게 통합할 수 있다. 한 번에 두 개 이상의 새로운 지식이나 기술을 다룰 수도 있다. 또한 전문가는 일반적으로 자신의 강점과 약점을 잘 알고 있다.

　전문가 레벨의 선수에게는 후방 빌드업을 할 때 고려해야 할 세 가지 포인트를 모두 알려줄 수 있다. 코치가 세 가지를 동시에 제시해도 전문가 레벨의 선수는 자신의 필요에 따라 그 중에 집중해야 할 내용을 스스로 선택할 수 있다. 각기 다른 타이밍에 다른 주제에 집중할 수도 있다. 하지만 초보자 레벨의 선수는 그런 선택이 불가능하다.

　연구에 따르면, 무엇을 어떻게 해야 하는지 코치가 자세하게 안내해 주지 않고 선수 스스로 문제를 해결해야 하는 연습 환경에 놓여졌을 때 전문가와 초보자는 큰 차이를 보인다. 예를 들어 자유롭게 움직이지 못하도록 경기장의 특정 지역을 차단한 제약을 연습에 추가하면 초보자보다 전문가에게 더 도움이 된다. 초보자는 상황과 조건에 따라 효과적인 솔루션을 만들어낼 만큼 충분히 다양한 솔루션을 알지 못하기 때문이다. 초보자가 그런 조건에서 배우면 잘못된 방향으로 가거나 학습의 효과가 랜덤으로 나타날 가능성이 크다.

　초보자는 직접적인 지도를 통해 더 잘 배우고, 전문가는 문제해결 상황에서 더 많은 것을 얻는 현상을 인지심리학자인 존 스웰러 박사는 '안내 페이딩 효과(guidance fading effect)'라고 부른다.

　"학생들은 처음에는 주로 명시적 안내를 받아야 작업 기억에 가해지는 부하를 줄일 수 있습니다. 그래야 지식을 장기 기억으로 전달하는데 도움이 됩니다. 하지만 학생들이 더 많은 지식을 갖추게 될수록 그런 명시적 안내는 효용가치가 떨어집니다. 명시적 안내는 점점 줄여야 하고(페이딩) 스스로 문제를 해결하는 방식으로 대체되어야 합니다."

이런 개념을 이해하고 있는 코치들은 경기의 규칙을 조금씩 바꾸면서 다양한 제약 기반 연습을 진행한다. 안내 페이딩 효과는 제약 기반 연습이 전문가 레벨의 선수에게는 맞을 수 있지만 초보자 레벨의 선수에게는 적절하지 않을 수 있음을 시사한다. 홀란드같은 선수에게 도움이 되는 연습이 유소년 선수에게도 무조건 통할 리는 없다. 포지셔닝이나 코디네이션 플레이를 위한 미묘한 뉘앙스를 이해하지 못하고, 환경으로부터 중요한 신호도 지각하지 못하는 유소년 선수들에게는 제약 기반 연습의 효과가 달라질 수 있다.

하지만 전문가인지 초보자인지에 따라 연습의 효과가 달라진다는 말도 100% 사실은 아니다. 연습의 효과는 당면한 과제에 따라서도 달라질 수 있다. 전문가도 새로운 지식이나 기술을 배울 때는 초보자의 상태로 돌아갈 수 있다. 다음 경기를 위한 준비로 한 번도 시도한 적이 없는 세트 피스나 공격 패턴을 연습하려고 할 때는 전문가 레벨의 선수들도 일시적으로 주어진 과제를 초보자처럼 받아들일 수 있다. 이런 경우에는 코칭 방식에도 변화를 줄 필요가 있다.

다시 말하지만, 최고라고 말할 수 있는 단 하나의 방법은 없다. 코치들은 최고의 환경에서 연습하는 최고의 선수에게 도움이 되었던 연습 방법이 다른 환경에서도 통할 거라는 기대를 갖곤 한다. 최고의 선수들이 하는 연습 영상을 초보 선수들에게 보여주기도 한다. 물론 뛰어난 선수들의 연습을 보면서 초보 선수들은 많은 걸 배울 수 있다. 하지만 성급하게 잘못 적용할 위험도 존재한다.

> **레모브 노트**
> # 연습과 경기의 차이가 큰 선수

지식과 기술의 '전이'야말로 코치들의 최고 난제다. 연습 때는 좋았던 움직임이 경기에서는 나타나지 않는 문제로 코치들은 골머리를 앓는다. WNBA(미국여자프로농구) 워싱턴 미스틱스의 선수 육성 디렉터인 세푸 버나드가 연습의 효과를 경기로 전이시킬 수 있는 방법을 소개한다.

농구는 결국 우위와 열세의 게임입니다. 공격에서 어떻게 하면 우위를 만드는 요소를 찾아 이용할 것인가? 수비를 할 때는 어떻게 하면 열세가 되는 요소를 제거하고 우위로 반전시킬 수 있을 것인가? 바로 이걸 고민하는 게임이죠. 팀은 선수 개인의 능력과 팀의 응집력을 키워 우위를 활용하고 열세를 차단하는 방법을 지속적으로 찾아내야 합니다. 가장 효과적인 방법은 최대한 상황과 조건이 주어진 연습을 하는 겁니다. 연습에서 경험한 주된 습관이 경기에서의 생각과 행동으로 이어진다는 사실을 기억하면서 코치는 다음과 같은 질문에 답할 필요가 있습니다.

우리가 계획한 연습과 드릴은 경기의 상황이나 조건과 매칭이 되는가? 어떻게 하면 단순한 테크닉 연습보다 지각과 동작이 결합된 연습(시각-예상-결정-실행)을 우선시할 수 있을까?

제가 시작한 작업은 연습 계획을 짜고 여백에 메모를 하는 일이었습니다. 저는 A,B,C,D 단계별로 드릴을 구분했습니다. 캐나다 여자 대표팀에서 일하면서 배운 차트입니다. A단계는 '온에어(on air)'을 의미합니다. 수비가 없습니다. 상대가 없는 상태죠. B단계는 '가이드'를 추가합니다. '가이드'가 되는 선수는 상대 선수의 역할을 하며 움직입니다. 특정 솔루션이나 의사결정으로 이끄는 제약의 역할을 합니다. 예를 들어, 왼손을 사용해 드리블을 하는 연습을 할 때 가이드 역할을 하는 선수는 계속 왼손을 사용하도록 압박합니다. C단계는 2대2, 3대3, 3대2, 4대3 방식의 스몰 사이드 게임입니다. D단계는 경기과 같은 연습입니다. 5대5로 진행하며 멈추는 시간이 거의 없이 공격과 수비를 계속 주고받습니다.

    연습 계획에 체크를 하면서 일주일 동안 A,B단계의 연습에 얼마나 많은 시간을 사용했는지 확인합니다. A,B단계의 연습은 맥락이 부족하기 때문입니다. 경기와 같은 신호나 단서가 없고 상대 수비도 없기 때문에 의사결정을 할 일도 없습니다. 많은 코치들이 A,B단계의 연습에 대부분의 시간을 투자합니다. 그리고는 왜 선수들이 실제 경기에서 올바른 결정과 움직임을 보여주지 못하는지 궁금해하죠. 제가 볼 때는 C,D단계의 연습을 충분히 하지 않았기 때문입니다.

    사실 C,D단계의 연습을 보며 코치의 마음은 불편해 집니다. 깔끔해 보이지 않으니까요. 반면 A,B단계에서 선수들의 동작은 대체로 깔끔하고 정확합니다. 하지만 압박을 받는 상황이 되면 금새 동작이나 기술이 무너지죠. 저는 선수들이 경기의 혼돈과 긴장 속에서도 연습한 기술이나 플레이를 제대로 해내는 지를 유심히 봅니다. 만약 그렇지 못하다면 그건 연습 환경을 디자인한 저의 실패라고 할 수 있습니다.

    다들 자리를 잡고 있는 하프 코트 드릴만 하며 공격 연습을 했다면 실제 경기에서 혼란스러운 상황이 벌어졌을 때 공격 전개를 하기 어려울 수밖에 없습니다. 그건 선수의 문제가 아니라 코치의 연습에 문제가 있는 겁니다. 경기 중에 선수들은 상대의 수비를 피해 인바운드 패스를 넣어야 합니다. 강한 압박을 물리치며 코트를 넘어가

야 합니다. 샷 클락도 생각해야 합니다. 이렇게 여러 불리한 조건에서 스스로 방법을 찾는 연습은 하지 않고 주로 C단계의 유리한 조건에서만 연습을 했다면 실제 경기에서는 어려움을 겪을 수밖에 없습니다. 인바운드 패스, 풀코트 프레싱, 하프 코트 수비 등을 따로따로 연습하기만 했다면 선수들이 바로 그 플레이가 필요한 순간에 그걸 실행해야 하는지를 알 수가 없습니다. 그건 코치인 저의 책임입니다. 많은 시간을 연습했지만 점과 점을 연결하지 못한 겁니다. 연습을 많이 하기는 했지만 경기를 할 준비가 안 된 겁니다. 연습 때 잘 한 것들을 경기에서 보여주지 못했다면 연습 효과가 전이되지 않았다고 보아야 합니다.

레전드 코치인 존 우든은 "선수가 배울 때까지는 가르친 것이 아니다"는 유명한 말을 남겼습니다. 선수가 원하는 걸 경기에서 보여주지 못하고 있다면 그것은 코치의 책임입니다. 코치가 연습을 계획하니까요. "맥락이 콘텐츠를 만든다. 또한 콘텐츠가 맥락을 만든다." 제가 좋아하는 스프린트 코치인 스튜어트 맥밀란의 말입니다. 코칭에 비법은 없지만 혹시라도 비법이 있다면 그건 바로 계획과 디자인이라고 말하고 싶습니다.

연습 디자인을 위한 경험 법칙

선수의 작업 기억에 가해지는 부하를 관리하는 일 말고도 효과적인 연습을 디자인하기 위한 몇 가지 유용한 원칙이 있다. 학습에 관한 연구를 통해 그 효과가 어느 정도 검증된 '경험 법칙'이다. 아래에 소개하고 있는 경험 법칙을 체크리스트로 활용해 연습을 계획하거나 리뷰하면 효과적이다. 연습을 계획할 때 중요한 내용을 빠뜨리지 않도록 도와준다. 이후에 다시 다루겠지만 체크리스트는 과소평가되고 있는 코칭 도구다. 이 경험 법칙은 코치가 스스로 답해야 할 일종의 질문 리스트이기도 하다. 코치가 하는 무슨 일이든 경험 법칙에 맞게 조정할 수 있는 방법이 있다면 적극적으로 고려할 필요가 있다. 하지만 경험 법칙은 일반적으로는 맞지만 항상 옳은 것은 아니기 때문에 구체적인 상황에 맞게 적용해야 한다.

첫 번째 경험 법칙 : 타겟 목표 설정하기

전문성 연구의 대가인 안데르스 에릭손 박사는 평생에 걸쳐 의도적인 연습(deliberate practice)의 효과를 과학적으로 탐구해 온 분이다. 그는 자신의 연구를 통해 얻은 아이디어를 『1만 시간의 재발견』에 정리해 소개하고 있다. 에릭손 박사는 연습이 제대로 효과를 내기 위해서는 '전반적인 개선을 목표로 막연하게 진행해서는 안 되며 잘 정의된 목표가 있어야 한다'고 책에 적고 있다. 구체적인 결과를 타겟으로 하는 목표, 가급적이면 한 번의 연습 안에서 달성할 수 있는 목표를 강조한다.

목표는 사람들이 흔히 생각하는 수준보다 훨씬 더 구체적이어야 한다. 대부분의 선수는 자신이 이미 그런 구체적인 목표를 가지고 연습을 하고 있다고 착각하는 경향이 있다. '공격 포인트를 바꾸는 연습을 한다.' '3-5-2에서 센터백이 어떤 역할을 해야 하는지 연습한다.' '더 공격적으로 포워드 플레이를 하고 싶다.' '발 기술을 발전시키고 싶다.' '크루이프 턴을 잘 하고 싶다.' 이러한 목표들은 너무나 일반적이기 때문에 선수를 몰입시키는 효과가 없다. 공격 포인트를 바꾸는 연습을 하고 싶은 코치라면 보다 구체적이고, 관찰가능한 목표를 정하면 연습의 수준을 한층 업그레이드할 수 있다.

'패스와 포지셔닝의 속도를 높여 공격 포인트를 바꾸는 능력을 향상시키고 싶다.'

이렇게 보다 구체적인 목표를 세우면 코치는 연습을 어떻게 진행해야 할지에 대해서도 구체적으로 상상할 수 있다. 빠른 패스, 공을 받을 때의 신체 움직임, 퍼스트 터치로 간결하게 방향을 바꾸기, 머리를 들어 주변을 스캔하면서 플레이하기, 패스 후에 공간을 찾아 신속하게 이동하기를 연습할 수 있다. 코치의 목표가 구체적이면 연습 중의 각각의 라운드에서 무엇에 초점을 맞춰 연습을 할 지를 정하기가 쉽다. 에릭슨 박사는 이를 '작은 변화들이 모여 원하는 큰 변화를 만들어내는 일'이라고 표현했다. 많은 경우에 목표는 모호하게 제시되곤 한다. 나는 그렇게 명확하지 않게 사용되는 목표와 구분하기 위해 이러한 구체적인 목표를 '타겟 목표'라고 부른다.

두 번째 경험 법칙 : 라운드 단위 연습

코치는 선수의 작업 기억을 적절히 관리해야 한다. 너무나 중요하기 때문에 나는 이 말을 질리도록 반복하고 있다. 선수의 작업 기억에 가해지는 부하가 최대한 적어야 배워야 하는 지식과 기술의 세부 사항들을 잘 지각하면서 장기 기억에 인코딩할 수 있다. 배우려는 지식과 기술 외에 다른 대상에 신경을 덜 쓰도록 연습을 디자인해야 한다. 코치는 가급적이면 선수가 한 번에 하나에 집중하도록 연습을 디자인하는 게 바람직하다. 그러기 위해서는 연습을 라운드 단위로 디자인하면 좋다.

먼저 하나의 티칭 포인트를 알려준다. 선수들이 시도하게 한다. 선수가 진전을 보이면 연습을 멈추고 다른 티칭 포인트를 추가한다. 만약 어려움을 겪고 있으면 잘못 하고 있는 부분을 설명하고 다시 시도해 보도록 한다. 이런 방식은 느리고 답답해 보이지만 모든 티칭 포인트를 한꺼번에 전달하는 방식보다 결국에는 더 빠른 길이다. 한 라운드에 여러 내용을 한꺼번에 가르치려 하면 선수는 무엇 하나 제대로 배운 게 없이 연습을 마치게 된다. 코치는 누가 무엇을 배웠는지 알 수 없는 상태에서 내일 다시 처음으로 돌아가게 될 수도 있다.

세 번째 경험 법칙 : 기술을 분리한 후에 통합하기

좋은 선수와 마찬가지로 좋은 연습은 시간이 지남에 따라 점점 발전한다. 조금씩 더 어려워지고 복잡해진다. 경기의 조건에 점점 더 가까워진다. 어떤 경우에는 경기보다 더 어렵게 진행되기도 한다. 실제 경기보다 더 빠르고 까다로운 환경에서 연습을 하면 경기가 상대적으로 쉬워 보이기도 한다. 에리카 울웨이, 케이티 예지와 나는 『Practice Perfect』라는 책을 함께 썼다. 그 책에 우리는 연습을 조금씩 발전시키는 방법을 하나 소개했다. 처음에는 기술을 분리해서 연습하고 시간이 지남에 따라 점점 통합해 나가는 방식이다. 한 라운드에 기술의 한 부분을 연습하고 다음 라운드에는 또다른 부분을 추가해 연습한다. 이렇게 라운드별로 하나씩 추가하면서 새로운 부분을 연습할 시간을 준다. 아래에 정리한 내용을 기준 삼아 연습을 발전시켜 나가면 유용하다.

- 단순한 연습에서 복잡한 연습으로 발전시킨다. 고정 연습에서 시작해 시리얼 연습, 랜덤 연습으로 전환한다. 작은 포지션 그룹으로 시작해 점점 더 큰 그룹으로 발전시킨다. 공이 없는 상태에서의 움직임으로 시작해 움직임을 하나씩 추가해 나간다. 느리게 시작해서 조금씩 빠르게 연습을 진행한다. (선수들은 빠르고 정확하게 하면 되는 간단한 동작도 복잡한 기술이라고 착각하는 경우가 많다.)

- 쉬운 연습에서 어려운 연습으로 발전시킨다. 처음에는 타이머를 길게 설정하고 볼을 돌리는 연습을 시작한다. 점점 타이머를 짧게 설정해서 빠른 패스를 유도한다. 처음에는 공간이 넓은 조건에서 시작했다가 공간을 점점 줄인다. 시간과 공간의 압박 속에서도 원하는 플레이를 할 수 있다면 경기를 할 준비가 된 것이다.

- 질서있는 연습에서 무질서한 연습으로 발전시킨다. 처음에는 두 명의

공격수로 공격하는 연습을 한다. 모든 선수가 원래 있어야 할 자리에 위치해 있고, 미드필더가 공을 갖고 시작한다. 다음에는 상대팀이 공을 건네주는 방식으로 시작한다. 선수들은 각자의 위치에서 공격 대형을 재정비해야 한다. 아니면 선수들이 자기 자리에서 벗어나 공격을 시작하도록 의도적으로 위치를 세팅할 수도 있다. 마지막은 상대팀이 공을 가지고 시작한다. 공격을 하려면 먼저 공을 따내야 한다. 공을 빼앗은 다음 공격 대형을 갖추려면 여러 방면으로 고군분투해야 한다. 하지만 모든 질서가 잘 잡혀있는 상태에서 공격을 시작하는 것보다는 훨씬 더 도전적이고 현실적이다. 실제로 경기 중에 선수들은 무질서 속에서 어떻게든 질서를 만들어내야 한다. 그런 능력을 갖추었을 때 진정으로 준비가 되었다고 말할 수 있다.

네 번째 경험 법칙 : 추가 토핑(인출 연습)

아이스크림 가게에는 다양한 종류의 토핑(아이스크림에 추가하는 쿠키, 초콜렛, 젤리같은 추가 메뉴)을 고르는 재미가 있다. 나는 매번 토핑을 바꿔가며 아이스크림을 주문한다. 아이스크림에 얹을 토핑을 고르듯 코치는 '인출 리스트'를 보며 연습에 무엇을 추가할 지를 고민하면 좋다. 한 동안 인출하지 않은 연습이 눈에 띄면 다음 주의 연습에 추가한다. 인출 연습은 짧은 시간 동안 진행해도 매우 효과적이다.

다섯 번째 경험 법칙 : 외재적 인지 부하 관리하기

익숙함이 주는 선물을 외면할 필요가 없다. 익숙한 플랫폼을 사용하면 선수는 연습 방법을 알아내기 위해 불필요한 에너지를 쏟을 필요가 없다. 배우려는 지식과 기술에 온전히 집중할 수 있다. 필요한 기술을 가르치는데 익숙한 플랫폼만을 계속해서 사용할 수 없다면 시간을 두고 단계적으로 연습을 진행하면 좋다.

여섯 번째 경험 법칙 : 기술 수준에 맞게 조정하기

똑같이 가르친다고 해서 모든 선수가 똑같이 배우는 것은 아니다. 연습은 선수의 기술 수준에 맞게 조정해야 한다. 초보 레벨의 선수일수록 명시적인 교습이 많이 필요하다. 전문가 레벨의 선수는 스스로 문제해결 방법을 발견하도록 하는 연습이 더 효과적이다. 코치는 선수의 연습을 잘 관찰해야 한다. 선수가 어떤 기술을 익히는 데 어려움을 겪고 있다면 그 선수의 기술 수준을 제대로 파악했는지 다시 따져 보는 게 좋다.

연습은 얼마나 어려워야 할까?

뉴질랜드 럭비팀 올블랙스의 웨인 스미스 코치는 "의사결정의 측면에서 연습은 경기보다 더 어려워야 한다"고 말한다. 어려운 연습 조건에서도 자신의 플레이를 잘 해낼 수 있으면 경기는 비교적 수월해진다. 그렇다면 우리는 또 하나의 질문을 던져야 한다. 경기보다 더 어려운 연습은 구체적으로 어떤 모습일까? 경기보다 더 빠른 속도로 진행되는 연습일 수 있다. 더 많은 상대를 놓고 연습을 하면 난이도는 상당히 올라간다. 여러 제약을 활용해 압박감을 세팅할 수도 있다. 2장에서 나는 크리스찬 레이버스 코치의 질문을 소개했다. "어디서 이 플레이를 시작하나요?" 연습의 난이도를 높이고 싶은 코치는 레이버스 코치의 이 질문을 늘 생각하면 좋다. 모든 게 잘 준비된 상태에서의 연습으로는 경기를 위한 준비가 충분히 되지 않는다. 이전 단계의 플레이에서 전환하는 연습이 포함되어야 경기를 위한 준비라고 할 수 있다.

4장

피드백 101 : 피드백의 기본

코치는 늘 피드백을 제공한다. 개별 선수에게, 그룹으로, 연습 중에, 경기 중에, 연습을 하다가 잠시 쉬고 있을 때, 연습이 끝나고, 경기를 마치고 돌아가는 차 안에서, 라커룸에서, 경기장 한 구석에서 쉬지 않고 피드백을 전달한다. 팀원들 서로간에도 피드백을 주고받는다. 코치는 피드백을 무척이나 자주 사용하기 때문에 피드백의 수준을 조금만 높여도 코칭의 효과가 달라진다. 그러나 우리는 계속해서 반복하는 일에 대해서는 좀처럼 돌아보지 않는 경향이 있다. 익숙해진 일은 어느새 습관이 된다. 주의와 관심을 기울이지 않는 일에 변화를 주기는 어렵다.

피드백의 생산성을 높이는 방법을 이야기하기 전에 먼저 피드백을 명확하게 정의할 필요가 있다. 피드백은 선수가 어떤 동작이나 플레이를 실행한 후에 제공하는 일종의 가이드다. 피드백(feedback)이라는 단어는 '반응한다'는 의미를 내포하고 있다.

코치는 보통 두 가지 상황에서 피드백을 제공한다. 플레이가 멈춘 상황과 라이브 플레이 상황이다[1]. 연습이나 경기를 하다가 잠시 멈추고 제공되는 피드백은 주로 그룹을 대상으로 전달된다. 코치는 방금 자신이 관찰한 내용을

---

[1] 세 번째 유형의 피드백이 있다면, 선수가 스스로 확인하는 피드백이다. 코치가 제약 기반 접근법을 사용할 때 선수는 퍼포먼스 결과를 피드백 삼아 연습을 하게 된다. 이러한 피드백은 전문가 레벨의 선수에게 잘 통한다.

이야기한다. "지금 너무 몰려있어!" 그런 다음 대안이 되는 솔루션을 알려주거나 선수가 적절한 솔루션을 찾을 때까지 질문을 던진다. 라이브 플레이 상황에서 전달하는 실시간 피드백은 선수 개인을 향하는 경우가 많다. "마르코. 공을 봐야지!" 물론 팀 전체를 대상으로 피드백을 주기도 한다. "그래! 프레싱 잘 하고 있어. 얘들아!"

실시간 피드백은 시간을 아낄 수 있다. 공을 보라는 피드백은 마르코에게만 해당하는 말이다. 다른 선수들은 마르코를 향한 피드백과 상관없이 계속 플레이를 하면 된다. 코치가 마르코에게 피드백을 주는 모습을 보며 지루하게 서있을 필요가 없다. 아마 마르코도 다른 선수들이 자기 플레이를 하느라 정신이 없는 상황에서 코치의 말을 듣기 때문에 피드백을 더 열린 마음으로 받아들일 가능성이 크다.

이러한 이유로 일부 코치들은 실시간 피드백만 제공해야 한다고 믿는다. 이상적인 생각에 가깝다. 하지만 라이브 플레이 상황에서 제공하는 실시간 피드백은 선수가 코치의 말을 잘 들었는지 확인하기가 어렵다. 선수는 플레이에 몰입하느라 코치의 말을 듣지 못했을 수도 있다. "네. 코치님. 알겠습니다." "네!" 그냥 습관적으로 "네!"라고 외치거나 고개를 끄덕이고 있는지도 모른다. "네! 코치님!"이라는 말은 '코치님. 제발 그만 말하세요'라는 생각을 숨긴 말일지도 모른다. 여기에는 중요한 포인트가 숨어 있다. 이런 실시간 피드백이 반복되다 보면 선수는 점점 코치의 말을 적당히 흘려들으며 무시하게 된다. 코치의 실시간 피드백에 반응하는 요령만 늘어난다.

나는 애틀랜타 유나이티드 아카데미의 매트 로레이 감독이 실시간 피드백을 제공하는 모습에 깊은 인상을 받았다. 로레이 감독이 "대런!"이라고 이름을 불렀다. 대런은 잠시 고개를 돌렸지만 계속 플레이를 이어갔다. 경기 중에 큰 소리로 지시를 받는 것은 선수에게 흔한 일이다. 하지만 로리 감독의 다음 행동은 달랐다.

"나를 잠깐 봐! 잠시 경기는 무시해." 대런은 여전히 플레이를 멈춰야 할지 확신이 서지 않는 눈치였다. "괜찮아!" 로레이 감독은 웃으며 말했다. "그냥 서봐!" 대런은 천천히 로레이 감독에게 집중했다. 그제서야 그는 시범을 곁들여 피드백을 주었다. "잠시 멈칫 했다가 달려봐. 살짝 달리는 척 하다가 '빵!' 하면서 달리는거지. 이런 식으로." 그런 다음 대런을 다시 경기에 참여시켰다.

작은 변화가 대화의 질을 바꾸고 문화 전반에도 광범위한 영향을 미친다. 로레이 감독은 대런에게 자신의 피드백이 우선이라는 신호를 명확하게 보냈다. 실시간 피드백을 제공하는 일은 어떻게 보면 플레이와 피드백 모두 신경써야 한다고 암묵적으로 주문하는 일이다. 웬만한 어린 선수들은 소화하기 어려운 일이다. 로레이 감독은 분명한 피드백 방식으로 자신이 원하는 문화의 큰 틀을 만들고 있다. 피드백에 100% 주의를 쏟는 문화다. 모든 팀에는 다음 질문에 대한 답이 문화에 스며들어 있다.

우리팀에서는 코치가 말을 할 때 어떻게 행동해야 할까?

어떤 팀의 선수들은 코치가 이야기를 할 때 고개를 끄덕이긴 하지만 적당히 흘려듣는다. 그런 태도가 그 팀의 문화가 된다. 로레이 감독의 팀은 위의 질문에 이렇게 답한다. '우리는 코치의 말에 온전히 집중한다.' 그렇다고 로레이 감독이 모든 상황에서 이 방식을 사용하는 건 아니다. 코치의 피드백 방식에는 수많은 선택과 결정이 녹아들어 있다. 좋은 피드백을 제공하는 코치는 나름의 프로세스를 가지고 있다. 좋은 피드백을 위한 원칙과 공통의 언어를 가지고 있다. 그것들을 통해 피드백에 대해 연구하고 토론할 수 있는 환경을 만든다.

나는 피드백의 원칙을 101, 201, 301 세 가지 단계로 나눠 소개하려고 한다. 101 단계는 피드백의 기본에 해당하는 내용을 다룬다. 기본을 무시해서는 안된다. 기본이라고 해서 쉬운 것은 아니다. 엘리트 레벨의 코치라고 해서 기본을 제대로 실천하는 것도 아니다. 기본에 해당하는 내용은 단순하다는 이유로 쉽게 무시되곤 한다. 나는 명예의 전당 헌액이 예정되어 있는 농구 스타 드웨인 웨이드가 드리블 연습을 하는 영상을 좋아한다. 웨이드는 세계 최고의 포인트 가드였지만 자신의 실력을 유지하고 향상시키기 위해 기본기 연습을 게을리하지 않았다. 코치 역시 기본에 충실해야 한다.

 드리블 연습을 하는 드웨인 웨이드

201 단계는 코치가 선수에게 피드백을 제공한 '후에' 벌어지는 일에 초점을 맞춘다. 코치가 제공한 피드백을 선수가 어떻게 적용하는지를 구체적으로 다룬다. 사실 피드백을 제공하는 것만으로 학습이 되는 건 아니다. 피드백을 받고 나서 그걸 적용하려는 노력이 수반되어야 한다. 선수가 코치의 피드백을 무시해 버리면 그 이후의 과정은 굳이 말할 필요도 없다. 선수들이 피드백에 귀를 기울일 뿐만 아니라 피드백을 적극적으로 적용하려는 문화를 코치는 만들어야 한다.

301 단계는 의사결정 능력을 향상시키기 위해 피드백을 사용하는 방법에 초점을 맞춘다. 질문을 통해 피드백을 주는 방법을 소개한다. 코치는 선수가 스스로 질문하고 끊임없이 자기성찰을 하는 능력을 갖추기를 바란다. 문제 해결 상황을 만들어 선수 스스로 퍼포먼스 결과를 피드백 삼아 연습하는 방법도 소개한다.

피드백의 원칙을 소개하기 전에 몇 가지 당부하고 싶은 말이 있다. 먼저 이 원칙은 경험 법칙에 불과하다는 사실이다. 대체로 맞는 말이고 여러 상황에 도움이 되겠지만 모든 상황에서 옳거나 중요한 법칙은 아니다. 코칭의 기본적인 조건은 다양성이다. 다양한 상황과 조건 속에 있는 다양한 학습자가 다양한 기술과 지식을 습득하도록 돕기 위해 다양한 스타일의 코치들이 다양한 피드백을 사용한다. 다양성이 기본인 스포츠 코칭의 세계에서 원칙이라는 것은 판단과 재량의 문제다. 아무리 훌륭한 원칙이라도 어울리지 않는 때와 장소가 존재한다. 정답은 그때그때 달라질 수밖에 없다.

나는 메이저리그 구단을 방문해 코치들이 모인 자리에서 강연을 한 적이 있다. 나는 코치들에게 먼저 질문을 던졌다. "선수들을 가르칠 때 가장 큰 어려움이 뭔가요?" 한 코치가 답을 했다. "우리의 피드백을 받아들이지 않으려고 할 때죠. '예!'라고 답은 하지만 우리의 말을 무시하곤 합니다." 방에 있던 상당수의 코치들이 고개를 끄덕였다. 나는 다시 한 번 물었다. "왜 그럴까요?" 코치들은 선수들이 자신의 피드백을 받아들이지 않는 이유를 저마다 이야기하기 시작했다.

"많은 경우에 선수들은 우리가 맞다고 생각하지 않습니다. 선수들은 자신이 예외라고 생각해요. 자기에게 맞는 방식을 스스로 잘 알고 있다고 생각하죠."

"코치가 '스윙을 짧게 하자'고 말했다고 해보죠. 선수가 설령 코치의 말을 믿는다 해도 그 조언을 받아들이면 모든 게 망가지는 시기를 겪게 된다는 사실을 선수도 알고 있습니다. 스윙을 바꿔야 결국은 메이저리그에 갈 수 있다고 생각은 해도 앞으로 6주 동안은 0.220을 치게 될 거라는 사실을 아는거죠. 선수가 그런 위험을 기꺼이 감수하려면 코치를 정말 신뢰해야 합니다."

코치들의 생생한 증언을 통해 나는 선수들의 마음을 간접적으로 읽을 수 있었다. 그건 피드백의 문제가 아니라 믿음의 문제였다. 선수들은 코치가 자신을 정말 잘 알고 있는지 확신이 부족하다. 코치가 진정으로 자신을 발전시키려는 의지가 있는지 궁금해한다. 변화를 시도하는 과정에서 어려움을 겪더라도 코치가 차갑게 대하지 않을 거라는 믿음을 갖지 못하고 있는 선수가 많다.

피드백은 결국 관계와 문화의 산물이다. 그렇기 때문에 관계와 문화를 만드는 일은 코칭의 세부적인 내용을 고민하는 일만큼이나 중요하다. 피드백은 문화의 반영이기도 하면서 피드백을 통해 문화가 만들어지기도 한다. 피드백은 관계를 강화하기도 하고 망치기도 한다. 코치가 이런 사실을 알든, 알지 못하든 벌어지는 일이다. 나는 많은 코치들을 만나며 이 사실을 확인했다. 신뢰의 문화가 없으면 원칙 따위는 그다지 중요하지 않다. 하지만 반대의 경우도 잊어서는 안된다. 선수의 발전에 도움이 되는 피드백을 제공하는 일은 선수의 신뢰를 얻는 가장 좋은 방법이다. 신뢰는 피드백의 결과이면서 동시에 전제 조건이다.

초점이 분명한 피드백

U16팀의 선수들이 공격 포인트를 바꾸는 연습을 하고 있다. 코치가 선수들을 멈추게 하고 피드백을 시작한다.

"잠깐 멈춰. 얘들아. 공격 포인트를 바꿀 때는 경기의 페이스에 맞게 패스를 빠르게 줘야 해. 패스는 뜨면 안 돼. 상대가 빠르게 반대쪽으로 움직이게 만들어야 해. 그리고 패스를 받을 때는 자세에 신경을 써. 골반을 벌리면서 뒤쪽 발로 받는거야. 그래야 다음 플레이를 선택할 수 있는 옵션이 생겨. 시야도 확보할 수 있고. 그런 다음 패스를 빠르게 할 수 있게 준비해! 애슐리처럼 갑자기 프레싱을 당하면 당황할 수도 있어. 그걸 극복하려면 두 가지를 신경써야 해. 퍼스트 터치로 다음 패스를 위한 각도를 만들어야 해. 반대편에 있는 섀넌도 공을 받을 수 있도록 위치를 바꿔야겠지? 섀넌은 가능하면 상대편 진영으로 깊숙하게 올라가. 만약 애슐리가 프레싱을 받고 있으면 조

금 내려와서 패스를 할 수 있도록 도와줘. 다들 알았지? 플레이!"

많은 코치들이 위 그림처럼 피드백을 하는 모습을 볼 수 있다. 여기서 코치가 한 말들은 모두 좋은 피드백이다. 바로 그게 문제다! 좋은 말이 너무 많다! 이 상황에서 코치는 다섯 가지를 강조하고 있다.

(1) 경기의 페이스에 맞춰 패스를 빠르게 한다.

(2) 패스가 뜨지 않도록 한다.

(3) 패스를 받을 때는 자세에 신경을 쓴다. 골반을 벌리면서 뒤쪽 발로 패스를 받는다. 그래야 다음 플레이를 선택할 수 있는 옵션이 생기고 시야를 확보할 수 있다.

(4) 애슐리는 퍼스트 터치로 패스를 위한 적절한 각도를 만든다.

(5) 섀년은 애슐리의 상황을 보고 패스를 받는 각도를 조절한다.

코치는 티칭 포인트를 명확하게 말하고 있다. 선수에게 이유와 맥락도 적절히 설명하고 있다. 선수가 신경써서 봐야 하는 지각 단서도 구체적으로 알려주고 있다. 하지만 이 모든 좋은 가르침들이 무용지물이 될 지도 모른다. 코치가 쏟아낸 다섯 가지 포인트는 선수들의 작업 기억을 순식간에 잠식해 과부하를 일으키기 때문이다. 선수들은 그렇게 많은 정보를 한꺼번에 기억할 수 없다. 기억도 못하는데 사용하기는 더더욱 힘들다. 이는 코치들이 흔히 빠지기 쉬운 함정이다. 코치들은 잘 가르치고 싶다는 좋은 의도를 가지고 이런 함정에 종종 빠진다. 피드백을 주는 와중에도 코치는 관련된 또 다른 내용을 떠올리고는 충동적으로 추가한다. 그렇게 더 많은 피드백을 주어야 선수가 빨리 배운다고 믿는다. 하지만 안타깝게도 결과는 정반대다.

또 이야기하지만 코치는 선수의 작업 기억에 얼마나 부하가 가해지고 있는지를 끊임없이 인지해야 한다. 작업 기억의 용량은 매우 적기 때문에 너무 많은 정보를 한꺼번에 처리하려고 하면 전체 인지 과정이 느려지거나 멈추게 된다.

그렇다면 이런 다섯 가지의 피드백을 받은 선수에게는 어떤 일이 일어날까? 한 번에 다섯 가지에 집중할 수 있는 사람은 아무도 없다. 그나마 가장 좋은 시나리오는 각각의 선수가 자신에게 가장 유용하다고 판단한 하나를 선택하여 집중하는 것이다. 하지만 그럴 가능성은 희박하고 선수들은 자신이 집중할 테마 하나를 별 생각없이 무작위로 선택할 가능성이 높다. 선수는 저마다 자신이 선택한 테마에 집중해 연습을 이어나가게 된다. 코치가 볼 때는 선수가 무엇에 집중해 연습을 하고 있는지 분명해 보이지 않는다. 선수들이 자신의 피드백을 어떻게 적용하고 있는지 관찰하고 다시 피드백을 해주고 싶어도 하기가 어렵다. 코치의 말을 듣고 루시아는 몸을 열면서 패스를 받는 연습에 집중했다. 그런데 조금 있다가 코치가 연습을 멈추고는 자신에게 패스를 더 빠르게 해야 한다고 주문한다. 코치의 말대로 패스를 받는 동작에 집중하고 있던 루시아는 당황스럽다. 코치의 피드백이 오히려 선수의 주의를 분산시키고 집중력을 떨어뜨리고 있다.

이런 피드백 폭탄이 선수에게 어떻게 작용하는지는 충분히 예상할 수 있다. 너무 많은 걸 한꺼번에 다루려고 하다 보면 어느 기술도 제대로 연습하기가 어렵다. 작업 기억에 과부하가 걸리면 선수의 퍼포먼스는 오히려 더 나빠질 가능성이 크다. 뉴질랜드 럭비의 레전드인 데이브 해드필드의 표현처럼 "다섯 마리의 토끼를 쫓다가는 한 마리도 잡지 못한다." 선수는 혼란스럽기만 하고 심하면 좌절감마저 든다. 이런 연습과 피드백이 반복되면 선수는 코치의 피드백을 적용해 연습을 해야 한다는 책임감이 사라지고 훈련에 대한 믿음도 약해진다.

한 번에 하나의 토끼를 사냥하는데 집중하면 어떤 일이 벌어질까? 피드백 폭탄이 아니라 작은 덩어리로 나누어 하나씩 전달하는 것이다.

첫 번째 라운드는 이렇게 시작한다.

"얘들아. 잠시 멈춰. 페이스에 맞춰 패스를 하는 게 중요해. 그래야 상대를 급하게 뛰게 만들지. 앞으로 몇 분 동안은 모든 패스가 이런 속도로 나가게 해보자. [시범] 자. 다들 시도해 봐! 시작!"

선수에게는 과제가 분명해졌다. 코치는 선수들이 자신의 피드백을 어떻게 실행하는지 관찰할 수 있다. 이제 코치는 선수들의 패스 속도를 보며 추가적인 피드백을 줄 수 있다. "그래! 브리아나! 속도 좋아!" 이렇게 좋은 패스를 보여주면 성공 경험을 기억에 강화시켜 준다. 선수는 코치의 피드백을 듣고 자신이 좋아졌다는 사실을 자각할 수 있다. 성공 경험과 자각이 결합되면 몰입의 수준은 더욱 높아진다. 이런 대화를 통해 선수는 코치의 피드백을 실천해야 한다는 책임감이 커지게 된다. 책임감이 문화가 된다. 코치는 '너희들이 내 피드백을 적용해서 연습을 하는지 내가 지켜보고 있다'는 무언의 메시지를 선수들에게 전달하고 있다.

두 번째 라운드는 첫 번째 라운드에서 선수들이 보여준 플레이에 따라 다음과 같은 옵션을 고려해 볼 수 있다.

옵션1: 잠시 멈춰. 훨씬 나아졌다! 경기의 페이스에 맞게 패스가 나가고 있어. 느낌이 어때? 경기의 흐름에 맞추어 패스를 넣으려면 어떻게 해야 하는지 너희들이 본 걸 말해줄래? [코치는 세 명의 선수의 이야기를 듣는다.] 좋아. 2분만 더 이걸 연습하자. 공이 경기의 페이스에 맞게 움직이는 게 어떤 느낌인지 확실히 알 수 있게 말이야. 가자!

옵션2: 얘들아. 잠시 멈춰. 훨씬 좋아! 경기의 페이스에 맞춰 패스가 잘 돌고 있어. 너희들도 느꼈지? 그렇게 하면 돼. 이제는 공을 받을 때 플레이의 속도를 높이는 데 집중해 보자. 패스가 오면 골반을 벌리면서 뒤쪽 발로 공을 받는거야. [시범] 이렇게 하면 빠르게 다음 패스 동작으로 이어갈 수 있겠지? 그럼 공을 받을 때 무엇에 집중해야 할까? [선수들의 대답을 듣는다.] 그래. 골반의 움직임이야. 빙고! 시작해 보자!

옵션3: 얘들아. 잠시 멈춰. 좋았어. 아까보다 빠르고 낮게 깔린 패스가 더 많아졌어. 하지만 바운드가 생기거나 허공으로 뜨는 패스도 몇 개 있었어. 지금은 땅으로 깔려서 가는 패스 연습을 하는거야. 어떻게 차야 할까? 어떻게 하면 공이 잔디 위로 매끄럽게 굴러갈 수 있을까? 애슐리? [애슐리의 답을 듣는다.] 루시아? 어떻게 하는지 보여줄래? [루시아의 시범을 본다.] 좋아! 이제 다시 해보자. 날카로운 패스를 보여줘! 시작!

옵션4: 잠시 멈춰. 루시아. 우리가 지금은 무엇에 집중했지? ["예! 패스 속도요."] 어떤 패스는 분명 더 빨라졌지만 조금 부족해. 패스 속도에 조금 더 집중하자. 패스를 제대로 하면 내가 "예스!"라고 소리칠거야. 너무 느리면 "노!"라고 말할거고. "예스!" 소리가 더 많이 나오게 신경 써보자. 시작!

옵션1의 경우, 선수들은 대체로 코치의 피드백대로 잘 움직여 주었다. 하지만 코치는 빠른 패스를 조금 더 연습하기 위해 계속해서 패스 연습에 집중하기로 결정했다. (한두 번 제대로 했다고 해서 끝이 아니다!)

옵션2 역시 선수들이 대체로 잘 해낸 상황이다. 이제 선수들은 날카로운 패스를 하기 위해 작업 기억을 이전만큼 많이 사용할 필요가 없다. 코치는 방금 선수들이 성공적으로 수행한 움직임(빠르고 날카로운 패스)을 관련 기술(골반을 열어 뒤쪽 발로 패스를 받기)과 연결하기로 결정했다.

옵션3에서 코치는 선수의 패스를 집중해서 관찰한 결과 자주 실수하는 일반적인 테크닉의 오류(패스가 뜨는 현상)를 발견했다. 코치는 그 문제를 교정하기로 결정했다.

옵션4에서도 코치는 오로지 패스 하나만을 관찰했기 때문에 피드백과 실행이 어긋나는 현상을 발견할 수 있었다. 하지만 코치는 같은 피드백을 반복하기 보다 다른 방식으로 피드백을 제공하기로 선택했다. 선수들이 플레이를 하는 동안 자신의 패스 속도를 실시간으로 인지할 수 있는 피드백을 전달하기로 결정했다.

이렇게 길게 네 가지 옵션까지 소개하면서 설명하는 이유는 초점이 분명한 피드백을 활용하면 코치가 선수의 상태를 정확하게 관찰하고 대응할 수 있다는 점을 말하고 싶기 때문이다. 단순히 도움이 되는 말을 하는 걸로는 부족하다. 그건 코치의 일이 아니다. 도움이 되는 말을 적절한 타이밍, 적절한 장소와 매칭시키는 일이 코치가 해야 할 일이다. 초점이 분명한 피드백을 활용하면 선수도 바뀌지만 코치도 바뀐다. 관찰 능력이 확연히 좋아지게 된다.

초점이 분명한 피드백도 물론 한계는 있다. 많은 경우에 엘리트 레벨의 선수들은 제약 기반 연습에서 더 잘 배운다. 문제해결 상황이 제공하는 암묵적 피드백이 전문가 레벨의 선수들에게는 보다 효과적인 학습 도구가 된다. 하지만 여기서는 초점이 분명한 피드백이 어떻게 선수의 주의력, 효능감, 자기 인식 능력을 키우는지, 왜 선수를 더 즐겁게 몰입하게 만드는지 몇 가지 연구를 곁들여 먼저 소개하려고 한다.

어떤 학습 환경이든 집중력의 수준에 따라 배움의 속도는 달라진다. 집중력도 어느 정도는 타고 나는 측면이 있다. 유난히 집중력이 좋은 사람들이 있다. 하지만 집중력은 코치가 충분히 영향을 미칠 수 있는 부분이다. 조지타운대 칼 뉴포트 박사는 자신의 책 『딥 워크(Deep Work)』에서 세계적인 수준의 작품을 만드는 데 필요한 조건을 적고 있다. 책에서 뉴포트 박사는 컴퓨터 코드 작업을 예로 든다. 고품질의 코드는 그 어느 때보다 높은 가치를 지니고 있고 글로벌 경쟁도 치열하다. 요즘과 같은 인터넷 환경에서 코드는 전 세계로 자유롭게 전달된다. 전 세계 어디에서 작성된 한 줄의 코드라도 내가 만든 코드와 경쟁하는 치열한 환경이다. 뉴포트 박사는 책에서 "이것을 빠르게 반복해서 할 수 있어야 한다"고 말한다. 여기서 '이것'은 새롭고 어려운 일을 마스터하는 능력이다. 뉴포트 박사의 말은 새롭고 어려운 일을 끊임없이 마스터하며 살아야 하는 운동 선수에게 하는 조언처럼 들린다. 그는 이 치열한 경쟁에서 승리하려면 주의력과 집중력을 유지하는 기술이 필수라고 적고 있다.

그러나 집중력을 유지하는 일은 그 어느 때보다 어려워졌다. 학습 환경을 포함해 일상의 삶이 산만함과 집중력 부족, 반쪽자리 주의 상태를 지속적으로 조장하고 있기 때문이다.

주의력과 집중력이 점점 떨어지는 이유를 제대로 이해하려면 '주의 잔류(attention residue)'라는 개념을 이해하면 좋다[2]. 한 과제에서 다른 과제로 주의가 전환될 때 인간의 마음은 이전 과제에 쏟았던 주의를 조금 남기게 된다. 이메일을 쓰고 있는데 갑자기 스마트폰의 알람이 울린다. 문자를 확인하고는 다시 이메일 작업으로 돌아온다. 하지만 문자를 확인하기 전과는 집중력의 수준이 달라진다. 스마트폰을 보면서 사용한 주의의 일부가 남아있기

---

2   이 표현은 미네소타 대학교의 소피 르로이가 직장 생산성에 대한 연구를 바탕으로 만들었다.

때문이다. 최근의 많은 연구들은 대부분의 업무 환경이 낮은 수준의 주의 집중 상태를 부추기고 있다는 사실을 밝혀내고 있다. 많은 사람들이 주의가 산만한 상태에서 일을 하거나 무언가를 배우고 있다. 선수가 연습을 하는 그라운드도 크게 다르지 않다. 선수 역시 반쯤은 주의가 다른 곳으로 가 있는 상태에서 연습을 하고 있을 가능성이 높다. 코치는 산만함이 일상이 되어 있을 가능성을 들여다볼 필요가 있다.

초점이 분명한 피드백, 다시 말해 한 번에 하나의 피드백을 주는 일의 장점은 선수들의 집중력도 훈련시킬 수 있다는 점이다. 하나의 피드백만을 들은 선수는 주의가 산만해질 다른 요소가 없기 때문에 코치의 피드백을 분명하게 머리에 담고 바로 다음 연습에 피드백을 적용해 움직인다. 선수는 하나의 과제에 오래 집중하는 법을 배운다. 코치가 하나의 피드백에 계속해서 집중하도록 이끌고 있기 때문이다.

선수가 무언가를 배울 때 머릿속에서는 여러 생각이 왔다갔다하는 경우가 있다. 이런 경우에 최고의 방해꾼은 코치인 경우가 많다. 공간을 만드는 방법에 대해 피드백을 주던 코치가 선수가 달리는 방식이 마음에 들지 않는다고 갑자기 뛰는 동작에 대해 피드백을 주기 시작한다. 공을 빼앗기면 공을 빼앗겼다는 이유로 충동적으로 연습을 중단한다. 산만한 코치가 산만한 선수를 만든다. 집중력이 좋은 코치가 집중력이 좋은 선수를 만든다. 집중의 마인드셋도 지속적인 연습으로 만들어야 하는 습관이다.

인지심리학자 숀 아처는 『행복의 특권』에서 '조로 서클(Zorro Circle)'이라는 흥미로운 개념을 소개한다. 관리 가능한 작은 목표에 노력을 집중하면 '컨트롤하고 있다는 느낌'을 가질 수 있다는 개념이다. 하나의 테마를 연습하는데 집중하면 자신의 발전 과정을 확인하면서 효능감을 키울 수 있다. 코치의 피드백을 적용해 퍼포먼스가 나아지는 모습을 확인한 선수는 자연스럽게 자신감이 생기고 동기부여가 된다. 코치가 준비한 연습을 잘 따라가면 지금보다 더 나아질 거라는 믿음이 생긴다. 성취감과 몰입은 서로에게 영향을 주며 선순환 구조를 만든다. 선수는 자신의 성취를 확인하고 행복감을 느낀다. 더 잘 하고 싶다는 동기도 그만큼 커지면서 더욱 연습에 몰입하게 된다. 이런 선순환이 반복되며 선수의 마인드셋도 달라진다. 자신에 대한 믿음이 한층 강화된다.

어떤 코치들은 이런 질문을 하기도 한다. "피드백을 하나로 줄이면 선수들이 알아야 할 나머지 것들은 어떻게 하나요?" 이러한 걱정은 일종의 착각이다. 5가지의 포인트를 계속 반복해서 말하는 방식보다 한 번에 하나씩 피드백을 주는 방식을 사용했을 때 선수들은 5가지 포인트를 오히려 빨리 마스터할 가능성이 높다. 한 점씩 차곡차곡 쌓아서 5점을 만들면 된다. 피드백 폭탄으로 인해 한 점도 얻지 못하게 되면 그만큼 더 오랜 시간을 반복해야 한다. 천천히 서두르지 않고 가는 게 결국은 빨리 도착하는 방법이다.

피드백을 바로 적용하기

나는 코치들과 워크숍을 할 때 존 버마이스터가 안나라는 학생에게 첼로를 가르치는 영상을 자주 보여주곤 한다. 영상에서 존은 안나에게 정확한 피드백을 짧게 주고, 안나는 피드백을 듣자마자 바로 연습을 시작한다. 그런 장면이 반복된다.

첼로를 가르치는 존 버마이스터

존이 얼마나 탁월한 레슨을 하고 있는지 우리는 그들의 대화를 통해 확인할 수 있다. 대화는 안나가 악보의 한 단락을 연주하고 나서 시작된다.

존: 좋아. 이제 트릴을 추가해서 연습해보자. 이렇게. [시범] 여기도 기본적으로 턴이야. [시범 두 번] 따라 해 볼까? 여기는 내 턴이야. [시범 세 번] 해볼래?

[안나가 연주한다.]

존: 멋져. 한 번 더!

[안나가 연주한다.]

존: 세 번 더. 그렇게.

[안나가 두 번 연주를 하고 웅얼거린다.]

존: 뭐라고 했어?

안나: 별로인 것 같아요.

존: 내가 듣기에는 안 그래. 다시 해보자. 한 번 더.

[안나가 연주한다.]

존: 좋아. 이제 실제 속도에 맞춰서. 이렇게 [시범] 8번째 음은 아직 걱정하지 마. 그냥 이렇게 [시범] [음을 소리내어 부른다]

[안나가 연주한다.]

존: 여기 두 악장만 해볼래? [시범] [음을 소리내어 부른다]

[안나가 연주한다.]

존: 더 비슷해졌어. 계속 해보자.

[안나가 연주한다.]

존: 그거야. 다시 한 번.

[안나가 연주한다.]

안나: 느려요.

존: 조금 느려. 빠르게 해 봐.

안나: 안 될 것 같아요.

존: 아니야. 할 수 있어.

[안나가 연주한다.]

존: 그래. 정말 멋지다. 훌륭하게 곡을 장식했어! 이제는 비브라토, 트릴 모두 혼자 해볼까?

[안나가 연주한다.]

존: 훌륭해. 계속. 1, 2, 7, 계속.

이 영상은 학습자가 피드백을 빨리 적용해 연습하는 게 얼마나 중요한지를 보여준다. 존은 자신의 피드백이 안나의 머릿속에 생생하게 살아있을 때 그걸 적용해 연습하도록 하고 있다. 이를 위해 존은 불필요한 말은 가급적 하지 않는다. 피드백도 한 번만 하려고 신경쓰고 있다. 존이 시범을 보여준 연주음이 채 사라지기도 전에 안나는 존의 연주를 따라 연습을 시작한다. 2분 정도 되는 이 짧은 영상에서 안나는 트릴을 11번이나 연주한다. 이렇게 빠르게 피드백과 연주가 반복되기 때문에 세션은 역동적으로 느껴진다.

존은 선명하고 효율적인 단어 선택을 통해 훌륭한 자기 절제를 보여주고 있다. 이를 '언어의 경제성'이라 부르기도 한다. 존은 언어의 경제성을 보여주며 역동적인 피드백과 연주를 반복하고 있다. 오랜 시간에 걸쳐 길게 전달되는 피드백은 학습자의 마음에서 쉽게 사라진다. 학습자는 피드백을 사용하기도 전에 잊어버린다. 하지만 이 영상에서 안나는 피드백을 듣자마자 바로 적용하고 있다.

실제로 선수는 코치가 제공하는 많은 피드백들을 무시하곤 하지만 코치는 그것을 좀처럼 알아차리지 못한다. 코치가 무언가를 말하면 선수는 고개를 끄덕인다. "알겠습니다! 해보겠습니다." 라고 말하기도 한다. 그 말이 진심일 수도 있다. 대부분의 경우에 선수들은 코치의 피드백을 충실히 따르려고 한다. 하지만 막상 연습을 하려고 하면 머릿속에서 피드백의 내용이 흐릿해진다.

가끔은 자신의 연습을 참관해 달라고 요청하는 코치들이 있다. 자신이 진행하는 연습을 보고 피드백을 해달라고 부탁한다. 코치들 사이의 이런 피드백은 코치의 성장에 중요한 역할을 한다. 나는 코치가 연습을 멈추고 선수에게 피드백을 주는 장면을 집중해서 관찰한다. 어떤 코치는 같은 이야기를 여러 번 반복해서 말하는 습관이 있다. 선수들은 빨리 경기로 복귀하고 싶은 마음 때문인지 코치의 말을 제대로 듣지 않는 것처럼 보인다. 그런 장면을 몇 번 관찰하고 나는 코치에게 피드백을 해준다.

"가끔 피드백을 줄 때 필요 이상으로 길게 말하거나 여러 번 반복해서 전달하시더군요. 한 번만 말해주고 바로 실행해 보도록 하면 어떨까요? 그런 피드백 방식이 익숙치 않으면 스톱워치를 사용해도 좋습니다. 타이머를 30초에 맞춰놓고 피드백을 그 안에 끝내는 거죠."

나의 피드백에 코치는 이렇게 반응한다. "네. 저도 알아요. 하지만 선수들이 제 말을 잘 듣질 않는걸요. 한 번 말해서는 제대로 전달이 되지 않는 느낌이에요. 두 번은 말해야 제가 하는 말에 제대로 집중하는 것 같더라구요." 코치는 나의 조언을 따르기 힘든 이유를 설명하기 시작한다. 왜 자신이 짧게 한 번만 피드백을 줄 수가 없는지 하소연을 하고 있다.

이런 말을 하는 코치는 나의 피드백을 받아들여 변화를 시도할 가능성이 별로 없다. 일부 코치들은 그럴 듯해 보이는 자기합리화로 피드백을 거부하곤 했다. 아무리 좋은 조언을 해주어도 일단 필요없다고 말하는 코치들도 있다. 물론 코치가 옳고 내가 틀렸을 수도 있다. 피드백을 주는 사람은 언제든 자신의 관찰이 틀릴 수 있다고 생각해야 한다. 실제로도 그렇다. 겸손은 배우는 입장 뿐만 아니라 가르치는 입장에서도 필요하다.

그렇다면 어떻게 코치의 회의적인 태도를 변화시킬 수 있을까? 나는 먼저 나의 피드백을 적용해 보라고 제안한다. 우리는 보통 '피드백 > 자기 성찰 > 시도' 이런 순서를 머릿속에 그리곤 한다. 하지만 '피드백 > 시도 > 자기 성찰'이 기술을 발전시키기 위한 보다 이상적인 프로세스다.

"그래요. 당신의 말이 맞을지도 모르죠. 하지만 일단 몇 번 시도해보면 어떨까요? 무슨 일이 일어나는 지 확인해 보시죠. 저도 잘 지켜보고 저의 의견을 말할께요."

"다음에 연습을 멈출 때는 30초 이내에 정확히 한 번만 요점을 말해보세요. 제가 타이머를 보고 있다가 30초가 되면 손을 살짝 들께요. 그런 다음에 선수들이 더 집중해서 플레이를 하는지 관찰해 보시죠."

"먼저 한 번 해보자. 그런 다음 무슨 일이 일어나는지 지켜보자." 코치는 자기 자신과 선수들을 위해 이렇게 말하는 문화를 만들어야 한다. 도전과 행동이 습관이 되는 문화다. 미리 결론을 내지 말고 먼저 해보고 판단하는 문화다.

피드백의 또 하나의 오묘한 포인트는 피드백을 제공하는 시간이 길 수록 피드백의 효과가 떨어진다는 점이다. 물론 말을 짧게 하는 게 언제나 쉬운 건 아니다. 복잡한 주제를 늘 짧게 설명할 수만은 없다. 하지만 모든 조건이 같다면 대체로 짧게 말하고 바로 실행할 수 있는 피드백이 더 좋다. 나는 최근에 뉴욕 알바니에 있는 블랙워치 프리미어팀의 제임스 비스턴 코치가 진행하는 연습 영상을 인상깊게 보았다.

 제임스 비스턴 코치의 피드백

영상에서 선수들은 상대의 로우 블록(low block)에 대응하기 위한 '업-백-

스루(up-back-through)' 플레이를 연습하고 있다. 전진 패스, 백패스, 스루 패스의 연결로 상대의 압박을 뚫기 위한 플레이다. 비스턴 코치는 영상이 시작되기 전에 패스의 강도를 다양하게 조절할 줄 알아야 한다는 점을 강조하며 각각의 패스에 대해 구체적으로 가르쳐준 상태다. 첫 번째 라운드에서 선수들은 비스턴 코치가 주문한 방식으로 패스를 연습한다. 하지만 패스 속도가 가르치기 전과 그다지 차이가 나지 않자 비스턴 코치는 선수들을 잠시 멈춰 세운다. 그의 피드백은 심플하다.

"얼음(freeze)!(그 자리에서 바로 멈추라는 의미로 비스턴 코치가 사용하는 표현) 다음 1분 동안은 패스의 강도에만 집중하자. 첫 번째 패스는 날카롭게! 다음 세트 패스는 부드럽게! 마지막 스루 패스는 강하게! 오케이? 패스의 템포에 집중! 플레이!"

비스턴 코치는 신중하게 단어를 선택해서 선수들에게 딱 한 가지만을 주문하고 있다. 바로 패스의 템포에 변화를 주는 일이다. 그는 설명을 반복하지 않고 바로 해보라고 지시한다. "얼음!"에서 "플레이!"까지 말하는 데 18초 밖에 걸리지 않았다. 비스턴 코치는 이렇게 하나에 집중하는 문화를 만들었다. "패스의 템포에 집중!" 그는 마지막 멘트로 무엇에 집중해야 할지를 확실히 선수의 머릿속에 새기고 있다.

물론 이런 피드백 방식이 효과적이긴 해도 연습을 하는 동안 선수들이 집중력을 계속 유지하지는 못한다. 선수들이 집중의 끈을 놓지 않도록 하려면 먼저 코치가 집중력을 잃지 말아야 한다. 비스턴 코치는 자신이 강조한 포인트를 상기시켜 주기 위해 일관된 언어로 실시간 피드백을 제공하고 있다. "터치!", "세트!", "스루!" 이렇게 단순한 큐를 반복하며 패스의 템포에 집중하라는 신호를 보내고 있다. (비스턴 코치는 타이머를 6초에 맞춰 놓고 피드백을 준다고 한다. 그는 자신이 피드백을 제공하는 시간을 인식하고 발전시키고 싶어서 스스로 시간을 측정하고 있다.)

또한 우리는 비스턴 코치가 일관된 단어를 사용하는 모습을 볼 수 있다. 그가 "얼음!" "플레이!"라고 말하면 선수들은 즉각적으로 반응해서 움직인다. 늘 그래왔다는 듯한 반응이다. 낭비되는 시간은 없다. 연습과 피드백 사이를 왔다갔다 한다고 해서 선수들끼리 잡담을 하며 마음이 분산되지 않는다. 비스턴 코치는 피드백을 제공하면서도 집중력을 유지하는 문화를 만들었다. 선수들은 집중력이 살아있기 때문에 연습 사이의 피드백을 매우 짧은 시간 동안 전달할 수 있다. 피드백을 듣고 연습을 재개해도 에너지와 집중력은 그대로 유지된다.

비스턴 코치의 사례는 무척 심플해 보인다. 하지만 심플한 일이 실천하기가 제법 어렵다. 최근에 나는 코치들과의 워크숍에서 존 버마이스터의 첼로 레슨과 제임스 비스턴 코치의 연습 장면을 차례로 보여주었다. 어느 팀의 코칭 디렉터가 손을 들고 물었다. "어떻게 해야 코치들이 말을 짧게 할 수 있을까요? 저도 문제라고 느끼거든요. 코치들은 계속 떠들지만, 제가 볼 때 선수들은 듣는 것 같지가 않거든요."

언어의 경제성, 즉 최소한의 단어로 원하는 메시지를 전달하는 문화를 만들려면 준비와 계획이 필요하다. 우리는 하고 싶은 말이 무엇인지 분명하지 않을 때 너무 많은 말을 하곤 한다. 선수의 움직임을 보고 순간적으로 말해줄 것을 생각하다 보면 부정확한 언어를 사용하기 쉽다. 말을 하면서 무슨 말을 해야 할 지 생각을 해야 하기 때문이다. 두세 번 반복하며 마음에 쏙 드는 표현을 찾을 때까지 앞에 했던 말을 다듬기도 한다.

피드백을 짧게 제공하는 방법은 간단하다. 연습에 대해 선수들이 수행하기를 바라는 중요한 포인트를 미리 적는다. '업-백-스루' 플레이의 리듬을 연습하고자 하는 코치는 이렇게 적을 수 있다. "펀치, 세트, 펀치", "세트보

다 조금 더 강하게", "세트 패스로 상대를 속이고 스루 패스로 돌파." 사용할 언어를 미리 준비해 놓으면 코치는 그 말이 필요한 바로 그 순간에 정확한 언어를 사용할 수 있다. 코치 스스로도 핵심 포인트를 기억할 수 있고, 인내심을 가지고 선수의 연습을 지켜보는 데도 도움이 된다.

우리는 중요한 무언가를 떠올리고는 그걸 까먹을까봐 바로 말해버리는 경우가 자주 있다. "주변을 봐야지!"라고 바로 말하는 대신 '주변을 스캔하는 작업의 중요성을 강조하자'고 메모를 하면 잊어버릴지 모른다는 걱정으로부터 벗어날 수 있다. 말하고자 하는 내용을 선수에게 언제 전달할지 코치의 자기규율을 키우는 데도 도움이 된다.

메모와 더불어 코치의 피드백 능력을 향상시켜 주는 실용적인 도구는 스톱워치와 음성 녹음 앱이 설치된 스마트폰이다. 비스턴 코치처럼 피드백 시간을 측정해 보자. 동료에게 부탁해도 된다. 시간 목표를 설정하고 빠르게 피드백을 마치는 연습을 해보자.

또한 자신의 말을 스마트폰으로 녹음해 다시 들어보자. 어색한 표현이나 불필요한 말들이 많다는 걸 알 수 있을 것이다. 나는 내가 한 말을 그대로 글로 옮긴 다음에 불필요한 말을 모두 지우는 연습을 했다. 나의 말하기 습관을 고치는데 큰 도움이 되었다. 일주일에 두세 번씩 몇 주 동안만 이 연습을 하면 보다 명확하고 효율적인 피드백을 전달할 수 있다.

나는 "잠시 멈춰(pause)!"라는 표현을 좋아한다. 연습이나 경기를 잠시 멈추고 선수들에게 피드백을 줄 때 이 표현을 사용하는 코치들이 있다. 나는 "스톱(stop)!"이라는 단어보다 "잠시 멈춰!"를 사용하는 걸 더 선호한다. "잠시 멈춰!"는 연습이 일시적으로 중단된 것이고 곧 다시 재개된다는 걸 암시하고 있기 때문이다. 선수들은 코치의 피드백이 금방 끝난다는 인식이 있기 때문에 집중력을 유지할 수 있다. "잠시 멈춰!"라고 말했기 때문에 코치는 최대한 빨리 피드백을 전달해야 한다.

어떤 단어를 사용하든 일관성이 있어야 한다. 매번 같은 표현을 사용하여 연습을 멈추면 선수는 그 표현에 자동적으로 반응하게 된다. 코치는 말하고자 하는 포인트를 빠르게 전달하고 연습으로 바로 돌려보낼 수 있다. 선수들에게 미리 그 과정을 설명하면 좋다.

"내가 "얼음(freeze)!"이라고 말하면 최대한 빨리 동작을 멈추는거야. 그 자리에 서서 짧게 이야기 나누고 다시 원래 하던 플레이로 돌아가면 돼."

코치가 피드백을 끝낼 때도 일관된 언어를 사용하면 좋다. 코치는 피드백이 끝났음을 알리는 마침표가 없기 때문에 불필요하게 같은 말을 반복하는지도 모른다. 피드백이 길어질 수록 선수들의 집중력은 흐트러진다. 문장에 마침표를 찍듯이 "가자(go)!" "플레이(play)!"같은 단어를 사용해 피드백을 마무리하는 습관을 만들면 하려는 말을 다 전달했을 때 단호하게 멈출 수 있다.

솔루션 중심 피드백

수비수인 카를로스는 지금 어려움을 겪고 있다. 그는 드리블하는 선수를 방어하는 동작이 느리다. 늘 수비 라인이 뚫리기 직전에 발을 뻗어 상대를 막으려고 하지만 번번히 실패하고 있다. 코치는 눈에 들어오는 문제를 말해주고 싶은 충동을 느낀다. "카를로스! 달려들지 마!" 코치는 카를로스가 해야 하는 동작이 아니라 하지 말아야 할 동작을 말하고 있다. 이런 말을 들은 카를로스는 어디를 보고 어떻게 움직여야 하는지 알 수가 없다. 차라리 "자기 위치를 잘 지켜. 카를로스." 이렇게 말해주는 편이 더 나을 수 있다. "꼭 필요한 경우에만 태클을 해"라고 말해주면 카를로스는 태클을 할 때 하나의 기준을 가지게 된다.

좋은 코치는 여기서 더 나아간다. 코치는 카를로스의 움직임을 보고 몇 가지 문제를 발견한다. 카를로스는 상대 공격수가 드리블을 하며 다가올 때 가만히 서 있곤 한다. 그는 지금보다 낮은 자세로 시작해야 더 빠르게 반응할 수 있다. 무릎을 더 구부리면서 엉덩이를 아래로 내려야 한다. 몸이 상대 공격수를 정면으로 바라보는 게 아니라 약간 옆으로 틀어 반응하기 좋은 자세를 잡아야 한다. 앞발을 살짝 앞으로 내밀어 공격수가 조금더 좌우로 넓게 움직이도록 유도하면서 불확실성을 줄여야 한다. 상대의 움직임을 읽으려면 어디를 봐야 하는지 알아야 한다. 아마 카를로스에게는 이 중 몇 가지 연습이 필요할 수 있다. 하지만 모든 걸 한꺼번에 해결할 수는 없다. 그렇다면 무엇을 먼저 해야 할까?

코치의 일은 증상 대신 원인을 찾는 의사의 일과 비슷하다. 좋은 의사는 환자에게 "기침을 멈추세요!" 라거나 "혈압을 낮춰야 합니다!"라고 말하지 않는다. "달려들면 안돼!" 이렇게 선수에게 증상만을 말하고 있다면 올바른 피드백이라고 할 수 없다.

일반적으로 처방은 구체적일수록 좋다. 원하는 결과에 대해 말하기보다는 문제를 해결하는데 도움이 되는 움직임이 무엇인지 말해주는 것이 더 효과적이다. 더 나은 움직임이 결국 원하는 결과로 이어지게 된다. 원하는 결과를 직접 말한다고 해서 선수가 나아지는 경우는 거의 없다.

문제	원하는 결과	정확한 실행
너무 느려!	앞으로 빨리 나가야 해.	퍼스트 터치로 공을 앞으로 보내.
달려들지 마! 카를로스!	상대가 침투하지 못하게 잘 막아. 카를로스!	엉덩이를 낮추고 턱은 들어. 카를로스!

문제와 원하는 결과에 해당하는 말은 모두 맞는 말이지만 별로 쓸모가 없는 말이다. 마치 선수가 그런 결과를 만드는 법을 알고 있는 것처럼 말을 하지만 선수는 사실 어떻게 해야 그런 결과를 만드는지 모르는 경우가 많다.

"공이 발 밑에서 멈추지 않도록 이 각도로 공을 뒤로 흘리는거야." 때로는 동작과 테크닉에 대한 정확한 예시를 전달할 수도 있다. "공을 가지고 있는데 압박이 들어오지 않으면 더 깊숙이 들어가." 의사결정을 위한 보다 명확한 기준을 알려줄 수도 있다. "공을 받기 전에 주변을 스캔해." 눈으로 무엇을 해야 하는지 지침을 줄 수도 있다.

나는 존 버마이스터가 유소년 오케스트라에서 어린 친구들과 연습하는 모습을 참관한 적이 있다. 오케스트라 전체가 음 하나하나를 정확하게 연주하는 일이 처음에는 잘 되지 않았다. 경험이 부족한 교습가라면 "모두 음을 맞춰야 해!" "마치 한 사람처럼 연주를 해야 해!" 이렇게 사실에 가깝지만 쓸모없는 말을 했을지도 모른다. 하지만 존은 마치 노련한 의사처럼 증상을 확인하고는 원인을 먼저 다루었다.

　어린 학생들은 자기 앞에 놓인 악보를 보면서 각자의 역할을 먼저 연습했다. 단체로 연주할 때는 시선을 옮겨 지휘자에게 집중하도록 했다. "이 악절이 끝날 때 너희들의 눈은 나를 향하고 있어야 해. 악보가 아니라 나를 보는 거야." 존은 학생들에게 다시 연주해 보라고 큐를 주었다. 두어 차례의 연습 후에 연주는 완벽한 화음으로 끝났다. 존은 단순하게 증상을 없애라고 말하지 않았다. 원인에 해당하는 실행에 집중해 원하는 결과를 이끌어냈다.

　결과가 아니라 솔루션에 초점을 맞추어 피드백을 제공하는 작업을 어떻게 하면 잘 해낼 수 있을까? 나는 여러 뛰어난 코치들에게 질문을 했다. 그들 대부분은 다른 훌륭한 코치들을 보면서 배우는 관찰의 중요성을 말했다. 자신이 멘토로 삼는 코치가 선수에게 피드백을 전달하는 모습을 보고 배우면 분명 도움이 된다. 자신이 피드백을 제공하는 모습을 촬영하거나 녹음하는 것도 좋은 방법이다. 한 코치는 연습이나 하프타임에 선수들에게 한 말을 녹음하기 시작하면서 자신의 코칭 인생이 바뀌었다고 나에게 말했다.

　"제가 무슨 말을 했는지, 그리고 선수들의 반응은 어땠는지를 다시 한 번 살펴보는 겁니다."

　또 다른 코치는 가끔 어린 선수들을 가르치는 경험이 코칭 능력을 발전시키는데 도움이 된다는 말을 하기도 했다. 여러 면에서 미숙한 어린 선수를 가르치려면 무엇이든 쉽게 가정을 해서는 안 된다. 설명도 보다 명확하게 제공해야 하기 때문에 코치의 피드백 능력을 발전시키기 위한 좋은 연습이 된다. 다른 종목의 코치를 관찰하는 시간도 도움이 된다는 의견도 있었다.

　피드백의 수준을 높이기 위한 방법을 어느 정도 알았다면 이제 스스로에게 질문을 던져 보자. 내가 코치로부터 받은 피드백 중에 기억에 남는 피드백은 무엇인가? 어떤 피드백이 도움이 되었나? 별로 도움이 되지 않았던 피드백은 무엇인가?

뛰어난 재능으로 무엇이든 쉽게 배운 선수는 그렇지 않은 대부분의 선수가 겪는 어려움을 잘 인식하지 못하는 경우가 많다. 뛰어난 선수가 코치가 되는 과정에서 직면하게 되는 난제다. 결국 핵심은 과거의 증상(결과)을 보고 왜 그런 일이 벌어졌는지 스스로에게 질문을 던지는 것이다. 진짜 원인은 무엇이었을까? 그게 정말 이유였을까?

> **레모브 노트**
> **경기 중의 코칭과 피드백**

스트레스나 압박감이 심한 상황일 수록 코치는 문제에 대해서만 말하거나, 사실에 가깝지만 쓸모없는 말을 외칠 가능성이 크다.

"너무 느려!"

"누가 가서 7번을 마크해야지!"

"거기서 공을 놓치면 어떻게!"

경기 중에 어떤 지시를 할 때는 훈련 중에 반복해서 사용해 선수의 머리에 각인된 언어를 사용하면 좋다. 가장 이상적인 타이밍은 공이 라인을 벗어나거나 파울로 인해 경기가 잠시 중단되었을 때다. 선수의 작업 기억에 부하가 적게 가해지고 있는 순간에 서로 공유하고 있는 언어를 사용해 무언가를 일깨우고 전술적인 조정을 한다. 라이브 플레이 도중에 전달하는 실시간 피드백은 대체로 선수의 주의를 산만하게 한다. 훈련을 통해 인코딩된 언어의 중요성을 이야기할 때마다 나는 전설적인 축구 코치 딕 베이트를 떠올린다.

 딕 베이트의 언어 인코딩

영상에서 베이트 코치는 공간을 좁히는 수비를 연습하고 있다. 영상이 시작되기

전에 베이트 코치는 기본적인 움직임을 가르쳤다. 어떤 스피드와 각도로 움직여야 하는지를 설명했다. 상대 공격수의 갑작스러운 움직임에 빠르게 반응할 수 있도록 몸을 낮추는 자세에 대해서도 설명했다.

선수들이 연습을 할 때 베이트 코치는 늘 같은 표현을 사용하고 있다. "나가(get out)! 낮춰(get down)!" 그는 거의 이 문구만 사용하고 있다. 왜 이런 일관성이 중요할까? 그는 동작과 언어를 결합해 장기 기억에 인코딩시키고 있다. 선수들에게 움직임을 상기시키는 짧고 기억에 남는 두 단어를 머리에 입력하고 있다. 이렇게 단어나 짧은 문장을 동작과 연결해 이름을 붙이면 몇 가지 장점이 있다.

베이트 코치는 "나가!" "낮춰"라는 큐를 일관되게 사용하며 집중해야 할 부분을 강조하고 있다. 이렇게 중요한 포인트를 일깨워주는 언어는 선수가 동작을 올바로 실행하는데 도움이 된다. 나중에 피드백을 제공하고 교정하는 것보다 동작을 실행하기 전에 인코딩된 언어를 들려주는 것이 훨씬 더 효율적이다.

선수가 어려움을 겪을 때 베이트 코치는 이 문구를 동원해 효율적으로 질문할 수 있다. "내가 "나가!" "낮춰!"라고 큐를 하면 어떻게 움직여야 할까? 구체적으로 말해볼래? 발은 어떻게 해야 하지? 무릎은?" 코치와의 대화를 통해 입력된 세부적인 내용들은 선수들의 머릿속에 "나가!" "낮춰!"라는 문구 밑으로 분류된다. 코치는 문제를 더 빨리 교정할 수 있고, 선수들은 코치의 큐와 동작을 보다 확실하게 연결할 수 있다.

짧고 명료하기 때문에 베이트 코치는 경기 중에도 이 문구를 사용한다. 작업 기억에 과부하를 주지 않고 선수들에게 무엇을 해야 하는지 간단히 알려줄 수 있다. 경기 중에는 최대한 빠르게 말을 끝내야 한다. 경기 중의 지시는 새로운 내용을 알려주기 위함이 아니라 알고 있는 것을 상기시키는 도구일 뿐이다. 단어가 추가될 때마다 정신없이 경기를 치르고 있는 선수에게 전달될 확률은 낮아진다. 경기 중에는 "Out" "Down"으로 더 줄여서 말할 수도 있다. 큐가 짧을 수록 주의가 산만해질 위험은 줄어들고 좋은 퍼포먼스로 연결될 가능성은 그만큼 높아진다.

이런 방식은 클럽 전체의 선수 육성에도 도움이 된다. 클럽에 소속된 모든 코치가 같은 언어를 사용한다면 다른 연령별 팀의 서로 다른 코치라 할지라도 같은 언어로 선수의 지식을 일깨워줄 수 있다.

> 나는 앨러게니대학 농구팀 감독인 짐 드릭스에게 베이트 코치의 영상을 보여주었다. 그는 바로 영상의 의미를 파악했다.
>
> "제가 만난 최고의 코치들은 티칭 도구로 사용할 공통의 언어를 만듭니다. 공통의 언어가 선수와 코칭 스태프 모두에게 스며들어 있습니다. 저도 가끔씩 사용할 단어를 찾느라 몇 시간씩 코치들과 이야기를 나누기도 합니다. 언어를 미리 준비하지 않으면 연습의 효과가 떨어집니다."
>
> 언어를 준비하는 일은 경기 중에 코칭의 생산성을 높이는 또 하나의 방법이다. 선수들이 이미 잘 알고 있는 표현만이 경기에서 도움이 될 가능성이 크다.

일부 코치들은 솔루션 중심 피드백이 유소년 스포츠에서나 통한다는 생각을 가지고 있다. 어릴 때나 그런 피드백이 효과가 있지 성인이 되어서 '진짜 승부'에 접어들면 이야기가 다르다고 여긴다. 나는 서문에서 시애틀 시호크스 피트 캐롤 감독의 연습 영상을 소개했다.

 피트 캐롤 감독의 연습

영상은 캐롤 감독이 솔루션 중심 피드백을 자신의 코칭 철학에서 매우 중요한 부분으로 여기고 있음을 보여준다. 최고 수준의 엘리트 선수들에게도 솔루션 중심 피드백이 필요하다는 점을 강조한다.

"코치는 항상 자신의 말을 절제할 줄 알아야 합니다. 보고 싶은 모습과 원하는 결과를 말하는 연습을 해야 합니다. 무엇이 잘못되었는지, 무슨 실수를 했는지가 아니라 말이죠. 선수가 어떤 실수를 했든 바로 다음에 해야 할 것을 말하는 연습을 해야 합니다."

문제가 아니라 솔루션 중심으로 말하기가 캐롤 감독의 코칭 방식이다. 코치가 그런 방식으로 언어를 사용하면 선수들은 보살핌과 지지를 받는다고 느낀다. 승패를 좌우하는 결정적인 순간에 선수들의 퍼포먼스는 극대화된다.

긍정 프레이밍

알베르토와 베르나르도 두 선수는 훈련 중에 코치로부터 거의 같은 피드백을 받는다. 코치는 스몰 사이드 게임 중에 휘슬을 불어 몇 가지를 두 선수에게 알려준다. 골반을 벌리면서 패스를 받고, 시선을 앞에 두고, 가운데만 공략하지 말고 보다 넓게 플레이하라는 지시를 받고 연습을 계속 한다.

알베르토는 팀원들 앞에서 비판을 받았다는 생각에 화가 난다. 코치의 말이 편견 가득한 비난으로 느껴진다. "왜 코치는 내가 완벽한 플레이를 했을 때는 아무 말도 하지 않다가 이렇게 지적만 하는 거지? 내가 못하는 것만 찾고 있어."

반면에 베르나르도는 코치의 말을 성장의 기회로 고맙게 받아들인다. 코치가 자신의 성장을 위해 최선을 다하고 있다고 믿는다. 코치에게 피드백을 받는 시간을 실수를 개선할 수 있는 기회로 여긴다. 연습이 재개되고 베르나르도는 코치의 말대로 시선을 앞에 두고 골반을 열어 패스를 받는 움직임을 시도한다. 공을 윙쪽으로 보내는 카운터 공격도 적극적으로 시도한다.

"왼발로 받아야지." "더 강하게 프레싱!" "패스가 날아올 위치로 더 빨리 가야 해." 코치의 말을 들을 때마다 알베르토는 계속 기분이 나빠지고 베르나르도는 즐겁게 배워나간다. 11명의 알베르토로 구성된 팀과 11명의 베르나르도로 구성된 팀이 있다고 상상해 보자. 알베르토팀은 코치의 말을 마지못해 듣는다. 변명의 말을 꾸며대기 바쁘다. 베르나르도팀은 코치의 말을 하나라도 더 들으려고 몸을 기울인다. 방어하는 마음 없이 배우려는 자세로 충만하다. 같은 수준에서 시작한 두 팀이 한 시즌 동안 같은 피드백을 받는다면 어떤 일이 벌어질까? 시즌 후의 결과는 누구라도 예측할 수 있다.

피드백의 기술이 좋다고 해서 피드백의 효과도 반드시 좋은 건 아니다. 선수들이 피드백을 받아들이는 태도와 정신적인 부분도 중요하게 작용한다. 그런 인성 측면의 특성은 단순히 개인의 타고난 성격, 출신 배경과 가족, 그가 속한 사회의 분위기에 좌우되는 것은 아니다. 잘 정립된 문화를 가지고 있으면 선수들이 피드백을 긍정적으로 받아들이도록 훈련시킬 수 있다. 그러한 문화는 눈에 잘 띄지 않는 수없이 많은 코치와 선수 사이의 상호작용을 통해 만들어진다.

"성장 마인드셋을 가져야 해." "실수에서 배우면 돼." 이렇게 말로 강조하는 것도 어느 정도는 효과가 있을 지 모른다. 하지만 실질적으로 선수에게 큰 영향을 미치는 것은 선수들이 성취감을 느끼도록 해주는 말이나 행동이다. 선수가 어려움을 겪고 있을 때 믿음을 보여주는 말이나 행동이다. 코치는 자신이 사용하는 언어에 주의를 기울이면 선수들에게 긍정적인 마인드셋을 심어줄 수 있다. 나는 이런 접근 방식을 '긍정 프레이밍(positive framing)'이라고 부른다.

'긍정 프레이밍'이라는 표현 때문에 코치들은 이 방식이 선수를 더 많이 칭찬하라는 것인가 하는 오해를 종종 한다. 하지만 긍정 프레이밍은 칭찬과는 다르다. 이 대목에서 먼저 나는 칭찬에 숨어 있는 그림자를 말하고 싶다. 코치들은 칭찬을 잘 하는 방법을 공부한다. '칭찬 샌드위치' 방식을 좋아하는 코치들도 있다. 칭찬과 칭찬 사이에 고쳐야 할 부분을 넣어서 말해주는 방식이다. 한 번의 비판을 위해서는 다섯 번의 칭찬이 필요하다고 말하는 코치도 있다. 모두가 좋은 의도로 하는 말이라고 생각하지만 나는 이런 접근 방법들을 별로 좋아하지 않는다.

이런 조언들의 문제는 칭찬을 긍정과 같은 개념으로 가정하고 있다는 점이다. 긍정적인 피드백은 그저 좋은 소식을 전달하는 게 아니다. 지금보다 더 나아질 거라는 코치의 믿음을 담아 '필요한 정보'를 전달하는 게 바로 긍정적인 피드백이다. 지나친 칭찬은 오히려 의도와는 반대의 결과를 가져올 수 있다.

칭찬은 물론 강력한 효과를 지닌 커뮤니케이션 방식이다. 하지만 칭찬은 일종의 화폐와 같다. 칭찬이 너무 많으면 인플레이션을 유발한다. 선수가 어떤 동작이나 플레이를 할 때마다 "대단하다"고 칭찬을 하면 칭찬으로서의 가치가 사라진다. 모든 게 대단하다는 것은 대단한 게 아무것도 없다는 뜻이다. 좋은 선수가 되려면 배워야 할 게 많다. 배워야 할 것을 알려주기 위해 먼저 다섯 번이나 칭찬을 해야 한다면 선수는 올바로 배워나갈 수가 없다.

칭찬 샌드위치도 마찬가지 맥락에서 그다지 좋은 방법이 아니다. 칭찬으로 포장해 고쳐야 할 부분을 알려주어야 한다는 생각 속에는 선수는 자신이 발전할 수 있는 방법을 알고 싶어하지 않는다는 가정이 숨어 있다. 자신의 말을 듣게 하려면 먼저 달콤한 말로 선수의 마음을 속여야 한다는 생각도 숨어 있다. 선수를 지극히 나약한 존재로 가정하는 접근 방법이다. 선수를 나약한 존재로 대하면 실제로 선수는 나약해진다. 대부분의 선수들은 자신이 발전할 수 있는 방법과 진실을 알고 싶어 한다. 선수에게 필요한 건 더 많은 칭찬이 아니다. 자신이 지금 겪는 어려움을 이겨낼 수 있는 가르침이다.

피드백은 사람이 아닌 동작을 대상으로!

비슷한 피드백이라도 어떤 표현을 사용하느냐에 따라 느낌이 확연하게 달라진다. 사용하는 언어에 따라 피드백이 사람을 향할 수도 있고 동작을 향할 수도 있다. 다음 두 문장에서 뉘앙스의 차이를 느껴보자.

"너는 공을 빼앗겨도 다시 찾아오려고 뛰지를 않아."

"방금 공을 빼앗기고 나서 다시 찾아오려고 뛰지 않았어."

"너는 OO하지 않아." 이런 표현은 사람에 대해 판단하는 말이다. '너는 늘 그렇게 한다'는 말처럼 들린다. 계속 같은 실수를 하면서도 고치려고 하질 않는다는 뉘앙스가 느껴지기도 한다. 이에 반해 "OO하지 않았어." 이 표현은 그저 방금 한 움직임에 대해 코치가 관찰한 내용을 말하고 있다. '너가 평소에는 그러지 않는데 이번에는 공을 빼앗기고 다음 동작을 하지 않았다'는 말처럼 들린다. 금방 고칠 수 있다는 메시지를 전달하고 있다. 고칠 점을 지적할 때는 구체적인 동작에 집중해야 한다. 선수 자체가 문제인 것처럼 말해서는 곤란하다.

눈치가 빠른 분은 뭔가 이상한 느낌을 감지했을 지도 모르겠다. "OO하지 않았어"라는 말은 솔루션보다 문제에 초점을 맞추고 있다. 솔루션 중심 피드백으로 바꾼다면 다음과 같이 표현할 수 있다. "공을 빼앗기면 언제나 다시 찾아오려고 노력해야 해." "공을 빼앗기면 우리는 빠르게 다시 소유권을 찾아오려고 최선을 다하는거야."

미묘한 표현의 차이가 팀의 문화를 만든다. 언어가 불러일으키는 차이를 이해하고 있는 코치는 언어를 정교하게 선택해 선수의 책임감을 강화시킬 수 있다. 예를 들면 '우리'라는 단어를 반복해서 사용해 책임감을 강조할 수 있다. '언제나'라는 단어를 통해서는 지속성과 일관성이 중요하다는 점을 각인시킬 수 있다. 코치가 사용하는 언어에 따라 선수의 코치에 대한 믿음은 달라진다. 부주의한 언어 선택은 코치와 선수 관계를 망가뜨린다. 선수는 코치가 자신의 성장에 관심이 없다고 느끼게 된다.

긍정 프레이밍을 지향하는 코치는 사용하는 언어와 말하는 톤의 미묘한 차이에 주의를 기울이는 기술이 필요하다. "OO하지 않아"를 "OO하지 않았어"로 바꾸기만 해도 선수의 마음에 펼쳐지는 풍경이 달라진다. 코치가 다소 비판적인 피드백을 하더라도 기꺼이 받아들이게 된다. 비판적인 말 뒤에 깔려 있는 코치의 믿음을 느끼기 때문이다.

"여기서는 선택을 잘못했어. 이렇게 움직였어야 해." 선수를 존중하고 동기와 영감을 주는 방식으로 비판적인 피드백을 제공해야 선수의 배움은 깊어지고 코치와 선수 사이의 관계도 단단해진다. 이런 깊은 신뢰 관계가 일단 만들어지면 코치와 선수 모두 칭찬으로부터 자유로워진다. 더 이상 고칠 점을 이야기하기 위해 칭찬을 이용할 필요가 없다. 선수의 기분이 상할까봐 칭찬으로 포장할 필요도 없다. 칭찬을 보다 목적에 충실하게 사용할 수 있다. 좋은 동작이나 기술을 반복하도록 도와주는 수단으로 칭찬을 사용할 수 있다.

도전 정신과 성취 욕구를 자극하는 말

선수들은 태생적으로 경쟁심이 강하다. 선수들은 자신의 능력과 노력을 경기장에서 증명하고 싶어한다. 위대함을 갈망하고 성취감을 원한다. 지적과 비판으로 들릴 수 있는 말을 도전 정신과 성취 욕구를 자극하는 말로 바꾸면 선수의 멘탈을 생산적인 방향으로 이끌 수 있다.

"원터치로 해야 돼"라는 지시는 이렇게 표현할 수도 있다. "원터치로 할 수 있는지 한 번 해보자." 질문을 통해 선수의 도전 욕구를 자극하는 것도 방법이다. "원터치로 할 수 있겠니?" 성취 욕구를 자극하고 싶으면 이렇게 말할 수도 있다. "네 실력이면 원터치로 충분히 할 수 있어." "이제는 너도 원터치 플레이를 시작해야지?"

유소년 선수와 성인 선수에게 도전 정신과 성취 욕구를 자극하는 말은 상황과 조건에 따라 다를 수밖에 없다. 하지만 개념 자체는 보편적으로 통한다고 봐도 무방하다.

U10팀 코치 : 이제 우리도 메시처럼 원터치로 공을 다루어 볼까? 우리도 한 번 해보자!

프로팀 코치 : 이번 주말 경기에서는 어느 때보다 프레싱이 강하게 들어올거야. 더 빠르게 플레이를 해야겠지. 터치를 할 때마다 템포를 올려보자. 한 번 해보자고!

두 사례 모두 코치는 크게 티나지 않지만 선수들의 도전 정신과 성취 욕구를 자극하는 언어를 사용하고 있다. 언제나 이런 식으로 말해야 한다고 주장하고 싶은 마음은 없다. 그래도 "원터치로 해!"보다는 "원터치로 해보자!"라고 말하는 게 더 바람직하다. 물론 "반드시 원터치로 해야 해!"라고 말하는 것이 "너는 원터치로 플레이하는 법이 없네." "왜 원터치 플레이를 두려워해?"라고 비난하는 말보다는 낫다.

하지만 아무리 좋은 표현이라도 남용하면 긍정적인 효과는 떨어진다. 어느 정도가 남용에 해당하는지는 어느 선수에게 말을 거는지에 따라 달라진다. 때로는 웃음기를 빼고 단호하게 말해야 할 때도 있다. '나는 너희들을 돕기 위해 여기 있다'는 문화를 코치가 오랜 시간에 걸쳐 만들어왔다면 코치가 그런 직설적인 태도를 취하는 게 더 효과적일 수 있다.

몇 가지 사례를 더 소개한다. 코치 각자가 자신의 코칭 스타일과 환경에 맞게 적절히 바꿔서 사용하면 된다. 도전 정신과 성취 욕구를 자극하는 피드백을 바탕으로 연습을 하는 선수는 실수를 두려워하지 않게 된다.

"앨리, 이제 조금 더 빨리 할 수 있겠어?"

"이제"라는 표현은 지금까지도 잘 했지만 이제 조금 더 도전할 준비가 되었다는 뜻을 앨리에게 전달한다. "할 수 있겠어?"는 도전을 자극하는 질문이다. "조금 더 빨리"라는 표현은 앨리가 이전에도 충분히 빠르게 플레이했다는 것을 암시한다. "빨리 할 수 있어?"와 "더 빨리 할 수 있겠어?"를 비교해보자. "빨리 할 수 있어?"라는 표현은 왠지 느리게 플레이하고 있다는 뉘앙스로 들린다. 반면 "더 빨리 할 수 있겠어?"라는 표현은 지금보다 더 발전해보자는 도전 욕구를 자극한다.

"존, 클린업 터치!"

나는 콜럼버스 크루의 유소년 아카데미에서 캐빈 존스 코치가 진행하는 연습을 보고 "클린업 터치(clean that touch up)"라는 말을 배웠다. 아주 좋은 표현이라고 생각한다. 이 말은 존이 볼 터치를 잘 했음을 확인시켜 주고 있다.

"매디! 이제 한 단계 더 나아가 볼까? 왼쪽으로 컷인해서 슈팅을 해볼래?"

"한 단계 더 나아가 볼까?"라는 제안은 매디의 노력과 성취를 인정해주는 말이다. 지난 노력에 대한 보상으로 더 높은 도전 과제를 선물로 주고 있다. "왼쪽으로 컷인해서 슈팅을 해볼래?" 이 말은 솔루션 중심 피드백이다. 선수는 무엇을 해야 하는지 정확히 알 수 있다.

"호세! 네가 좋아하는 음바페처럼 해볼까? 자주 쓰는 오른발 말고 왼발로 컷인해서 슈팅을 해보자."

코치는 호세가 닮고 싶어하는 선수의 이름을 불러내 호세의 성취 욕구를 자극한다.

"좋아. 션. 하지만 1군에서는 더 빠르게 플레이해야 하니까 다시 시도해보자."

"좋아"라는 표현을 통해 코치는 션이 계속 나아지고 있음을 말하고 있다. "1군에서는" 이런 표현은 '이 기술은 1군에서 반드시 사용해야 하는 기술이며, 너는 언젠가 1군에 갈 거다'라는 코치의 믿음을 션에게 전달한다.

"좋아. 얘들아. 하지만 누구든지 언젠가 1군에서 뛰려면 조금 더 빠르게 플레이를 해야 해. 다시 해볼까?"

위의 메시지를 팀 전체를 대상으로 한 메시지로 바꾸었다.

"얘들아. 너희들 중 누군가는 언젠가 1군에서 뛰게 될 텐데, 그러려면 더 빠르게 플레이를 해야 해. 지금 당장 보여줘."

"너희들 중 누군가는 언젠가 1군에서 뛰게 될 텐데"라는 말로 코치는 자신의 믿음을 드러낸다. "지금 당장 보여줘"라는 멘트로 마무리하며 도전 정신을 자극한다.

"태클 잘했어. 데빈. 다음 단계도 연습해 볼까? 태클을 하고 나서 동료와 연결해 공을 지키는 거야."

잘한 플레이를 인정해 주면서 데빈에게 필요한 움직임을 알려준다.

> **레모브 노트**
> ## 코칭 언어의 영향력
>
> 캐빈 존스 코치는 긍정 프레이밍의 대가다. 위에 소개한 문장 중 상당수가 존스 코치가 한 말이거나 그의 말을 각색한 것이다. 아래 링크는 케빈 존스 코치가 버지니아의 유소년 선수들과 연습하는 장면을 그의 동의를 구하고 촬영한 영상이다. 우리는 촬영한 영상을 함께 보며 코칭 철학과 코칭 언어에 관한 대화를 나누었다.
>
>
> "우리 OO할 수 있을까? Can we?"라는 표현을 사용하는 이유는 선수들에게 혼자 하는 게 아니라는 메시지를 전달하고 싶어서입니다. "우리가 함께 하는 거야. 내가 여기에 너와 함께 있어. 그러니 안심하고 도전하면 돼. 두려워하지 마." 이런 메시지를 선수들에게 심어주는 게 중요합니다.

 캐빈 존스 코치의 '긍정 프레이밍'

어떤 단어를 사용하느냐에 따라 다른 메시지를 전달할 수 있습니다. "우리가 OO을 할 수 있을까?"라는 표현은 우리는 함께 힘을 합쳐 상대와 경쟁할 뿐만 아니라 서로 간에도 경쟁을 하고 있다는 사실을 상기시켜 줍니다. '우리'라는 단어를 빼고 "피터. 더 빨리 할 수 있겠니?" 이렇게 말하면 자신의 한계를 테스트해 보자는 의미를 전달하게 됩니다.

저는 패스가 별로였다면 패스가 좋지 않았다고 말해줍니다. 선수는 그걸 인정해야 합니다. 하지만 고칠 점을 말해주면서 이런 말도 덧붙여줍니다. "너는 지금보다 더 잘 할 수 있어. 나는 그걸 알아." 이런 말을 들으면 선수는 저의 피드백을 비난으로 받아들이지 않습니다. "고치자"는 말을 할 때 저는 그 말이 선수에게 이렇게 다가가기를 바랍니다. "이건 네가 컨트롤할 수 있고 충분히 고칠 수 있는 문제야."

저는 '언어의 경제성'을 늘 생각합니다. 말을 많이 할 수록 선수와 멀어지게 되더군요. 코치로서 선수에게 원하는 것을 정확한 언어로 분명하게 말하는 것이 일을 더 원활하게 하는 방법입니다.

하프타임에는 보다 상세한 부분까지 지시를 하기도 하지만 경기 중에 코칭을 할 때는 제가 원하는 것을 짧고 분명하게 말하려고 노력합니다. "퍼스트 터치에 신경써!" "패스에 집중!" 그 말을 듣고 선수가 어떻게 해야 할 지 스스로 생각하면 됩니다. 저는 선수가 자신감을 가지고 자신이 컨트롤할 수 있는 것에 집중하기를 바랍니다. 그리고 저는 감정의 일관성을 중요시합니다. 물론 20살 때의 저는 지금과 달랐습니다. 저도 젊었을 때는 아이들이 실수를 했을 때 감정을 주체하지 못하고 소리를 지르곤 했습니다. 그 시절을 돌아보며 반성합니다. 그런 행동은 아이들의 성장에 도움이 되지 않습니다. 오히려 스트레스만 증폭시켜 경기력을 떨어뜨리죠. 물론 단호하고 엄하게 대해야 할 순간이 있습니다. 그 시점을 잘 찾아야 합니다. 하지만 그런 순간도 가급적 만들지 말아야 합니다. 솔직히 자주 만들 필요가 없습니다. 소리를 지르지 않

> 고도 집중력과 몰입을 이끌어낼 수 있는 방법이 얼마든지 있으니까요.
> 　예를 들어, 14살 선수들이 론도 연습을 하고 있다고 해보죠. 발을 제대로 사용하지 못하고 패스를 하는 모습을 발견합니다. 그러면 저는 연습에 개입해서 선수에게 질문을 합니다. "발의 어느 부위를 사용하면 좋을까? 왜 그렇지?" 선수와 짧은 대화를 나누고 저는 이렇게 마무리합니다. "자. 그럼 조금 더 잘 해보자. 지금 수준으로는 부족해." 저는 소리를 지르지 않습니다. 지나치게 엄하게 선수들을 대하지 않으려고 신경을 씁니다. 코치가 화가 났다는 생각이 들지 않아야 합니다. 그저 자신이 지금 하는 플레이가 부족하다는 점만 알면 됩니다.

선수의 숨은 노력을 인정하는 교정 피드백

　앞서 나는 사람과 동작을 구분해서 피드백을 해야 한다는 말을 했다. 피드백은 사람에 대한 판단이 아닌 동작에 대한 관찰을 담고 있어야 한다. 조금 더 슈팅 타이밍을 빠르게 하자고 말해주면 된다. 그렇게 하지 못했다고 해서 "느려터진 녀석"이라고 야단을 칠 필요는 없다. 코치는 솔루션을 알려주면 된다. 슈팅 타이밍을 놓쳤을 뿐인 선수를 성격에 결함이 있는 것처럼 비난하는 것은 부당하다.

　코치는 여러 방식으로 일관되게 선수에 대한 믿음을 전달해야 한다. 코치는 언제나 선수의 최고의 모습을 기대하고 있으며, 선수가 어려움을 겪을 때에도 그런 기대는 전혀 흔들리지 않는다는 믿음을 전달해야 한다. '계속 도전하고 실패하더라도 나는 너희들을 쉽게 판단하거나 포기하지 않을거야.' '언제든지 다시 도전하도록 등을 두드려 줄거야.' '어려움을 겪는 게 정상이야. 하지만 너희들은 곧 해낼거야.' 이런 생각으로 자신의 마음을 무장해야 한다. 선수가 실패를 반복하고 있을 때 최고의 모습을 상상하는 게 쉬운 일은 아니다. 하지만 그런 상상이야말로 선수로부터 최고의 모습을 끌어내는 비결이다.

　코치가 최고의 모습을 상상하며 선수를 바라보는 사고 습관을 가지고 있으면 선수의 플레이를 보고 부정적으로 속단하는 실수를 피할 수 있다. 페널티 지역의 가장자리에서 다소 느리게 나오는 바람에 상대의 슈팅을 막지 못한 요한에게 코치가 "느려터진 녀석"이라고 말했다고 해보자. 동작에 대한 관찰이 아니라 사람에 대한 판단이고 편견이다. 요한은 코치의 말을 두고두고 떠올리며 힘들어 할 수도 있다.

　요한은 다른 사람들이 알기 어려운 복잡한 이유로 그렇게 느리게 반응했을 수 있다. 어쩌면 요한은 동료 선수들과 수비 대형을 유지하는 것을 중요하게 생각해서 공격수를 향해 달려드는 게 늦었을 수 있다. 중앙 지역을 포기하는 게 내키지 않아서 느리게 움직였을 수도 있다. 공격수를 향해 달려나갔다가 뒷공간을 뚫릴까봐 그런 선택을 했을 수도 있다. 물론 그 상황에서 요한은 공격수에게 적극적으로 달려들어 슈팅을 막았어야 했다. 하지만 요한의 실수는 지나친 성실함과 책임감 때문인지도 모른다.

　경기는 좋은 의도로 일어나는 잘못들로 가득 차있다. 경기는 성실함과 책임감으로 저지르는 죄들로 가득하다. 자기 포지션에서 밀릴지 모른다는 걱정은 온갖 좋지 않은 플레이를 만들어낸다. 열정이 낳는 폐해도 많다. 선수는 코치가 알려준 것들을 너무 자주, 너무 적극적으로 사용하려고 한다. 하지만 경기는 복잡성을 특징으로 한다. 이타적인 태도, 코치가 요구하는 동작이나 플레이를 정확히 해내려고 과도하게 애쓰는 성실함, 자신의 의무를 소홀히 하지 않기 위해 좋은 기회를 동료 선수에게 양보하는 책임감이 팀을 어려움에 빠뜨리기도 한다.

　그렇다면 요한에게 제공하는 교정 피드백에도 경기의 이런 복잡성을 담아보면 어떨까?

"요한. 중앙을 지키고 싶은 마음은 알겠는데, 박스 위쪽에서 상대가 슈팅을 하려고 할 때는 더 빨리 나가서 막아야 해."

"항상 후방에서 수비 대형을 유지하려고 신경을 쓰는 건 좋아. 하지만 여기서는 상대를 막기 위해 결단력을 발휘해야 한단다."

선수의 숨은 노력을 인정하면서 다음과 같이 교정 피드백을 제공할 수 있다.

"앨리. 네가 그쪽으로 넓게 플레이하고 싶은 이유는 알겠는데, 지금은 중앙을 파고들어야 하는 상황이야."

"피에타. 네가 넓게 대형을 전개하고 싶은 이유는 알겠어. 그게 맞을 수도 있어. 그런데 지금은 중앙으로 파고들어갈 수 있는 기회가 있어. 왜 이게 더 나을까?"

"앞으로 적극적으로 나가는 플레이 좋았어. 그런데 얘들아. 그 상황에서는 그게 옳은 결정이 아니라는 걸 알려주는 단서가 있어."

"디안드레에게 패스하는 건 좋았어. 소유권을 지키려고 한 거지? 그런데 내가 볼 때는 더 좋은 옵션이 있어. 한 번 다같이 생각해 보자."

"후방에서 본능적으로 위험을 피하려는 선택은 이해해. 하지만 지금은 공간을 내주는 게 오히려 우리를 더 위험에 빠뜨리는 경우야."

"경기장을 스위칭하려는 생각은 좋았어. 그런데 잘 봐. 이 상황에서 이미 우리는 수적으로 우위에 있었어. 보이지?"

"좋아. 터치가 다소 아쉬웠지만 바로 엔트리 패스를 보내려고 노력한 점이 마음에 들어."

사례로 소개한 코치의 말은 모두 팀이 중요하게 여기는 플레이를 해내고자 하는 선수들의 노력을 인정하고 고마움을 표현하고 있다. 선수의 보이지 않는 노력을 코치가 알고 있다고 생각하면 선수는 계속 그걸 하기 위해 노력하게 된다. 이렇게 교정 피드백에 약간의 변화를 주는 작업은 선수와의 관계 형성을 위한 일종의 투자이기도 하다. 선수가 실수를 했을 때 '또 저러네. 저 바보같은 자식' 이런 생각이 먼저 떠올라서는 안 된다. 특히나 '생각하는 선수'로 키우고 싶은 코치라면 선수의 실수에 대해 더더욱 이렇게 반응해서는 안 된다. '그럴 만한 이유가 있겠지' 하는 생각을 바탕으로 왜 실수를 하게 되었는지 이유를 찾으려고 노력해야 한다[3].

또한 위에 소개한 말들은 수비를 할 때 신경써야 할 포인트를 선수들 모두에게 간접적으로 전달하고 있다. 코치가 인정한 부분을 실제로 요한이 수비를 하며 생각했는지는 중요하지 않다. 이렇게 인정과 가르침이 결합된 피드백을 통해 코치는 모든 선수들에게 두 가지 측면을 다시금 강조하고 있다.

- 요한은 조금 더 공격적으로 수비를 하면 좋겠다!
- 수비 대형을 유지하고, 중앙 지역을 어떻게든 지키려고 노력한 요한처럼 선수들 모두 자신의 책임을 다하기 위해 최선을 다하면 좋겠다!

모든 교정 피드백에 인정과 칭찬이 선행되어야 한다고 주장하는 것은 아니다. 효과가 입증된 모든 방법이 그렇듯 이런 접근 방식도 자칫하면 남용될 위험이 있다. 사탕발림같은 말로 먼저 기름칠을 해야 잘못한 것에 대해 이야기할 수 있다는 메시지로 비춰질 수도 있다. 새로운 형태의 '칭찬 샌드위치'가 탄생하는 것이다. 실제로 요한이 다소 게으른 면이 있기 때문에 정신적인 면을 개선하기 위한 노력이 필요할 수도 있다.

이런 방식의 교정 피드백을 얼마나 자주 사용할지는 코치의 스타일, 지도

---

[3] 실수를 변명하기 위해 선수는 자기를 방어하는 혼잣말을 하기도 한다. 비록 자기 자신에게 하는 말일지라도 작업 기억을 사용하기 때문에 퍼포먼스에는 별로 도움이 되지 않는다.

하는 선수, 그리고 상황과 조건에 따라 달라진다. 선수들은 코치가 자신을 포기할까봐 두려워한다. 코치가 자신의 성장에 관심이 없다고 생각하면 선수는 힘든 시간을 보낼 수밖에 없다. 그런 맥락에서 인정과 칭찬을 결합한 교정 피드백은 코치의 믿음을 전달하는 강력한 수단이다. 모두가 의심의 눈초리로 바라보는 것 같은 순간에 코치로부터 전해지는 믿음의 신호는 코치와 선수 사이의 신뢰를 단단하게 만든다.

만약 요한이 요령을 피우는 성향이 있고 다소 게으른 면도 있는 선수라서 빠르게 움직이지 않았다면 코치는 어떻게 대처해야 할까? 선수와의 관계는 은행 계좌와 같다. 인내심을 가지고 오랜 시간에 걸쳐 정기적으로 조금씩이라도 저축을 해야 자산(신뢰)이 쌓인다. 돈을 찾아야 할 때(솔직하고 직설적으로 선수가 듣기 힘든 이야기를 해야 할 때)는 잔액이 많을수록 부담이 적다. 코치와 선수 사이에 믿음이 있어야 솔직한 이야기를 나눌 수 있다. 단호하게 경기에서 빼는 선택을 할 수도 있다. 그럼에도 불구하고 신뢰 자산이 많이 쌓여 있을 때 요한은 마음을 열고 코치의 말을 듣게 된다. "최선을 다하는 것 같지가 않구나. 더 열심히 뛸 수 있을 것 같은데." 이 말의 의미는 요한이 코치에 대한 믿음을 얼마나 가지고 있느냐에 따라 달라진다.

익명성 활용 피드백

다소 비판적인 피드백을 주면서도 코치와 선수 사이에 신뢰를 쌓고, 선수의 자기 성찰을 유도하는 또 하나의 방식이 있다. 익명성을 이용하는 방식으로 선수 개인이 아니라 그룹을 대상으로 피드백을 제공할 때 유용하게 사용할 수 있다. 선수의 이름을 거론하지 않으면서 잘못된 선택이나 움직임을 알려줄 수 있다. 나는 익명성 활용 피드백의 생생한 사례를 FC 댈러스 크리스 헤이든 코치의 연습에서 확인할 수 있었다. 헤이든 코치는 연습 중에 종종 이런 표현을 사용해 피드백을 준다.

"누구는 공간을 차지하려고 민첩하게 움직이는데, 누구는 상당히 느슨하게 움직이고 있어!"

이런 피드백을 들으면 선수는 자신의 움직임을 돌아보게 된다. 이런 자기 성찰 기능이야말로 익명성 활용 피드백의 장점이다. 코치의 말을 들은 선수들은 자신의 움직임을 조금씩 업그레이드하려고 신경을 쓰게 된다. 공간을 차지하기 위한 노력에 신경쓰지 않던 선수는 코치의 말을 듣고 움직임에 변화를 주게 된다. 또한 이런 방식으로 피드백을 제공하면 선수는 스스로에게 질문하는 연습을 할 수 있다. 선수는 질문을 내면화하게 된다. '이게 내가 할 수 있는 최선인가?'

코치는 창의적인 방식으로 익명성을 활용해 피드백을 제공할 수 있다. 피드백을 해주고 싶은 선수를 발견했다면 "보니까 몇몇은.."이라고 말하면서 은밀하게 해당 선수와 눈맞춤을 시도한다. "보니까 몇몇은 안전한 패스만 하고 있어." 코치는 모두를 대상으로 말하지만 은밀하게 눈을 마주친 그 선수에게 자기 성찰이 필요하다는 점을 알려주고 있다. 또한 코치가 자신을 공개적으로 지적하지 않았다는 사실도 인식하게 해준다. 물론 팀원들 앞에서도 자신의 실수에 대해 편안하게 이야기할 수 있는 문화를 만드는 게 가장 이상적이다. 하지만 아직 그런 문화로 가는 과정 중에 있거나, 그런 문화가 아직 익숙하지 않은 선수가 있으면 익명성을 적절히 활용할 필요가 있다. 익명성 활용 피드백 사례를 조금더 소개하면 다음과 같다.

"수비하는 자세가 천차만별이야. 매킨지처럼 준비 자세를 잘 잡고 있는 선수도 있는데 [잘하는 모습을 시범] 다른 선수들은 이러고 있어. [못하는 모습을 시범] 제대로 자세를 잡아 보자. 시작!"

"잠시 멈춰! 누구는 공간을 만들려고 날카롭게 움직이는데, 누구는 달리는 페이스가 계속 그대로야. 한가하게 왔다갔다만 하고 있어. 누군지 말하지는 않을께. 하지만 내가 지켜보고 있다는 사실을 여러분이 알면 좋겠어. 자기 움직임을 한 번 체크하고 기준을 높여보자."

> **레모브 노트**
> **실시간 피드백으로 만드는 긍정 프레이밍**

FC 댈러스 크리스 헤이든 코치의 연습 영상은 긍정 프레이밍을 보여주는 요소들로 가득차 있다.

 크리스 헤이든 코치의 긍정 프레이밍

"움직임을 조금 더 날카롭게 해볼까? 데이비드."
"데이비드. 움직임을 날카롭게 해보자. 조금 더 빠르게!"
헤이든 코치는 데이비드에게 두 차례 연달아 피드백을 제공하고 있다. 처음 피드백에 대한 데이비드의 반응이 만족스럽지 않았기 때문이라고 나는 추측한다. 첫 번째 피드백에서 헤이든 코치는 "조금 더 날카롭게" 해보자고 데이비드에게 주문한다. 데이비드가 얼마든지 할 수 있는 일이라고 느끼게 해준다.

두 번째 피드백을 통해서는 도전 정신과 성취 욕구를 자극한다. 마지막에 "조금 더 빠르게"라고 덧붙여 앞선 피드백과 미묘한 차이를 느끼게 만든다. 그리고 여기서는 데이비드의 이름을 먼저 언급하며 데이비드가 자신의 말을 더 집중해서 듣게 만든다. 첫 번째 피드백에서는 자신의 이름이 뒤에 나왔기 때문에 데이비드는 자신에게 하는 말인지 몰라서 귀를 기울이지 않았을 수도 있다.

"원!투!"

> 영상의 40초 부근에서 헤이든 코치는 "원!투!"라고 말하며 실시간 피드백으로 팔로우업을 해주고 있다. 헤이든 코치의 말을 들으면 마틴은 자신이 제대로 했는지를 바로 알 수 있다. 이때 헤이든 코치는 "아주 좋아. 잘했어"와 같은 칭찬의 말을 남발하지 않으려고 신경을 쓰고 있다. 좋은 말도 과도하게 사용하면 말의 힘이 사라지기 때문이다.
>
> "빠른 콤비네이션 플레이를 할 수 있는지 우리 한 번 해볼까? 빠른 콤비네이션이야. 벤지. 옆에서 함께 달리면서 패스를 받을 수 있게 준비해. 패스를 받을 수 있도록 몸의 방향을 틀어야겠지. 너한테는 쉬운 동작이야."
>
> 헤이든 코치는 사전에 준비한 문구로 솔루션을 명확하게 전달하고 있다. "너한테는 쉬운 동작이야"라고 말하면서 벤지의 노력과 실력을 인정해 주고 있다.

목소리 톤과 모델링

케빈 존스 코치나 크리스 헤이든 코치처럼 뛰어난 코치들이 선수에게 말을 건네는 모습을 보면 말하는 톤이 적절하다는 걸 알 수 있다. 효과적인 피드백은 단호하고 명확하다. 굳이 달콤한 칭찬의 말을 얹지 않는다. 분노와 짜증이 섞인 말은 대체로 전달력이 떨어진다. 치열한 연습이나 경기를 하다 보면 선수에게 목소리를 높여야 할 때가 있을 수 있다. 하지만 너무 많은 코치들이 너무 쉽게 거친 언행을 보여준다. 코치는 그래야 자신의 말이 보다 잘 전달될 거라고 생각하는 지도 모른다. 그렇게 혹독하게 선수들을 가르쳐야 경쟁에서 이길 수 있다고 믿기 때문일 수도 있다. 하지만 코치라면 이 주제를 진지하게 고민할 필요가 있다. 뜨거운 감정을 고스란히 실어 피드백을 하면 무슨 일이 벌어질까? 코치가 하고자 하는 말을 선수에게 전달하는데 도움이 될까? 방해가 될까?

자신에게 고함을 치는 코치를 보고 선수는 이런 생각을 할 지도 모른다. "코치는 왜 항상 나한테만 이러지? 토니한테는 이렇게 소리를 지르지 않잖아? 꼭 우리 아빠같아. 내가 노력을 하지 않는다고 생각하는 거지." 선수의 머릿속은 쓸데없는 잡념으로 채워지며 주의가 산만해지게 된다. 지각과 학습에 집중해야 할 작업 기억이 불필요한 생각을 처리하는데 소모된다. 다른 무엇보다 선수는 코치에 대한 반항심이 커지게 된다. 또한 경험이 많은 코치들은 "대단해. 훌륭해"와 같은 찬사의 표현을 조심해서 사용한다. 그들은 좋은 동작을 했다는 사실을 자각시키는 용도로 긍정적인 멘트를 다소 가벼운 느낌으로 사용한다. 선수에게는 "좋아", "잘했어"와 같은 가벼운 인정의 말이 "대단해", "훌륭해"와 같은 부담스러운 극찬의 표현보다 더 와닿는 경우가 많다. 지나친 칭찬은 선수의 좋은 플레이에 코치가 놀란 것처럼 보일 수 있다.

모델 피드백

모델 피드백은 심플한 피드백 방식으로 코치들에게 새로운 개념은 아니다. 시범을 보여주며 "이렇게 해보자"고 말해주면 된다. 아니면 말로 원하는 동작이나 플레이를 '모델링'할 수도 있다. 많은 코치들이 사용하는 모델 피드백은 수많은 변형이 가능하다.

"이렇게 해보자."

"조금 더 이렇게 해봐."

"이렇게 하는 거랑 [평범한 동작을 시범] 이렇게 하는 거의 [높은 수준의 동작을 시범] 차이를 잘 봐."

동작을 모델링하면 작업 기억을 보다 생산적으로 이용할 수 있다. 모델링을 결합한 피드백을 제공하면 시각과 언어 기반 커뮤니케이션을 위한 작업 기억이 늘어난다는 연구 결과가 있다[4]. 선수들은 단순히 언어로만 구성된 피드백보다 이미지가 추가된 피드백으로부터 더 많은 정보를 흡수할 수 있다. 실제로 나는 교사들의 워크숍에서 모델 피드백을 자주 제공한다. 나는 모델 피드백을 소개하면서 흥미로운 현상을 목격했다. 참가한 교사들은 내가 시연으로 보여주고자 하는 행동뿐만 아니라 시연을 할 때 부수적으로 하는 다른 행동들도 따라하곤 했다. 이를테면 새로운 언어를 사용해 가르치는 시연을 했지만 교사들은 나의 얼굴 표정이나 바디랭귀지도 따라하는 모습을 보여주었다. 학습자는 모델을 시연하는 동안 눈에 입력한 것을 자신도 모르는 사이에 내면에 저장한다는 사실을 알게 되었다. 이런 현상은 모델링의 파워를 보여준다.

모델 피드백을 사용할 때는 의도와 계획이 중요하다. 나는 워크샵을 준비할 때 모델로 사용할 내용을 사전에 계획하고 준비한다. 모델이 내가 전달하고자 하는 메시지를 잘 표현할 수 있도록 리허설을 자주 진행한다. 코치도 이런 아이디어를 훔쳐서 사용하면 선수를 코칭하는데 큰 도움이 되리라 생각한다. 훈련 중에 보여줄 시범이나 모델을 동료 코치들과 미리 연습하면서 다듬으면 훈련의 질이 한층 높아진다.

존 버마이스터와 제임스 비스턴 코치의 영상을 보면 두 사람 모두 말의 템포에 변화를 주는 모습을 확인할 수 있다. 두 사람은 억양과 톤에 조금씩 변화를 주면서 연주와 플레이의 템포를 모델링하고 있다.

'시범이든 영상이든 그냥 이렇게 하라고 보여주면 되잖아?' 코치가 일상적으로 하는 다른 피드백처럼 모델 피드백도 단순해 보이기 때문에 좋은 방

---

4   이 책의 일러스트를 그려준 올리버 카비글리올리의 책 『듀얼 코딩』은 모델링을 이해하기 위한 훌륭한 출발점이 될 수 있다.

법을 찾으려는 노력을 하지 않는 경향이 있다. 모델 피드백도 최적화를 위한 노력이 필요하다. 참고로 지금까지 이 장에서 소개한 여러 아이디어들은 모델 피드백에도 적용될 수 있다. 초점이 분명한 피드백을 제공하고 피드백을 즉각 적용하도록 하면 작업 기억과 주의력의 한계를 극복하고 배움을 촉진할 수 있다. 동작이나 포지셔닝을 모델링할 때도 마찬가지다. 초점이 분명한 시범을 짧게 보여주고 바로 따라해 보도록 하면 좋다.

모델은 문제보다 솔루션에 초점을 맞추어야 한다. 앞서 소개한 워크숍에서의 교사들처럼 우리는 눈에 들어오는 정보를 자신도 모르게 습득한다. 그렇기 때문에 선수에게 무언가를 보여줄 때는 좋은 품질의 시각 정보를 보여주려고 신경을 써야 한다. 평범한 일상의 작업에서 탁월한 디테일을 추구하는 것이 코치의 길이다. 때로는 틀린 동작을 이상적인 동작과 비교해서 보여주는 것도 도움이 될 수 있지만 그런 시범은 일반적으로 효과가 떨어진다. 그냥 좋은 동작을 반복해서 보여주면서 선수가 마음 속에서 좋은 동작을 계속 상상하도록 하는 편이 더 좋다.

모델 피드백도 긍정 프레이밍을 구성하는 중요한 일부다. 자신의 감정을 컨트롤하지 못하는 코치는 모델 피드백을 제공하며 선수와의 관계를 망가뜨린다. 특정 선수가 잘못된 동작을 하는 시범을 보여주며 공개적으로 핀잔을 주기도 한다. 말로 전달하는 피드백과 마찬가지로 모델 피드백을 통해 코치는 얼마든지 선수에 대한 믿음을 전달할 수 있다. 모델 피드백이 선수들에게 잘 전달되려면 두 가지가 충족되어야 한다.

(1) 모델은 올바른 내용을 보여주어야 한다.

(2) 선수가 모델을 봐야 한다.

두 번째 조건에 의문을 가진 분도 있으리라 생각한다. 선수가 모델이나 시범을 보는 일은 당연한 것 같지만 결코 그렇지 않다. 선수는 그저 멍하니

서서 코치의 시범을 보기도 한다. 어디를 봐야 할 지 모른 채 말 그대로 그냥 '보기만' 하는 경우가 많다. 인간이 시각적으로 집중할 수 있는 범위는 매우 좁은 편이다. 눈앞에서 벌어지는 일도 종종 놓치곤 한다. 그렇기 때문에 코치는 모델 피드백을 제공하기 전에 집중해야 할 부분을 알려주면 좋다.

"내가 시범을 보여줄 테니 내 발을 잘 봐."

이렇게 먼저 안내를 해주면 선수들은 코치가 발의 포지션을 어떻게 바꾸는지 보다 분명하게 관찰할 수 있다. 그런 안내가 없다면 선수들은 저마다 다른 것들을 보게 될 수 있다.

5장

피드백 201 : 피드백의 적용

좋은 피드백을 주기 위해 아무리 좋은 단어와 문장을 선택했더라도 코치의 말은 선수가 배우는 과정에서 극히 일부분에 불과하다. 실제 배움과 깨달음은 선수가 코치의 피드백을 실행에 옮길 때 일어난다. 선수가 피드백을 바로 연습에 적용하고, 피드백에 비추어 자신을 성찰하는 순간 코치의 말은 좋은 피드백이 된다.

아내와 나는 빨래에 대한 생각이 서로 다르다. 아내는 빨래할 옷은 모두 바구니에 '제대로' 넣어야 한다고 생각한다. 하지만 나는 꼭 바구니에 넣어두어야 한다는 생각이 별로 없다. 바구니 가장자리에 걸쳐 있는 옷이나 바구니에 넣으려다 실패해서 바닥에 떨어져 있는 옷도 나한테는 똑같은 빨랫감이다. 아내는 '법대로'를 중시하고 나는 '법의 정신'을 중시하는 입장이라고 할 수 있다.

이런 생각의 차이로 인해 우리 부부는 종종 다툰다. 아내는 나의 빨랫감 보관 능력을 향상시키기 위해 빨래 바구니를 들여다 보라는 피드백을 주곤 한다. "여보. 빨래 바구니를 봐요. 뭐가 보여요?" 아내의 피드백 테크닉은 환상적이다. 그녀는 의사결정의 트리거로 작용할 지각 단서에 집중하고 있다. '바닥에 놓여 있는 빨랫감'에 대한 지각을 '주워서 바구니에 넣는다'는 동작으로 연결하고 싶어한다. 하지만 나는 바닥에 떨어진 빨랫감을 주워서 바구니에 넣고 싶은 마음이 좀처럼 들지 않는다. 바닥에 그냥 놔두었다가 세탁을 할 때 주워 담으면 훨씬 편하지 않나? 하지만 아내에게 이런 주장을 하려면 태도가 중요하다.

아내가 "뭐가 보여요?"라고 물으면 나는 이렇게 대답한다. "내 빨래로군. 자기야. 셔츠가 바닥에 떨어져 있으니 정말 보기 안 좋네. 허허." 하지만 아내는 또다시 다그친다. "당신 청바지가 바구니 가장자리 위로 늘어진 거 보이죠?" "그러네. 정말 보기 싫구만. 지저분해 보이잖아. 바구니를 잡기도 힘들고 말이야. 다른 옷을 바구니에 넣기도 힘들고. 앞으로 잘할게요." 나만큼 자기 성찰을 잘 하고 아내의 피드백에 개방적인 남편도 드물다는 사실을 인정해 주었으면 한다.

나는 "알았어. 여보. 이젠 안 그럴거야. 알려줘서 고마워." 하고 대화를 마무리하려고 한다. 하지만 아내는 핵심 포인트를 다시 한 번 강조한다. "청바지는 바구니에 완전히 넣어야 해요. 바닥에 옷이 있으면 안 되요." 나는 아내의 눈을 똑바로 쳐다보며 고개를 끄덕이면서 실천을 다짐한다. 그리고 다음 날이 되면 나는 옷을 다시 바닥에 던져 버린다.

위의 사례에서 잘 드러나지만(!) 나는 피드백을 잘 받아들이는 편이다. 나는 아내의 말에 스스로를 방어하려 하지 않았다. 주의 깊게 경청했고 이해했다는 것을 아내에게 보여주었다. 심지어 고맙다는 말까지 했다! 하지만 피드백을 받는 것과 피드백을 사용하는 것은 다르다. 나는 아내의 피드백을 받아들였지만 나의 행동을 바꾸지는 않았다. 나쁜 습관을 계속 고집했다. 사실 나는 피드백을 잘 받아들이는 사람처럼 행동하면서 나만의 세계에 그대로 안주했다.

겉으로 잘 드러나지 않지만 선수들도 마찬가지다. (당연히 코치도 마찬가지다.) 우리는 코칭을 잘 받아들이는 선수를 '코처빌리티(coachability)'가 좋다고 이야기한다. 하지만 진정한 '코처빌리티'는 선수가 피드백을 받아들이는 모습보다는 피드백을 활용하는 모습을 보고 평가해야 한다. 피드백이 전달되었다고 해서 선수가 무조건 발전하는 건 아니다. 피드백을 받은 이후에 선수가 무엇을 하느냐가 중요하다.

피드백 정렬하기

코치의 피드백을 무시하는 습관을 가지고 있는 선수들이 있다. 선수가 그렇게 행동하게끔 오랜 시간 커뮤니케이션을 해왔기 때문이다. 자신의 피드백을 신경쓰지 않아도 된다는 생각으로 말을 건네는 코치는 없다. 하지만 많은 코치가 본의아니게 그런 실수를 한다.

선수들이 후방 빌드업을 연습하고 있다. 코치가 연습을 멈추고 피드백을 준다. 코치는 하나의 포인트에 집중해야 한다는 사실을 잘 알고 있다. "잠시 멈춰! 후방에서 빌드업할 때는 패스 속도가 지금보다 더 빨라야 해. 이런 패스는 너무 느려. (시범) 이렇게 패스가 들어가야 해. (시범) 그래야 상대가 급하게 움직이면서 수비 대형에 빈틈이 생기겠지. 조금 더 날카로운 패스를 넣어보자." 코치는 초점이 분명한 피드백을 임팩트있게 전달한다.

그런데 선수들이 연습을 재개하자마자 코치는 선수 개개인을 향해 방금 전에 전달한 피드백과는 다른 주문을 하기 시작한다. "엔트리 패스를 넣을 수 있겠어? 마르코." "케빈. 거기서는 왼발로 받아야지!"

이러한 피드백은 선수 각자에게는 도움이 될 수 있다. 하지만 전체적으로 보면 중요한 것을 놓치고 있다. 방금 전에 코치는 패스에 집중하라는 말을 했다. 하지만 지금은 패스에 대해서는 전혀 신경을 쓰지 않는 것처럼 말하고 있다. 코치는 선수들의 패스가 나아졌는지, 패스를 빠르게 하려는 선수들의 노력을 자신이 어떻게 지켜보고 있는지에 대해 아무 이야기도 하지 않고 있다. 코치는 사실상 자신의 피드백을 잊어버려도 상관없다는 메시지를 주고 있는 셈이다. 이런 경험을 반복한 선수들은 불과 몇 초만 지나도 코치의 관심사가 다른 곳으로 옮겨질 거라는 생각을 하게 된다. 선수들은 방금 코치가 강조한 패스의 속도를 그다지 중요하게 여기지 않게 된다. 코치가 중요하게 여기지 않는 것을 선수가 중요하게 받아들일 가능성은 별로 없다.

연습을 재개한 후 코치가 이렇게 실시간 피드백을 해주었다면 어떨까? "그래. 바로 그거야. 루이스." "더 강하게. 다비드." "좋아졌다. 다닐로. 속도는 좋은데 바운드가 되면 안돼." "좋아. 우리가 원하는 패스 속도가 나오기 시작했어." 이런 말들은 코치가 방금 전에 이야기한 피드백을 선수들이 어떻게 실행하고 있는지에 집중하고 있다. 다른 모습들도 코치의 눈에 들어오기는 하지만 한동안은 오로지 패스에만 집중해 관찰하고 있다. 앞서 전달한 피드백과 연결되는 이런 실시간 피드백은 선수의 마음 속에 일어나는 질문에 답을 해주는 역할을 한다. '내가 지금 제대로 하고 있나? 아까보다 패스가 나아졌나? 충분히 잘 하고 있나? 패스가 너무 빠른 건 아닌가?'

다비드는 자신의 패스가 충분히 빠르다고 생각했지만 코치의 실시간 피드백을 듣고는 조금더 강하게 차야한다는 사실을 깨닫는다. 얼마나 빠른 속도로 패스를 해야 하는지 보다 명확하게 알게 된다. 루이스는 자신이 시도한 변화가 통했다는 사실을 코치의 피드백을 듣고 자각하게 된다. 루이스에게 코치의 피드백은 지금의 동작을 반복하면 된다는 신호로 작용한다. 코치는 앞서 자신이 말한 티칭 포인트를 실시간 피드백을 통해 재차 강조한다. 코치 역시 자신이 제공한 피드백에 집중하며 선수들을 관찰한다. 코치의 집중력은 선수의 집중력으로 전파된다.

앞서 제공한 피드백과 연결되는 실시간 피드백은 여러 형태로 전달할 수 있다. 선수가 코치의 피드백을 실행하려고 노력하지만 어려움을 겪고 있다면 다시 한 번 티칭 포인트를 언급할 수 있다. "더 빠르게. 얘들아. 아직 조금 느리네." 선수들의 주의가 산만해졌다 싶으면 "패스에 집중!" 하면서 다시금 집중력을 불러일으킬 수 있다. 어느 정도 발전을 확인했다면 다른 과제를 추가할 수도 있다. "그래. 바로 그거야. 루이스! 이제 오른발로 해보자!"

연습을 지켜보던 코치는 아담의 풋워크와 마르코의 의사결정에 대해 말해주고 싶은 충동을 느낀다. 이런 경우에 코치가 피드백을 제공해도 괜찮을까? 물론이다. 연습을 재개하고 나서 전달하는 모든 실시간 피드백이 코치가 방금 전에 말한 티칭 포인트와 관련이 있어야 하는 것은 아니다. 또한 선수의 패스에서 문제를 발견할 때마다 실시간 피드백으로 알려줘야 할 필요도 없다. 까다롭고 새로운 기술이라면 선수가 개인적으로 익힐 수 있는 시간을 주는 것도 좋다. 하지만 앞서 제공한 피드백과 연습이 재개된 후의 실시간 피드백은 어느 정도 일관성이 있으면 좋다. 큰 그림으로 보면 최초의 피드백 이후에 연결되는 후속 피드백이 더 중요하다. 특히 선수가 피드백을 적용해 제대로 동작을 수행하는 순간을 잘 포착해서 실시간 피드백을 전달해야 한다. "그래. 바로 그거야! 차이가 보이네. 이제 제대로 하고 있어."

선수가 코치의 피드백을 실행하지 않는 일이 반복되면 코치는 먼저 자신이 피드백을 전달한 방식을 돌아보아야 한다. 선수들은 코치의 피드백에 집중해 연습하는 것이 중요하다는 인식이 없을 가능성이 높다. 그동안 코치로부터 시시각각 바뀌는 피드백을 들어왔기 때문이다. 그렇기 때문에 선수가 코치의 피드백에 집중해 연습하는 습관을 만들려면 먼저 피드백을 정렬해야 한다.

정렬된 피드백은 코칭 포인트에 집중하는 문화를 만든다. 존 버마이스터는 유소년 오케스트라 단원들과 연주 연습을 할 때 단원들이 자신의 피드백을 제대로 이해했는지 체크하는 작업을 중요하게 여긴다.

"전부터 저는 역동적인 확인 작업에 많은 노력을 기울였습니다. 저의 말을 확실히 이해했는지 확인한 후에 다음 단계로 넘어갔죠. 무엇을 연습하고 있든 제가 항상 듣고 있다는 메시지를 아이들에게 전달하고 싶기 때문입니다. 책임감을 가져야 한다고요. 제가 만약 연주와 관련해 무언가 이야기를 했는데 원하는 소리가 들리지 않는다? 그럼 저는 멈추고 다시 말해줍니다."

나는 한 대학교 축구팀의 연습을 참관하며 코칭 포인트에 집중해 연습을 해나가는 일의 중요성에 대해 그 팀의 코치와 이야기를 나눈 적이 있다. 코치는 연습이 재개되자 바로 어려움에 봉착했다. 그는 원래의 코칭 포인트에 집중하고 싶었지만 막상 선수들의 연습을 보니 고치고 싶은 부분들이 너무 많이 눈에 들어왔다. 코치는 코칭 포인트를 자주 잊어버리고 다른 피드백을 주었다고 자신의 실수를 고백했다.

다음 휴식 시간에 우리는 한 가지 아이디어를 떠올렸다. 그는 연습 내내 클립보드를 가지고 다녔다. 우리는 코치가 연습을 멈추고 전달한 티칭 포인트를 클립보드에 간단히 적기로 했다. "수비수들은 공간이 벌어지지 않도록 간격을 유지해야 한다." 코치 자신의 집중력을 유지해 피드백을 정렬하기 위한 목적이었다. (가르친 내용을 기록하면 나중에 연습을 돌아볼 때도 도움이 된다.) 코치는 클립보드에 적은 내용에 집중해 선수들을 관찰했다. 수비 간격에 대한 피드백을 줄 때마다 적어 놓은 문장 옆에 체크 표시를 했다. "간격 좋아. 앨리." "더 좁혀야 해. 시드니!" 가끔은 자신이 말한 실시간 피드백을 기록하기도 했다. 연습을 다시 멈추려면 클립보드에 다섯 번의 체크 표시를 해야 한다는 자기만의 룰도 적용했다. 다시 말하지만 코치의 집중력이 곧 선수의 집중력이다.

> **레모브 노트**
> **3의 법칙**

WNBA 워싱턴 미스틱스의 선수 육성 디렉터인 세푸 버나드는 여러 코치들의 피드백을 코디네이션(조율)하는 작업의 중요성에 대해 이야기한다.

오랫 동안 선수를 육성하는 일을 해오면서 저는 한 번에 10가지를 동시에 할 수 없다는 사실을 깨달았습니다. '누가 그렇게 해?' 하면서 웃으실지 모르겠지만 우리 코치들은 실제로 그렇게 하는 경우가 많습니다. 어떤 선수에 대해 발전시키고 싶은 기술이 10가지가 있다면 먼저 우선 순위를 정해야 합니다. 저는 '3의 법칙'을 따릅니다. 저는 선수와 함께 연습할 과제를 딱 세 가지만 정합니다. 그리고 그 중 하나를 분명히 정해서 피드백을 집중합니다.

코치가 여러 명이면 코치들 모두 선수의 메인 과제가 무엇인지 알고 있어야 합니다. 선수는 어느 코치와 연습을 하든 하나의 메인 과제에 대한 피드백과 격려를 꾸준히 받게 됩니다. 예를 들어 왼손을 사용한 플레이가 메인 과제인 선수가 있다고 가정해 보겠습니다. 선수는 연습 전에 일찍 와서 15분 정도 특훈을 하기도 합니다. 왼손을 이용한 돌파와 공격 플레이를 연습합니다. 그런 다음 웜업을 하고 소그룹으로 커버 수비를 연습합니다. 짧은 인터벌로 진행하는 연습 경기가 이어집니다.

5대5 연습 경기에서 이 선수가 왼쪽에 빈 공간이 있는데도 오른쪽으로 움직이며 슛을 시도하는 모습을 관찰합니다. 이런 상황은 선수를 테스트하는 순간이면서 동시에 코치의 피드백 능력을 테스트하는 순간이기도 합니다. 선수의 메인 과제에 대해 피드백을 해줄 수 있는 상황이 펼쳐졌는데 아무 말도 하지 않는다면 코치로서 그 테스트에서 실패한 겁니다. 선수의 메인 과제를 제대로 관찰하지 못한 거니까요. 선수가 메인 과제를 제대로 수행하지 못했다면 적절한 개입이 이루어졌어야 합니다. 그것이 바로 코치로서 우리가 컨트롤할 수 있는 부분입니다.

우리는 매주 회의를 통해 선수 육성 과정에 대해 논의합니다. 이 자리에서 우리는

> 개별 선수의 현재 상태에 대해 의견을 나누면서 앞서 정한 세 가지 과제를 다시 검토합니다. 세 가지 과제가 잘 해결되었다고 판단하면 다음 과제를 또 정합니다. 아직 부족하다고 의견이 모아지면 연습 방법을 바꾸거나 다른 과제에 초점을 맞춰야 하는 것은 아닌지 의견을 나눕니다. 몇 가지 과제로 줄이는 방식은 실용적입니다. 우리는 세 가지로 줄였습니다. 특히 코치가 여러 명일 때는 이런 방식으로 피드백을 정렬하면 좋습니다.

비판하지 말고 교정한다

코치가 8대8 경기를 지켜보다가 잠시 경기를 중단시킨다. 중앙 미드필더인 제나는 프레싱을 받고 있는 상황에서 옆에 있던 케이티로부터 짧은 측면 패스를 받았다. 공간을 열어 공격 포인트를 전환할 수 있는 기회에서 제나는 다시 프레싱을 당하고 있는 공간으로 되돌아갔다.

"다시 프레싱 지역으로 들어가지 마. 제나! 공격 포인트를 바꿔. 공간을 열어야지. 첼시를 찾아."

"제나. 그 상황에서 어떤 옵션이 있었지? 이 상황에서는 우리가 어디로 플레이를 전개하면 좋다고 이야기했었지?"

코치들이 흔하게 하는 피드백이다. 직접 가르쳐주든 질문을 하든 이런 피드백은 미묘하게 비판의 형식을 띠고 있다. 피드백을 하는 목적은 제나에게 올바른 지식과 기술을 알려주는 것이다. 다르게 할 수 있었던 옵션을 알려주면 된다. 피드백을 통해 제나가 그런 옵션이 있었다는 사실을 인식하면 된다. 효과적인 전달과 인식이 목적이라면 비판보다는 교정 중심으로 피드백을 바꿀 필요가 있다. 제나를 포함해 관련된 선수들이 그 상황을 복기하면서 다시 해볼 수 있는 기회를 주면 된다. 바로 다시 시도해 보면서 코치가 알려

주는 옵션이 더 나은 방법인지 확인해 보면 된다.

학습은 장기 기억에 변화를 주는 일이다. 제나는 비판이 아니라 교정 피드백을 통해 올바른 플레이 방법을 장기 기억에 인코딩하면 된다. 상대의 강한 프레싱에서 빠져 나와 공격 포인트를 전환하려면 어떤 시각 단서를 체크해야 하는지 교정 피드백을 통해 배우면 된다. 코치는 제나에게 바로 적용해 볼 수 있는 교정 피드백을 제공할 수 있다.

"우리는 이 상황에서 공격 포인트를 바꿔야 해. 공간을 열려면 첼시를 찾아. 케이티에게 공을 넘겨줄래? 케이티부터 공격 포인트 전환 연습을 다시 해보자."

질문을 이용한다면 이렇게 물어볼 수 있다.

"제나. 잠깐 멈춰 봐. 지금 어떤 옵션이 있었지?"

(제나) "첼시한테 주어서 옆으로 넓게 플레이를 전개할 수 있었어요."

"그래. 그러려면 어떻게 해야 했을까?"

(제나) "공간을 열어야 해요."

"좋아. 케이티에게 공을 주고 다시 해보자."

비판의 맥락에서 교정의 맥락으로 전환하면 선수는 코치의 피드백을 직접 실행하면서 배울 수 있다. 무엇이 좋은 선택이나 움직임인지, 그것이 어떤 느낌인지 더 강렬하고 깊게 장기 기억에 인코딩하게 된다. 피드백이 실천으로 이어지는 문화를 형성한다. 많은 코치들은 지금까지 내가 한 말에 고개를 끄덕일 거라 생각한다. 그런데 코치들은 왜 이런 방식을 자주 사용하지 않는 것일까?

두 가지 이유가 떠오른다. 첫 번째는 시간 압박이다. 가르쳐야 할 것과 해야 할 것이 너무 많기 때문에 코치는 훈련에서 최대한 많은 걸 다루려는 유혹에 빠진다. 어떤 주제를 가르치고 그걸 충분히 연습하기 전에 다음 주제로 넘어간다. 학습은 코치의 말이 끝날 때가 아니라 코치가 한 말을 실제로 연습할 때 일어난다는 사실을 기억할 필요가 있다.

'지금 다시 해보기' 단계를 건너뛰게 만드는 두 번째 이유는 코치의 감정적인 충동이다. 많은 코치들이 분명한 의도 없이 즉흥적으로 피드백을 한다. 연습 도중에 마음에 들지 않는 동작이나 플레이가 눈에 들어오면 충동적으로 연습을 멈추고 가르치기 시작한다. 이렇게 충동적으로 피드백을 제공하는 상황에서는 말을 하면서 말할 내용을 생각하는 경우가 많다. 충분히 고민을 하고 하는 말이 아니기 때문이다.

의사결정에 관한 여러 연구에 따르면 1~2초의 짧은 시간 지연이 보다 전략적인 결정을 내릴 수 있게 도와준다고 한다. 연습 중에 무언가 하고 싶은 말이 떠오르면 관찰한 내용과 함께 노트에 적는 작업이 도움이 될 수 있다. 코치들은 시간이 지나면 하고 싶은 말을 잊어버릴까봐 보자마자 말하려는 경향이 있다. 그렇게 말로 표현하면서 마치 그 문제를 다룬 것같은 착각에 빠지기도 한다. 노트에 적어두면 잊어버릴지 모른다는 불안감을 없앨 수 있다. 노트에 적는 행동을 하며 감정을 절제해 말을 줄일 수 있다. 노트에 무언가를 적으며 1~2초만 시간을 지연해도 자신도 모르게 자동으로 말을 내뱉는 행동을 억제할 수 있다.

어린 선수들은 교정 과정을 순서대로 세분화하면 보다 효과적이다.

"좋아. 케이티에게 공을 다시 줘. 제나. 공을 받을 때 골반을 열면서 뒤쪽 발로 받는거야. [제나가 그대로 실행한다.] 그래. 퍼스트 터치를 그렇게 했기 때문에 첼시 쪽으로 빠르게 패스를 할 수 있게 되었지? 이제 알았지? 그럼 이제 첼시의 발에 정확히 패스하는 연습을 해보자. [제나가 그대로 실행한다.] 좋아. 이제는 빠른 스피드로 해 보는거야. 케이티한테 공을 주고 다시! 수비는 제나가 퍼스트 터치를 할 때까지 가만히 있어."

이렇게 하나씩 단계별로 연습하면 제나는 단순한 조건에서 천천히 기초적인 동작을 연습할 수 있다. 그 동작을 제대로 할 수 있을 때까지 반복해서 연습을 한 후에 보다 어려운 조건으로 넘어가면 된다.

레모브 노트
바이너리 피드백 (제임스 비스턴 코치)

더그 레모브 박사와 나는 데이비드 이글먼의 책 『인코그니토』에서 소개하는 '바이너리 피드백(binary feedback)[1]'을 테스트해보기로 했다. 이 아이디어는 2차 세계대전에서 유래한 것으로 당시 영국에는 영국 해협을 넘어 접근하는 비행기의 엔진 소리를 듣고 영국 비행기인지 독일 비행기인지 눈으로 확인하지 않고도 알아낼 수 있는 재능을 가진 극소수의 사람들이 있었다고 한다.

---

1   binary는 2진법을 의미한다.

영국군은 그런 능력을 가진 사람들을 더 많이 만들기 위한 시도를 했다. 하지만 소리로 비행기를 탐지하는 능력이 있는 사람들 대부분은 자신이 무엇을 듣고 비행기를 구별하는지 다른 사람들에게 설명을 하지 못했다. 설명을 할 수는 없지만 그저 할 수 있을 뿐이었다.

효과가 있었던 훈련 방법은 아주 단순했다. 엔진 소리가 들리면 훈련생에게 영국 비행기인지 독일 비행기인지 맞추도록 했다. 탐지능력자는 훈련생 옆에 있다가 "예스"나 "노"라고 말해주기만 했다(바이너리 피드백). 아마도 오늘날 인공지능을 개발하는 프로세스가 이와 비슷할 것이다. 올바로 판단했는지를 알려주는 바이너리 피드백이 쌓이며 훈련생들은 비행기 소리를 구분하는 능력을 키워나갔다. '예스/노'라는 단순한 피드백을 이용해 훈련생의 뇌는 말로는 설명할 수 없는 기술을 학습할 수 있었다.

선수들은 자신이 제대로 하고 있는지 잘 인식하지 못한다. 나는 바이너리 피드백을 테스트해보기로 했다. 코치가 선수 옆에 서서 신호를 주면 어떨까? 선수가 올바르게 동작을 수행하면 "예스", 올바른 동작이 아니면 "노"라고만 말해주는 것이다. 연습을 멈추면서 계속 설명해주지 않고도 빠르고 효율적으로 배울 수 있지 않을까?

나는 세 가지 상황에서 바이너리 피드백을 시도했다. 풋워크, 수비에서의 드롭 스텝(drop step), 스캔 활동으로 말로는 설명하기가 어려운 동작이나 플레이를 골랐다. 워낙 빠른 속도로 일어나기 때문에 선수 자신은 제대로 하고 있는지를 좀처럼 인식하기 어려운 복잡한 기술이었다.

'풀백(pull back)'과 '솔롤(sole roll)' 동작 중간에 스텝을 제대로 밟지 못해 균형을 잃곤 하는 선수가 있었다. 단순히 발을 똑바로 내려놓으라는 피드백만으로는 효과가 없었다. 어느 날 오후에 나는 그 선수에게 풀백과 솔롤 동작 사이에 스텝을 제대로 밟는지를 보고 "예스"와 "노"로 알려주겠다고 했다. 첫 번째 라운드에서는 "노"가 많이 나왔다. 단순한 동작이었지만 선수는 오랜 습관을 바꾸는데 애를 먹었다. 나는 앞에서 하는 풀백 동작을 조금만 천천히 해보라고 주문했다. "공을 더 천천히 뒤로 굴리면 발을 내려놓을 시간이 더 많아지겠지? 균형을 잡기 좋을거야. 하지만 전체적인 움직임은 빠르게." 그러자 갑자기 "노"가 "예스"로 바뀌기 시작했다. 발전 상황을 알려주는 "예스"와 "노"라는 말이 선수에게 동기부여가 되는 듯 보였다. "예스"라는 피드백을 들을 때마다 선수는 자신이 나아지고 있다는 확신이 들었다. "예스"라는 피드백이 꾸준히 늘어나면서 선수의 플레이 속도도 점점 빨라지기 시작했다. 그 선수는 간단한 '예스/노' 피드백에 실시간으로 반응하는 연습을 통해 안 좋은 습관을 빠르게 교정할 수 있었다.

두 번째로 나는 뒤로 돌면서 달릴 때 불필요한 스텝을 밟는 선수의 습관을 고쳐주고 싶었다. 불필요한 스텝을 추가하게 되면 상대의 움직임에 느리게 반응할 수밖에 없다. 사소해 보이지만 수비수에게는 치명적인 문제였다. 복잡한 동작을 수행하는 와중에 무의식적으로 나타나는 안 좋은 습관이었다. 나는 바이너리 피드백이 도움이 될 수 있을지 궁금했다.

일단 천천히 움직이도록 하면서 피드백을 주었다. 나는 스텝을 추가로 밟는지 유심히 관찰하면서 불필요한 스텝을 밟지 않고 깔끔하게 방향을 바꿨을 경우에는 "예스"라고 말해주었다. "노"라고 말할 때도 평가하는 느낌이 들지 않도록 말하는 톤을 신경썼다. 처음에는 느리게 진행하다가 점점 속도를 높였다. 선수는 어려움을 겪었지만 무언가 깨달음을 얻은 후에는 빠르게 변화가 일어나기 시작했다. 나는 점점 더 복잡한 조건으로 선수를 몰아갔다. 그러면서 물 흐르는 듯한 스텝 동작이 자리를 잡았다.

세 번째로 나는 선수의 '스캔(공을 받기 전에 주변 선수들의 위치나 움직임을 체크하는 동작)' 타이밍을 개선하는데도 바이너리 피드백이 유용한지 확인해보고 싶었다. 선수가 올바른 타이밍에 주변을 스캔하도록 훈련시키는 일도 어렵지만, 선수가 스캔을 하며 본 것을 뇌에서 실제로 처리했는지 판단하는 일은 훨씬 더 어렵다. 고개를 돌리는 동작을 가르치기는 쉽다. 동작과 연결된 지각을 가르치는 게 어려운 일이다.

나는 선수들의 뒤쪽에 삼각대를 놓고 그 위에 아이패드를 설치했다. 아이패드에는 3~4초 간격으로 파란색, 빨간색, 노란색, 녹색이 깜박이는 프로그램을 실행했다. 선수들은 공을 받기 전에 고개를 돌려 아이패드를 스캔하고 자신이 본 색깔을 외쳐야 했다. 나는 이 테스트를 통해 선수가 실제로 뒤쪽 공간을 확인하고 있는지, 아니면 그저 고개를 움직이는 시늉만 하고 있는지 알고 싶었다. 색깔을 맞추면 "예스", 틀렸으면 "노"라고 바이너리 피드백을 주었다.

하지만 나는 이 테스트가 별로 의미가 없다는 사실을 금방 깨달았다. 단순히 선수가 색깔을 올바로 봤는지 확인하는 작업에 불과하기 때문이다. 선수는 자신이 확인한 것을 바이너리 피드백을 통해 또 한 번 확인했을 뿐이다. 선수는 내가 제공하는 바이너리 피드백을 듣고 동작에 별다른 변화를 줄 필요가 없었다. 나는 이 테스트를 하며 바이너리 피드백은 선수가 다른 방법으로는 인식할 수 없는 무언가를 인식하는 도구가 될 때 효과적이라는 사실을 깨달았다.

바이너리 피드백은 선수의 기술 습득을 촉진하는 좋은 도구가 될 수 있다. 특히 무의식적인 움직임에 대한 인지 수준을 높여야 하는 훈련의 초기 단계에 유용하다. 하지만 바이너리 피드백은 많은 양이 필요하고 빠르게 (사실상 실시간으로) 제공되어야 한다. 선수와 코치 모두 집중력을 오래 발휘해야 한다. 그래서 바이너리 피드백은 짧고 밀도있게 사용하면 좋다. 나는 교차 연습 방식을 추천한다. 몇 분간 집중해서 하나의 동작을 연습한 다음 다른 동작으로 넘어간다. 몰입과 망각 사이를 몇 분 동안 왔다갔다 한다.

학습에는 시간이 필요하다

대부분의 학습은 선수가 코치의 말을 들을 때가 아니라 코치의 말을 실제로 연습할 때 이루어진다. 이는 코치가 피드백을 제공한 이후의 과정에 많은 관심을 기울여야 한다는 걸 의미한다. 코치들은 가르치느라 바쁜 나머지 자신이 가르친 내용을 연습할 시간을 충분히 주지 않는 경우가 많다.

최근에 나는 어느 유소년 코치의 피드백 장면을 인상깊게 본 적이 있다. 선수들이 검은색과 녹색 유니폼을 나눠 입고 3대3+1 경기를 하고 있었다. 코치는 선수들을 세 구역으로 나누었다. 선수들은 자신의 구역을 벗어날 수 없었다. 하지만 +1에 해당하는 선수는 어디든 갈 수 있었다.

코치가 세팅한 제약으로 인해 선수들은 공간을 만들기 위해 수비수와 거리를 벌려야 했다. 그래야 안정적으로 공을 받을 수 있었다. 흰색 원에 해당하는 중립 선수가 공을 가지고 있고 X선수가 화살표 방향으로 달리며 공간을 여는 시도를 했다. 하지만 수비가 쉽게 커버했고 그 시도는 성공하지 못했다.

코치는 연습을 잠시 멈추었다. "이런 상황에서 공간을 열려면 속임 동작을 해주면 좋겠지? 수비수를 향해 달리는 척 하면서 공을 받기 위한 공간으로 달리는 거야." 코치는 스텝을 밟으며 시범을 보여주었다. 그리고 X선수에게 그 동작을 다시 연습해 보라고 주문했다. X선수는 보다 수월하게 공간을 열며 중립 선수가 보내주는 공을 받을 수 있었다. 선수의 머리에 전구가 켜진 순간이었다.

나의 눈에 이 장면은 거의 완벽한 코칭의 순간이었다. 코치는 여러 상황에 적용할 수 있는 기술을 탁월한 테크닉으로 가르쳤다. 코치가 짧은 시간 동안 선수에게 해준 피드백은 공을 잡고 있지 않은 상황에서 어떻게 움직여야 하는지를 각인시켜 주는 훌륭한 가이드였다. 다음과 같이 좋은 피드백의 요소를 완벽히 갖추고 있었다.

(1) 연습을 멈추고 피드백을 제공하고 다시 재개할 때까지 25초 정도 밖에 걸리지 않았다. (짧은 피드백)

(2) 오직 하나의 주제에만 집중했기 때문에 선수의 작업 기억에 부담을 주

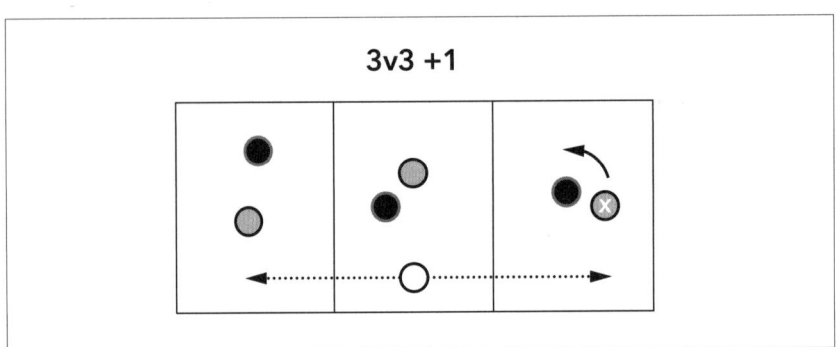

지 않았다. (초점이 분명한 피드백)

(3) 비판이 아니라 교정의 맥락에서 이야기했다. 선수는 필요한 동작에 대해 그저 말로만 들은 게 아니라 실제로 다시 연습할 수 있는 기회를 제공받았다. (비판이 아니라 교정)

(4) 선수는 코치로부터 들은 피드백을 바로 적용해 연습했다. (피드백을 바로 적용)

(5) 명확하고 간결하며 기억하기 쉬운 언어를 사용했다. "속임 동작을 해주면 좋겠지? 수비수를 향해 달리는 척 하면서 공을 받기 위한 공간으로 달리는 거야." 더 이상 간결하고 완벽할 수 없다.

하지만 얼마 지나지 않아 나에게 새로운 깨달음을 안겨준 장면이 나타났다. 1분도 채 지나지 않았는데 코치는 다시 연습을 멈추었다. 그리고는 다른 주제에 대해 말하기 시작했다. 코치가 주제를 전달하는 방식은 여전히 괜찮았다. 하지만 선수들의 작업 기억에서 첫 번째 주제를 지우는 결과를 가져왔다. 이제 선수들은 새로운 주제를 생각하며 연습을 해야 했다. 공간을 열기 위한 달리기 연습은 1분도 채 지나지 않아 끝나버렸다. 이제 막 여러 움직임을 시도하면서 배우려던 참이었다. 선수들은 페이크 동작으로 상대의 균형을 무너뜨리면서 달리는 여러 방법을 테스트할 시간이 필요했다. 상대 선수의 바디랭귀지에서 순간적인 변화를 감지하며 움직이는 연습도 해야 했다. 하지만 코치는 1분만에 주제를 바꿔버렸다.

거듭 반복해서 말하지만 코치의 티칭이 곧 선수의 학습은 아니다. 단지 티칭이 끝났을 뿐이다. 학습에는 실제로 해보는 시간이 필요하다. 코치의 피드백에 집중해서 연습하는 시간이 실질적인 학습으로 연결된다. 코치들은 어떤 주제를 기가 막히게 잘 가르치고 나서는 성급하게 다음 주제로 넘어가는 실수를 많이 한다. 잘 가르치는 일에만 신경을 쓰다 보니 선수가 자신의 피드백을 생각하며 연습할 기회를 충분히 주지 않는다. 공이 없는 상황에서 어떻게 움직여야 하는지 이해하기 쉽게 가르치고 나서는 선수 스스로 달리는 페이스와 방향을 다양하게 바꿔가며 연습할 시간은 충분히 제공하지 않는다. 이런 실수를 막으려면 코치는 다음과 같은 기준을 따르면 좋다.

(1) 코치의 피드백에 집중해 충분히 연습을 할 수 있도록 경기를 재개할 때 일부러 연습 시간을 늘린다.

(2) 훈련 중에 피드백을 해주었던 내용을 언급하며(실시간 정렬 피드백) 선수들의 집중력을 유지시킨다. "수비수의 균형을 무너뜨려! 달리는 페이스와 방향에 변화를 줘!" 피드백과 관련한 연습을 하도록 계속 자극한다.

(3) 연습을 멈추고 다시 피드백을 줄 때도 같은 주제에 집중한다. (주제와 이어지는 약간의 변형은 괜찮다.) 그리고 나서 상당한 시간 동안 (10~15분) 연습에 집중한다.

(4) 그날의 연습을 마무리하며 다시 한 번 인출 연습을 한다. 다음 한두 번의 연습에서도 짧은 시간이라도 인출 연습을 한다. 장기 기억으로 인코딩하기 위한 작업이다.

이를 위해 코치에게는 자기 규율(self-discipline)이 필요하다. 자신의 말을 신중하게 선택하고 사용하는 자기 규율을 갖춘 코치는 선수가 경기를 하는 90분 동안에도 많은 것을 가르칠 수 있다. 지금 가르쳐야 할 가장 중요한 주제가 무엇인지 알고 그것을 코칭하는데 집중한다.

제약 기반 연습은 선수들이 코치의 피드백을 충분히 연습할 수 있는 좋은 환경이다. 제약 기반 연습은 경기의 규칙이나 구조를 바꿔 특정한 상황이 자주 일어나도록 만든다. 선수는 코치의 명시적인 교습이나 피드백이 없어도 코치가 디자인한 연습 환경 속에서 직접 경험을 통해 많은 걸 배울 수 있다. 제약 기반 연습은 전문가 레벨의 선수에게 더 효과적이지만 잘 활용하기만

하면 기술 습득의 초기 단계에 있는 선수가 피드백에 집중해 연습하는 데도 도움이 된다. 제나에게 공격 포인트를 바꾸는 방법을 알려준 코치는 제나가 보다 많은 연습 기회를 가질 수 있도록 규칙을 변경할 수 있다.

"앞으로 5분 동안 한 명을 제외한 모든 수비수는 공과 같은 쪽에 있어야 해."

"경기 끝날 때까지 공격 포인트를 전환해서 득점한 골은 두 점으로 계산할거야."

"득점이 인정되려면 반드시 한 번은 공이 반대쪽으로 이동해야 해."

이런 규칙 변화는 자연스럽게 공격 포인트를 전환하는 연습 기회를 이끌어낸다. 아마 코치들은 내가 소개한 방법보다 훨씬 더 창의적이고 다양한 제약을 사용하고 있을 거라 생각한다. 중요한 것은 이렇게 잠시 동안 규칙을 변경하면 선수들이 피드백에 집중해 연습할 수 있는 시간을 보다 많이 확보할 수 있다는 점이다. 실시간 피드백을 적절히 활용하는 것도 방법이다.

"앞으로 5분 동안 프레싱에서 벗어나 공격 포인트를 전환할 수 있는 기회가 오면 "예스"라고 내가 소리칠거야. 내가 "예스"라고 말하면 공격 포인트를 어디로 바꿔야 할지 찾아야 한다는 뜻이야."

"우리의 숫자가 적고 좁은 공간에 공이 있으면 "프레싱"이라고 외칠 거야. 그 소리를 들으면 주변을 둘러보면서 공격 포인트를 바꿔야 해."

경기의 규칙이나 구조를 바꾸는 제약 기반 연습은 피드백을 연습할 기회가 자연스럽게 자주 발생하지 않아 선수가 어떤 주제를 충분히 연습하지 못하고 있을 때 사용할 수 있다. 실시간 피드백 방식은 연습할 수 있는 기회가 자주 생기는데도 선수가 그 기회를 잘 인지하지 못할 때 사용할 수 있다.

제약을 이용해 특정한 플레이를 유도하는 코칭 방식을 반대하는 의견도 있다. 선수를 지나치게 통제하기 때문에 의사결정을 왜곡하고 과도하게 특정한 솔루션을 사용할 위험이 있다고 주장한다. 물론 프레싱 상황에서 공격 포인트를 바꾸는 플레이가 프레싱으로부터 벗어나는 최선의 방법은 아닐 수 있다. 제약을 사용하는 이유는 선수가 특정한 방식으로 문제를 해결하는 경험을 쌓게 하기 위함이지 항상 그렇게 해야 한다는 의미는 아니다. 이 점만 분명히 기억하면 제약 기반 연습에 잠재된 위험은 상당 부분 관리할 수 있다. 프레싱에 대응하기 위한 여러 방법을 가르쳐 주고 선수들과 이야기를 나누면 된다. 주어진 상황에서 어떤 방식이 더 나은지 선수 스스로 선택하도록 하면 된다.

코치가 잘 준비된 성찰 질문을 하면 피드백을 실행하는 습관을 강화하면서 티칭 포인트를 강조할 수 있다. 선수는 코치의 질문을 통해 피드백을 연습하는 일이 최우선이라고 분명히 인식하게 된다.

"좋아. 얘들아. 내가 경기 중간중간에 몇 번 "프레싱!"이라고 외쳤지? 그때마다 공격 포인트 전환이 잘 된 것 같아?" "매끄럽게 잘 전환되지 않는 경우도 있었는데 왜 그랬을까?" "어떤 게 어려웠니?" "잘 전개되었을 때는 어떻게 한거야?"

'시간 띄우기(spacing)'와 '교차 연습(interleaving)'의 접근법을 여기에도 적용할 수 있다. 공격 포인트를 바꾸기 위한 연습 시간을 선수들에게 충분히 제공한다. 그러고 나서 잠시 다른 연습을 했다가 15분 후에 다시 공격 포인트를 바꾸는 연습을 한다(시간 띄우기). 또는 다음 날 연습을 하다가 "프레싱!"을 외치며 인출 연습을 할 수도 있다. 인출 연습을 마치고 선수들에게 질문을 하며 티칭 포인트를 강조한다. 인출 연습을 보다 체계적으로 진행하려면 코치가 중요하게 생각하는 연습 주제와 코칭 포인트를 정리해 놓아야 한다. 언제나 쉽게 들여다볼 수 있는 인출 리스트가 있으면 체크를 하면서 하나씩 불러내 연습할 수 있다.

실행-피드백 루프를 줄여라

나는 케이티 예지, 에리카 울웨이와 함께 쓴 책 『Practice Perfect』에서 의료계에서 나온 놀라운 사실을 소개했다[2]. 수천수만 건의 판독 경험이 축적되면 방사선 전문의의 판독 능력은 당연히 좋아질 거라고 생각하는 게 정상이다. 하지만 일부 방사선 전문의에게서 엑스레이라든지 다양한 스캔을 판독하는 능력이 시간이 지날수록 오히려 떨어지는 현상이 관찰되었다. 그런데 그런 의사들의 판독 프로세스에는 주목할 지점이 있었는데, 그들은 유방 촬영 사진을 판독하고 며칠이 지나서야 자신의 판단이 정확했는지를 확인했다. 심지어는 몇 주나 몇 달 후에 확인하는 경우도 있었다. 그 정도 시간이 흐르면 판독을 할 당시에 자신이 왜 그렇게 분석을 했는지 세부적인 내용을 떠올리기가 어렵다. 일부 의사들은 자신의 판독에 대한 피드백을 바로 받지 못했기 때문에 판독 능력이 정체되었던 것이다.

피드백은 내용 못지않게 타이밍과 속도가 중요하다. 코치가 문제를 발견한 순간 신속하게 개입해서 말해주면 나중에 여러 차례 말해줄 필요가 없다. 소리를 지를 위험도 줄어든다. 코치들은 바로 피드백을 해줄 수 있는 기회를 놓치고는 한참이 지나 짜증을 내며 말하곤 한다. "야! 왜 미드필드에서 공을 잘 돌리다가 OO를 하는 거야? 그럴 때는 OO하자고 내가 몇 번이나 말했어?" 문제를 발견했을 때 차분하게 바로 피드백을 해주면 감정에 휩싸여 거친 말을 쏟아내는 실수를 피할 수 있다.

앞선 사례에서 제나의 코치는 선수들이 "프레싱!"이라는 신호에 공격 포인트를 바꾸는 플레이를 좀처럼 시도하지 못할 때 연습을 멈추고 성찰 질문

2　Joshua Foer, Moonwalking with Einstein 참조

을 던질 수 있다. "여기서 우리가 풀어야 할 과제가 뭐지? 이거를 극복하려면 무엇을 해야 할까?"

단계별로 접근하는 것도 방법이다. 코치는 공격 포인트를 전환하기 위해 필요한 동작인 공을 받는 테크닉을 연습할 수 있다. 모든 기술이나 플레이에는 문제의 근본 원인으로 작용하는 동작이 있다. "잠시 멈춰. 얘들아. 내가 "프레싱!"이라고 외쳤는데도 프레싱 상황에서 빠져나올 수 없었어. 공을 받는 테크닉이 하나의 이유야. (테크닉에 대한 설명과 시범)"

선수가 실수를 서너 차례 반복하도록 놔두는 것도 하나의 방법이다. 뜻대로 안 되어 답답해 하면서 집중력을 잃어갈 즈음에 문제에 대해 말해주면 피드백의 효과를 높일 수 있다.

연습을 멈추고 피드백을 주는 상황을 코치들은 보통 둘로 나눈다. 공이 라인을 벗어나서 자연스럽게 경기가 중단되는 상황과 코치가 의도적으로 개입해 멈추는 상황이다. 선수의 자율적인 플레이를 방해한다는 이유로 코치가 연습을 중단해서는 안 된다고 말하는 코치들도 있지만 나는 이에 관한 의견 차이는 그다지 중요하지 않다고 생각한다. 아마도 그런 주장을 하는 분들은 코치들이 연습을 너무 자주 멈추고 선수들을 가르치려 한다는 생각 때문일 것이다. 물론 연습을 멈추고 피드백을 주는 시간을 신경을 써서 줄이려는 노력은 필요하다. 하지만 시간을 내서 이야기해야 할 순간도 분명히 존재한다. 결국 중요한 것은 상황과 타이밍이다.

공이 라인을 벗어날 때까지 기다리면 선수가 문제가 되었던 순간의 세부적인 측면들을 상당 부분 잊어버리게 된다. 문제의 장면을 재현하기도 어려워지고 교정 피드백을 제공하기도 힘들어진다. 이것이 실행-피드백 루프를 줄여야 하는 중요한 이유다. 문제가 되었던 상황을 최대한 빨리 재현하면 선수는 눈으로 문제를 확인하면서 지각과 동작을 연결할 수 있다. 선수의 문제해결 능력을 발전시키기를 원한다면 문제가 생겼을 때 선수가 문제를 볼 수 있도록 해야 한다.

가능하면 신속하게 피드백을 제공하는 것이 좋지만, 융통성 없이 실행-피드백 루프를 무조건 단축시키려고 하기 보다는 여러 측면을 고려해야 한다. 우선 언어를 잘 선택해야 한다. 반복해서 사용할 언어를 시간을 투자해 정리해야 한다. 선수를 관찰하고 기록하며 선수에 관한 정보를 모아야 한다. 동료 코치와 함께 어떤 시범으로 솔루션을 전달할지 아이디어를 찾아야 한다. 훈련 중에 선수들이 저지를 수 있는 실수를 미리 예상하고 준비해야 한다. 이런 여러가지 요소들을 함께 고려하며 피드백-실행 루프를 관리해야 하지만 전반적으로는 그 자리에서 피드백을 제공하는 게 효과적인 경우가 많다.

실행-피드백 루프를 단축하려고 하다 보면 코치는 충동적인 성향이 강해져 사소한 문제 하나하나를 볼 때마다 연습을 중단하고 피드백을 줄 위험이 있다. 그런 위험에 빠지지 않으려면 코치는 분명한 의도와 계획이 있어야 한다. 인간의 지각은 의도와 계획에 따라 달라진다. 코치가 무엇을 관찰할지 사전에 우선 순위를 정해 계획하면 훈련 중에 자신이 봐야 할 대상에 집중할 수 있다. 일어날 수 있는 실수를 미리 예상하고 준비하면 충동적으로 반응할 확률도 줄어든다.

연습을 중단하는 일관된 루틴을 만드는 일도 중요하다. 코치가 "잠깐 멈춰!" "스톱!" "얼음!"이라고 말하면 선수는 즉시 움직임을 멈추고 피드백을 받을 수 있는 상태로 전환해야 한다. 피드백을 주기 위해 선수들을 불러 모았다가 다시 원래 자리로 돌아가게 하면 시간도 낭비될 뿐만 아니라 문제 상황을 재현하기도 어려워진다. "켈리는 더 가운데로 가고, 칼라는 더 깊숙이 서!" 선수들은 자신이 원래 있었던 위치를 떠올리기 위해 에너지를 쓰다 보면 방금 코치로부터 들은 피드백을 금방 잊어버리게 된다. 문제 상황을 재현하기 위해 선수들의 위치를 정해주는 코치 역시 주의가 산만해진다.

> **레모브 노트**
> ## 경기 기반 연습에서 코치의 역할

댄 맥팔랜드는 유럽 최고의 프로 럭비팀 중 하나이며 유럽 챔피언스컵에도 단골로 출전하는 북아일랜드 벨파스트 얼스터팀의 감독이다. 그는 팀 전체를 코칭하는 역할과 선수 개인을 성장시키는 역할을 균형있게 실천하기 위해 노력한다.

대부분은 경기 기반 연습으로 진행합니다. 공격이나 수비 어느 한 쪽에 우선 순위를 두고 두 명의 코치를 서로 다른 편에 배치합니다. 예를 들어 수비에 초점을 맞춰 연습을 한다고 가정해 보겠습니다. 수비 코치인 제러드 페인이 럭 주변의 간격과 라인 스피드를 개선하는 연습을 합니다. 이 때는 페인 코치만 경기를 멈추고 선수들에게 피드백을 줄 수 있습니다. 팀 전체를 대상으로 한 코칭은 페인 코치의 몫이 되는거죠. 페인 코치가 코칭의 우선권을 가집니다. 선수들은 모두 페인 코치의 지도에 집중해야 합니다.

한편 상대팀을 맡은 포워드 코치 로디 그랜트는 선수 개인에 집중합니다. 돌파와 럭 상황에서 공격 선수들의 움직임을 관찰합니다. 그랜트 코치는 선수들이 플레이하는 동안 슬그머니 공격수들 옆으로 이동합니다. 케빈이라는 선수가 상대의 자세나 움직임에서 단서를 일찍 파악하지 못해 돌파가 늦었다고 가정해 보겠습니다. 그랜트 코치는 "케빈! 스피드!"라고 외칩니다. "스피드"는 우리가 연습 때 꾸준히 사용하는 말입니다. 이렇게 선수에게 개별적으로 피드백을 줍니다. 코칭 우선권이 없는 코치가 연습에 개입할 때는 다음과 같은 디테일에 신경을 써야 하고 타이밍이 중요합니다.

피드백은 바로 제공할 수 있지만 경기에 대한 몰입을 방해해서도 안 됩니다. 팀 전체에 대한 코칭 우선권이 있는 페인 코치의 지도를 방해해서도 안 됩니다. 코치는 자신이 개입하고 싶은 타이밍에 경기장에서 벌어지는 일을 잘 읽어야 합니다.

선수의 이름을 확실하게 불러야 합니다. 그렇지 않으면 케빈은 자신에게 말하는지 모를 수도 있습니다. 이름을 들은 케빈은 그랜트 코치의 피드백을 받기 위해 잠깐 고개를 돌리면 됩니다.

언어는 정확하고 간결해야 합니다. "스피드!"라는 말을 들은 선수들은 상대의 태클을 피하고 수비수를 따돌리려면 속도를 높여야 한다는 사실을 알게 됩니다. 연습 때 꾸준히 사용해 왔기 때문입니다. "마지막 럭까지 너무 느려!"라고 길게 말할 필요가 없습니다.

마지막은, 아마도 가장 중요한 요소일 지도 모르는데요. 그랜트 코치는 피드백을 제공하고 나서 최대한 빨리 '성공 경험을 알려주어야' 합니다. 그랜트 코치는 케빈이 좋은 스피드로 돌파를 성공하는지 유심히 관찰합니다. 그걸 해내는 순간 "케빈. 좋아. 굿 스피드!"라고 성공을 확인시켜 줍니다. 이것으로 피드백–실행 루프가 끝납니다. 성공을 확인해 주는 그랜트 코치의 피드백으로 케빈은 자신의 플레이가 발전했다는 사실을 알 수 있습니다.

이런 피드백 프로세스는 다른 선수들에게도 긍정적인 영향을 미칩니다. 비록 선수 한 명을 대상으로 코칭이 진행되지만 주변의 다른 선수들도 그 대화를 듣게 됩니다. 케빈 외의 다른 선수들도 "스피드!"의 중요성을 인식하게 됩니다.

다른 코치가 주도해 가르치는 동안 이렇게 즉흥적으로 반응하며 개별 선수를 코칭하는 일은 코치에게 어려운 기술입니다. 선수가 실제로 경기를 하는 것과 매우 비슷합니다. 코치는 경기장에서 벌어지는 일을 잘 읽어야 합니다. 코칭 우선권을 가지고 있는 페인 코치가 무슨 말을 하려는 건 아닌지 그의 바디랭귀지를 보며 신호를 읽어야 합니다. 바로 그 순간에 선수들의 주의가 산만해지는지도 알아차려야 합니다. 복잡한 경기 속에서 여러 신호와 단서를 읽고 있는 선수의 지각 활동과 주파수를 맞추어야 합니다.

칭찬 : 좋은 동작을 반복하도록 도와주는 도구

대부분의 사람들은 칭찬이 좋은 동기 부여 수단이라고 생각한다. 자신감을 불어 넣고 노력을 자극하는 강력한 도구로 여긴다. 코치들이 하는 말을 듣다 보면 "잘했어. 좋아. 마음에 들어!" 이런 칭찬의 말을 자주 듣게 된다. 칭찬의 말이 선수에게 동기 부여의 효과가 있다는 것은 어느 정도 사실이다.[3] 하지만 칭찬은 티칭의 도구로 훨씬 더 파워풀하게 사용할 수 있다. 칭찬을 이용해 코치는 선수가 무엇을 반복해야 하는지 알려줄 수 있다. 이런 긍정적 강화의 측면으로 칭찬을 사용하는 코치들은 많지 않다.

   선수는 어떤 동작이나 기술을 잘 수행하고도 그 상태를 유지하지 못하는 경우가 많다. 자신이 잘 했다는 사실을 인식하지 못하는 것도 하나의 이유다. 선수들은 자신이 수행한 여러 동작 사이의 차이를 잘 구별하지 못한다. 관찰 능력이 뛰어난 코치는 긍정적인 강화의 말을 이용해 선수의 자기 인식을 도와줄 수 있다. 간단하게 시작할 수 있는 일이다. 선수가 어떤 동작을 잘 해내면 '좋은 동작'이라는 사실을 알 수 있도록 피드백을 해주면 된다. "그래. 바로 그거야. 루시." 이렇게 말해주면 루시는 자신의 연습을 코치가 관심을 가지고 지켜보고 있다는 사실을 인식하게 된다. 이는 단순히 루시의 노력을 칭찬하는 게 아니다. 비슷한 듯 보이지만 "잘했어. 루시."와는 느낌이 다르다. 작지만 중요한 차이다. 코치는 루시가 무엇을 제대로 했는지 구체적으로 피드백 해주면서 선수를 발전시켜 나갈 수 있다.

   "그래. 루시. 퍼스트 터치 좋았어!"

   "그렇지. 루시. 퍼스트 터치로 그렇게 프레싱에서 빠져나오면 돼!"

   "잠깐만. 얘들아. 루시가 정말 예리한 플레이를 했어. 퍼스트 터치로 공을 곧바로 뒤쪽으로 보냈어. 우리가 연습한 대로 몸을 열면서 말이야. [시범] 우리 모두 몇 번 더 연습해보자."

---

3   과도하게 사용하면 이점이 희석될 수 있다는 것도 사실이다.

루시와 질문을 몇 차례 주고받으며 자기 인식을 강화할 수도 있다. 루시에게 잘 한 동작을 스스로 분석해 보라고 요청할 수도 있고, 개선할 부분을 말해보라고 할 수도 있다.

"루시. 방금 퍼스트 터치 어떻게 한거야?"

"뒤로 공을 보냈어요."

"왜 그렇게 했어?"

"카야가 다가오고 있었거든요."

"퍼스트 터치를 뒤로 해서 무슨 일이 벌어졌지?"

"소유권을 지키는 게 더 수월했어요."

"그래. 바로 그거야. 완벽했어. 예전에는 우리가 그런 상황에서 공을 자주 뺏겼잖아. 이번에는 달랐어. 정말 좋은 플레이였고 다들 우리가 해낸 걸 봤어."

특히 첫 번째 성공 경험을 한 순간이 중요한 코칭 기회다. 그때 긍정적인 강화의 말과 함께 피드백을 제공하면 선수는 자신이 해야 할 기술이나 플레이를 분명히 알 수 있다. 만약 반대의 상황이라면 어떨까? 루시가 퍼스트 터치를 상대가 서있는 방향으로 하는 바람에 공을 빼앗겼다. 그 모습을 보고 코치가 연습을 멈추고 피드백을 한다. "루시. 퍼스트 터치를 잘 하긴 했는데, 다음에는 몸을 더 돌려서 퍼스트 터치가 뒤쪽으로 가도록 해보자." 실수를 하자마자 코치가 이렇게 말했기 때문에 루시는 코치의 주문대로 할 수 있을지 불안할 수 있다. 하지만 성공 경험에 가장 먼저 피드백을 받은 루시는 자신이 해낸 플레이를 다시 반복하거나 조금씩 조정하면 된다. 루시에게는 자신감이 생겼기 때문이다.

성공 경험에 즉각적으로 피드백을 해주는 일에는 부수적으로 긍정적인 효과가 있다. 피드백에 대한 선수들의 정서적 반응을 바꿀 수 있다. 휘슬 소리나 "잠깐 멈춰"라는 말을 들으면 선수들은 예전에 연습을 멈추고 피드백을 들었을 때 올라온 감정을 순간적으로 느끼게 된다. 아마도 많은 선수들은 불안이나 두려움같은 부정적인 감정을 먼저 느낄 확률이 높다. '누군가 잘못한 게 있구나'라는 생각 때문이다. 성공 경험에 피드백을 제공받는 경험을 반복하면 선수들의 정서적 반응도 바뀔 수 있다.

"좋아!" "환상적이야!"라고 말하고 나서 코치는 선수가 칭찬의 이유를 알고 있는지 체크해야 한다. 알고 있다면 상관없지만 만약 코치가 왜 자신에게 칭찬을 했는지 모른다면 이유를 반드시 말해주어야 한다. "그건 말이야 아까 너가 OO했을 때.."

칭찬을 남발하다 보면 칭찬을 하는 목적을 잊어버리기 쉽다. "바로 그거야." "그렇게 하면 돼." 때로는 직접적인 칭찬의 말이 아니라 칭찬의 뉘앙스가 느껴지는 말로 대체해도 좋다. 늘 "대단해." "훌륭해." 이런 말로 포장하지 않아도 된다. 오히려 과한 표현을 남발하면 성공 경험을 확인시켜 주는 본래의 의미가 퇴색된다. 10분 동안 연습을 하는데 "훌륭해"라는 말을 30번 들으면 선수는 어느 순간부터 그 말을 들어도 별다른 자극이 안 될 수 있다. 또한 지나친 칭찬은 거짓을 말하는 것처럼 들릴 위험이 있다.

칭찬을 포함한 피드백도 짧고 간결하게 전달하면 좋다. 칭찬을 하다 보면 코치는 선수의 성공에 기분이 좋아져서 자칫하면 흥분하게 된다. 자신의 기분이 선수에게 전달되기를 바라는 마음으로 칭찬의 말을 반복해서 하기도 한다. 그러면 말의 의미는 희석될 수밖에 없다.

끝으로 선수는 코치의 칭찬을 듣고 반복해서 연습할 시간을 가져야 한다. 앞서 존 버마이스터가 안나에게 첼로를 가르치는 영상에서도 존은 긍정적인 강화의 말을 하고 바로 여러 차례 연습을 시키고 있다.

"아주 좋아. 한 번 더!"

"세 번 더. 그렇게."

"다시 해볼까?" "세 번 더. 그렇게."

단순해 보이지만 이런 말은 선수의 마음을 파고들어 가는 파워풀한 피드백이다. 한 번 잘 했다고 해서 끝난 게 아니라는 점을 알려주기 때문이다. 좋은 퍼포먼스는 기술을 마스터하는 과정에서 중간 단계에 불과하다는 점을 상기시켜 준다. 선수가 잘 하는 모습을 보면 코치는 그 기술이 선수의 일부가 되었다고 착각하곤 한다. 하지만 실제로 그 기술이 경기에서 나타나려면 오랜 시간의 반복이 필요하다.

> **레모브 노트**
> **신호와 노이즈 : 스티브 커와 스테판 커리**

선수의 성공 경험을 확인시켜 주는 코칭은 어린 선수들에게나 필요한 일처럼 보이지만 실제로는 모든 레벨에서 중요하다.

 스티브 커의 작전 타임

영상에서 골든스테이트 워리어스의 스티브 커 감독은 스테판 커리에게 통찰력이 드러나는 코칭을 하고 있다. 커리는 슛이 잘 들어가지 않아 어려움을 겪고 있는 상황이다. 하지만 커 감독은 커리가 비록 슛 성공률은 떨어지지만 사전에 정한 게임 플랜대로 잘 플레이하고 있다는 사실을 인지시켜 주고 있다. 레벨에 관계 없이 선수들은 경기에서의 결과와 그로 인한 감정에 지나치게 매몰되며 중심을 잃곤 한다. 단지 슛이 한 번 빗나갔을 뿐인데도 경기를 보는 시야가 완전히 달라지기도 한다. 반대로 무리한 슛을 쐈는데 들어가기라도 하면 갑자기 자신감이 충만해 말도 안 되는 위치에서 슛을 난사하기도 한다. 코치는 선수가 올바른 관점을 유지할 수 있도록 적절히 컨트

롤할 필요가 있다.

"그렇게 오픈 찬스를 만들어서 슛을 던지면 10번 중 8번은 들어가잖아. 이번에는 운이 없었을 뿐이야."

"밸런스가 무너진 상태에서 쏜 슛이 들어간 건 행운이야. 하지만 슛이 들어갔다고 해서 결과에 속아서는 안 돼."

경기장에는 신호와 노이즈가 마구 섞여 있다. 좋은 신호에 집중해야 의사결정과 실행의 질이 좋아진다. 노이즈는 무작위하게 일어나는 정보를 의미한다. 선수가 노이즈가 아닌 올바른 신호에 집중하도록 하는 게 코치의 중요한 역할이다. 커 감독이 바로 커리가 올바른 신호에 집중하도록 안내하고 있다. 커리는 빠른 템포로 코트를 넘어가 오픈 찬스에서 슛을 시도하는 플레이를 여러 차례 했다. 사전에 계획한 대로 이루어진 좋은 플레이였지만 커리 자신은 슛이 실패했다는 이유로 신호가 아닌 노이즈에 마음을 뺏기고 있다. 경험과 인식은 지극히 주관적이기 때문이다. 스테판 커리와 같은 최고의 선수도 경기를 하면서 일어나는 감정을 컨트롤하며 다음 할 일에 집중하려면 코치의 도움이 필요하다.

이것이 바로 코치가 게임 모델을 가져야 하는 이유다. 분명한 게임 모델이 있을 때 코치는 선수에게 올바른 신호를 꾸준히 보낼 수 있다. 같은 동작이나 플레이를 하는데도 성공을 하면 칭찬을 하고 실패를 하면 비난을 하는 코치를 보며 선수들은 화가 난다. 성공과 실수, 득점과 실점, 승리와 패배 외에 자신이 제대로 하고 있는지를 평가받는 기준이 없는 선수는 혼란스러울 수 밖에 없다.

6장

피드백 301 : 피드백의 확장

어떻게 보면 미래에 피드백을 제공할 일을 줄이는 것이 피드백을 주는 장기적인 목적이라고 할 수 있다. 대부분의 코치들은 어떻게 하라고 일일이 말해주지 않아도 선수가 스스로 올바른 결정을 내리기를 바란다. 코치가 없어도 경기를 이해하며 플레이하기를 바란다. 우리가 다룰 피드백의 세 번째 단계는 선수가 스스로 생각하는 능력과 자율성을 키우는 일이다. 이 단계의 피드백은 질문이 핵심적인 도구다. 올바른 질문은 선수가 스스로 답을 찾도록 이끌어준다. 선수가 경기장에 발을 딛고 있는 어느 때라도 뇌가 '켜져' 있도록 만든다. 하지만 질문은 쉬워보이지만 실제로는 무척 어려운 기술이다. 생각하는 선수를 만드는 일은 단순히 질문을 많이 던진다고 해서 되는 일이 아니다.

질문은 매우 강력한 코칭 수단이지만 아무런 단점도 없다거나 모든 상황에서 최고의 방법이라는 의미는 아니다. 다른 피드백 도구들과 마찬가지로 질문도 잘못 사용하면 별로 소용이 없다. 코치들은 질문을 가장해 자신이 하고 싶은 말을 하는 경우가 있다. 가끔은 아무도 답할 수 없는 질문을 하기도 한다. 모두가 답을 아는 뻔한 질문을 하기도 한다. 그런 질문들은 질문으로서의 가치가 거의 없다. 그리고 질문을 잘못 하면 시간만 많이 잡아먹는다. 선수가 답을 하지 못해 한참을 가만히 있거나, 질문을 잘못 이해해 엉뚱한 이야기를 늘어놓거나, 장황한 대답으로 모두를 산만하게 만들면 연습 분위기가 흐트러지게 된다. 질문을 좋은 피드백 도구로 활용하려면 연습의 분위기를 잘 인지하고 질문이 필요한 상황을 적절히 선택해야 한다. 무엇보다도 질문을 올바로 디자인하는 작업이 관건이다.

티칭 방식의 피드백과 질문을 활용한 피드백 중에 하나만 선택할 이유는 없다. 앞선 상황에서 심플하고 간결한 티칭 피드백을 제공했다면 다음 상황에서는 보다 많은 시간을 할애해 개방형 질문을 선수들에게 던지고 이야기를 들어볼 수 있다.

앞서 다루었듯이 인지과학자 존 스웰러는 초보자와 전문가는 학습하는 방식이 다르다고 말하며 '안내 페이딩 효과'를 이야기했다. 일반적으로 초보자는 작업 기억에 과부하가 걸리기 쉽다. 반면 전문가는 배우는 내용을 보다 큰 덩어리(청킹)로 빠르게 처리하기 때문에 작업 기억에 과부하가 적게 걸린다. 그렇기 때문에 "초보자에 가까운 상태일 때는 명시적인 안내를 많이 받아야 한다"고 스웰러 박사는 말한다. 초보자들은 질문보다는 직접적인 피드백 중심으로 가르쳐야 한다는 것을 의미한다. 하지만 지식과 기술이 어느 정도 수준에 이르면 명시적인 안내는 효과가 떨어지게 된다. 오히려 전문성을 키우는 데 방해가 되기도 한다. 전문가 레벨로 갈 수록 명시적인 안내는 점점 줄여나가면서(페이딩) 스스로 문제를 해결하는 방식으로 전환되어야 한다[1]. 직접적인 설명보다는 개방형 질문과 제약 기반 연습을 통해 문제해결 경험을 늘려주는 게 바람직하다. 선수의 지식과 기술 수준이 높아질 수록 질문의 비중을 늘려나간다고 생각하면 실용적이다.

먼저 코치는 팀이 실행하려는 게임 모델과 플레이의 원리 등을 자세히 알려주어야 한다. 이때는 직접적인 피드백 방법을 사용할 수밖에 없다. 그런

---

[1] 호주의 『Teacher』지 인터뷰 2019.8.5.

학습자의 수준에 따른 코칭 방식

직접적인 피드백 / 명시적 안내
"프레싱을 할 때는 마치 한 사람처럼 움직여야 해. 이런 모습으로 말이야. [시범] 공을 뺏긴 상황부터 다시 해보자. 한 사람이 움직이듯 프레싱을 하는 거야."

질문/문제해결 방식
"프레싱을 더 잘하려면 무엇을 더 발전시켜야 할까?"

질문/문제해결 방식
"전방에서 프레싱을 할 때 우리가 기억해야 할 플레이의 원리가 뭐지?"

질문/문제해결 방식
"이번 프레싱은 잘 된 것 같아."

질문/문제해결 방식
"프레싱을 할 때 한 사람처럼 움직이려면 어디를 봐야 할까?"

제약 기반
"다양한 조건에서 프레싱 연습 환경을 디자인한다. 몇 분의 연습이 끝나고 무엇을 배우고 느꼈는지 질문한다."

초보자 → 전문가

다음에 질문을 시작해야 한다. 게임 모델, 플레이의 원리, 전술 등을 언제, 어떻게, 왜 사용해야 하는지 질문해 나가며 선수들의 학습을 도와주면 된다. 최고의 엘리트 레벨이 되면 질문조차도 그다지 많이 할 필요가 없게 된다. 경기에 다양한 제약을 세팅해 문제해결 상황을 디자인하면 연습 자체가 질문이 된다.

위의 그림은 당연히 일반적인 예시다. 경험이 많은 코치는 초보자에게도 가끔 "방금 프레싱을 할 때 뭐가 잘못된거야?"라고 질문을 던진다. 최고 레벨의 선수에게 명시적인 교습을 하기도 한다. 최고의 선수도 어느 영역에서는 부족한 부분이 분명히 존재한다.

 펩 과르디올라 감독이 라힘 스털링을 1대1로 코칭하는 모습

코치는 선수에게 던질 중요한 질문을 미리 준비해두면 좋다. 그런 계획과 준비야말로 코치의 질문 능력을 발전시킬 수 있는 손쉬운 방법이다. 물론 늘

계획한 대로만 질문을 던질 수는 없지만 현장에서 질문을 떠올리려 애쓰지 않고 미리 준비해 놓으면 양질의 질문을 할 가능성이 그만큼 커진다. 답을 제대로 할 수 없는 형편없는 질문을 하는 것만큼 시간을 낭비하고 팀의 에너지를 떨어뜨리는 일은 없다.

지각 능력을 훈련시키는 세 가지 질문

질문을 통해 선수의 지각 능력을 키우면 의사결정의 수준도 그만큼 높아진다. 1장과 2장에 걸쳐 자세히 다루었듯이 선수의 시선이 어디를 향하고 있으며, 눈이 무엇을 보고 있는지에 따라 경기 중의 선택은 달라진다. 올바른 시선 컨트롤을 통해 올바른 정보를 수집하지 않으면 잘못된 결정을 내릴 수 있다. 또한 지각의 내용은 선수의 의도와 목적에 따라 달라진다. '본다(see)'라는 단어에는 '안다', '확인한다'는 뜻도 있다. '보는' 행동에 숨어 있는 진실을 드러낸다.

경기가 펼쳐지는 시각 조건은 무척 까다롭다. 선수들은 빠르게 일어나는 상황 속에서 무언가를 봐야 한다. 0.6초 이내에 내려지는 '결정'은 뇌가 의식적으로 생각하기 전에 일어난다고 한다. 지각과 동작의 직접적인 커플링에 따라 일어난다는 것이다. 야구의 타자는 투수가 공을 던지는 동작을 보며 시각 단서를 읽는다. 팔은 어느 방향으로 나오고 있지? 고관절은 얼마나 빨리 회전하고 있나? 투수의 동작과 공에 대한 지각은 의식적인 생각이 개입되기 전에 스윙이라는 동작으로 이어진다. 날아오는 공이 슬라이더라고 인식한 타자의 몸은 그에 맞는 스윙을 의식적인 생각이 일어나기 전에 만들어낸다. 눈이 투수의 팔스윙이나 고관절의 회전 등에 올바로 주의를 기울이지 않으면 잘못된 판단을 내릴 수 있다. 여기서 흥미로운 사실은, 대부분의 타자는 자신의 지각과 동작이 연결되는 과정을 모른다는 점이다.

가끔 축구를 보다 보면 퍼스트 터치로 상대 수비수의 옆이나 뒷공간으로 공을 보내 탈압박을 하는 환상적인 플레이를 보곤 한다. 그런 플레이 역시 의식적인 생각의 차원에서 벌어지는 일은 아니다. 선수 자신도 미처 인지하기 전에 무의식적으로 펼쳐지는 움직임이다. 그런 상황과 조건을 과거에 수없이 많이 경험을 했고, 공간을 열려면 어디를 봐야 하는지 무의식의 차원에서 알고 행동하기 때문이다. 자신의 주변에 무슨 일이 펼쳐지고 있는지를 빠르게 읽으며 순간적으로 대응할 뿐이다. 코치가 선수의 지각 능력을 발전시킬 원한다면 다음과 같은 지각의 작동 방식을 이해하고 있어야 한다.

⑴ 우리가 보는 것은 주관적이다. 우리는 눈앞에 있는 많은 것을 보지 못한다.

⑵ 우리는 무언가를 보고 반응까지 하고 나서도, 자신이 그걸 보았다는 사실을 인식하지 못하기도 한다.

⑶ 우리는 지각과 관련된 대부분의 행동과 습관을 인지하지 못한다. 선수는 경기를 하면서 어디를 보았는지를 의식의 차원에서는 거의 인지하지 못한다.

⑷ 전문가 레벨의 선수는 동작이나 기술을 수행하는 동안 보는 대상이 상대적으로 적다. 초보자 레벨의 선수는 보다 넓은 범위를 여기저기 본다. 레벨이 높아질 수록 어디를 봐야 하는지 잘 알고 있다.

⑸ 잘못된 결정이라고 생각하는 플레이는 어쩌면 선수가 지각을 제대로 못해 (잘못된 대상을 보는 바람에) 일어났을 가능성이 높다.

⑹ 선수에게는 시각 지각이 아무래도 가장 중요하지만, 청각과 감각 지각도 중요한 역할을 한다.

코치는 질문을 통해 선수의 지각을 훈련시킬 수 있다. 어떤 목적으로, 언제, 어디를 봐야 하는지 질문을 통해 안내할 수 있다. 하지만 눈을 훈련시키는 방법에 대해 이야기할 때는 어느 정도 확률과 가능성의 측면으로 바라볼 필요가 있다. 거의 대부분 무의식의 차원에서 펼쳐지는 선수의 지각을 의식의 차원에서 완벽하게 가르칠 수 있다고 확신을 가지고 말할 수는 없다.

그래도 다행인 점은, 이제는 과학기술의 발달로 선수가 움직이며 어디를 보고 있는지 알 수 있다는 사실이다. 1장에서 소개한 크리스티아누 호날두의 실험 영상이 대표적인 사례다. 호날두가 착용한 시선 추적 안경은 그의 시선이 수비수의 엉덩이에서 무릎, 발, 무릎으로 연달아 이동하는 모습을 보여준다. 호날두가 수비수의 움직임을 읽는 무의식적인 프로세스다.

 크리스티아누 호날두의 눈의 움직임

하지만 호날두가 이런 방식으로 본다고 해서 다른 선수들에게 호날두처럼 보라고 가르치면 무슨 일이 벌어질까? 호날두의 눈이 이동하는 경로 그대로 '상대 선수의 엉덩이, 무릎, 발을 차례로 보라'고 말하면 효과가 있을까? 뛰어난 선수들의 움직임을 아는 것과 그것을 가르치는 것은 다른 차원의 문제다. 무의식의 차원에서 벌어지는 프로세스를 괜히 의식화하려다가 부작용만 낳을 수 있다. 뇌의 자연스러운 작동 시스템을 방해해서 움직임의 속도만 느려지게 만들 위험이 있다.

그럼에도 불구하고 선수의 지각 능력을 키우는 작업은 시도해 볼 만한 가치가 있는 일이다. 눈에 확 띄지는 않지만 엄청난 차이를 만드는 일이다. 나는 코치가 훈련 중에 지각과 관련 있는 질문을 다채롭게 던지면 선수의 지각 능력을 충분히 향상시킬 수 있다고 생각한다. 특별히 내가 소개하고 싶은 세

가지 질문이 있다. 이 질문들을 응용해 훨씬 더 좋은 질문을 만들 수 있으리라 나는 생각한다.

⑴ 무슨 일이 일어났지? 무얼 보았어?

경기를 잠깐 멈추고 코치는 방금 선수가 어디를 보았는지 질문할 수 있다. 영상을 함께 보며 무엇을 보았는지 질문해도 좋다. 선수는 자기가 본 것을 모두 말할 수는 없다. 자기 나름의 우선순위에 따라 자신이 본 것을 말하게 된다. 코치는 선수의 말을 통해 선수가 무엇을 의식하며 뛰고 있는지, 선수는 무엇을 중요하게 여기고 있는지를 알 수 있다.

코치는 경기를 잠시 멈추고 미들 써드 지역에서 상대가 공격해 올 때 프레싱을 제대로 하지 못한 센터백 케일럽에게 질문을 던진다. "케일럽. 지금 무슨 일이 일어났지?" 만약 케일럽이 "공을 가진 선수를 제대로 압박하지 못했습니다"라고 말하면 다행이다. 그럼 코치가 할 일은 간단하다. 케일럽은 자신이 무엇을 봐야 하는지를 알고 있기 때문에 지각과 동작을 커플링시켜주기만 하면 된다. "그럼 어떻게 해야 할까?"

그런데 만약 무슨 일이 일어났는지 묻는 질문에 "다들 자기 포지션을 벗어났어요." "미드필더가 도움 수비를 와주지 않았어요." "잘 모르겠는데요." 이런 답이 돌아오면 케일럽은 어디를 봐야 하는지, 어떤 신호나 단서를 읽어야 하는지 제대로 이해하지 못하고 있는 상태라고 보아야 한다. 코치는 케일럽이 눈의 움직임을 올바로 가져가면서 신호와 단서를 찾을 수 있도록 도와주어야 한다. "이 상황에서는 센터백이 알아채야 할 중요한 단서들이 있어. 그건..."

많은 경우에 코치들은 답을 암시하는 질문을 던지는 경향이 있다. "스튜어트한테 공간이 있었잖아. 포워드 플레이를 할 수 있었지? 어떻게 해야 했을까?" 이런 질문은 질문 안에 솔루션을 담고 있다. 코치가 질문을 하자마자 선수는 솔루션을 알게 된다. 이는 스스로 문제를 찾아내는 접근법과는 거리가 있다. 케일럽이 스스로 생각하면서 문제를 해결하는 능력을 발전시키길 원한다면 코치는 선수가 스스로 문제를 자각할 수 있는 질문을 해야 한다.

(2) 어디를 봤어야 해? 무엇을 봤어야 해? 눈이 어디로 향해야 해? 시선이 어디로 가있어야 해?

이런 질문은 선수에게 보는 행위의 중요성을 적극적으로 일깨워준다. 선수의 지각 능력을 판단할 수 있는 질문이기도 하다. 앞선 질문 "무슨 일이 일어났지?" "무얼 보았어?" 보다는 초점이 분명한 질문이다. 구체적인 단서나 원칙을 말하도록 요구하기 때문이다. 실제로 이런 질문은 선수들과 함께 경기 중에 읽어야 할 단서나 원칙에 대해 충분히 이야기를 나눈 다음에 던지는 것이 좋다.

(3) 무얼 보면 알 수 있을까?

이런 질문을 이용해 코치는 단서를 읽는 훈련을 시킬 수 있다. "프레싱을 할지 살짝 떨어질지 무얼 보면 알 수 있을까?" "달려야 할지 말지를 무얼 보면 알 수 있을까?" 선수가 답하는 내용을 통해 코치는 선수가 경기를 읽는 수준을 파악할 수 있다. 이런 질문은 "어떻게 해야 해?"라고 묻는 것만큼 좋은 질문이다. 이런 질문은 코치가 선수들에게 다양한 플레이 옵션을 가르치고 어떤 옵션을 사용할지를 스스로 선택하도록 하는 연습에서 사용하면 효과적이다.

질문을 통해 시각 단서를 읽는 훈련을 하다 보면 시각 단서를 역으로 이용해 상대를 속이는 연습도 함께 할 수 있다. "어느 쪽으로 플레이할지를 무얼 보고 알 수 있을까?" "상대가 어디를 보고 있는지 보고요." 이런 질문과 대화를 반복하다 보면 선수는 자신이 움직일 때 상대가 무엇을 볼 지를 거꾸로 생각하게 된다. 움직임을 속이며 상대 선수에게 엉뚱한 신호를 보낼 수 있다.

레모브 노트
지각, 자기 인식, 피드백

2023~2024 시즌 NBA 챔피언인 보스턴 셀틱스의 조 마줄라 감독은 선수의 자기 인식을 중요하게 생각한다. 대부분의 코칭에 자기 인식의 프로세스가 포함되어야 한다고 믿는다.

"경기 중에는 결국 선수 스스로 슛을 조정해야 합니다. 코치가 도와줄 수 없죠."

훈련 과제를 선수와 코치가 함께 정하고 나면 선수에게 최종 단계의 모습을 보여주면 좋습니다. 저는 최대한 많은 영상을 모읍니다. 선수의 훈련 과제와 관련된 영상을 찾습니다. 선수가 좋아하는 선수의 영상도 뒤져 보고, 롤모델로 삼을만한 선수의 영상도 찾습니다. 좋은 사례나 모델이 될 만한 4~5개의 영상을 찾아서 보여줍니다. 과제에 해당하는 동작이나 기술을 연습해야 하는 이유를 어떤 말보다 설득력있게 전달할 수 있습니다. "이걸 봐. 가이드가 되는 손을 똑바로 세우고 있는 거 보이지? 공을 놓는 순간에도 손을 돌리지 않고 있어." 이런 방식으로 피드백을 해주면 선수는 무엇에 집중해야 하는지 분명하게 인식할 수 있습니다. 영상을 보고 나면 선수의 집중력이 한층 높아집니다.

그리고 연습하려는 동작이나 움직임에 이름을 붙입니다. 움직임에 이름을 붙이는 네이밍 작업을 통해 피드백 시간을 줄일 수 있습니다.

테크닉을 교정하는 과정에서 저는 선수들에게 결과는 중요하지 않다고 말합니다. 슛의 성공 여부는 신경쓸 필요가 없다고 말해줍니다. 그저 감각과 움직임을 인지하는 데 집중하도록 합니다. "슛을 쏘는 동작에서 가이드 역할을 하는 손이 바스켓을 향해 똑바로 유지되도록 하자."

가끔은 제약을 이용해 동작의 결과를 스스로 확인하는 연습을 하기도 합니다. 한 번은 가이드 역할을 하는 손의 불필요한 움직임을 막기 위해 탁구채를 손에 묶어준

적도 있습니다. "탁구채가 피드백을 줄거야. 손을 똑바로 유지하면 탁구채의 안쪽이 보이지 않겠지. 만약 탁구채의 안쪽이 보이면 우리가 원하는 동작이 나오지 않은거야." 선수는 탁구채가 제공하는 피드백을 통해 자신이 어떻게 움직였는지를 알 수 있습니다. 선수의 자기 인식 능력을 키우는 것이 중요합니다. 선수는 방금 자신이 슛을 어떻게 쏘았는지 알아야 합니다. 자기 인식을 통해 다음 슈팅을 위한 움직임을 조절할 줄 알아야 합니다. 저는 선수가 퍼포먼스 결과를 피드백 삼아 스스로 연습할 수 있도록 가르치는 편입니다.

"네가 한 실수가 곧 너에게 주는 피드백이야. 슛이 오른쪽이나 왼쪽으로 벗어났다는 것은 공을 잡은 손이 가운데에서 벗어났다는 것을 의미해. 지금은 슛의 방향을 정확히 가져가는 게 목표니까 조금 길거나 짧은 건 괜찮아. 슛이 성공하면 좋지만 지금은 우선 왼쪽이나 오른쪽으로 벗어나지 않고 똑바로 가는데만 집중하자."

선수는 "실수가 곧 피드백"이라는 개념을 잘 이해하고 있어야 합니다. 저는 선수의 자기 인식 능력을 키우기 위해 바이너리 피드백도 자주 사용합니다.

"슛을 쏘면 내가 "예스"나 "노"라고 말해줄거야. '예스/노'는 슛을 성공한 거랑은 관계가 없어. 슛이 들어갔는지 여부는 중요하지 않아. "예스"는 우리가 연습한 슈팅 동작이 나왔다는 의미야. "아니오"는 그렇지 않다는 뜻이고. 각각의 위치에서 "예스"가 10번 나올 때까지 슛 연습을 하는거야."

저는 선수가 스스로 교정할 수 있는 시간을 주면 발전의 속도가 빨라진다고 생각합니다. 결국에는 선수가 스스로 알아차려야 합니다. 가끔은 그저 자신의 감각이나 느낌에만 집중해서 슛 연습을 하기도 합니다. 여러 위치에서 원하는 만큼 슛 연습을 하면서 자신에게 맞는 동작이나 폼이 어떤 느낌인지 스스로 찾습니다. 하나의 위치에서 느낌이 편안해지면 다음 위치로 이동해서 연습을 합니다.

끝으로 저는 영상을 촬영하려고 노력합니다. 선수가 경기를 올바로 읽고 있는지, 기술을 제대로 수행하고 있는지를 영상으로 찍어 보여줍니다. 우리가 롤모델로 삼았던 선수의 영상과 함께 편집해 비교해서 봅니다. 무엇이 비슷하고 무엇이 다른지를 쉽게 확인할 수 있습니다.

문제해결을 원한다면 먼저 문제를 보여줘라

나는 MLS 아카데미의 고급 라이센스 코스에 참여한 코치들과 수적 우위를 만들기 위한 연습을 진행하는 코치의 영상을 함께 시청하며 이야기를 나눈 적이 있다. 코치는 이따금씩 선수들을 불러서 질문을 던졌다. "거기서 어떻게 했지?" 그런데 "거기"가 언제, 어디서 벌어진 상황인지가 분명하지 않았다. 지나간 4~5분의 상황 중에 어느 시점을 가리키는 것인지 확실히 알기가 어려웠다. 코치는 그 순간을 분명히 기억하고 있다 해도 모든 선수는 '거기'를 저마다의 기억에 의존해 떠올릴 수밖에 없다. 선수마다 다른 장면을 떠올릴 가능성이 높다.

이 상황에서 코치가 놓치고 있는 건 무엇일까? 그룹 차원의 문제해결을 훈련하려면 무엇이 필요할까? 이런 상황에서 코치들은 보통 이런 방식으로 피드백을 주곤 한다. "크리스티안. 방금 전에 네가 공을 가지고 있었을 때 말이야, 클라우디오가 미드필더들 사이의 길목에서 오른쪽에 있었어. 그때 OO를 했으면 좋았겠지?" "크리스티안. 네가 공을 가지고 있었을 때 말이야. OO를 시도했다면 어땠을까?"

이런 피드백도 물론 크리스티안에게는 도움이 된다. 하지만 선수의 문제해결 능력을 키우기 위해 반드시 제공되어야 하는 것은 문제 자체다. 문제를 풀기 위해서는 문제가 명확하게 보여야 한다. 문제를 이해하고 분석할 수 있어야 한다. 따라서 문제해결 능력을 훈련시키고자 하는 코치는 문제를 보여주는 작업을 중요하게 다룰 필요가 있다. 지각의 역할을 중요하게 생각하는 코치도 마찬가지다. 지각 기능을 수행할 구체적인 상황 속에서 지각과 관련된 질문을 해야 학습 효과가 커진다. 코치가 경기를 멈추고 빠르게 문제 상황을 재현하는 작업이 그래서 중요하다. 크리스티안의 패스 길목에 클라우디오가 서있는 상황을 재현하고 코치는 질문을 던질 수 있다. "크리스티안. 뭐가 보여?" 이제 코치와 선수는 언제, 왜, 어떤 선택을 해야 하는지 보다 실질적인 대화를 나눌 수 있게 된다.

문제를 보여주는 일은 분명한 자기 인식을 통해 선수의 책임감을 강화시킨다. 호세가 압박을 받는 상황에서 공을 가지고 있다. 미드필드 파트너인 딜런과 살라자르는 패스를 주기 어려운 위치에 있다. 홀로 고립된 호세는 결국 공을 빼앗기고 상대에게 역습을 허용한다. 이런 패턴이 딜런과 살라자르에게 반복해서 나타난다. 둘은 좀처럼 패스의 길을 만들지 못하고 있다. "잠시 멈춰. 방금 호세가 공을 갖고 있을 때 딜런이랑 살라자르는 어디에 있었어?" 코치가 질문하자 딜런이 답한다. "저는 패스의 길이 열려 있었어요." 하지만 딜런은 실제로는 수비수 뒤에 가려져 있었다. 딜런은 방금 전의 상황을 다르게 기억하고 있다. 어쩌면 다르게 기억하기로 선택했는 지도 모른다. 코치가 문제 상황을 재현하지 않는 한 딜런은 자신의 움직임을 어떻게 변화시켜야 하는지 알기가 어렵다.

먼저 문제 상황을 재현한 다음에 호세나 딜런에게 질문을 하면 선수의 자기 인식은 달라진다. "호세. 지금 상황에서 딜런에게 패스할 수 있겠니?" "딜런. 지금 네가 서 있는 위치로 호세가 패스를 할 수 있겠어?" 딜런은 문제 상황을 눈으로 확인하고 나서야 자신이 패스를 받을 수 있는 더 좋은 위치가 있다는 사실을 깨닫는다. 코치가 재현한 문제 상황을 통해 딜런은 새로운 지각을 하게 되었고 자신의 움직임에 보다 큰 책임감을 가지게 되었다.

딜런과 달리 살라자르는 방어적으로 답하지 않는다. 살라자르는 어떻게 해야 압박을 받고 있는 동료를 도울 수 있는지 적극적으로 알고 싶어 한다. 하지만 그런 살라자르에게 "수비수 옆으로 빠져나와야지."라고 말하는 것은 다분히 추상적이다. 문제 상황을 재현해 실제로 보면서 구체적으로 알려주면 살라자르는 어디로 움직여야 하는지 분명히 인식할 수 있다. "호세가 여기 있었어. 수비수들은 여기 있었고. 너는 여기 있었지. 살라자르. 어떻게 움직이면 방금 전의 결과를 바꿀 수 있을까?"

이런 '문제 보여주기' 작업을 수행하기 위한 전제가 있다. 단순하지만 중요한 포인트다. 바로 선수들에게 정확히 그 자리에서 멈추라는 신호를 일관되게 보내야 한다는 점이다. 빠르게 움직임을 멈추어야 하는 이유를 사전에 설명해 주면 좋다. "지금부터 내가 말하는 건 우리 모두가 발전하기 위해 꼭 실천해야 돼. 별거 아닌 것처럼 보이지만 중요한 부분이야. 경기를 멈추고 이야기를 나누는 시간을 최대한 짧게 하면 좋겠지? 너희들도 그걸 원할거야. 그럼 내가 신호를 보냈을 때 최대한 빨리 그 자리에 멈춰. 위치를 조금이라도 바꾸려고 하지 말고 그대로 있는 거야. 그 자리 그대로 서있는 게 중요해."

코치의 신호에 따라 멈추는 연습을 몇 차례 하면 루틴을 기억하는데 도움이 된다. "그래. 좋아. 모두 자기 자리에 빠르게 멈췄어. 고마워." "조금 더 빠르게 멈추어야 돼. 반드시 기억해. 신호를 보내면 바로 멈추는 거야." 이 단계는 건너뛰어도 상관 없는 과정처럼 보일 수 있다. 하지만 약간의 시간을 들여 문제 상황을 재현하기 위한 루틴을 제대로 만들어 놓으면 시간과 집중력을 100배로 돌려받을 수 있다.

물론 바로 플레이를 멈추어도 문제 상황을 재현하기 어려운 경우가 있다. 그럴 때는 다소 인위적으로 문제 상황을 재현할 수밖에 없다. 블랙워치 프리미어팀의 디렉터인 스티브 프리먼 코치는 선수들에게 질문을 던지며 문제 상황을 하나씩 만들어 나간다. "공이 어디에서 왔지?" "두 번째 수비수는 어디에 있었어?" "어디로 도움 수비를 갔어?" 이렇게 질문을 하면서 방금 전의 상황을 재현한다. 선수들은 경기를 하며 주변 상황을 지각하기 위해 보다 더 신경을 쓰게 된다. 그렇지 않으면 상황을 재구성하기가 어렵기 때문이다.

프리먼 코치의 방식이 제대로 통하려면 '공유된 언어'가 있어야 한다. '공유된 언어'는 이 책에서 말하고자 하는 핵심 주제 중 하나다. 모든 선수가 언어를 공유하고 있어야 질문과 대화를 통한 학습이 가능하다. '첫 번째 수비수'와 '두 번째 수비수'가 무엇을 의미하는지 알아야 선수에게 위치를 물어볼 수 있다.

위에 소개한 두 가지 방법, '지각 능력을 훈련시키는 세 가지 질문'과 '문제를 보여주기'는 함께 사용하면 시너지가 커진다. 나는 스코틀랜드 럭비 국가대표팀의 코치들과 대화를 하며 큰 깨달음을 얻었다. 럭비 선수가 눈앞에 펼쳐지는 일에만 집중한 나머지 멀리서 벌어지는 일을 체크하지 못하면 잘못된 결정을 내리게 된다. 바로 앞의 상대만 보면 올바른 선택처럼 보이지만 후방 라인을 함께 고려하면 다른 선택을 하는 게 더 나은 경우가 많다. 하지만 선수의 관점에서 후방 라인은 20미터 이상 멀리 떨어져 있다. 자연스럽게 선수들은 눈앞에 펼쳐진 반경 10미터 정도의 시야에만 집중하기가 쉽다. 그래서 스코틀랜드 럭비 대표팀 코치들은 "지금 무슨 일이 벌어진거야?" "방금 무엇을 봤어?"라는 질문에 선수가 답을 하면 "그 뒤에는 뭐가 보였어?" 이런 추가적인 질문으로 선수의 시야를 확장시키기 위해 노력했다. 선수들이 무의식적으로 멀리 보는 습관을 가지도록 훈련시켰다.

생각 비율과 참여 비율

나는 제임스 비스턴 코치가 U19팀의 선수들과 훈련하는 모습을 참관한 적이 있다. 그날 훈련은 '업-백-스루' 플레이에 중점을 두고 진행되었다. 비스턴 코치는 신체적으로나 정신적으로 높은 수준의 몰입을 추구한다. 15분 정도 기본적인 패턴을 익히는 연습을 끝낸 후에 비스턴 코치는 선수들에게

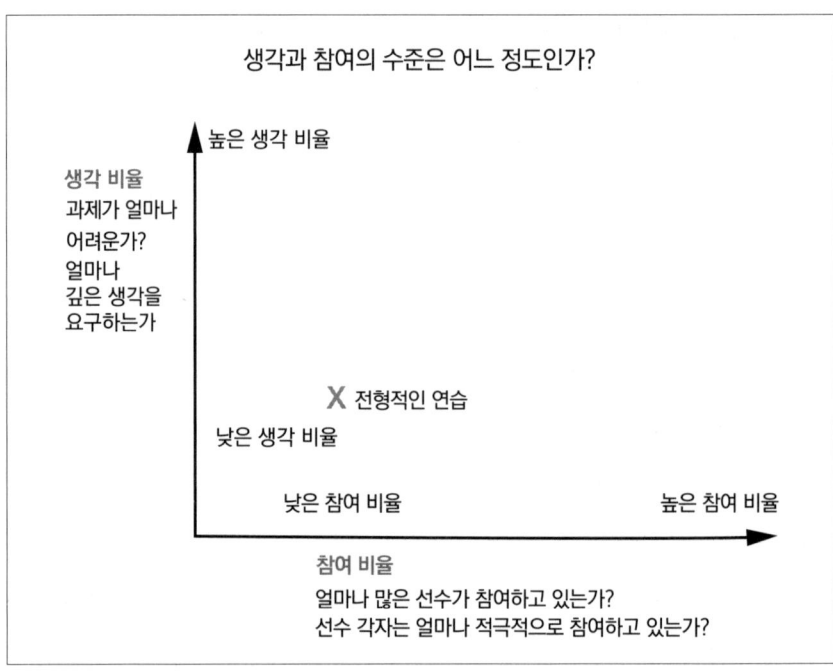

질문을 던지며 얼마나 이해했는지를 확인했다.

나는 코치와 선수들이 질문과 답변을 주고받는 모습을 보며 '비율 스펙트럼'의 어디에 해당하는지를 판단한다. '비율(ratio)'은 코치의 노력 대비 선수가 수행하는 인지 작업의 비율을 의미한다.

대부분의 선수들이 코치의 질문을 집중해서 듣고 있으며, 머리로 적극적으로 사고하고, 분명한 목소리로 답하고 있다면 '참여 비율'이 높다고 할 수 있다. 선수들이 건성건성 답을 하거나, 두세 명의 선수들만 답을 하거나, 아무도 대답을 하지 않아 질문이 허공에 떠다니는 모습이 반복되면 '참여 비율'이 낮다고 볼 수 있다. 참여 비율은 X축에 해당한다.

'생각 비율'은 Y축에 표시한다. 방금 한 연습과 관련이 있으며 충분히 답을 할 가치가 있는 질문은 '생각 비율'이 높다. 반대로 '예/아니오'로 밖에 답할 수 없는 질문이나 답이 뻔한 질문은 '생각 비율'이 낮다.

오른쪽 위에 표시될 수록 이상적인 연습이라고 할 수 있다. 참여 비율과 생각 비율이 모두 높은 연습이다. 하지만 현실에서는 안타깝게도 왼쪽 아래에 가까운 연습을 많이 볼 수 있다. 참여 비율과 생각 비율이 모두 낮은 연습이다. 팀에는 보통 말하기를 좋아하는 선수가 두세 명 정도 있기 마련이다. 주변을 즐겁게 만드는 재주가 있는 선수들이다. 그런 선수들은 코치로부터 "여기서는 어떻게 해야 할까?" "우리가 선택할 수 있는 옵션은 뭐지?"라는 질문을 들으면 아무도 답하지 않는 어색한 침묵을 깨고 싶은 마음에 자기가 나서서 답을 하곤 한다. 답을 하면서 생각을 시작하기 때문에 생각과 말이 마구 섞이며 일어난다. 어느 시점이 되면 누군가 말을 이어서 해주었으면 하고 생각한다. 하지만 나머지 선수들은 여전히 입을 닫고 있다. 자기가 답을 하지 않아도 된다는 사실을 잘 알고 있기 때문이다. 대부분의 선수들은 먼 곳을 바라보거나 발밑에 공을 두고 서서 다시 경기가 시작되기를 기다린다. 참여 비율과 생각 비율이 낮은 연습의 전형적인 모습이다.

 **높은 참여 비율과 생각 비율을 보여주는 제임스 비스턴 코치의 연습**

영상은 비스턴 코치가 질문하는 장면으로 시작한다. "이전 연습에서 우리는 '업-백-스루'에 집중했어. 이 플레이를 경기에서 어떻게 활용할 수 있는지 생각해 보자." 이때 보통의 코치라면 이렇게 질문을 던졌을 수 있다. "경기에서 어떻게 활용할 수 있는지 생각나는 사람?" 하지만 비스턴 코치는 가장 먼저 떠오르는 생각이 언제나 가장 좋은 아이디어는 아니라는 점을 알고 있다. 그래서 그는 질문을 던지기 전에 먼저 생각을 나눌 수 있는 시간을 준

다. "30초의 시간을 줄테니 파트너랑 이야기해 보자. 그런 다음 같이 답을 찾아보는 거야." 비스턴 코치의 말이 끝나자 선수들은 활발하게 토론을 하기 시작한다. 모든 선수가 코치가 던진 주제에 관해 이야기를 나눈다. "같이 답을 찾아보자"는 비스턴 코치의 말이 모든 선수의 생각을 물어볼 거라는 메시지를 전달하기 때문이다. 선수는 원하든 원하지 않든 자신의 생각을 말해야 한다는 사실을 알고 있다. 모든 선수는 코치의 질문에 답할 준비가 되어 있어야 한다.

30초의 시간이 지나고 비스턴 코치는 마테오에게 무슨 이야기를 나눴는지 묻는다. 여러 번의 콜드콜[2] 중 첫 번째 순서다. 콜드콜이지만 분위기는 그다지 딱딱하지 않다. 비스턴 코치는 선수들에게 미리 생각할 시간을 주었고, 지금은 친절한 태도로 선수의 생각을 묻고 있다.

마테오가 자신의 생각을 말한다. "미드필드 지역에서 스트라이커에게 공을 주었다가 다시 받은 다음에 수비 라인 뒤쪽으로 움직이는 공격수에게 침투 패스를 할 수 있습니다." 특별한 아이디어는 아니지만 괜찮은 답변이다. 하지만 마테오는 언제, 어떤 상황에서 그런 플레이를 해야 하는지에 대해서는 말하지 않았다. 비스턴 코치는 질문을 이어간다. "또 다른 거는?" 저쪽에서 퀸이 손을 든다. 퀸은 포워드 선수가 패스를 받으며 수비수를 앞으로 끌어당겨 공간을 만들고, 다른 선수가 공간을 파고들 때 패스를 넣는 패턴을 이야기한다. 퀸이 말하는 내용보다 퀸이 손을 들었다는 사실이 중요하다. 손을 드는 행동은 교실에서는 흔히 볼 수 있지만 경기장에서는 보기 쉬운 장면이 아니다. 선수가 손을 들어 자신의 생각을 말하도록 하면 몇 가지 장점이 있다.

손을 들게 하고 코치가 이야기를 할 선수를 가리키는 방식을 통해 선수들

---

2 임의로 선수를 지정해 말을 하도록 하는 지시

은 한 번 더 생각하는 훈련을 할 수 있다. 손을 들지 않고 말하게 되면 선수들은 그저 생각나는 대로 말을 하게 된다. 손을 든 선수에게 말을 하도록 함으로써 비스턴 코치는 선수들이 한 번 더 깊이 있게 생각할 시간을 주고 있다. 머릿속에 가장 먼저 떠오르는 생각이 가장 좋은 아이디어인 경우는 별로 없다. 어쩌면 훈련을 하면서 가장 자주 들었던 말이 떠오를 가능성이 높다. 그러기에 코치는 선수가 떠오른 생각을 말하려고 할 때 잠시 머뭇거리게 만들어야 한다. 그래야 선수는 깊이 있는 사고 훈련을 할 수 있다.

또한 비스턴 코치는 돌아가며 질문을 던지면서 선수들이 말하는 기회를 적절히 분배하고 있다. 이는 책임을 공유하는 작업이기도 하다. 비스턴 코치는 손을 든 선수에게 말 할 기회를 주기도 하지만 가끔은 손을 들지 않은 선수에게도 말을 시키고 있다(콜드콜). 그는 이 주제에 대해 여러 포지션 선수들의 의견을 듣고 싶어 돌아가며 생각을 묻기도 한다. 또 어떤 선수는 영어가 모국어가 아니기 때문에 영어로 단어를 떠올리는 데 시간이 더 필요할 수도 있다. 코치가 발언 기회를 적절히 조절하면 이러한 선수에게도 천천히 답을 할 기회를 제공할 수 있다. 선수들이 마음대로 말을 하도록 방치하면 매번 같은 선수들만 말을 할 확률이 높다. 전체적으로 생각 비율과 참여 비율이 낮아질 수밖에 없다.

손을 든 다음 말하는 방식은 선수들의 참여 욕구를 드러낸다. 선수는 손을 드는 행동을 통해 지금 논의되고 있는 주제에 대해 알고 있다는 신호를 코치에게 보내는 셈이다. 실제로 시간 제약 때문에 모든 질문에 모든 선수가 답을 할 수는 없다. 손을 번쩍 드는 선수가 많으면 적극적으로 참여하려고 하는 긍정적인 문화가 만들어진다. 코치는 손을 든 선수의 숫자를 일종의 지표로 삼을 수 있다. 손을 든 선수가 별로 없다면 대부분의 선수들이 지금 논의하고 있는 주제를 잘 알지 못하고 있다고 이해할 수 있다하지만 이런 방식에는 빠지기 쉬운 함정이 숨어 있다. 손을 든 선수는 손을 들지 않은 선수보다 지금 이야기나누고 있는 주제에 대해 잘 이해하고 있다고 봐야 한다. 그러니 손을 든 것이다. 손을 든 선수의 말을 듣고 코치는 자칫 오해를 할 수도 있다. '그래. 선수들 모두 '업-백-스루' 전술로 좁은 공간에서 수비수를 끌어내는 방법을 알고 있군.' 하지만 선수들이 '하나의 팀으로서' 이 전술을 잘 숙지하고 있는지는 알 수 없다. 손을 들고 이야기한 퀸만 제대로 이해하고 있을 지도 모른다.

그래서 비스턴 코치는 그런 함정에 빠지지 않기 위해 다른 선수들의 생각을 계속 물어본다. 그는 게럿을 가리키며 콜드콜을 한다. "또 뭐가 있을까? 게럿?" 손을 든 선수의 말만 들으면 착각을 할 수 있기 때문에 비스턴 코치는 손을 들지 않은 선수의 이야기를 들으며 계속해서 데이터를 쌓아나가고 있다. 손을 들지 않은 선수에게 말을 시키는 일은 과학 실험에서 올바른 평균치를 구하기 위한 일종의 표본 추출 작업이라고 할 수 있다.

그런데 비스턴 코치가 게럿에게 콜드콜을 한 방식은 마테오의 이야기를 들을 때와는 약간 차이가 있다. 이 대화는 일종의 '팔로우온(follow-on)'이다. 게럿이 자신의 생각을 말하려면 이전 두 번의 답변을 주의 깊게 들었어야 한다. 그래야 같은 말을 반복하지 않기 때문이다. 비스턴 코치는 '팔로우온' 질문을 통해 경청의 중요성을 간접적으로 가르치고 있다. 경청은 생각하는 문화를 만드는 토대다. "게럿. 퀸이 말한 것처럼 수비수를 끌어내려면 어떤 테크닉이 있어야 할까? 한 번 이야기해볼래?"

게럿이 말하는 동안 나머지 선수들이 어떻게 행동하는지 주목해서 보자. 선수들은 게럿을 보며 대화에 몰입하고 있다. 공을 가지고 딴짓을 하거나 좋아하는 아이돌 이야기를 하며 산만하게 시간을 보내는 선수를 찾아보기 어렵다.

비스턴 코치는 이제 '업-백-스루' 플레이의 전술적 측면보다는 테크닉의 측면으로 질문을 전환하고 있다. 그는 이 플레이를 할 때 패스의 강도에 적절히 변화를 주는 연습을 강조했다. 그는 자신이 전달한 티칭 포인트를 잘 이해했는지 손을 들지 않은 케이든에게 콜드콜을 해서 확인한다. "그렇게 하려면 어떤 움직임으로 어떤 패스를 해야 할까? 케이든?" 케이든은 첫 번째 패스는 강하게, 두 번째 패스는 부드러운 레이오프 패스로 해야 한다고 답한다. 비스턴 코치가 연습을 하며 자주 말한 내용을 케이든이 그대로 이야기하고 있다. 긍정적인 신호다. "그렇게 해서 수비가 끌려나오게 해야죠." 케이든은 퀸의 말에 자신의 의견을 덧붙인다. 주의 깊은 경청과 한 차원 깊은 생각을 통해 시너지가 생기는 순간이다.

비스턴 코치는 선수들이 잘 이해했는지 확인하기 위해 콜드콜을 계속 이어나간다. 정신적으로 몰입하는 문화를 만들기 위한 노력이기도 하다. "키건. 또 뭐가 있을까?" 키건은 팀원들의 이야기를 잘 듣고 있었어야 코치의 질문에 대답할 수 있다.

키건의 대답을 듣고 비스턴 코치는 질문을 마무리한다. 그는 선수들이 '업-백-스루' 플레이에 대해 얼마나 이해하고 있는지, 어떤 부분이 부족한지 보다 분명하게 파악했다. 다음 단계로 넘어갈 준비를 마쳤다고 할 수 있다. 우리는 비스턴 코치가 이 대화를 주도하는 에너지 레벨에 주목할 필요가 있다. 대화는 모두가 몰입하는 분위기 속에서 비교적 빠르게 진행되고 있다. 누군가 대신 말해 주었으면 하는 마음으로 어색하게 기다리는 선수는 보이지 않는다. 선수들은 비록 몸은 쉬고 있지만 머리는 쉬고 있지 않다. 에너지 레벨은 몸을 움직일 때만큼이나 여전히 높게 유지되고 있다.

비스턴 코치의 대화 장면은 비율 스펙트럼의 오른쪽 상단에 해당하는 모습이다. 비스턴 코치가 질문을 하면 모두가 답을 할 준비가 되어 있다. 어떤 선수는 실제로 답을 하고, 말을 하지 않는 선수도 마음속으로 답을 한다. 높은 참여 비율을 보여준다. 또한 코치와 선수 사이의 대화를 통해 높은 생각 비율을 읽을 수 있다. 선수들은 한 번 더 생각을 하고 말을 한다. 생각이 떠오르는 대로 말하지 않고 다른 선수들의 말을 경청하면서 사고는 더욱 깊어진다.

그래프의 왼쪽 아래로 갈 수록 다른 장면이 펼쳐진다. 몇몇 소수의 선수들만 우물쭈물 답을 하거나 아무도 코치의 질문에 답하지 않는 상황이 반복된다. 그러다 보니 코치는 지나치게 단순한 질문만 던지게 된다. "두 번째 패스는 빠른 게 나을까? 부드러운 레이오프 패스가 나을까?" 이런 질문은 분위기를 더욱 어색하게 만든다. 코치가 침묵을 참지 못하고 스스로 답을 말해 버리거나 선수 한 명이 어색한 공기로부터 벗어나기 위해 알 수 없는 말로 중얼거린다. 답이 뻔한 질문에는 누구도 답을 하고 싶어하지 않는 게 당연하다.

높은 참여 비율과 생각 비율을 문화로 만든 코치는 선수의 사고 능력을 발전시키려면 기다려야 한다는 사실을 잘 안다. 떠오르는 생각에 머무르지 않고 한 차원 깊은 생각을 할 수 있는 기회를 제공한다. 어떤 선수에게든 콜드콜을 통해 생각을 나누어달라고 요청한다. 선수의 의견을 듣고 그 의견과 관련이 있는 선수에게 추가적으로 질문을 하기도 한다. 팔로우온 질문을 통해 경청을 훈련시킨다. 경기 중에도 서로간의 소통이 중요하기 때문이다. 이러한 작은 노력들을 하나하나 실천하면서 역동적으로 참여하고 생각하는 문화를 만든다. 선수들의 참여와 몰입을 그저 우연에 맡기지 않는다. 일부 선수만 높은 에너지 레벨로 몰입하고 나머지는 소극적으로 참여하는 모습을 허락하지 않는다.

놀라운 사실은 이 장면이 비스턴 코치가 팀에 합류해서 진행한 첫 번째 연습이라는 점이다. 그는 선수들과 만난 지 20분만에 이런 분위기를 이끌어냈다. 여기에는 그가 연습을 시작하기 전에 한 작업이 숨어 있다. 대부분의 코치는 이런 생각을 좀처럼 하지 않는다. (그건 교사들도 마찬가지다.) 아래 영상을 보면 비스턴 코치는 질문과 토론에 참여하는 방법을 선수들에게 가르쳐 주고 있다.

 제임스 비스턴 코치의 안내 세션

"오늘은 신체적으로나 정신적으로 고강도 훈련이 될거야. 나는 너희들이 잘 알고 있는지 체크하기 위해 연습 내내 질문을 할거야. 생각나는 대로 바로 대답을 하지는 마. 생각을 바로 말하지 않는 게 중요해. 그래야 자기가 말하려는 내용에 대해 한 번 더 생각할 수 있거든. 답을 하고 싶은 사람은 내가 이렇게 하면 [손을 든다.] 손을 들어. 답을 몰라도 괜찮아. 함께 문제를 해결해 나가면 돼. 가끔은 손을 들지 않은 사람한테도 말을 시킬거야. 경기에서는 항상 머리에 스위치가 켜져 있어야 하지? 마찬가지야. 너희가 집중력을 잃지 않도록 손을 들지 않은 사람한테도 내가 말을 시킬거야. 그러니까 처음부터 마지막 순간까지 몰입하고 있어야 해."

비스턴 코치의 '안내'는 45초 정도 걸렸다. 이 영상에서 그는 선수들이 모두 자신을 보게 한다. 자신의 눈에 모든 선수가 보이는지 확인한다. 그는 선수들이 질문과 토론에 몰입해야 하는 이유를 경기에서도 항상 스위치가 켜져 있어야 한다는 말로 설명한다. 답을 몰라도 괜찮으며 함께 문제를 해결해 나가면 된다는 비스턴 코치의 말은 선수들의 마음을 편안하게 해준다. 비스턴 코치는 선수들이 연습 중에 높은 수준의 에너지 레벨과 몰입을 경험하길 원한다. 그걸 생각하면 연습 전의 45초는 충분히 투자할 만한 가치가 있는 시간이다.

아무리 훌륭한 질문이라도 아무도 대답하지 않으면 의미가 없다. 영상에서 선수들은 비스턴 코치가 이끄는 질문과 토론을 즐겁게 따라오고 있다. 지루함을 느끼지 않는 환경에서 선수는 흥미를 가지고 몰입한다. 그런 분위기를 만들기 위해서는 코치의 크고 작은 노력이 필요하다. 블랙워치 프리미어 팀의 스티브 프리먼 코치도 비스턴 코치와 비슷하게 접근한다.

 스티브 프리먼 코치의 질문

프리먼 코치는 기능별(수비와 공격)로 그룹을 나누어 토론할 시간을 주고 있다. 이것은 경기 중의 커뮤니케이션을 위한 훈련이다. 선수들이 경기 중에 원활한 커뮤니케이션을 통해 팀워크를 발휘하길 원한다면 훈련을 할 때도 커뮤니케이션을 연습해야 한다. 아무런 연습도 하지 않은 일이 경기에서 저절로 나타나지는 않는다. 서로 간에 소통하는 연습을 하지 않은 선수들은 경기 중에 그저 소리만 지르게 될 확률이 높다. 의견이 맞지 않아 서로 다투거나 동료의 말을 무시하는 일도 생긴다. 연습을 멈추고 선수들에게 피드백을 줄 때와 마찬가지로 이러한 토론 시간은 훈련의 페이스를 떨어뜨리고 너무 많은 시간을 잡아먹을 위험이 있다. 그런 부작용을 막기 위해 프리먼 코치는 시간을 관리하는데 신경을 쓰고 있다.

> **레모브 노트**
> ## 미팅을 학습의 장으로 만들다

2장에서 나는 코칭 컨설턴트인 마크 마넬라의 경험담을 소개했다. 장기적인 목표(선수의 성장)와 단기적인 과제(경기의 리뷰)의 균형을 맞추며 미팅을 진행한 마이너리그 감독의 일화다. 마넬라는 기본적으로 짧은 미팅 시간을 강조한다. 그래야 미팅에 참여한 선수와 코치 모두 적극적이고 집중하며 인지의 수준도 높아지기 때문이다. 마넬라가 마이너리그 감독과 구축한 또다른 학습 시스템을 소개한다.

감독은 선수의 참여 비율과 생각 비율을 극대화하기 위해 팀 미팅을 적절히 활용합니다. 감독 자신이 직접 진행하는 미팅도 있고, 투수 코치와 타격 코치가 주도하는 미팅도 있습니다. 미팅에서는 대화가 활발하게 일어납니다. 야구팀의 클럽하우스에서 일반적으로 보는 모습은 아닙니다. 오히려 학업 능력이 뛰어난 학생들이 모여있는 교실의 풍경에 가깝습니다.

감독은 여러 버전의 콜드콜 기법을 사용합니다. 때로는 전형적인 콜드콜로 선수의 생각을 묻습니다. "이 영상을 보면 어때? 우리가 릴레이 플레이를 할 때 라인이 제대로 정렬되어 있는 것 같아? 호세. 어떻게 생각해?" 선수가 미리 준비할 수 있도록 배려하기도 합니다. "타일러. 다음 영상을 보고 나서는 네가 말할 거니까 준비해." 선수들은 빠르게 돌아가며 말을 하기 때문에 자연스럽게 몰입하게 됩니다. 소그룹으로 토론을 할 때는 조금 더 길게 말할 수 있는 시간을 줍니다. 어떨 때는 돌아가며 말하기 전에 혼자 생각하는 시간을 20초 정도 주기도 합니다.

감독은 "보여줘(show me)"라는 말을 즐겨 사용합니다. 선수가 자세를 조금 더 낮추어야 할 것 같다고 말하면 그는 "어떤 자세인지 보여줘."라고 말합니다. 선수는 자리에서 일어나 자신이 말한 대로 자세나 동작을 보여줍니다. 감독은 그 모습을 보고 다른 선수에게 피드백을 요청하기도 합니다. "카를로스. 저 자세 어떻게 생각해?" 이런 대화의 시간을 통해 선수들의 학습은 촉진됩니다. "보여줘"라는 표현은 감독의 상징처럼 되었습니다. 감독은 "보여줘" 티셔츠도 만들어 선수들에게 나누어 주었습니다.

감독은 큰 책임감을 가지고 미팅을 준비하고 진행합니다. 티칭 포인트도 분명하게 정해서 미팅을 시작합니다. 하지만 그렇기 때문에 오히려 선수들이 대화를 주도하게 만듭니다. 선수마다 빠르게 돌아가며 말을 하다 보면 감독이나 코치가 말하는 시간은 줄어듭니다. 그럼에도 불구하고 감독의 방식이 잘 통하는 이유는 그가 이러한 방식을 일관되게 사용하기 때문입니다. 선수들은 미팅이 어떻게 진행되는지 잘 알고 있습니다. 선수들은 머리의 스위치를 켠 상태로 미팅에 참여합니다. 어떤 주제든 이미 몰입할 준비가 되어 있습니다. 선수들은 가만히 팔짱을 끼고 의자에 앉아있다가 나오는 일은 없다는 사실을 여러 차례의 경험을 통해 잘 알고 있기 때문입니다.

시즌이 시작되면 감독은 모두를 모아놓고 미팅이 어떤 형태로 진행될지, 왜 그런 방식으로 미팅을 하는지를 공개적으로 설명합니다. 마이너리그는 한 시즌 동안 로스터의 변화가 많기 때문에 새로운 선수가 오면 다른 선수를 시켜 미팅이 어떻게 진행될지를 알려줍니다. 선수가 (인지 기능의 측면에서) 준비가 안 된 상태에서 미팅에 참석하면 크게 당황할 수도 있기 때문입니다.

감독의 노력이 더욱 인상적인 이유는 로스터의 거의 절반이 스페인어를 사용하는 선수들로 구성되어 있기 때문입니다. 그는 대부분의 질문을 영어와 스페인어 두 가지 언어로 할 수 있을 정도로 스페인어를 열심히 배웠습니다. 모든 선수의 발전에 관심이 있으며, 모든 선수의 참여를 바란다는 게 그가 선수들에게 보내는 메시지입니다.

질문의 테크닉

"질문을 많이 하라." 코치들이 자주 듣는 조언이다. 이런 말을 들으면 코치의 머릿속에는 물음표가 생길 수밖에 없다. '언제, 어떤 종류의 질문을 던져야 할까?' 코치가 선수에게 질문을 던지는 일은 연습 계획을 짜면서 '이때 질문을 던진다'고 적으면 되는 단순한 일이 아니다. 질문을 활용한 코칭은 말처럼 쉽지 않다. 질문을 통해 코치는 선수의 생각하는 힘을 키울 수 있다. 그런데 선수는 무엇에 대해 생각을 해야 하는 걸까? 질문은 목적이 아니라 수단이다. 질문 자체가 목적이 되어서는 안 된다.

코치는 또한 질문을 통해 선수들의 몰입과 참여 수준을 높일 수 있다. 하지만 무턱대고 아무 질문이나 한다고 해서 제임스 비스턴 코치가 이끌어낸 활기찬 분위기가 만들어지는 것은 아니다. 질문만 공중에 떠다니며 어색한 공기가 연출될 수도 있고, 답이 뻔한 질문에 선수들은 짜증이 날 수도 있다. 질문이 모호하면 대화의 속도만 느려진다. 괜찮은 답변이라도 너무 오래 말을 하면 훈련의 페이스가 처지게 된다. 잘못 사용하면 득보다 실이 더 많을 수 있는 게 질문을 활용한 코칭이다.

　질문에도 테크닉과 계획이 필요하다. 그래야 시간을 낭비하지 않고 생산적인 방식으로 선수의 사고를 자극하고 적극적인 참여를 유도할 수 있다. 먼저 빠지기 쉬운 함정부터 피해야 한다. 바로 답이 뻔한 질문이다. 질문을 하는 코치도 실제로는 답을 기대하지 않는 질문이다. 질문을 하는 척 할 뿐 실제 질문은 없다. 이런 고리타분한 질문을 반복할 수록 질문에 대한 신뢰는 더욱 떨어진다. 선수의 사고를 자극하고 적극적인 참여를 유도하고자 하는 코치의 의도는 오히려 반대의 결과로 이어진다. '왜 이런 질문을 하는 거죠?' 선수들은 속으로 의아해하며 코치의 질문에 회의감을 느낀다. 뻔한 질문에 큰 소리로 대답하는 선수는 눈치가 없거나 잘난 척하는 사람으로 동료 선수들의 눈총을 받는다. 그런 분위기에서 선수들은 자신의 생각을 말하기를 꺼려하게 된다.

　특히 '예/아니오'로 답해야 하는 질문이 그런 불신의 구렁텅이에 빠지기 쉽다. 미드필드 지역에서 공을 소유하고 있는 상황에서 코치는 경기를 잠시 멈추고 질문을 한다. "이 상황에서 계속 중앙에서 플레이해야 할까?" 나는 이 질문과 연결된 상황이나 맥락을 하나도 소개하지 않았다. 하지만 코치의 질문을 들은 선수처럼 눈치가 빠른 독자들은 이미 답을 알고 있을 것이다. 답이 "예"라면 연습을 중단하고 이렇게 질문하지 않았을 것이기 때문이다.

　'예/아니오'라는 답을 듣게 되면 대화를 이어나가기가 어렵다. 선수는 자신의 생각을 말하기가 쉽지 않다. 그래서 첫 질문으로는 '예/아니오' 질문을 가급적 피하는 게 좋다. "자. 이 상황에서 어디로 플레이하고 싶어?" "무엇을 봐야 어디로 플레이하는 게 좋은지 알 수 있을까?" "여기서 무엇을 해야 할지 선택하려면 어떤 플레이의 원리를 떠올려야 할까?" 이런 질문이 선수의 사고를 촉진하고 적극적으로 대화에 참여시키는데 보다 생산적이다.

또한 '예/아니오' 질문은 코치가 답을 암시하는 단어를 끼워넣기 쉽다. "계속 중앙에서 플레이해야 할까?" 이 질문에서 코치는 "계속"이라는 단어를 사용해 선수들에게 은근히 답을 강요하고 있다. 이런 질문을 하고 나면 다른 질문으로 이어가기도 어렵다. "여기서는 중앙으로 플레이하는 게 나을까? 아니면 넓게 펼치는 게 나을까?" 작은 차이지만 이렇게 질문하는 게 대화를 이어가기 훨씬 자연스럽다. 물론 이 질문도 "넓게"라는 단어를 강조하면 다시 뻔한 질문이 되어 버린다. 코치의 목소리 톤을 적절히 조절해 답을 유도하는 질문이 되지 않도록 신경을 써야 한다. 질문에는 테크닉이 필요하다.

질문의 효과가 떨어지는 이유는 코치가 실제로는 조언을 해주고 싶은데 질문으로 포장을 하기 때문이다. 진정성이 떨어지는 무미건조한 질문은 선수의 사고를 자극하지 못한다. 당연히 선수의 자발적인 참여 욕구를 불러 일으키지도 못한다. 시간만 낭비될 뿐이다. 질문은 필요할 때만 해야 효과가 있다. 질문은 단어와 문구가 중요하므로 좋은 질문 몇 가지를 미리 적어두면 적절한 타이밍에 효과적으로 사용할 수 있다. 미리 심사숙고해서 질문을 준비해 두면 즉흥적으로 질문을 떠올릴 때보다 더 파워풀하고 명확한 표현으로 선수의 사고를 자극하는 질문을 던질 수 있다. 준비한 질문을 현장에서 조금씩 바꾸면서 실용적으로 사용할 수 있다.

5가지 목적의 질문

선수는 어떤 유형의 질문을 접하느냐에 따라 다른 자극을 받는다. 생각과 배움의 차원도 달라진다. 목적에 맞는 좋은 질문이 따로 있을까? 물론이다. 대부분의 코치들은 (선수와 마찬가지로) 습관과 경향성이 있어서 자신에게 도움이 되었던 방식만을 사용하곤 한다. 자신만의 방식에 집착한 나머지 선수의 성장을 위한 여러 다양한 기회를 놓치는 경우가 많다. 코치는 선수의 성장을 위해 다양한 레퍼토리를 가지고 있는 게 좋다. 질문을 목적별로 분류하면 자신이 자주 사용하지 않는 질문이 무엇인지 쉽게 알아차릴 수 있다. 균형잡힌 코칭을 하는데 도움이 된다.

(1) 발견 질문

질문의 목적 중 하나는 선수가 문제에 대한 솔루션을 발견하도록 하는 것이다. "어떻게 했으면 프레싱에 더 잘 대처할 수 있었을까?" "지금처럼 패스를 받자마자 공을 뺏기지 않으려면 어떻게 움직여야 할까?" 스스로 솔루션을 발견했을 때 선수는 솔루션을 더 잘 기억한다. 질문을 통해 선수 스스로 솔루션을 찾는 과정은 당연히 가치가 있다. 하지만 코치는 발견 질문의 한계와 대안도 고려할 필요가 있다.

직접 경험을 통한 학습 방식은 초보자보다 전문가에게 보다 효과적이다. 선수의 발견 능력은 그 선수가 가지고 있는 사전 지식의 수준과 관계가 있기 때문이다. (새로운 솔루션을 다룰 수 있는 작업 기억과도 관계가 있다.) 사전 지식이 별로 없는 초보자 레벨의 선수에게는 발견 질문이 효율적인 티칭 도구가 아닐 수 있다. 지식이 부족한 선수는 발견 질문을 받으면 뜬금없는 대답을 하며 아까운 시간만 잡아먹을 가능성이 높다. 답하기 어려운 질문을 계속 받게 되면 선수는 은연중에 코치의 질문을 외면하게 된다.

또한 초보자 레벨의 선수가 코치의 질문에 잘못된 답을 자꾸 하다보면 선수는 잘못된 답을 기억하게 될 수도 있다. 실제 연구로도 드러난 현상이다. 오답에 많이 노출된 학생들은 정답만큼이나 오답을 잘 기억하게 되며 정답과 오답을 종종 혼동하기도 한다. 학업 능력이 떨어지는 학생이 뛰어난 학생보다 그럴 가능성이 크다는 연구 결과가 있다. 그렇다고 해서 발견 질문이 초보자에게 전혀 도움이 되지 않는다는 뜻은 아니다. 단지 질문의 효율성이 전문가 레벨의 선수에 비해 떨어질 수 있다는 의미다.

또한 발견 질문은 뜻밖의 문제를 낳기도 한다. 발견 질문을 통해 선수들은 종종 경기에 도움이 되는 플레이와는 거리가 먼 솔루션을 찾아내기도 한다. 서로간의 팀워크와 코디네이션이 중요한 경기에서 선수가 자신만의 창의적인 솔루션을 찾는데만 집중하면 팀플레이를 수행하기가 어려워진다. 모든 혁신이 긍정적인 영향을 미치는 것은 아니다. 팀의 관점에서는 비록 혁신적인 면은 떨어지지만 예측가능하고 안정적인 솔루션을 추구해야 할 때도 있다. 그렇기 때문에 코치는 발견 질문 외에도 선수들이 다른 형태의 문제해결 방법을 생각해 볼 수 있는 질문도 생각해 둘 필요가 있다.

(2) 적용 질문

'적용 질문'은 선수가 이미 알고 있는 솔루션을 어떻게 실행할지를 고민하도록 만드는 질문이다. 적용 질문에 답을 하려면 선수는 비판적 사고와 문제해결 능력이 있어야 한다. 솔루션을 아는 것과 문제를 해결하는 것은 다른 차원의 일이다. 코치는 선수가 어떤 지식이나 기술을 알고 있다는 사실에 만족하고 문제해결 능력을 키우는 일을 등한시하기 쉽다. 상대의 로우 블록(low block)을 무너뜨리는 방법을 찾았다고 하더라도 이를 경기에서 현실로 만드는 작업은 별개의 일이다. 상대팀의 수준이 높을 때는 더욱 어려운 일이다.

그러므로 솔루션을 묻는 발견 질문에 더해 솔루션을 어떻게 경기에 적용해야 하는지를 물으면 플레이의 수준을 한층 높일 수 있다. 플레이의 원리나 게임 모델을 상대에 맞게 조율하고 적용하는데 특히 도움이 된다.

"이 상황에서는 넓게 플레이해야 한다는 거 다들 알지? 그러려면 어떻게 움직여야 할까?"

"여기서는 패스 라인을 만드는 게 중요해. 다들 알고 있지? 우리가 연습한 몇 가지 방법을 시도해 보자. 공을 갖고 있지 않았을 때 어떻게 움직여야 하는지 알고 있는 것들을 하나씩 연습해 보는거야."

적용 질문은 여러 면에서 발견 질문과 유사하다. 어떻게 보면 발견 질문을 다소 작은 영역으로 프레이밍한 방식으로 볼 수도 있다. 적용 질문은 게임 모델과 연결시키면 보다 효과적인 학습 도구가 될 수 있다. '무엇을 해야 하는지'를 결정하는 것은 코치의 몫이다. 하지만 '그것을 어떻게 할 것인지'는 선수가 풀어야 할 과제다.

(3) 지각 기반 질문

지각과 동작 사이에는 끊을 수 없는 연결 고리가 있다. 둘 사이의 커플링은 의식적인 차원에서 일어나지 않는다. 선수는 어디를 봐야 좋은 결정을 내릴 수 있는지 무의식적으로 선택한다. 의사결정 능력을 키우려면 코치는 지각 기반 질문을 활용해 선수가 눈의 움직임에 관심을 가지도록 안내할 필요가 있다.

"눈이 어디를 향해야 할까?"

"무엇을 봤어?"

"방금 상황에서는 무얼 찾으면 좋았을까?"

이러한 질문은 "무엇을 해야 하지?" "왜 그렇게 움직여야 하지?" 같은 질문만큼이나 효과적이다. 지각 기반 질문의 효과에 대해서는 앞에서 자세히 다루었으므로 매우 가치있는 질문이라는 점만 다시 한 번 강조하고 넘어가려고 한다.

(4) 이해 확인 질문

코치의 가르침과 선수의 배움 사이에는 늘 차이가 존재한다. 이는 막을

수 없는 현상이다. 그래서 코치에게는 선수가 잘 이해했는지 확인하는 과정이 필요하다.

"여기서는 우리가 무얼 해야지?"

"전에 이야기했었지? 이 상황에서 우리가 공을 소유하고 있으면 상대가 어떤 플레이를 할 가능성이 높다고 했지?"

코치는 분명히 가르쳐 주었다고 확신하지만 선수들의 대답을 듣고 당황할 수 있다.

(5) **지식 형성 질문**

인출 연습을 할 때는 선수의 장기 기억에 지식을 인코딩하기 위한 목적으로 지식 형성 질문을 던지면 좋다.

"방금 우리가 한 플레이를 뭐라고 부르지?"

"우리 써드 지역에서 수비할 때 플레이의 원리가 뭐지?"

"오픈 플레이 상황에서는 공을 어떻게 받아야 할까? 왜 그렇지?"

이런 질문을 통해 지식을 단단히 쌓아갈 수록 선수의 학습 속도는 빨라지고 비판적 사고와 문제해결 능력도 커진다. 지식 형성 질문은 다양한 장소와 환경에서 가볍게 사용할 수 있다. (경기 전, 경기를 마치고 돌아가는 버스 안에서, 연습 도중의 사이드라인에서) 다음은 5가지 목적의 질문의 간략한 예시다.

발견 질문 : 방금 전 상황에서는 어떤 솔루션이 있을까? 이 문제를 어떻게 해결할 수 있을까? 이 상황을 어떻게 풀어나가면 좋을까?

적용 질문 : 우리가 지금 시도하려는 플레이를 어떻게 하면 성공시킬 수 있을까? 어떤 옵션이 가장 좋을까?

지각 기반 질문 : 여기서는 무엇을 찾아야 할까? 무슨 일이 벌어진거야? 무엇을 봤어?

이해 확인 질문 : 여기서는 우리가 무얼 해야지? 여기서 너의 역할은 뭐야? 이 전술의 목적이 뭐지?

지식 형성 질문 : 효과적인 프레싱을 위한 플레이의 원리가 뭔지 말해 줄래? 공을 뺏기면 가장 먼저 해야 할 일이 뭐야?

이런 분류는 당연히 완벽하지 않다. 발견 질문과 적용 질문 사이의 경계는 대체로 모호하다. 하나의 질문이 두 가지 목적으로 사용될 수 있다. 이렇게 여러 목적의 질문을 연결해 사용할 수도 있다. (1) 이 상황에서 우리는 무엇을 해야 하지? [이해 확인 질문] (2) 좋아. 그럼 어떻게 움직이면 될까? [적용 질문]

누군가는 왜 굳이 분류를 해야 하는지 의문을 가질 수도 있다. 질문을 목적에 따라 분류를 하면 분명한 의도를 가지고 질문을 던질 수 있다. 연습의 목적에 맞는 질문을 준비할 수 있다. 거의 모든 코치들이 결과적으로 실패한 질문을 던진 경험이 있을 거라 생각한다. 대개는 질문하는 이유가 명확하지 않기 때문이다. 단지 '질문을 하는 것' 자체가 목적일 때 선수들의 대답에 대한 기대치도 그다지 높지 않을 가능성이 높다. 자연스럽게 질문에 대한 고민의 수준도 떨어지게 된다. 반면 코치가 질문을 통해 얻고자 하는 게 분명하면 질문을 더 신중하게 준비하게 된다. 목적에 맞는 질문을 상황에 따라 다양하게 사용하면 선수의 사고 수준도 다양해진다.

데이터 기반 질문

나는 뉴욕 레드불스의 코치이자 코치 교육 사업을 하고 있는 키카 툴루즈가 진행하는 연습을 참관한 적이 있다. 툴루즈 코치는 상대의 약한 발 쪽으로 달리면서 밸런스를 무너뜨리는 방법을 가르쳐 주었다. 그런 후에는 몇 분 동안 멈추지 않고 경기를 할 것이고, 경기를 하는 동안 상대의 약한 발 쪽으로 움직이며 찬스를 만들 때마다 기록을 할 거라고 알려주었다.

 키카 툴루즈 코치의 트래킹 작업

툴루즈 코치는 자신이 주문한 움직임으로 득점 기회를 만든 횟수와 실제로 득점한 횟수를 기록했다. 한동안 경기를 하고 나서 툴루즈 코치는 선수들을 모아 자신이 기록한 내용을 피드백 해주었다.

"누가 이긴 것 같아? 블랙팀은 상대의 약한 발 쪽을 공략하는 움직임으로 6번의 득점 기회를 만들었고 그 중에 5번을 성공했어. 오렌지팀은 7번의 득점 기회를 만들었어. 실제로는 더 많은 득점 기회를 만들었지. 하지만 그 중에 3번만 득점에 성공했어. 왜 더 많은 기회를 만들었지만 득점으로 연결시키지 못했다고 생각해?"

코치가 기록한 데이터를 알려주고 이어진 토론에서 선수들은 여러 의견을 내놓았다. "고개를 숙이고 플레이하는 바람에 뒤쪽에서 달리는 풀백의 움직임을 놓쳤어요." 선수들이 실제로 플레이한 결과를 반영하는 데이터를 보여주며 이야기를 나누면 학습 효과가 커진다. 객관적인 데이터를 보고 선수 스스로 자신의 플레이를 분석할 수 있기 때문이다. 선수는 코치의 생각에 의존하지 않고 스스로 나아지는 방법을 찾기 위해 노력하게 된다. 데이터에 기반해 대화를 나눌 때 코치는 판사의 역할을 할 필요가 없다. 기록한 데이터를 보여주면 문제는 저절로 드러난다. 코치는 그저 선수가 솔루션을 찾는 과정에서 안내자의 역할을 해주면 된다.

툴루즈 코치의 사례처럼 데이터를 적절히 기록하고 활용하면 보다 객관적인 대화가 가능해진다. '측정할 수 있는 것만 관리할 수 있다'는 말이 있다. 툴루즈 코치는 자신만의 기록 방식으로 선수들이 분명한 목적을 가지고 연습하는 분위기를 만들었다. 데이터를 결합하면 질문을 하기도 수월해진다. "이걸 개선하려면 어떤 방법이 필요할까?" "무엇을 봐야 상대의 약한 쪽이 어디인지 알 수 있을까?" 데이터는 거의 언제나 질문의 효과를 높인다.

7장

관찰과 확인의 기술

"교사는 어떻게든 학생이 못하는 부분을 찾으려 하고, 학생은 어떤 식으로든 부족한 부분을 감추며 실제의 자신보다 잘 하는 것처럼 보이려고 애쓴다." - 제레미 덴크[1]

20세기 최고의 코치 중 한 명인 존 우든은 성적면에서도 최고였지만 탁월한 코칭 능력과 리더십으로 후대에도 많은 존경을 받고 있다. 존 우든의 말은 스포츠를 비롯해 여러 분야에서 마치 경전처럼 인용되고 있다. 그는 UCLA 농구팀의 선수들에게 양말을 신는 방법을 알려주며 시즌을 시작했다고 한다. 이는 코칭이 우리가 생각하는 것보다 일찍 시작하는 과정임을 알려준다.

존 우든과 빌 월튼 사이의 유명한 일화가 있다. 팀의 슈퍼스타였던 빌 월튼은 머리를 단정하게 깎아야 한다는 팀의 룰을 따르기를 거부했다. 존 우든 감독은 자신의 신념을 고집하는 빌 월튼을 팀의 간판 선수라는 이유로 특별 대접을 하지 않았다. "우리는 네가 그리울 거야. 빌." 코치가 정한 원칙의 진정성은 최고의 선수에게도 그 원칙이 적용되는지에 달려있다. 원칙을 지키는 코치는 경기를 내주는 위험도 기꺼이 감수한다.

코치가 되기 전에 교사를 했기 때문인지 존 우든 감독이 남긴 메시지들은 지혜로우면서도 실용적이다. 그는 시대를 초월한 명언을 많이 남겼는데 나는 그 중에서도 티칭과 코칭에 대한 그의 정의를 특히 좋아한다. 그는 '내가

---

1 www.bit.ly/33z0jOX

가르쳤다'와 '그가 배웠다'의 차이를 알아야 한다는 말을 했다. 아무리 잘 가르쳐도 학습은 교사의 노력만큼 이루어지지 않는다. 가르침과 배움이 늘 일치하는 건 아니다. 특히 복잡하고 어려운 지식이나 기술을 가르칠 때 그런 현상은 도드라지게 나타난다. 이럴 때 보통 우리는 누구의 잘못인지 판단하려는 마음의 습관이 있다.

가르침과 배움의 차이를 이해해야 한다는 우든의 말은 그런 면에서 엄청난 통찰이 담겨있다. 우든은 이런 차이가 코칭의 과정에서 불가피하다는 사실을 담담하게 받아들이라고 말하고 있다. 그런 차이를 문제로 받아들이지 말고 어떻게 다룰 것이냐의 관점으로 바라보게 만든다. 존 우드 감독의 말에 비추어 보면 코치의 역할은 처음부터 완벽한 가르침을 제공하는 것이 아니다. 선수들이 학습의 과정에서 겪게 될 어려움을 예상하고 준비하는 일도 잘 가르치는 것만큼이나 중요하다.

훌륭한 코치가 되려면 지역 방어에 대해 잘 알고 있어야 한다. 그리고 선수들에게 지역 방어에 대해 제대로 전달할 수 있어야 한다. 여기서 끝이 아니다. 선수들이 지역 방어를 잘 배우고 있는지, 지역 방어에 대한 이해는 어느 정도 수준인지, 어떤 어려움을 겪고 있는지를 파악할 수 있어야 한다. 이런 '이해 확인' 프로세스는 선수의 성장에 중요한 영향을 미친다. 그만큼 코치가 발전시키기도 만만치 않은 영역이다.

관찰의 어려움

1장과 2장에서는 선수의 의사결정에서 지각이 얼마나 중요한 역할을 하는지 이야기했다. 어쩌다가 한두 번은 운이 좋게 지각과 관계 없이 좋은 결정을 할 수도 있다. 하지만 길게 보면 주변에서 일어나는 일을 높은 수준으로 지각하는 선수가 더 나은 선택을 하게 된다.

코치도 마찬가지다. 코치의 지각 능력은 코칭 능력에 아주 중요한 부분을 차지한다. 하지만 코치의 지각 능력 역시 '잘 보고 싶다'는 마음만으로 달라지는 단순한 기술이 아니다. 우리는 무언가를 보는 일을 그저 기계적인 행동으로 인식하는 경향이 있다. "눈을 어디론가 향하게 하면 되는거 아니야?" 정도로 생각한다. 지각의 과학적인 사실과는 거리가 먼 이야기다. 보는 능력 역시 하나의 기술이다. 관찰에도 나름의 테크닉이 있으며 배우기도 제법 까다롭다. 관찰은 생리학적 프로세스라기보다는 인지적이고 주관적인 프로세스에 가깝다. 많은 코치들이 관찰의 중요성을 인식하지 못하고 있다. 하지만 '무언가를 정확하게 보는 능력'은 코치가 갖추어야 할 최우선 기술이다.

나는 최근에 한 젊은 코치가 빌드업을 위한 패스 패턴을 훈련시키는 현장을 참관한 적이 있다. 코치는 미드필드 지역의 선수들이 가만히 서서 패스를 받는 모습을 발견하고는 잠시 훈련을 멈추고 피드백을 주었다.

"얘들아. 바깥쪽에서 풀백이 공을 받는 모습을 보면 너희한테 다음 패스가 올 거라는 걸 생각해야 해. 그렇다면 그냥 가만히 서서 공을 받으려고 하면 안되겠지? 공간을 이용해 공을 받을 수 있는 기회를 만들어야해. 이렇게 움직이면서 말이야. [수비수와 부딪히며 공간을 만드는 시범] 살짝 몸싸움을 하면서 수비를 떼어낸 다음 공을 받기 좋은 위치로 가는거야. 다시 해보자. 부딪히며 공간을 만들어 보는거야. 시작!"

앞서 소개한 피드백의 원칙이 고스란히 스며들어 있는 좋은 피드백이다. 코치는 티칭 포인트를 명확히 설명했고, 솔루션을 시범과 함께 빠르게 전달했고, 선수들이 바로 시도해 볼 수 있는 기회를 주었다.

하지만 코치는 이후에 중요한 일에 집중하지 못했다. 대부분의 코치들도 자각하지 못하는 단순한 일이다. 그는 관찰에 실패했다. 피드백이 끝난 후

재개된 연습에서 미드필드 지역에서 움직이는 선수 대부분이 코치가 설명한 움직임을 제대로 실행하지 못하고 있었다. 그런데 어찌된 일인지 코치는 그 사실을 알아차리지 못하고 있었다. 아마도 코치의 눈은 경기장을 향하고 있지만 머릿속으로는 딴생각을 하고 있었을 수도 있다. 다음에는 무엇을 가르칠지 생각하고 있었을 지도 모른다. 어떤 이유에서든 그의 눈은 경기장을 향하고 있었지만 선수의 움직임을 제대로 체크하지 못하고 있었다. 고쳐야 할 움직임이 아무런 피드백 없이 반복되고 있었다. 잠시 후에 연습을 멈추고 코치는 새로운 주제로 넘어갔다.

코치는 가르쳤지만 선수들은 배우지 못한 사례라고 할 수 있다. 며칠 후 경기의 하프타임에서 코치가 긴박하고 당황스러운 목소리로 선수들에게 소리치는 모습을 우리는 상상할 수 있다. "다들 가만히 서있잖아! 공간을 만들면서 패스를 받아야 한다고 이야기했지? 수비와 부딪히면서 공간을 만들어야 한다고!" 가르침과 배움의 차이를 이해하지 못하는 코치가 겪을 수밖에 없는 비극이다.

선수들이 연습 때는 잘 하는데 경기에서는 잘 못할 때는 여러 이유가 있다. 나는 그 이유를 이 책의 여러 곳에서 다루고 있다. 인출 연습을 다양한 방식으로 하지 못한 게 이유일 수 있다. 인출 연습의 인터벌에 문제가 있었을 수도 있다. 경기의 복잡성을 충분히 반영한 연습을 하지 않았을 수도 있다. 지각 단서를 올바른 타이밍에 포착하는 훈련을 하지 않았을 수도 있다. 하지만 이 코치의 사례는 하나의 분명한 이유를 보여준다. 바로 실패한 관찰이다. 코치는 자신이 가르친 것을 선수가 제대로 수행하지 못하는 모습을 보고도 알지 못했다.

관찰 기능이 잘 작동해 가르침과 배움의 차이를 확인한 코치는 필요한 조치를 취하게 된다. "아까 우리가 이야기했던 움직임이 안 보이거든? 다시 해보자." "이제 너희들의 움직임을 지켜보면서 "예스"나 "노"를 외칠거야. 공간을 만드는 움직임이 나오면 "예스", 나오지 않으면 "노"라고 소리칠거야." "공간을 만드는 움직임이 잘 나오질 않는다. 타이밍이 늦어서 그런 것 같아. 조금 더 일찍 움직임을 시작해 볼까?"

분명한 사실은, 코치는 오직 자신이 눈으로 확인한 문제에만 대응할 수 있다는 점이다. 선수에게 동작 이전에 지각이 우선이듯, 코치 역시 경기장에서 벌어지는 실수나 문제를 지각하는 일이 먼저다. 하지만 관찰의 단계에서 코칭 프로세스가 중단되는 경우가 많다. 이는 7살 어린이를 지도하는 코치든, 경험이 많은 프로 코치든 상관없이 벌어지는 일이다. '설마'라고 생각하며 믿지 않는 분도 있겠지만 이런 현상은 늘 일어난다. 그런 이유로 관찰에 실패한 코치를 형편없는 코치라고 비난할 필요는 없다.

나는 연습이나 경기 영상을 찍어 코치에게 보여주곤 한다. 코치들은 자신이 얼마나 관찰을 소홀히 하는지를 영상을 보고 깨닫는다.

"콤비네이션 플레이를 통해 크로스를 만들어내라는 주문을 하셨죠? 영상을 보며 실제로 그런 플레이가 몇 차례 성공했는지 세어보시죠."

"양발을 모두 사용하면서 플레이하라고 선수들에게 지시했잖아요? 실제로 선수들이 왼발(또는 오른발)을 몇 번 사용하는지 세어보세요."

코치는 그제서야 실제로 벌어진 일을 제대로 확인한다. 자신이 많은 것들을 놓쳤다는 사실을 알게 된다. 솔직히 우리 모두 이런 실수를 하고 있다. 우리는 이런 현상을 겸손하게 받아들일 필요가 있다. 현실을 인정해야 변화를 위한 행동에 나설 수 있다.

우리는 눈앞에서 벌어지는 일의 극히 일부만 볼 수 있다. 이는 과학적인 사실이다. 이유는 여러 가지가 있다. 하나는 주의력이다. 우리의 눈은 집중하지 않는 대상은 놓치는 경향이 있다. 22명의 선수가 여기저기로 움직이는 모습을 보며 동작과 움직임을 주의 깊게 관찰하는 일은 여간 힘든 과제가 아니다.

관찰을 중요하게 여기지 않는 코치는 더더욱 많은 것을 놓치게 된다. 뇌는 해야 할 과제가 분명할 때 활발하게 움직인다. 하지만 '관찰'이라는 행동은 어쩐지 코칭처럼 느껴지지 않는다. 어떤 일이든 중요한 과제라는 인식이 없으면 필요한 노력을 기울이지 않을 가능성이 높다. 그래서 많은 코치들은 집중해서 선수들을 관찰하지 않는다. 무언가를 말하거나 콘을 여기저기 세팅하는데 시간을 보낸다. 경기장에서 무슨 일이 벌어지고 있는지 관찰하고 기록하는 대신 다음에 무슨 말을 할 지를 생각한다. 눈은 경기를 보고 있지만 머릿속으로는 다음 경기에 누구를 선발로 뛰게 할 지를 고민한다. 코치는 관찰 자체를 하나의 과제로 여겨야 경기장에서 벌어지는 일을 제대로 볼 수 있다. 눈과 뇌에 적극적으로 관찰하라는 명령을 내려야 한다.

시각 기능의 한계도 관찰을 근본적으로 어렵게 만드는 이유다. 시신경과 연결된 시각 피질에는 수용 세포가 없어서 불완전한 이미지가 입력된다. 뇌는 이를 보완하기 위해 사각 지대에 있었을 거라고 생각되는 이미지로 시각 정보가 분명하게 들어오지 않은 빈 공간을 채운다. 과거에 입력된 정보를 사용해 이미지를 완성한다는 의미다. 뇌는 이 작업을 매우 자연스럽게 수행하기 때문에 대부분의 사람들은 자신이 무언가를 볼 때 사각 지대가 있다는 사실을 알지 못한다[2]. 하지만 실제로 사각 지대의 범위는 놀라울 정도로 크다. '상상하는 대로 세상을 본다'는 말이 있다. 은유적인 표현이면서도 과학적 사실을 내포한 표현이기도 하다.

우리의 지각은 주관적이고 편향적이다. 『보이지 않는 고릴라』를 쓴 심리학자 차브리스와 사이먼스는 "우리는 시각 세계의 극히 일부분만 인식할 수

---

2   인지과학자라면 누구나 금방 사각 지대의 존재를 증명할 수 있다. www.bit.ly/34vvA00

있다"고 말했다. 우리는 보면서도(look) 실제로는 보지 못하는(not see) 경우가 많다. 첫 번째 '보기(look)'를 바로 잡아야 두 번째 '보기(see)'를 제대로 수행할 수 있다. 코치가 '관찰'을 보다 진지한 과제로 삼아야 하는 이유다.

바로 눈앞에 있는 대상을 보지 못하는 현상을 '무주의 맹시(inattentional blindness)'라고 부른다. 내가 그날 젊은 코치가 선수의 움직임을 제대로 관찰하지 않고 있는 모습을 주의 깊게 본 이유는 바로 전날에 여러 코치들과 관찰의 어려움에 대해 이야기를 나눴기 때문이다. 그래서 나는 그날도 코치가 관찰을 소홀히 하는 일이 벌어질 거라 예상했다. 내가 특별히 지각 능력이 좋아서가 아니다. 나 역시 대부분의 사람들처럼 눈앞에서 벌어지는 일을 자주 놓친다. 그날은 내가 '준비가 되어 있었기' 때문에 코치의 그런 모습을 볼 수 있었던 것이다. 바로 이 부분이 좋은 관찰을 위한 핵심 포인트다. 차브리스와 사이몬스도 비슷한 말을 하고 있다. "무주의 맹시를 없애는 입증된 방법이 하나 있다. 예상치 못한 이벤트나 대상을 줄이면 된다."

프레이저 선생님의 수업으로부터 배울 수 있는 교훈

코치의 관찰 능력을 키우기 위한 훈련을 할 때 나는 데나리우스 프레이저 선생님이 수학을 가르치는 영상으로 시작하는 경우가 많다. 이 영상에서 프레이저 선생님은 거의 모든 코치가 연습에서 맞닥뜨리는 상황과 비슷한 문제를 다루고 있다.

 데나리우스 프레이저 선생님의 수업

교실에는 30명의 학생들이 두 개의 수학 문제를 풀고 있다. 수학 문제에는 여러 단계의 풀이 과정이 있다. 많은 학생의 진도와 학업 능력을 확인하는 작업은 교사에게 매우 어려운 일이다. 하지만 프레이저 선생님은 이 분야의 장인이다. 그의 행동을 잘 지켜보면 한 가지 중요한 포인트를 발견할 수 있다. 관찰한 내용을 체계적으로 기록한다는 사실이다. 그는 클립보드를 들고 다니며 노트를 하고 있다. 대부분의 교사들은 하지 않는 행동이다. 교사들은 보통 머릿속으로만 기록을 한다. 하지만 교사가 풀이 과정이 4~5단계인 두 개의 수학 문제를 풀고 있는 30명의 학생을 관찰하면서 자신이 본 모든 것을 기억할 수는 없다. 관찰한 내용을 하나하나 기록하지 않는 교사는 실수나 문제에 해당하는 내용만 기억하게 된다. 어떤 학생에게서 중요한 실수를 발견하고는 뒤에 있는 학생의 문제 풀이 확인은 소홀히 하게 될 수도 있다. 용량이 제한된 작업 기억을 동원해야 하는 교사는 관찰을 하며 기록하지 않으면 집중력을 가지고 관찰을 하기 어렵다.

코치도 마찬가지다. 몇 분에 걸쳐 여러 장면이 펼쳐지는 연습을 바라보며 코치의 작업 기억은 바쁘게 돌아간다. 선수마다의 플레이 성향과 장단점을 떠올리며 동작과 기술을 잘 수행하고 있는지 생각하다 보면 작업 기억은 금새 과부하 상태가 된다. 스스로 인지를 하든 못하든 머릿속으로만 생각하는 코치는 이런 작업 기억의 한계를 보상하는 습관을 만들게 되고, 그렇게 만들어진 습관은 코치의 관찰과 이해를 왜곡시킨다. 코치는 처음 본 실수나 문제에 과도하게 집착하거나, 최근에 관찰한 내용으로 이전에 본 것들을 완전히 기억에서 밀어낸다.

7자리 전화번호를 기억하는 일도 만만치 않은데 하물며 동시에 여러가지 일들이 펼쳐지는 경기를 관찰하는 일은 보통 힘든 과제가 아니다. 이를테면 어떤 선수는 좀처럼 공간을 파고들지 못하고 있다. 공격형 미드필더 선수는 평소와는 다르게 상대 진영 깊숙한 지점까지 자주 달리는 모습을 보여준다. 수비형 미드필더 선수는 상대의 프레싱을 좀처럼 뚫어내지 못한다. 전반적으로 많은 선수가 깔끔한 퍼스트 터치를 통해 공격 포인트를 바꾸지 못하고 있다. 눈에 들어온 이렇게 많은 정보를 머릿속에 담아놓았다가, 거기다가 가끔씩 예상치 못한 플레이가 나오는 걸 지켜보면서, 지금 다루어야 할 가장 중요한 주제가 무엇인지를 결정하는 것은 참으로 어려운 일이다.

그렇기 때문에 뇌의 작동 원리를 이해하고 있는 코치는 나름의 체계화된 방식으로 기록을 하며 많은 정보를 처리한다. '멘탈 노트'만을 이용하려는 태도, 즉 관찰한 내용을 머리로만 처리하는 코치는 관찰도 분석도 제대로 하기가 어렵다. 이는 자신이 관찰한 내용을 선수의 발전을 위해 활용할 데이터로 여기지 않는 태도다. 선수 육성을 위한 효과적인 도구를 외면하고 있는 셈이다.

기록을 시작하는 방법은 간단하다. 빈 종이에 자신이 본 내용을 적으면 된다. 눈으로 본 내용을 적기만 해도 작업 기억은 그만큼 자유로워진다. 프레이저 선생님은 어떤 문장을 길게 적는 것처럼 보이지는 않는다. 그는 효과적인 관찰을 위해 기록 방법을 미리 정한 것처럼 보인다.

프레이저 선생님은 학생들의 풀이 과정을 차례로 확인하다가 나머지값을 찾는 과정에서 학생들이 실수를 많이 한다는 사실을 발견한다. 그는 문제를 푸는 과정을 중단시키고 가르치기 시작한다. 코치가 피드백을 주기 위해 연습을 잠시 멈추는 경우와 같다. "우리가 바로잡아야 할 게 있어." 학생 한두 명이 하는 실수가 아니라 여러 학생들이 저지르는 흔한 실수를 발견하고 이렇게 피드백을 해주면 수업의 진도는 훨씬 빨라지게 된다.

영상의 42초 부근에서 프레이저 선생님은 학생의 나머지값이 틀렸다는 걸 알려준다. "이런. 나머지값을 확인해 볼래?" 그리고는 클립보드에 체크

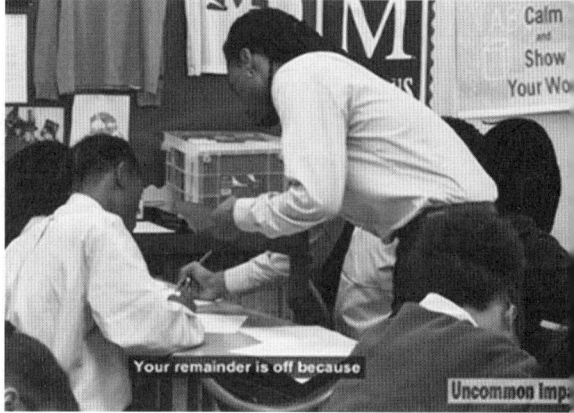

표시를 한다. 이는 프레이저 선생님이 이런 문제가 발생할 수 있다는 것을 미리 예상하고 나머지값이 틀렸다는 사실을 기록할 칸을 만들었다는 것을 의미한다. 그는 벌어질 수 있는 문제를 미리 생각해서 '실수 리스트'를 만든 것이다. 그는 '실수 리스트'를 사용해 체계적으로 학생들을 관찰하고 기록한다. '실수 리스트'는 교사가 학생들을 관찰하며 무엇을 발견해야 하는지 상기시켜 주는 역할을 한다. 또한 관찰하고 기록한 데이터를 직관적으로 이해할 수 있도록 시각화시켜 준다.

영상을 자세히 보면 프레이저 선생님의 클립보드에는 다른 내용도 있다는 사실을 알 수 있다. 1분12초 경에 프레이저 선생님은 한 학생의 풀이 과정이 왜 틀렸는지를 설명하면서 클립보드를 빠르게 훑어보고 있다. 그는 노트에 모범 풀이 과정을 적어 놓았기 때문에 학생이 어느 단계에서 실수를 했는지 빠르고 정확하게 체크할 수 있다. "이 값이 틀렸네. 그래서 나머지 값이 달라진거야."

지원 시스템을 수업 전에 준비해 놓았기 때문에 프레이저 선생님은 각각의 학생을 몇 초만에 빠르게 확인할 수 있다. 클립 보드를 살짝 보고 확인하면 된다. 1초면 되는 일이다. 학생마다 체크를 하는데 10초씩 걸린다면 제 시간에 끝낼 수가 없다. 많은 교사들은 티칭의 내용에만 집중한 나머지 효율성은 그다지 고민하지 않는다. 수업에 효율성이 없으면 소수의 학생들만 피드백을 받게 된다. 교사는 일부 학생들의 데이터만 수집하게 된다. 대부분의 교실에서 벌어지고 있는 현실이다. 많은 교사들이 '모든 학생들'과 교감하지 못하고 있다. 그렇기 때문에 상당수의 학생들의 학업 실력을 제대로 알지 못하고 추측한다.

많은 교사와 코치들이 수업이나 훈련 전의 이런 준비 과정을 간과한다. 잘 알고 있다고 생각할 수록 이렇게 모범 답안을 미리 적어두는 일은 시간 낭비처럼 느껴질 수 있다. '머릿속에 다 있어. 미드필드 지역에서 패스 플레이가 잘 되면 어떤 모습인지 다 아는 데 굳이 적을 필요가 있나?' 하지만 프레이저 선생님 역시 다항식의 나누기를 어떻게 풀어야 하는지 잘 알고 있다. 그는 잘 알고 있음에도 불구하고 관찰을 효율적으로 하기 위해 모범 답안과 실수 리스트를 미리 적어서 준비했다. 그래야 확인 작업을 빠르고 정확하게 할 수 있기 때문이다.

과학 작가인 아툴 가완디는 『체크 체크리스트』라는 책에서 체크리스트의 필요성을 역설하고 있다. "복잡성을 가진 조건에서 체크리스트는 단순히 도움이 되는 수준을 넘어 성공을 위한 필수 요소"라고 적고 있다. 그는 숙련된 외과 의사와 엔지니어들이 좋은 의사결정을 내리기 위해 체크리스트를 만들어 활용하는 사례를 책에서 소개하고 있다. 효과적인 체크리스트는 정확하고, 효율적이며, 포인트가 분명하고, 사용하기 쉽다. 또한 중요한 단계를 잊지 않도록 상기시켜 준다.

체크리스트 역시 프레이저 선생님이 사전에 작성한 모범 답안처럼 수업의 보조 도구로 이용할 수 있다. 코치는 단순한 리스트 형태로 체크리스트를 만들 수도 있고 내러티브(설명) 형태로 적을 수도 있다. 어떤 방식을 선택하든 목적은 같다. 자신이 원하는 플레이가 제대로 펼쳐질 때의 특징을 명확하게 기술하고, 이를 바탕으로 효율적으로 관찰할 수만 있다면 어느 방식을 사용해도 무방하다.

아툴 가완디는 체크리스트가 두 가지 상황에서 특히 유용하다고 말한다. 첫 번째로는 복잡하고 까다로운 과제를 할 경우다. 숙련된 외과 의사나 거대한 고층 빌딩을 짓는 엔지니어들은 과거에 오랫동안 체크리스트 사용을 무시해 왔지만 이제는 그들 대부분이 체크리스트에 기반해 일을 한다. 관찰을 하면서 새롭게 알게 된 정보들을 모두 작업 기억에 저장할 수는 없기 때문이다.

또 다른 상황은 자율성이 높게 발휘되어야 하는 대규모 조직에서 안정적인 결과를 얻고자 할 경우다. 축구 클럽이 바로 여기에 해당한다. 클럽에 속한 모두가 '올바른 플레이'가 어떤 모습인지 공유하고 있다면 각자의 자율성을 발휘하면서도 결과의 변동성을 줄일 수 있다.

포백으로부터의 빌드업 연습을 하는 경우에 코치는 연습을 시작하기 전에 지난 몇 경기를 리뷰하며 적어둔 내용을 보며 체크리스트를 만든다. 코치는 연습을 보며 무엇을 체크해야 하는지 분명히 알 수 있다.

패스	· 패스 속도가 경기의 페이스에 맞는가 · 지면에 붙어서 낮게 가는가 · 고관절을 열면서 패스를 받는가 · 주변을 스캔하며 패스를 받는가 · 라인을 무너뜨리는 침투 패스를 시도했는가. 패스가 여의치 않았을 때 공격 포인트를 빠르게 전환하려고 시도했는가. 게으른 횡패스를 하지는 않았는가.

연습을 시작하기 전에 체크리스트를 작성해 놓으면 동작이나 플레이의 디테일한 부분에 보다 집중할 수 있다. 체크리스트를 만들며 마음의 준비를

했기 때문이다. 주의가 산만해진다 싶으면 체크리스트를 다시 보면서 스스로 정한 관찰 과제로 돌아오면 된다. 간단하게 사용할 수 있는 도구다. 선수들의 움직임을 보며 체크리스트에 체크를 하거나 간단히 메모를 하면 된다. 바운드되지 않고 날아가는 좋은 패스가 보이면 '지면에 붙어서 낮게 가는가' 항목 옆에 체크 표시를 해두면 된다. 마티아스 빼고 모두 잘 하고 있다면 체크 박스 옆에 마티아스의 이름을 적어두면 된다. 나중에 마티아스와 따로 연습을 하면 되기 때문에 한 명 때문에 연습을 중단할 필요는 없다.

키케가 공을 받기 전에 주변을 스캔하는 모습이 코치의 눈에 들어온다. 아주 모범적인 스캔 동작이라고 생각한 코치는 '주변을 스캔하며 패스를 받는가' 항목 옆에 '키케++'라고 기록한다. 다음에 스캔 동작을 시범 보여줄 일이 있으면 키케가 적임자라고 생각한다.

다음에는 패스의 속도에 집중해 관찰하기 시작한다. 경기의 페이스에 맞

는 패스가 나오면 체크 표시를 하고, 경기의 흐름을 죽이는 느린 패스가 보이면 X 표시를 한다. 좋은 패스와 마음에 들지 않는 패스의 비율이 6대4 정도인 것을 확인하고 잠시 멈춰서 피드백을 해주기로 결심한다. "얘들아. 패스 속도에 집중해 보자. 패스는 경기의 페이스에 맞춰야지? 너희가 하는 모든 패스에 점수를 매길거야. 시작!"

일부 선수들은 코치가 정말 모든 패스 하나하나를 지켜보고 점수를 매길까 회의적으로 생각할 수도 있다. 하지만 선수들은 실제로 자신들이 패스를 할 때마다 무언가를 적는 코치의 모습을 보게 된다. 패스에 보다 집중할 수밖에 없다. 선수들의 마인드셋이 바뀌자 좋은 패스의 숫자가 급격히 늘어나기 시작한다. 연습이 끝나고 코치는 선수들을 모아 놓고 질문을 한다. "내가 너희들에게 새로운 걸 가르친 건 없어. 그저 패스를 경기의 페이스에 맞게 해야 한다고 강조했을 뿐이야. 그리고 점수를 기록한다고 했지. 이 말을 하기 전에는 느린 패스가 40%였는데 이제는 그런 패스가 거의 없어졌어. 왜 이런 일이 벌어졌을까?" 선수들은 집중력을 유지하는 일이 좋은 플레이를 하기 위해 얼마나 중요한지를 코치와의 대화를 통해 깨닫게 된다.

프레이저 선생님의 수업은 코치가 훈련을 관찰하고 기록하는 일에도 몇 가지 메시지를 전달한다. 첫 번째 메시지는 코치의 눈으로 관찰하는 것도 하나의 데이터이며 그저 머릿속으로만 담아두는 '멘탈 노트'는 데이터를 기록하고 활용하기에 충분하지 않다는 점이다. 코치는 실시간으로 기록할 수 있는 '트래커(tracker)'를 이용해 관찰을 해야 선수들의 연습을 올바로 데이터화 할 수 있다. 그래서 나는 『최고의 교사는 어떻게 가르치는가』에서 이 프로세스를 '지켜보기(watching)'가 아니라 '트래킹(tracking)'이라고 이름붙였다. 관찰은 수동적인 행동이 아니며 능동적인 활동이라는 점을 강조하기 위한 표현이다. '지켜보기'라고 표현하면 어쩐지 코칭 활동이 아닌 것 같은 느낌이

준다. 하지만 관찰은 코치의 역할 중에 가장 중요한 일 중 하나다. 많은 코치들이 그 중요성을 모르고 있을 뿐이다.

체크 리스트도 좋고 실수 리스트도 좋다. 연습 전에 관찰할 내용을 생각하며 적는 작업은 곧 무엇을 관찰할지를 선택하는 과정이다. 우리의 주의는 쉽게 산만해진다. 이는 피할 수 없는 과학적 사실이다. 우리의 눈은 종종 눈앞에서 벌어지는 일을 알아차리지 못한다. 또한 축구공처럼 형태가 분명하고 빠르게 움직이는 대상을 본능적으로 따라가기 쉽다. 소리 없이 벌어지는 일, 눈에 잘 띄지 않는 움직임에는 좀처럼 시선이 머물지 않는다. 이를테면 코치는 공격에 비해 수비의 움직임에 눈길을 덜 보내곤 한다. 공이 없을 때의 움직임도 마찬가지다. 자신도 모르게 공을 갖고 움직이는 특정 선수들에게만 시선이 고정되곤 한다. 그렇기 때문에 세밀한 관찰을 원하는 코치는 인간의 지각 능력과 주의력의 한계를 인정하고 전략적으로 접근해야 한다. 무엇에 집중해 관찰을 할지 의도를 분명히 정하고 '트래커'로 사용할 도구를 준비해야 한다.

프레이저 선생님의 수업이 코치들에게 전달하는 두 번째 메시지는 실수를 예상하라는 것이다. '이 연습을 할 때 나올 수 있는 실수나 문제가 무엇일까?' 코치가 연습을 준비하며 이런 질문을 스스로에게 던지고 떠오르는 답을 적어나가면 몇 가지 긍정적인 효과가 있다. 먼저 선수가 실수를 했을 때 그 실수를 발견할 가능성이 커진다. 차브리스와 사이먼스가 말한 것처럼 "예상치 못한 이벤트나 대상을 줄이면" 문제를 눈앞에서 보고도 놓치는 일을 막을 수 있다. 두 번째로는 예상했던 실수가 나왔을 때 보다 쉽게 대처할 수 있다. 마지막으로 실수를 미리 예상하고 준비하면 기록을 위한 도구를 디자인하기도 쉬워진다.

최근에 나는 코칭 라이센스 과정에서 한 코치가 진행하는 연습 영상을 참가자들에게 소개한 적이 있다. 코치는 연습을 지켜보는 동안 혼잣말을 하는 버릇이 있었다. 그 말을 통해 우리는 코치의 생각을 엿볼 수 있었다. 코치는 선수들이 패스 연습을 하는 동안 "패스가 깔끔하지 않은데"라고 반복해서 혼잣말을 했다. 나중에는 옆에 있던 보조 코치에게도 같은 걱정을 털어놓았다. "패스가 영 별로야. 뭔가 부족해. 다음 연습으로 넘어가면 안 될 것 같은데…" 하지만 잠시 후에 코치는 휘슬을 불었고, 자신이 인식한 문제에 아무 조치도 하지 않고 다음 연습으로 넘어갔다.

이 코치만 이런 선택을 하는 건 아니다. 문제를 확인하고도 조치를 취하지 않는 일은 대부분의 코치들에게 자주 일어난다. 코치가 그 순간에 바로 대처를 하지 않은 여러 이유가 있을 수 있다. 때로는 일부러 그냥 넘어가는 선택을 하기도 한다. 선수들이 제대로 어려움을 겪어보라는 뜻으로 개입을 자제하는 경우도 있기 때문이다. 뒤에 할 연습을 정말 치밀하게 계획을 했기 때문에 그걸 가르칠 기대감이 앞섰기 때문일 수도 있다. 아니면 즉흥적으로 연습을 바꾸어서 벌어지는 혼란을 피하고 싶었는지도 모른다. 계획한 연습에서 벗어나 변화를 주면 그라운드에 세워둔 마커를 옮기거나 그룹을 재구성하는 작업을 하며 시간이 낭비되는 경우도 많다. 차라리 "패스 깔끔하게. 얘들아!" 이렇게 한 번 소리치고 다음 연습으로 넘어가는 게 나을 수도 있다. 그러면 코치는 뭔가를 했다는 기분이 들고 원래 계획했던 일을 이어서 할 수 있다.

실수를 예상하고 있으면 실수에 어떻게 대응할 지도 어느 정도는 준비할 수 있다. 이런 경우에는 원래의 연습 계획에서 잠시 벗어나 패스 연습을 조금더 하기로 결정하더라도 코치가 화가 나서 충동적으로 연습을 시키는 것처럼 보이지 않을 가능성이 높다. 실수가 나올 거를 미리 예상하고 그 실수에 대해 무엇을 해야 할지를 준비하고 있으면, 시의적절한 조치를 취할 수 있다. 그렇게 준비된 상태에서 선택한 조치는 효과가 더 좋을 수밖에 없다.

실수를 예상하고 준비하는 시간은 코치에게도 여러 면에서 도움이 된다. 먼저 선수들이 어떤 기술이나 플레이에 어려움을 겪을지 예상하는 능력을 키우는 훈련이 된다. 실수를 예상하고 준비하는 경험이 쌓일 수록, 시행착오를 겪으며 선수의 실수를 예상하는 능력은 점점 좋아지게 된다. 그리고 선수의 눈으로 훈련을 보는 연습을 할 수 있다. 선수의 실수를 예상하는 경험이 쌓이며 코치는 선수의 발전을 방해하는 요소가 무엇인지 점점 더 능숙하게 알아차리게 된다.

코치의 감정을 컨트롤하는 측면에서도 긍정적인 영향을 미친다. 실수를 하거나 어려움을 겪을 거라고 가정하고 연습 계획을 세우면 선수가 실제로 실수를 했을 때 화를 낼 확률이 줄어든다. 선수가 겪는 어려움이나 실수를 정신력이나 태도의 문제로 쉽게 단정짓기 보다는 배움이라는 게 본래 어려운 과정이라는 사실을 상기하는 계기로 삼게 된다. 선수의 실수나 실패를 코치 자신의 문제해결 과제로 여기게 된다. 섣불리 선수를 비난하며 신뢰와 믿음을 잃지 않게 된다. 노력을 하지 않는다는 근거 없는 잔소리를 선수들에게 쏟아붓지 않게 된다.

프레이저 선생님으로부터 배울 수 있는 세 번째 아이디어는 모범 답안을 미리 적어 놓는 '샘플 사례'다. 실수를 예상하고 준비하기와 같은 맥락으로 이해하면 된다. 이상적인 플레이에 해당하는 모습을 머릿속에 구체적으로 그려 놓고 있으면 이상과 현실의 차이를 훨씬 더 명확하게 파악할 수 있다. '샘플 사례'를 만들려면 먼저 스스로에게 질문을 던져야 한다. '세계 최고의 U14팀이 이 연습을 하면 어떤 모습일까?' '우리팀이 이 연습을 하며 보여줄 수 있는 최고의 플레이는 어떤 모습일까?' 이런 질문에 떠오르는 생각이나 이미지를 글로 적다 보면 어렴풋이 알고 있던 디테일들이 생각나게 된다. 이 작업은 플레이나 전술의 보다 디테일한 측면을 정리하는 데도 도움이 된다.

이상적인 플레이를 상상하며 '샘플 사례'를 만드는 시간을 통해 코치는 선수들이 무엇을 잘하고 무엇이 부족한지를 보다 분명하게 인식할 수 있다. 또한 코치는 자신이 원하는 플레이 방식을 분명한 언어로 설명할 준비를 갖추게 된다. 샘플 사례를 만드는 작업을 통해 코치는 경기에 대한 이해를 지속적으로 높여나갈 수 있다.

샘플 사례 만들기는 동료 코치들과 함께 하면 시너지가 커지는 활동이다. '공격 써드 지역에서의 다이아몬드 대형을 이용한 콤비네이션 플레이'를 주제로 동료 코치의 샘플 사례와 자신의 샘플 사례를 비교해 보면서 토론하면 자신은 미처 생각하지 못한 부분을 발견할 수 있다.

실수 환영 문화

프레이저 선생님의 교실로 돌아가 보자. 그는 학생들의 풀이 과정을 사전에 작성한 모범 답안과 체크리스트를 적절히 활용해 꼼꼼하게 체크한다. 학생들이 자주 틀리는 부분을 다시 시간을 내서 가르친다. 그는 학생들이 열린 마음과 호기심을 가지고 자신이 실수한 부분을 공부하는 환경을 만들고 있다. 프레이저 선생님의 교실에서 학생들은 자신을 방어하거나 자책하는데 에너지를 낭비하지 않으면서 부족한 부분을 돌아본다.

경기장에도 이런 학습 문화를 만들어야 한다. "잠시 멈추고 뭐가 잘못되었는지 한 번 보자." 물론 선수의 모든 실수에 대해 이렇게 대응할 수는 없다. 말처럼 그렇게 간단한 문제가 아니라는 점을 나도 잘 알고 있다. 하지만 호기심을 가지고 실수를 편안하게 받아들이는 문화 속에서 선수는 자기 성찰의 습관을 만들어 나간다. 실수는 올바른 방향으로 나아가려면 반드시 겪어야 할 과정이라는 믿음을 선수들에게 심어주어야 한다. 그런 '실수 환영 문화' 속에서 선수는 자신을 방어하거나 변명하지 않고, 열린 마음과 호기심을 가지고 자신의 실수를 탐구한다. 선수가 자신의 실수를 숨기려 하지 않고 기꺼이 공유하는 실수 환영 문화에서 가르침과 배움 사이의 격차는 빠르게 줄어든다.

하지만 실수 환영 문화는 저절로 생기지는 않는다. 성공하려면 실수를 받아들여야 한다고 코치가 일장연설을 한다고 해서 뚝딱 만들어지는 문화가 아니다. 수많은 사소해 보이는 순간들에 코치가 보여주는 말과 행동(실수를 이야기하는 언어, 실수를 대하는 표정과 바디랭귀지)에 따라 실수 환영 문화는 만들어진다. 반대로 송두리째 사라질 수도 있다. 1분 20초부터 시작하는 프레이저 선생님의 후반부 영상은 실수 환영 문화가 공기처럼 스며든 교실의 풍경을 잘 보여준다.

 데나리우스 프레이저 선생님의 수업

프레이저 선생님은 나머지값을 구하지 못한 페이건의 종이를 가져간다. 페이건 뿐만 아니라 많은 학생들이 틀리는 부분이다. 프레이저 선생님은 페이건이 문제를 푼 종이를 프로젝터로 띄운다. 문제해결을 위해서는 문제를 제대로 보여주는 일이 중요하다는 점을 기억하자.

물론 이 장면은 잘못된 방향으로 흘러갈 위험도 있다. 페이건은 자신의 실수가 학급 전체에 공개된다는 사실에 수치심을 느낄 수 있다. 어쩌면 수업이 끝나고 놀림을 당할 수도 있다. 그날 밤에 어쩌면 페이건의 부모가 전화를 해서 따질 수도 있다.

프레이저 선생님은 페이건이 문제를 푼 종이를 보여주기 전에 먼저 주의를 집중시킨다. "연필을 내려놓고 나를 봐. 3. 2. 1." "나를 봐"라고 말하며 프레이저 선생님은 지금부터 하는 이야기를 집중해서 들어야 한다는 신호를 학생들에게 보낸다. 그것이 끝이 아니다. 그는 모든 학생이 집중하고 있는지 눈에 띄지 않는 조용한 움직임으로 교실 전체를 스캔하며 확인한다. 그는 "나를 봐"라는 말을 그저 지나가는 말로 하는 게 아니라 실제로 학생들 하나하나를 체크한다. 그는 아직 준비가 안 된 학생을 한 명 발견한다. "아직 한 명을 기다리고 있다." 그는 학생의 이름은 말하지 않으면서 다시 한 번 집중하라고 전달한다. 학생을 지목해 집중하라고 말하지 않기 때문에 나머지 학생들은 집중 상태를 그대로 유지할 수 있다.

모든 학생이 완전히 집중하고 있는 모습을 확인하고 프레이저 선생님은 가르치기 시작한다. "몇 장의 시험지에서 우리가 나머지값을 잘못 구하고 있는 걸 발견했어." 프레이저 선생님이 사용한 언어가 중요하다. 먼저 그는 특정한 학생이 아니라 반 전체를 지목해 말하고 있다. 그는 '우리가' 나머지값을 잘못 계산하고 있다고 말한다. 학생들이 페이건의 실수라고 생각하지 않도록 프레이저 선생님은 '우리가'라는 단어를 사용한다. 그는 사려깊은 언어 선택을 통해 지금 하는 공부가 우리 모두를 위한 공부라는 책임감을 불어넣고 있다.

프레이저 선생님의 목소리 톤도 흥미롭다. 그의 목소리는 침착하고 중립적이다. 그는 목소리와 바디랭귀지를 통해 '감정적 일관성(emotional consistency)'을 보여준다. 그는 실수에 화를 내지 않고 차분하게 문제해결에 집중한다. 많은 교사들이 학생들의 학습이 뜻대로 되지 않을 때 조바심과 짜증을 드러내곤 한다. "이 녀석들아. 우리 일주일 내내 이 문제를 풀었잖아. 공부한 걸 적용해야지. 자꾸 틀리면 어떡해?" 어떤 교사들은 지나치게 한가한 태도로 반응하기도 한다. "또 틀렸네? 괜찮아. 기분 상할 필요 없어. 너무 걱정하지 마." 틀린 걸 바로잡아 주기 위해 늘 먼저 괜찮다고 말해줄 필요는 없다. 다정한 말투로 다독여 줄 필요도 없다. 실수로부터 배우는 일이 일반적인 학습 과정에서 벗어난 어떤 특별한 시간으로 여기게 만들 이유가 전혀 없다.

'왜 우리한테 화를 내는 거지? 페이건이 나머지값을 못 푼게 내 잘못은 아니잖아?' 교사나 코치가 감정을 실어 말을 하면 학습자의 머릿속에는 불필요한 의문이 피어난다. 정작 실수를 돌아보며 학습하는 과정을 산만하게 만든다. 감정이 섞인 말과 행동을 통해 '실수는 나쁜 거'라는 메시지를 전달한다. 실수한 내용을 보여주면 선수는 당황하고 겁을 먹게 된다. 차라리 아무 말도 하지 않는 편이 더 낫다.

프레이저 선생님은 문제 리뷰를 시작한다. "페이건이 긴 나눗셈을 풀이한 과정 중에 한 토막을 볼까?" 여기서도 그는 말과 행동을 조심스럽게 선택한다. 먼저 그는 페이건의 실수가 풀이 과정의 극히 일부라는 사실을 언급한다. 페이건은 문제를 잘못 풀었다는 사실에 좌절하고 있을 수 있다. 하지만 사실 페이건은 문제 전체를 틀린 게 아니다. 단지 일부 계산 단계에서 실수를 했을 뿐이다. 프레이저 선생님은 그래서 "페이건의 풀이 과정을 보자"고 하지 않고 "페이건이 긴 나눗셈을 풀이한 과정 중에 한 토막을 보자"고 말하고 있다. 페이건은 큰 틀에서는 크게 문제가 없기 때문에 전혀 좌절할 이유가 없으며 조금만 더 집중하면 얼마든지 문제를 풀 수 있다는 메시지를 간접적으로 전달하고 있다.

'실수 환영 문화'를 많은 코치와 교사들이 오해하곤 한다. '실수 환영 문화'를 만든다고 해서 실수를 애써 외면하거나, 실수를 해도 그냥 웃으면서 지나가라는 의미가 아니다. '실수 환영 문화'를 만드는 일은 실수를 학습의 과정에서 겪어야 하는 당연한 경험으로 받아들이는 태도다. 실수를 다른 사람의 책임으로 돌리거나, 여러 변명으로 합리화하거나, 코치나 동료 선수들이 알지 못하도록 숨길 필요가 없는 분위기를 만드는 것이다. '실수 환영 문화'가 자리잡은 팀은 실수를 했을 때 자신의 실수를 인정하고 소중한 배움의 기회로 삼는다. 잘못된 선택이나 플레이를 해도 실수라고 부르기를 주저하는 문화와는 분명히 다르다. 하지만 많은 코치들이 이런 문화의 차이를 잘 구분하지 못하고 있다. 실수를 발견했을 때 '실수 환영 문화'를 추구하는 코치들은 다음과 같이 말한다.

"실수가 드러나서 다행이다. 토요일 경기 전에 우리가 무얼 고쳐야 하는지 알겠어."

"먼저 본능적으로 공간을 찾아서 넓게 펼치려고 한 선택은 좋았어. 그런데 이 상황에서는 굳이 다른 옵션을 찾지 않아도 돼. 우리가 수적으로 우위였잖아. 그냥 골문으로 바로 향해도 좋아."

"내가 너희들에게 주문한 건 프로 선수들도 힘들어 하는 플레이야. 그래도 너희는 할 수 있다고 믿기 때문에 시도해 본거야. 먼저 뭐가 잘못되었는지 한 번 보자."

세 가지 예문은 조금씩 다른 맥락을 담고 있다. 첫 번째 문장은 코치의 감정적 일관성을 보여준다. 실수를 했다고 해서 코치는 감정을 실어 말하지 않는다. 두 번째 문장은 선수들의 선택을 인정해 주면서 상황에 따라 다른 선택을 할 수도 있다는 점을 말하고 있다. 세 번째 문장은 지식이나 기술을 마스터하는 과정이 한 번의 연습으로 끝나는 게 아니라는 메시지를 전달한다. 이 세 가지 문장의 공통점은 모두 실수를 확실하게 인정한다는 점이다.

하지만 많은 코치들은 이와 반대로 말하는 경향이 있다. "그렇게 넓게 플레이를 전개해도 되지만 여기서는 다른 옵션을 시도해 볼 수도 있어." 이런 표현은 선수가 잘못된 결정을 내렸다는 사실을 조심스럽게 회피하고 있다. 이런 회피의 표현은 실수를 분명하게 드러내서 함께 배우는 기회로 삼기보다는 옳고 그름의 구분을 모호하게 만든다. 물론 세상에는 옳고 그름이 분명히 구별되지 않는 일이 있다. 만약 두 가지 모두 좋은 옵션이라면 "그건 하나의 옵션이고, 여기 다른 옵션이 있어."라고 말해주면 된다. 옳고 그름, 최고와 차선의 경계를 모호하게 만드는 방식은 실수로부터 편안하게 배우는 문화와 구별되어야 한다. '실수 환영 문화'는 실수 뿐만 아니라 여러 좋은 대안들과 최고의 옵션을 구분하려는 노력도 환영한다. 더 좋은 대안이 있다면 기꺼이 말할 수 있는 문화다.

프레이저 선생님은 짧은 문제 리뷰를 마치고 바로 문제를 푸는 시간을 주고 있다. 피드백을 바로 적용하기, 초점이 분명한 피드백 등 피드백의 원칙에 충실한 접근법이다.

코치의 감정적 일관성이 선수의 학습에 미치는 영향

프레이저 선생님은 절제된 목소리톤으로 지극히 '평범하게' 학생들과 커뮤니케이션하고 있다. 그는 실수를 보고도 당황하지 않는다. 잘못을 알려주기 위해 달콤한 말을 먼저 건네지도 않는다. 차분하고 중립적인 태도로 필요한 내용을 전달한다. 프레이저 선생님은 수업 내내 '감정적 일관성'을 유지하고 있다. 연습이나 경기를 보다 보면 코치는 강렬한 감정에 휩싸여 말하기가 쉽다. 뜨거운 감정을 실어 큰 소리로 가르치는 게 좋은 코칭이라고 포장하기도 한다. 그런 행동이야말로 선수에 대한 애정의 표현이라고 말하기도 한다.

완벽히 과학에 근거한 주장은 아니지만 코치의 감정 컨트롤과 관련해 나는 두 가지를 이야기하고 싶다. 첫 번째는, 지나치게 감정적인 피드백은 피드백의 효과를 떨어뜨린다는 점이다. 오히려 선수의 학습에 부정적으로 작용할 수 있다. 피드백에 격렬한 감정이 섞여 있으면 선수는 피드백의 내용보다 피드백에서 느껴지는 감정에 더 주의가 쏠리게 된다. "더 넓게. 케빈!"이라는 말도 목소리 톤에 따라 선수는 다르게 받아들일 수 있다. '맙소사. 케빈. 더 넓게 플레이하라고 했잖아! 몇 번을 말해야 하니?' 케빈은 넓게 플레이해야 한다는 생각보다 코치가 자신에게 짜증을 내고 있다는 사실에 마음을 빼앗기게 된다. 케빈의 마음 한구석에는 이런 생각도 올라온다. '왜 나한테만 그러지? 완전히 차별하고 있잖아. 왜 드류에게는 똑같이 화를 내지 않는거야?' 코치는 선수가 위치를 올바로 잡기를 바라는 마음으로 소리를 지르지만 많은 경우에 선수는 코치의 고함 소리에 당황하며 주의가 산만해진다.

연습이든 경기든 어느 정도 긴장감은 필요하다. 경우에 따라서는 정말로 선수들의 집중력 부족이 문제일 수도 있다. 가끔 선수들은 주의가 산만해지며 상황의 긴박함을 제대로 인식하지 못하기도 한다. 내가 여기서 말하고자 하는 포인트는 코치가 절대로 목소리를 높이거나 엄한 태도로 말해서는 안 된다는 것이 아니다. 분명 그렇게 말해야 할 때가 있다. 하지만 많은 코치들이 그런 방식을 과도하게 사용한다. 그 결과 스스로 '양치기 소년'이 되어 버린다. 코치가 늘 소리를 지르면 선수들은 그 말이 '정말 중요한지' 갸우뚱할 수밖에 없다. 일상적인 자극에서 벗어난 자극이 와닿는 법이다. 로체스터대학 감독인 크리스 애플의 조언을 새겨들을 필요가 있다.

"저는 연습이나 경기를 준비하면서 연습할 내용, 코칭 포인트,

실수할 가능성이 있는 부분을 미리 생각합니다. 뿐만 아니라 제가 갖추어야 할 태도에 관해서도 계획을 세웁니다. 기초적인 테크닉 연습을 할 때는 비교적 엄격하고 단호한 태도를 보여줍니다. 선수들이 집중력을 가지고 동작과 테크닉을 정확하게 익힐 수 있도록 사소한 실수도 허용하지 않는 편입니다. 목소리의 톤을 조절하고 스톱워치와 같은 도구를 적절히 이용해 선수를 압박하면서 스트레스를 줍니다.

하지만 어려운 기술이나 복잡한 전술을 훈련할 때는 그다지 엄격한 태도를 취하지 않습니다. 오히려 격려를 많이 해주려고 신경씁니다. 그런 훈련을 할 때는 성공률도 떨어지고 스스로에게 짜증이 나는 경우가 많기 때문에 자신감을 불어넣는 작업이 필요합니다. 선수들이 계속되는 실패와 실수로 좌절하면 안 되기 때문에 원래 어려운 연습이고 실패할 확률이 높다고 말해주기도 합니다.

"괜찮아. 수비 라인이 잘 갖춰진 상대를 대상으로 후방 빌드업을 하는 건 원래 힘들어. 다시 해보자."

만약 후방 빌드업 연습을 하는데 90% 이상을 성공한다면 수비가 충분히 견고하지 않다는 의미일 수 있습니다. 공격과 수비가 맞서는 전술 게임을 할 때는 가능한 한 경기와 비슷하게 성공 확률을 50% 정도로 조정합니다."

코치의 태도는 선수의 학습에 영향을 미치는 결정적인 요소다. 코치의 말과 행동에는 분명한 의도가 있어야 한다. 코치는 자신의 말과 행동을 인식해야 한다. 선수들이 잘 배우려면 언제나 긴장감과 압박감을 높여야 한다는 생각에서 벗어나면 코치는 의외로 놀라운 결과와 만날 수 있다. 지도가 뜻대로 되지 않을 때 소리를 지르며 가르쳐 왔던 코치가 변화를 원한다면 가장 먼저 '감정적 일관성'을 키우는 훈련을 추천한다. 특히 경기에서의 '감정적 일관성'이다. 상대가 우리의 미드필드 지역을 완전히 장악하고 있을 때 다급하게 소리를 지르는 대신 사용할 수 있는 도구를 차분하게 떠올리는 훈련이다.

  일부 코치들은 나의 이런 제안에 대해 불만과 의구심을 가질 수 있다는 점을 잘 알고 있다. 그렇다면 선수들의 집중력과 에너지를 어떻게 끌어내란 말인가? 나는 코치가 훈련이나 경기에 몰입하도록 만드는 일도 일종의 재능이고 기술이라고 생각한다. 또한 선수가 몰입하는 분위기를 만드는 일과 소리를 지르는 행동은 구분되어야 한다고 생각한다. 과도한 감정 표현도 마찬가지다. 절제된 말과 행동으로도 필요한 메시지를 선수들에게 전달할 수 있다. 물론 결정적인 상황에서 사용할 수 있는 옵션이 별로 없을 때 코치는 전략적으로 감정을 강하게 표현할 수 있다. 그런 경우에도 의도적인 행동이라는 점을 스스로 분명히 인식하면서 표출해야 한다. 자신도 모르게 고함을 치고 나서는 애정이 있기 때문에 화를 내는 거라는 말로 자신의 무의식적인 행동을 합리화해서는 안 된다. 둘은 분명히 다르다. 소리를 지르며 선수의 각성을 주문하는 코치의 행동은 일상적인 커뮤니케이션 방식이라고 볼 수 없다. 많은 코치들은 그런 코칭 방식을 과대평가하면서 남용하고 있다.

레모브 노트
'실패에 대한 두려움'이라는 벽을 허물기

메이저리그 뉴욕 메츠의 타격 디렉터인 제프 앨버트 코치는 인지과학과 생리학을 전공한 열렬한 독서광이다. 그는 세심한 관찰과 편안하게 도전하는 문화를 중요하게 생각한다.

코칭에서 가장 중요한 일은 적극적인 관찰입니다. 저는 배팅 게이지에서 타자가 무얼 하는지를 유심히 지켜봅니다. 영상을 보면서도 선수에 대해 파악합니다. 관찰한 내용을 바탕으로 무슨 연습을 할 지를 디자인합니다. 하지만 선수들에게는 이런 노력이 보이지 않습니다. 이런 방식에 익숙하지 않은 선수들은 "왜 아무 말도 안 하세요?" 하고 묻기도 합니다.

저는 모든 근거를 수집한 후에 어느 길로 갈지 결정합니다. 잘못된 방향으로 가고 싶지 않거든요. 특히 새로 들어온 선수일 때는 더욱 그렇습니다. 프로팀이라는 새로운 환경으로 들어온 거니까요. 저는 먼저 선수를 한 명의 인간으로서 알아가려고 합니다. 연습과 경기에서 선수가 무엇을 하는지 관찰합니다. 과거의 커리어, 기록, 스카우팅 리포트도 봅니다. 그러면서 퍼즐을 맞춰 나갑니다. 우리 선수 한 명이 새로 입단한 선수에게 말하는 걸 우연히 들은 적이 있습니다.

"앨버트 코치가 아무 말도 안 해도 걱정하지 마. 그런다고 코치가 너를 무시한다거나 관심이 없는 건 아니야. 아마 너에 대해 모든 걸 알고 있을거야. 너의 스윙에 대해서도 꿰뚫고 있을 거고. 앨버트 코치는 기다리고 있을 뿐이야."

실제로 선수가 자신이 원하는 걸 드러낼 때까지 기다리는 게 도움이 되는 경우가 많습니다. 어느 시점이 되면 다가와 질문을 하거나 "저 선수가 하는 연습을 저도 하고 싶어요." 이렇게 요청하기 시작합니다. 소규모 그룹을 만들어 같은 연습을 하는 방식도 효과적입니다. 한 선수가 타격하는 모습을 그룹 모두가 지켜봅니다. 그 중 한 선수에게 코치가 질문합니다. "뭐가 보여?" 선수가 답을 하고 모두가 듣습니다. "저는 이런 느낌으로 하는데요." 이렇게 함께 배워 나갑니다.

야구는 실패의 게임이라고 합니다. 하지만 실패를 다른 사람에게 편안하게 보여주는 일이 마냥 쉽지만은 않습니다. 두려움은 발전을 가로막는 거대한 벽과 같습니다. 선수가 야구는 실패의 게임이라는 사실을 인정하고 실수와 실패를 편안하게 이야기나눌 수 있는 문화를 만들면 더 이상 어려움을 숨기지 않게 됩니다. 문제를 풀기 위한 노력을 함께 할 수 있습니다. 때로는 실패를 전제로 의식적으로 실험을 하기도 합니다. 학습의 관점에서 보면 연습을 하는 베팅 게이지가 훨씬 더 안전한 장소가 되는 거죠. 저는 도미니카 공화국에서 그런 모습을 처음 보았습니다. 그곳의 어린 선수들은 항상 그런 분위기에서 연습합니다. 배팅 게이지 안에 2~4명씩 모여서 타격 메카닉에 대해 이야기합니다. 환상적인 문화입니다.

> 프로 야구는 경기가 무척 많고 쉬는 날이 적기 때문에 매일 경기를 위한 준비와 육성을 위한 연습을 함께 하는 경우가 많습니다. 배팅 게이지에서 타격 연습을 하더라도 경기를 준비하는 시간과 장기적인 육성을 위해 연습하는 시간을 따로 정하면 좋습니다. 목적을 분명하게 정의하는거죠. 3시에는 장기적인 육성을 위한 연습을 하고, 4시 30분에는 경기를 위한 연습을 하는 식으로 나누는 겁니다. 이렇게 시간을 분명히 나누면 선수는 자신이 해야 할 일을 명확히 인식하고 집중할 수 있습니다. 경기를 하는 날이라도 편안한 마음으로 실패할 가능성이 높은 어려운 연습을 할 수 있습니다. 연습의 결과가 마음에 들지 않아도 크게 걱정하지 않게 됩니다. 장기적인 발전을 위한 연습이기 때문에 퍼포먼스가 별로였다고 해서 경기에서 안타를 못치는 건 아니라는 점을 알기 때문입니다.

질문을 확인 도구로 활용하는 방법

지금까지는 주로 선수가 이해했는지를 확인하는 수단으로 관찰의 중요성에 대해 이야기했다. 관찰을 위한 분명한 의도와 계획 세우기, 관찰한 내용을 기록하기, 체크리스트와 모범 사례를 사전에 작성하기 등을 통해 코치는 선수의 학습 수준을 파악할 수 있다. 코치가 일상의 습관을 조금만 바꾸어도 코칭의 효과는 크게 달라진다. 질문 역시 코치가 선수의 학습 수준을 파악하기 용이한 빼놓을 수 없는 도구다.

"나머지값이 정확한지 빠르게 확인할 수 있는 방법은 무엇일까?" 프레이저 선생님은 학생들이 제대로 이해하고 있는지 확인하기 위해 질문을 던지고 있다. 이 질문은 코치가 선수에게 질문하는 모습을 떠올리게 만든다. "상대의 압박이 심해. 우리가 수적으로 열세야. 어떻게 해야 하지?"

영상에서 퀴니에타는 나머지값을 확인하는 방법을 말한다. 대답을 하는 학생이 있다는 것은 일단 교사에게 좋은 신호다. 프레이저 선생님은 방금 자신이 가르친 내용을 학생들이 이해했다는 사실을 확인한 셈이다. 적어도 퀴니에타는 알고 있다. 프레이저 선생님은 3을 함수에 넣으면 값이 어떻게 달라지는지 묻는다. 학생 한 명이 248이라고 대답한다. 그는 학생들이 (적어도 몇 명은) 제대로 이해했음을 확인했다고 할 수 있다. 수학 수업과 스포츠 훈련은 여러 면에서 차이가 있지만 프레이저 선생님이 경기장에서 축구를 가르친다고 상상해 보면 아마도 이런 모습일 것이다.

프레이저 : 잠시 멈춰. 공을 세우고 나를 봐! 아직 한 명이 집중을 안 하고 있네! [잠시 기다린다.] 좋아. 너희들의 움직임을 보다가 내 눈에 들어온 모습이 있어서 말해주려고 해. 우리는 가끔씩 상대의 숫자가 많은 지역으로 패스를 넣고 있어. 공을 받자마자 수적으로 열세가 되어 버려. 그런 상황에서는 무얼 하든 성공 확률이 낮겠지? 예를 들어, 여기서 페이건이 데이비드에게 패스하면 데이비드는 곧바로 수비수 세 명에 둘러쌓이게 돼. 상황을 유리하게 전환시킬 방법을 찾아야겠지? 페이건이 공격적으로 앞으로 달리면서 수비의 균형을 무너뜨리는 방법이 있을거야. 하지만 공격적으로 전진하다가 박스 안에 갇힐 수도 있어. 자. 이 상황을 깨뜨릴 수 있는 방법이 무얼까? 어떻게 하면 빠르게 유리한 상황으로 만들 수 있을까?

퀴니에타 : 뒤에 있는 선수에게 짧은 백패스를 주고, 그 공을 받은 선수는 오픈된 공간으로 달리는 선수에게 바로 롱패스를 해줘요.

프레이저 : 좋아. 우리 게임 모델에서는 그런 플레이를 뭐라고 부르지?

이사야 : 플레이 백 플레이 아웃이요(play back to play out).

프레이저 : 맞아. 방금 전 상황이라면 페이건이 케빈에게 짧게 백패스를 넣어주고, 케빈은 넓게 플레이를 전개할 수 있는지 보는거야. 케빈은 어디를 봐야 할까?

여러 명의 선수들 : 오른쪽에서 달리고 있는 칼라요!

프레이저 : 바로 그거야. 페이건한테 공을 다시 줄테니 거기서부터 다시 해보자. 시작!

축구 코치로 변신한(!) 프레이저 선생님은 적절한 질문을 이용해 문제를 새롭게 인식하도록 안내하고 있다. 선수들은 코치의 질문을 통해 자신들의 문제를 보다 분명히 인식하고 더 나은 솔루션을 고민한다. 대화를 나누면서 선수들은 경기를 이해하는 차원이 한 단계 더 깊어진다. 프레이저 코치는 문제를 발견하고는 빠르게 조치를 취하고 있다. '코치가 가르쳤다'와 '선수가 배웠다'의 차이를 줄여나가는 과정에서 속도는 매우 중요하다.

눈덩이는 굴러갈 수록 커지고 무거워진다. 선수에 대한 코치의 오해나 잘못된 판단도 마찬가지다. 선수의 상태나 수준을 잘못 파악하면 나중에 바로잡기는 점점 어려워진다. 선수도 잘못된 선택이나 실수를 여러 차례 반복하다 보면 안 좋은 습관이 자리잡게 된다. 위치나 상황에 관계없이 공만 보며 움직이던 선수에게 어느날 갑자기 주변을 스캔하면서 공격 포인트를 바꾸는 플레이를 주문한다고 해서 선수가 갑자기 공간을 지각하고 시각 단서를 읽을 수는 없다. '우리'가 아닌 '나'라는 렌즈를 사용해 경기를 해온 수년간의 경험이 이미 머릿속에 눈덩이처럼 쌓여 있기 때문이다. 치우기 곤란한 눈덩이가 되기 전에 일찍 바로잡아야 한다. 스포츠 코칭의 세계에서 눈덩이는 1~2주 동안만 굴러가도 부담스러울 정도로 커진다. 조금만 시간이 흘러도 눈덩이를 부수는데 많은 시간과 에너지가 소모된다.

질문은 눈덩이가 커지는 것을 막을 수 있는 좋은 도구다. 선수들은 문제를 해결하는 방법을 알고 있나? 어떤 플레이의 원리를 적용해야 하는지 알고 있나? 이 상황에서 세컨드 패스는 어디로 보내야 하는지 알고 있나? 코치는 질문을 통해 선수가 플레이 방식이나 전술에 대해 올바로 알고 있는지 확인할 수 있다.

모든 선수를 관찰하기

아래 영상에서 스티브 코비뇨 코치는 U8팀의 어린 선수들에게 시저 무브를 가르치고 있다. 선수들은 천천히 드리블하며 움직이다가 코비뇨 코치가 휘슬을 불면 순간적으로 속도를 높이면서 시저 무브로 방향을 바꾸는 연습을 한다. 그가 어린 선수들을 위해 디자인한 연습 방식은 정말 탁월하다. 일단 선수들은 모두가 계속 움직여야 한다. 시저 무브를 연습하지 않을 때에도 공을 가지고 드리블을 해야 한다.

 스티브 코비뇨 코치의 시저 무브 훈련

코비뇨 코치는 시저 무브만 계속해서 연습시키지 않는다. 드리블을 하다가 신호를 보내면 시저 무브를 하도록 연습을 세팅했기 때문에 어린 선수들도 집중해서 시저 무브를 연습할 수 있다. 또한 코비뇨 코치는 처음부터 맥락에 기반해 시저 무브를 연습시킨다. 상대를 속이며 움직이는 방향을 바꾸는 게 시저 무브를 하는 목적이기 때문이다.

영상을 유심히 보면 코비뇨 코치가 '모범 사례'를 사전에 머릿속에 분명하게 그려놓았다는 점을 알 수 있다. 시저 무브가 실제 경기에서 통하려면 선수는 순간적으로 가속을 하며 시저 무브의 동작을 시작해야 한다. 빠른 속도로 방향을 바꿔야 한다. 이때 공을 발의 어느 부위로 터치하는지가 중요하다. 발의 바깥쪽으로 차야 원하는 방향으로 공과 함께 움직일 수 있다. 선수의 동작을 체크하는 코비뇨 코치의 모습을 보면 단순해 보이는 시저 무브의 이상적인 동작을 머릿속에 그려놓은 것처럼 보인다.

선수들의 연습을 지켜보던 코비뇨 코치는 몇몇 선수가 방향을 바꾸지 않는 모습을 발견하고는 잠시 연습을 멈추고 시범을 보여준다. 그는 피드백을 제공하기 전에 프레이저 선생님처럼 선수들이 완전히 집중하도록 만들고 있다. 선수들은 주의가 산만해지지 않도록 공을 발 앞에 놓고 코치에게 시선을 집중한다. 코비뇨 코치의 피드백은 초점이 분명하다. 잘못된 동작과 올바른 동작을 나란히 보여주며 선수들이 차이를 알 수 있도록 한다. 짧은 피드백 후에는 바로 연습으로 이어진다.

코비뇨 코치는 자신의 피드백을 연습하는 선수들을 지켜보며 어려움을 겪는 선수가 있는지 관찰한다. 코치는 선수 한 명 한 명이 아니라 연습하는 선수들 전체를 보다 보면 '다들 잘 하네.' 하는 착각에 빠질 수 있다. 그래서 코비뇨 코치는 모든 선수의 시저 무브를 확인하고 싶어서 체계적으로 접근한다. 그는 경기장의 절반에 해당하는 선수들의 움직임만을 관찰한다. 올바르게 시저 무브를 실행하는 모습을 확인하면 그 선수를 경기장의 반대편으로 보낸다. 비록 단체 훈련이지만 그는 체계적인 방식으로 개인 코칭을 제공하고 있는 셈이다.

시범과 모델 피드백의 효과를 높이는 방법

시범이나 모델도 약간의 계획과 의도와 결합되면 학습 효과를 높일 수 있다. 특히 고난이도의 테크닉과 기술을 가르쳐야 하는 코치에게 좋은 코칭 도구가 된다. 코치는 어떻게 움직여야 하는지 말로는 설명하기 어려운 동작이나 기술을 시범과 모델을 활용해 보여줄 수 있다.

그런데 시범과 모델 피드백은 코치와 선수 양 쪽에서 바라볼 필요가 있다. 가르침과 배움의 차이는 시범과 모델에도 마찬가지로 적용된다. 코치가 시범을 보여주었다고 해서 선수가 봤다는 걸 의미하지는 않는다. 시범이나 모델 피드백의 문제는 선수가 봐야할 동작을 보지 않는 경우가 많다는 점이다. 코치가 풋워크 시범을 보여주어도 코치의 발을 집중해서 보지 않는 선수들이 비일비재하다. 선수의 눈은 발을 보고 있지만 머리로는 다른 생각을 하기도 한다. 아무리 시범이 완벽해도 선수들이 집중해서 보질 않는다면 그 시범은 소용이 없다.

시범을 보여주고 "잘 봤지?"라고 물으면 모두가 태연하게 "네!"라고 대답한다. 하지만 시범을 보여주기 전에 어디를 집중해서 봐야한다고 분명하게 설명하지 않았다면 "네!"라는 대답이 진심일 가능성은 별로 없다. "내가 보여준 동작에서 뭐가 눈에 띄었어?"라고 질문을 해도 선수들은 분명하게 답하지 못하고 자신 없는 말투로 추측의 말만 중얼거린다. "내딛는 발이요." 코치는 "그래. 좋아. 내딛는 발에서 무얼 봤는데?"라고 다시 질문한다. 하지만 나머지 선수들은 자신이 '내딛는 발'이라고 말하지 않았기 때문에 답을 생각하지 않으면서 질문을 외면한다.

시범이나 모델 피드백이 선수들에게 효과적으로 전달되려면 미리 집중할 포인트를 알려주어야 한다. "시저 무브를 보여줄께. 내 왼발을 신경써서 봐." 코치가 집중할 대상을 구체적으로 안내해주었기 때문에 선수들은 왼발에 집중하게 된다. "내가 어떻게 했어?" 왼발의 움직임을 집중해서 관찰한 선수들은 코치의 질문에 보다 분명하게 답할 수 있다.

전문가는 초보자보다 지각 능력이 발달했다는 이유로 이러한 사전 안내의 중요성을 간과하기 쉽다[3]. 초보자는 똑같은 시범이나 영상을 보면서도 많은 것들을 알아차리지 못한다. 프리미어리그에서 나온 콤비네이션 플레

---

3 시범을 비롯해 다른 코칭 모델도 마찬가지다.

이 영상을 보더라도 초보자 레벨의 선수들은 슈팅으로 이어지는 일련의 패스만을 본다. 전문가 레벨의 선수들은 공을 소유하지 않은 여러 선수들의 예술적인 움직임을 본다. 초보자 레벨의 선수들은 공이 없는 상태에서 움직이는 선수들의 환상적인 공간 창출과 절묘한 위치 선정을 지각하지 못한다. 그저 페널티 지역 부근에서 좋은 패스가 몇 차례 연결되었기 때문에 골이 들어갔다고 생각한다.

10초 분량의 프리미어리그 패스 영상을 보여주어도 적절한 안내가 없으면 선수들은 저마다 다른 부분에 초점을 맞춰 보게 된다. 그러므로 시범이나 영상을 보여줄 때는 먼저 집중할 포인트를 안내해 주어야 한다. "내 왼발을 봐. 공을 앞으로 보낼 때 발의 어느 면을 사용하는지 보는거야." "공만 보지 말고 왼쪽 풀백이 어떻게 움직이는지 잘 봐." 앞서 소개한 스티브 코비뇨 코치의 시범이 좋은 사례다.

 스티브 코비뇨 코치의 시범

코비뇨 코치는 내가 설명한 방식을 약간 변형해 시범을 보여주고 있다. 먼저 그는 선수들에게 질문을 던지며 '집중할 포인트'를 강조한다. "발의 어느 부분으로 터치해야 할까?" 이때 선수들의 답을 듣고 코치는 잘못 알고 있는 부분을 바로잡아 주며 무엇에 집중할 지를 알려줄 수 있다. "어떤 친구들은 발등이라고 이야기하는데, 내가 발의 어느 부분으로 공을 터치하며 방향을 바꾸는지 잘 봐."

또 하나 인상적인 포인트는 코비뇨 코치가 의도적으로 잘못된 동작을 보여주는 장면이다. 고쳐야 할 부분이 있다는 사실을 아는 게 고칠 방법을 아는 것만큼이나 중요하다. 하지만 잘못된 동작을 시범으로 보여주는 일은 선수들에게 악영향을 미칠 가능성도 있다. 선수는 좋은 모델을 기억하기 보다 코치가 보여준 잘못된 모델을 기억하게 될 수도 있다. "하하. 너무 웃겨! 코치님이 실수했어." 어린 선수들은 코치가 실수를 했다는 사실에 고무되어서 집중할 포인트를 놓치고 산만해 질 수도 있다.

존 우든 감독은 모델 피드백의 이런 잠재된 위험에 대해 많은 고민을 한 것으로 알려져 있다. 그래서 그는 동작이나 테크닉을 교정하기 위해 시범이나 모델을 보여줄 때 순서를 중요하게 여겼다. 우든 감독은 실수나 문제를 발견하면 연습을 멈추고 먼저 동작을 올바르게 수행하는 방법을 보여주었다. 그런 다음 선수가 방금 전에 어떻게 했는지를 보여주었다. 마지막으로 한 번 더 올바른 시범이나 모델을 보여주었다. 존 우든 감독의 이런 접근법을 심리학에서는 '최신 효과(recency effect)'라고 부른다. 가장 최근에 접한 정보를 가장 잘 기억하는 현상을 의미한다. 우든 감독의 피드백 방식은 선수가 어떤 실수를 했는지 시범으로 보여줄 때도 마지막에는 올바른 동작이나 모델로 끝내야 한다는 점을 강조한다. 코비뇨 코치도 잘못된 동작을 보여준 다음에 바로 올바른 동작을 보여주며 시범을 마무리했다. 선수의 작업 기억에 올바른 모델을 입력시키려는 노력이다.

이런 비교 모델링 방식은 전문가 레벨의 선수가 경기력을 향상시키는 데도 도움이 된다. 최근에 나온 연구에 따르면 사람들은 비슷하게 좋은 모델이지만 세부 내용이 조금 다른 두 가지 모델을 보고 세밀한 단서를 포착해 더 좋은 모델을 식별해 낸다고 한다. 완전히 잘못된 모델과 누가 봐도 좋은 모델을 비교해서 보여주는 것도 도움이 되지만, 디테일이 조금씩 다른 좋은 모델들을 비교해서 보여주는 방식도 선수의 학습에 도움이 된다는 의미다. 좋은 모델, 조금더 좋은 모델, 최고의 모델을 보여주고 미세한 차이를 발견하도록 하는 과정을 통해서도 선수들은 배울 수 있다. 특히 전문가 레벨의 선수들에게 효과적이다. 코칭 컨설턴트인 마크 마넬라는 모델 피드백과 관련해 이렇게 조언한다.

"새로운 콘텐츠일수록 더 많은 비교 작업이 필요합니다. 선수의 경험과 지식이 많을 수록 코치는 모델을 비슷하게 만들어서 보다 세밀한 부분에 집중하게 하면 좋습니다."

연습 전에 시범과 모델을 준비하기

가끔은 시범을 보여줄 때 도와줄 사람이 필요한 경우가 있다. 패스를 받는 동작을 시범으로 보여주려면 누군가 패스를 해줄 사람이 있어야 한다. 때로는 시범을 보여주기 위해 여러 명이 필요할 수도 있다. 바로 그 자리에서 선수 한 명에게 부탁을 할 수도 있고 동료 코치에게 요청할 수도 있다. 이때 보조 역할로 참여하는 사람이 자신의 역할을 잘 모르는 경우에는 모델 피드백을 전달하는 효과가 떨어질 수 있다. 선수가 아무런 내용도 모른 채 갑작스럽게 불려나가 시범에 참여하게 되면 당황할 수밖에 없다. "여기로 패스해 줘." "저쪽에 서 봐." 이런 말을 들으면 선수는 '정확히 어디로 패스를 해야 하지?' '어디 서 있으라는거야?' '그런 다음 뭘 해야해?' 이런 생각을 하며 어찌할 바를 모르게 된다.

시범과 모델 피드백에도 계획과 준비가 필요하다. 그저 시범을 보여준다고 해서 선수가 양질의 정보를 접하게 되는 건 아니다. '이 동작은 누가 시범을 보여주면 좋을까?' 연습 전에 시범에 대한 큰 그림을 그리면서 연습 계획에 포함시키면 좋다. 보조 코치나 시범을 도와줄 스태프와도 미리 상의한다. "제가 원하는 모델은 이렇습니다." 선수들이 연습을 하는 동안 보조 코치와 함께 짧게 미니 리허설을 할 수도 있다. 명백히 잘못된 동작이나 애매모호한 움직임을 빼고 임팩트있게 보여주면 된다. 공이 튀지 않고 그라운드에 깔려 가는 강한 패스를 짧게 보여주는 것으로도 선수들의 퍼포먼스는 드라마틱하게 좋아질 수 있다.

우리는 워크숍 중에 시범이나 모델을 보여주는 모든 활동에 대해 계획을 세우고 준비하는 작업을 한다. 물론 실제 워크숍에서는 꼭 계획한 대로 진행하지는 않는다. 워크숍에서는 참여한 사람들의 실수나 문제에 반응해서 모델 피드백을 제공해야 하기 때문에 당연히 계획과는 차이가 날 수밖에 없다. 하지만 일반적으로 나타나리라 예상되는 실수나 문제에 대해 어떻게 대응할 것인지 모범 사례를 적어놓는다.

내가 아는 어느 팀은 미팅룸에서 훈련 계획을 논의하고 나서 코치들이 밖으로 나가 디테일한 내용에 대해 추가적으로 이야기나누는 문화를 가지고 있다. 이때는 공식적인 미팅에는 참석하지 않았지만 훈련에는 참여하는 모든 스태프들이 함께 이야기를 나눈다. 코치들은 어떤 시범에서 누가 어떤 역할을 하고 어느 위치에 있어야 하는지 구체적으로 정한다. 시범을 꼼꼼하게 사전에 준비하기 때문에 이상적인 동작과 모델을 보다 효율적으로 전달할 수 있다.

자기 보고 질문에서 벗어나기 위한 방법

"윙백은 그런 기회가 생기면 앞으로 빠르게 달려야 한다니까? 알았어?"
"그래서 상대의 프레싱에서 벗어나려면 퍼스트 터치가 중요해. 어느 방향으로 움직일지 상대가 헷갈리게 만들어야 한다니까? 모두 알았지?"
"섀넌이 앞으로 달리면 켈시나 칼리가 안으로 들어와. 이해했지?"

"이제 8명씩 그룹을 만들어. 그리드의 각 구역에 한 명씩. 두 명의 플로터, 두 명의 수비수를 두는 거야. 됐지?"

종목에 상관없이 코치가 선수에게 자주 하는 형식의 질문들이다. 코치와 선수 모두에게 익숙한 느낌일 거라 생각한다. 코치라면 한 번쯤 생각해 볼 가치가 있는 질문들이다. 이런 질문을 받게 되면 선수는 어떤 생각이 들까?

"알았어?" "모두 알았지?" "이해했지?" "됐지?" 이렇게 끝나는 질문에 선수들은 보통 고개를 끄덕이거나 들릴듯 말듯한 음성으로 "네"라고 대답한다. 아무말도 하지 않는 선수도 있고 안다는 건지 모른다는 건지 알 수 없는 표정을 짓는 선수도 있다. 일부 선수들은 코치의 피드백을 이해하지 못했을 수도 있다. 켈시와 칼리는 코치의 주문대로 안으로 치고 들어가야 한다는 걱정 때문에 실제로 그런 기회가 생겼을 때 중요한 신호나 단서를 놓칠 수 있다. 마지막 문장을 들은 선수들은 연습의 내용을 파악하느라 연습 시간의 절반 이상을 소비하게 된다.

내가 위에서 사례로 든 질문은 '자기 보고(self-report) 질문'이다. 모든 코치가 가끔씩은 이런 질문을 한다. 상당히 많은 코치들이 이런 언어 습관을 가지고 있다. 코치들은 여러 상황에서 별다른 고민 없이 "알았어?"라고 말하곤 한다. 조금만 생각해봐도 이런 질문은 실제로 선수가 알고 있는지를 확인하기 위한 도구로 적절하지 않다는 사실을 알 수 있다.

심리학의 역사에는 '자기 보고'의 신뢰성을 검증한 연구가 제법 많다. "지난 24시간 동안 스마트폰을 사용한 시간은 얼마나 되나요?" 이런 간단한 질문에 응답자들은 사실과 다른 대답을 할 확률이 높다. 사람들은 자신이 실제로 스마트폰을 보는데 얼마나 많은 시간을 소비하고 있는지 알지 못하거나, 알고 있더라도 사실대로 답하지 않는 경향이 있다. 실제와 다른 '자기 보고'를 하는 것이다. 선수들에게 "알았어?"라는 질문을 던질 때도 비슷한 일이 벌어진다. 선수들 스스로도 자신이 코치의 말을 제대로 이해했는지가 분명하지 않다. 선수가 자신의 말을 제대로 이해했는지 정말로 알고 싶다면 코치는 습관적으로 "알았어?"라고 묻지 말고 다른 대안을 고려할 필요가 있다.

질문에 대한 대답을 통해 선수의 이해 수준을 파악하겠다는 생각 이전에 먼저 코치 스스로 연습을 잘 관찰하겠다는 다짐이 필요하다. 모두가 잘 이해하고 있는지 개별 선수들을 관찰하겠다는 의도가 있어야 한다.

질문에 변화를 주는 방법도 생각해 볼 수 있다. 설명이 끝나고 나서 "질문 있어?" "질문 있는 사람?"이라고 묻는 대신 "어떤 질문을 할 수 있을까?"라고 물어보면 보다 생산적인 대화가 가능해진다. 10살만 넘어도 선수들은 "질문 있어?"라는 질문에 "없습니다!"라고 답하는게 편하다는 사실을 안다. "어떤 질문을 할 수 있을까?"라는 질문에는 코치의 설명을 듣고 질문이 생기는 게 당연하다는 가정이 내포되어 있다. 선수들의 대답을 보다 자연스럽게 이끌어낼 수 있다.

돌아가며 질문을 하면서 선수의 이해 수준을 빠르게 확인할 수도 있다. "좋아. 케빈. 그룹에는 몇 명의 선수가 들어가야 해?" "안토니오. 그리드에는 몇 명이 있어야 하지?" "드마커스. 누가 공을 가지고 시작하지?" "켈시. 섀넌이 앞으로 달리면 무엇을 보고 가운데로 치고 들어가야 할까?" "칼리는 어때? 너도 같은 방향으로 움직여야 할까? 아니면 다른 쪽으로 가는 게 좋겠어?" 이런 질문을 연달아 던질 때는 콜드콜 방식이 적합하다. 그래야 보다 많은 선수들에게 빠르게 질문을 하면서 선수의 이해 수준을 확인할 수 있다. 콜드콜 방식으로 질문을 하지 않으면 말하기를 좋아하는 선수나 확실히 알고 있는 선수의 말만 듣게 된다.

'쇼미(show me)' 접근법도 선수의 이해 수준을 확인할 수 있는 좋은 방법이다. 말 그대로 동작이나 기술을 몸으로 표현해 달라고 선수에게 요청하는 방식으로 아래와 같이 자기 보고 질문을 대체할 수 있다.

자기 보고 질문 "알겠지?" "이해했지?"	쇼미 show me "보여줄래?"
"섀넌이 앞으로 달리면 켈시나 칼리가 안으로 들어와. 이해했지?"	"칼리. 켈시. 섀넌이 앞으로 달리면 어디로 움직여야 할까? 손으로 가리켜 볼래?"
"어떤 자세로 수비를 해야 하는지 다들 알았지?"	"우리가 해야 할 기본적인 수비 자세를 지금 바로 해볼까?" (선수들의 자세를 훑어본 후에 한 명씩 빠르게 피드백을 해준다.) "아주 좋아. 칼리." "잘했어. 새라." "제시카는 자세를 조금만 더 낮추고." "바로 그거야. 켈리." "카린은 발을 조금 더 앞으로 하면 좋겠다."
"다들 자기가 어느 팀에 속해 있는지 알고 있지?"	"자기가 어느 팀인지, 어디로 가야 하는지 손으로 가리켜 보자. 좋아. 시작!"

의지보다 준비 : 연습 준비를 위한 4단계 프로세스

"관건은 이기고자 하는 의지가 아닙니다. 누구나 승리를 위한 의지는 가지고 있습니다. 중요한 것은 준비를 위한 의지입니다."

전설의 농구 감독 바비 나이트가 남긴 유명한 말이다. 나이트 감독은 코트에서 일어나는 일은 오랜 시간 연습을 하며 내린 수많은 평범한 선택에 의해 결정된다는 말도 남겼다. 선수 뿐만 아니라 코치도 마음에 깊이 새겨야 할 메시지다. 매일의 수업과 숙제를 충실히 하다 보면 성적은 자연스럽게 따라온다. 단지 간절히 원한다고 해서 좋은 결과가 나오는 건 아니다. 이 책에서 다룬 내용들을 적용해 연습 준비를 위한 4단계 프로세스로 정리했다. 이 프로세스는 코치 개인에게도 실용적이지만, 코치를 육성하고자 하는 팀도 기본틀로 활용할 수 있다.

1단계: 연습의 목적을 적는다.

연습의 목적은 구체적으로 정의해야 한다. 전문성 연구의 대가 안데르스 에릭슨 박사의 말을 다시 인용하면 "구체적인 목적이 빠른 발전으로 이어진다." 목적이 모호하면 연습의 초점도 불분명해진다. '후방 빌드업을 잘 하자'는 다짐은 그다지 와닿지 않는다. '우리가 후방 빌드업 능력을 키우려면 지금 무엇을 해야 할까?' 이런 질문을 바탕으로 연습의 목적을 구체적으로 정해야 한다. 정해진 연습 시간 안에 실제로 달성할 수 있는 목표를 정의하면 더욱 좋다. '오늘 우리의 목적은 후방 빌드업을 할 때 플레이의 스피드를 향상시키는 것이다.'

2단계: 모범 사례를 작성한다.

'플레이의 스피드가 좋은 후방 빌드업은 어떤 모습일까?' '일반적으로 좋은 후방 빌드업과 탁월한 후방 빌드업은 디테일에 어떤 차이가 있을까?' '우리의 후방 빌드업 방식은 다른 팀과 어떻게 다른가?' 이런 질문에 답을 하며 모범 사례에 해당하는 움직임을 미리 그려보면 실제로 연습 때 그 장면이 펼쳐지는 순간을 보다 쉽게 캐치할 수 있다. 피드백의 방향과 초점을 잡는 데도 도움이 된다.

3단계: 최소한 두 개의 실수나 문제를 예상한다.

'선수가 실수할 가능성이 높은 동작이나 기술은 무엇일까?' '선수가 잘못 이해하거나 실행에 어려움을 겪을 만한 플레이나 전술은 무엇일까?' 실수나 문제 역시 미리 예상을 하고 있으면 실제로 그 일이 벌어졌을 때 쉽게 파악하고 대응할 수 있다. 코치의 예상은 맞을 수도 있고 틀릴 수도 있다. 하지만 미리 예상을 해두면 코치는 심리적으로 준비가 가능하다. 평정심을 유지한 채 실수에 대응할 수 있다.

4단계: 반응과 피드백을 계획한다.

'예상한 문제가 벌어지면 어떻게 대응해야 할까?' '선수에게 어떤 동작을 시범으로 보여줄까?' '잘못된 동작과 올바른 동작을 비교해서 보여주면 도움이 될까?' '시범을 도와달라고 누구에게 요청할까?' '모델 피드백을 위해 어디에 선수를 배치할까?' 이런 질문을 스스로에게 던지며 미리 시범과 모델 피드백을 계획하면 학습의 효과를 높일 수 있다. 그럼에도 불구하고 선수들이 계속 어려움을 겪는다면 과제를 잠시 단순화하거나 플레이의 속도를 늦추거나 공간을 넓히는 변화를 시도해야 한다. 여러 옵션을 미리 생각해두면 당황하지 않고 상황에 맞게 대응할 수 있다.

마지막으로 연습 계획을 세울 때 빠뜨리지 말아야 할 중요한 부분은 바로 감정을 계획하고 준비하는 일이다. 코치 자신의 감정과 선수의 감정을 모두 포함한다. 감정을 다루는 일은 다음 장의 주제인 팀 문화를 만드는 데 중요한 부분으로 작용한다.

8장

팀 문화 만들기

오래 전에 나는 로체스터에 있는 엠파이어 유나이티드 육성 아카데미에서 크리스 애플 감독이 유소년 선수들을 훈련시키는 모습을 본 적이 있다. 그는 지금 로체스터대학팀의 감독이다. 지난 몇 년 동안 애플 감독으로부터 많은 걸 배웠지만 특히 그날의 연습이 기억에 남는다. 그가 연습을 멈추고 피드백을 줄 때는 공에서 멀리 떨어진 지역에서 벌어진 일을 이야기하는 경우가 대부분이었다. 그리고 몇 년 후에 미국 축구협회 아카데미의 디렉터 코스에서 나는 질문을 하나 받았다. 한 코치가 선수들이 실수를 잊고 다음 플레이에 집중할 수 있도록 하는 좋은 방법이 있는지 물었다. 나는 그 질문을 받자마자 애플 감독을 떠올렸다. 며칠 후에 그에게 전화해 그런 질문이 나왔는데 어떻게 생각하냐고 물었다. 그는 문화에 대해 이야기했다. 경기장에서 팀의 성과와 선수들의 삶에 영향을 미치는 단 하나의 중요한 요소가 있다면 그것은 바로 문화다.

나는 애플 감독의 연습을 보며 그가 추구하는 문화를 이해할 수 있었다. 테크닉 연습과 프레싱과 같은 일련의 전술 훈련을 마친 후 선수들은 실제 경기처럼 중단되지 않고 자유롭게 플레이하는 시간으로 연습을 마무리한다. 비록 연습이지만 경기의 수준은 애플 감독이 지향하는 팀 문화를 고스란히 반영한다. 선수들은 강도 높은 움직임으로 서로간에 경쟁한다. 시간이 막바지에 이르면 경기에는 더욱 긴장감이 흐른다.

경기가 끝나기 직전에 공격수 한 명에게 결정적인 기회가 찾아온다. 박스 안에서 골키퍼와 마주하는 1대1 기회다. 퍼스트 터치도 슈팅을 하기에 완벽했다. 수비수 두 명이 뒤늦게 달려들지만 슛을 막기엔 너무 늦었다. 하지만 슛은 골대 위 하늘로 날아가고 만다. 너무나 아쉬운 장면이다. 대부분의 코치들을 화나게 만드는 플레이다. 하지만 애플 감독은 전혀 소리를 지르지 않는다. 심지어는 아무 말도 하지 않는다. 선수는 천천히 자기 진영으로 돌아가며 고개를 숙인다. 팀 동료가 다가와 말을 건다. "다음 플레이 하자. 다음 플레이."

애플 감독의 훈련을 지켜보며 노트에 적어놓은 장면을 재구성한 내용이다. 지금 생각해보면 왜 이 장면을 노트에 적었는지 모르겠다. 아마 비슷한 상황에서 많은 코치들로부터 이런 말을 들었기 때문일 것이다.

"케일럽. 그건 넣어야지!" [케일럽도 잘 알고 있다.]

"아. 너무 공 아래를 찼잖아. 케일럽!" [이 말도 물론 사실이다. 하지만 안타깝게도 이런 말을 해봐야 아무런 도움이 되지 않는다.]

[화를 내며 벤치에 있는 선수들을 향해 소리를 지른다.] "뭐 하는 거야? 정말!!!"

선수가 실수를 하거나 찬스를 놓쳤을 때 코치가 이런 말을 하는 것은 일정 부분 자신의 에고를 보호하기 위한 행동이라고 스포츠 심리학자인 스투 싱어는 말한다. 그는 코치들의 마음챙김(mindfulness)과 자기 절제(self-discipline)를 훈련시키는 일을 한다.

"모든 사람에게 알리고 싶어서 하는 말입니다. '나는 더 잘 가르쳤어!'라고 말이죠. 선수에게 하는 말이라기 보다 자기 자신을 방어하려는 말에 가깝습니다."

애플 감독은 경기가 뜻대로 펼쳐지지 않는 순간을 대처하는 자신만의 방식을 가지고 있었다.

"실수를 했다는 걸 선수도 잘 압니다. 그걸 제가 지적하면 상처만 키우게 됩니다. 가장 속상하고 화나는 사람은 경기를 이길 수 있는 기회를 놓친 선수 자신입니다. 좋은 찬스를 만들어 준 동료에 대한 미안함도 있을 거고요. 다음 경기에 선발로 나갈 기회를 날렸다고 생각할 수도 있습니다. 어쩌면 집으로 돌아오는 차 안에서 계속 그 장면을 혼자 리플레이할 지도 모릅니다. 만약 무슨 말을 해준다고 하면 오히려 훌훌 털고 잊으라거나 그날 잘 한 플레이를 상기시켜 주는 게 나을 수도 있습니다."

스투 싱어가 코치들에게 훈련시키는 '마음챙김'은 무엇에 주의를 기울일지 의도적으로 선택하는 기술이다. 특히 코치는 긴박하고 중요한 순간일 수록 자신의 마음을 챙기는 훈련을 해야 한다. 애플 감독이 한 말과 실제로 그가 경기장에서 보여주는 행동은 그의 탁월한 마음챙김 능력을 드러낸다. 그는 자신의 감정에 사로잡히지 않고 선수에게 집중한다. 자신에게 일어난 감정을 알아차리고 장기적인 목표에 집중한다. 감정을 충동적으로 드러내는 대신 다음과 같은 질문을 스스로에게 던진다. '실수를 한 선수에게 지금 필요한 것은 무엇일까?' '무엇을 해야 그 선수가 더 나아질 수 있을까?' '나머지 팀원들은 그의 실수에 대해 어떤 생각을 가져야 할까?' '비슷한 실수를 했다는 건 무엇을 의미할까?' 스투 싱어는 이렇게 조언한다.

"반응(response)하지 말고 대응(react)해야 합니다. (부정적인) 감정이 일어나도 괜찮습니다. 하지만 감정이 일어날 때 코치는 항상 같은 질문을 던져야 합니다. 내가 감정을 선택했나? 감정이 나를 선택했나?"

팀 문화는 구성원들이 잘 인식하지 못하는 수많은 순간에 하는 행동으로 만들어진다. 대부분의 팀은 경기 전후의 미팅, 시즌 전의 교육 등을 통해 팀의 상호작용 방식이나 마인드셋을 공유하려 노력한다. 좋은 문화를 만들고자 하는 의식적인 노력이다. 문화를 만들려는 공식적이고 의도적인 노력이 중요하지 않다고 말하는 것은 아니다. 하지만 팀 문화에 결정적인 영향을 미치는 것은 겉으로 볼 때는 사소해 보이는 수많은 상호작용의 순간들이다. 그 찰나의 경험이 쌓이며 팀의 마인드셋이 만들어진다.

'실수하면 책임을 물을거야. 그러니까 똑바로 플레이해. 실수를 하면 다른 선수로부터 손가락질을 받게 될거야.' 애플 감독은 이런 마인드셋이 팀에 퍼지길 원치 않았다. 그는 실수 환영 문화를 만들고 싶었다. '실수를 하면 내가 너의 편이 되어줄거야. 그러니까 두려워하지 말고 도전하면 돼.' 선수들이 이런 믿음으로 무장되길 원했다.

스투 싱어가 말한 '반응하기'와 '대응하기'의 차이를 명확히 이해하면 실수 환영 문화를 만드는데 도움이 된다. 1장에서 나는 인간의 사고와 행동과 관련된 두 가지 시스템을 소개했다. 본능적으로 빠르게 작동하는 시스템1과 의식적인 사고를 담당하는 시스템2다. 선수의 퍼포먼스 결과는 상당 부분 빠르게 작동하는 시스템1을 어떻게 훈련하느냐에 좌우된다. 선수에게는 순간적으로 반응하는 능력이 중요하다.

하지만 코치는 다르다. 반응 속도를 의도적으로 늦추면서 대응하는 능력이 코치에게는 중요하다. 선수의 플레이에 반사적으로 반응하지 않고 의식적으로 느리게 대응하는 능력이 요구된다. (잠시 멈추었다가 1초 후에 대응할 수도 있고, 한 시간이나 하루 뒤에 대응할 수도 있다.) 계획과 논리를 담당하는 뇌의 고차원적인 기능(전전두엽 피질)이 본능을 담당하는 중추(편도체)를 지배할 때 반응이 아니라 대응을 할 수 있다. 코치는 감정이 일어났을 때 1초만 반응을 지연시킬 수 있어도 보다 큰 맥락을 생각할 수 있다.

애플 감독은 선수가 경기 막판에 결정적인 찬스를 놓친 모습을 보고도 아무 말도 하지 않기로 선택했다. 선수들이 하는 모든 활동에 대해 코치가 일일이 의견을 주면 선수들은 스스로 판단하는 법을 배우지 못한다. 자율성과 주인의식이 자라지 않는다. 말할 타이밍을 보다 신중하게 선택해 말을 건네면 선수들은 중요한 순간에 코치의 말에 더 귀를 기울인다. 애플 감독은 선수들의 모든 행동을 판단하지 않으려고 신경을 쓴다. 그런 태도가 오히려 선수들의 신뢰와 인정을 이끌어 낸다. 하지만 애플 감독도 처음부터 그런 방식을 사용한 것은 아니었다. 그는 코칭 경험이 쌓이며 '말하지 않는 행동'의 중요성을 인식하게 되었다고 한다.

"코치 생활 초창기에는 이런 면에서 정말 서툴렀습니다. 심지어 의식조차 하지 못했죠. 제가 모든 걸 간섭했습니다. 상사가 어깨 너머로 내가 하는 일을 계속 보고 있다고 생각해 보세요. 옆에서 모든 잘못을 고쳐주고 있다고 말이죠. 재미도 없고, 화가 날 게 분명합니다."

애플 감독에게 코치로서의 성장은 언제 입을 다물어야 하는지, 코치의 간섭 없이 선수들이 연습을 계속 하도록 놔두어야 하는 때는 언제인지를 배우는 과정이었다. 긴박한 순간에도 장기적인 관계를 떠올리는 지혜를 배우는 과정이었다. 애플 감독은 자신이 지향하는 방식을 '코칭하지 않는 코칭(coaching by not coaching)'이라 부른다.

문화는 수많은 분야에서 광범위하게 다루고 있는 주제다. 문화가 그만큼 팀과 조직에 강력한 영향을 미치기 때문이다. 경영 관리 분야의 대가인 피터 드러커는 "문화가 먹는 아침 식사는 전략이다"는 재밌는 말을 남겼다. 하버드 비즈니스 스쿨의 프랜시스 프레이 교수는 "성공적인 조직을 운영하고 싶다면 모든 일에 문화를 접목하라"는 말을 했다. 이 책의 추천사를 써준 다니엘 코일은 자신의 책 『최고의 팀은 무엇이 다른가』에서 "집단 문화는 지구상에서 가장 강력한 힘 중 하나"라고 표현했다. 좋은 문화는 2 더하기 2를 10으로 만든다고 그는 말한다.

우리는 문화의 그런 측면에 본능적으로 끌리는 경향이 있다. 그런 이유로 세상에는 동료애, 협동심, 자기 희생을 통해 승리를 쟁취하는 언더독의 이야기를 다룬 영화나 드라마가 무수히 많다. 어쩌면 인류가 하나의 종으로서 살아남은 역사도 어찌보면 서로간의 차이에도 불구하고 함께 어려움을 헤쳐나간 언더독의 이야기라고 할 수 있다. 집단 속에서 슬기롭게 어울리는 법을 배워나가며 인류는 진화적으로 우월한 다른 종들을 이겨낼 수 있었다. 우월한 신체 조건을 가지고 있었지만 협력의 의미를 이해하지 못한 종들은 진화의 과정에서 멸종되고 말았다. 인간의 진화 과정이야말로 문화의 승리를 상징하는 사건이라고 할 수 있다. 하지만 그 과정은 그리 간단치만은 않았다.

사회생물학자인 에드워드 윌슨은 인간의 생존과 성공을 두 가지 형태의 자연 선택의 결과라고 이야기한다. 하나는 개인 간의 힘과 지능의 차이로 인한 자연 선택이고, 또 하나는 집단 간의 코디네이션과 협력으로 인한 자연 선택이다.

선사 시대 이래로 강한 집단에 속한 약한 개인은 약한 집단에 속한 강한 개인보다 생존할 가능성이 더 높았다. 물론 가장 좋은 경우는 강한 집단 내에서 가장 강한 개인이 되는 것이었지만, 그 자리를 차지하기 위해 일어나는 갈등으로 인해 집단이 파괴되기도 했다. 개인에게 가해지는 진화적 압력은 때때로 집단 구성원으로서의 압력과 충돌하기도 한다. 우리는 집단의 성공을 위해 노력하면서도 파벌을 만들어 집단 안에서 지위를 차지하기 위해 경쟁하기도 한다. 인간에게 자리잡은 뿌리 깊은 두 가지 본능은 늘 갈등하며 긴장 상태를 만든다. 결국 좋은 팀 문화를 만드는 일은 이러한 긴장을 어떻게 다룰 것인가의 문제다.

사람들은 공개적인 자리나 미팅에서 팀워크를 말하거나 어려움에 대처하는 법을 알려주면 문화가 만들어지리라 믿곤 한지만 그런 시간은 생각보다 문화에 미치는 영향이 미미하다. 문화는 말을 한다고 해서 만들어지는 게 아니라 매일 실제로 행동할 때 만들어진다. 문화를 만드는 작업에 참여하고 있다는 인식조차 없이 만들어지는 게 문화다. 문화는 습관이 쌓인 결과다. 하프타임에 선수들에게 간절하게 싸우라고 소리칠 수는 있지만, 선수들이 자신의 한계에 도전하며 훈련을 해오지 않았다면 결과는 달라지지 않을 것이다. 겸손하고 이타적으로 행동하라고 선수들에게 말할 수 있지만, 그런 태도를 꾸준히 배양하는 문화 속에서 시간을 보내지 않았다면 그런 말은 허공에서 맴돌다가 사라지게 된다.

　호주의 한 세계적인 크리켓팀은 부정 행위 스캔들로 큰 어려움에 봉착한 적이 있다. 애드리안 브라운 감독의 다큐멘터리 시리즈 『The Test』는 이 팀이 당시의 난관을 극복하기 위해 기울인 노력을 담고 있다. 이 다큐멘터리에는 짧지만 의미심장한 장면이 나온다. 저스틴 랑거 감독이 팀을 맡은 직후에 선수들은 영국에서의 연습 경기를 위해 로드 크리켓 그라운드의 경기장에 모인다. 랑거 감독의 첫 훈련이다.

　"여러분. 마음 속으로 생각을 하면서 함께 뛰길 바래. 우리는 좋은 팀을

만들거라고 생각하면서!"

랑거 감독은 선수들이 매일 함께 하는 익숙하고 평범한 일을 어떻게 하는지에 따라 문화가 만들어진다는 사실을 알고 있다. 그는 훈련 전에 함께 뛰는 시간을 마인드셋을 심는 기회로 활용하고 있다. 선수들은 함께 뛰며 팀의 바람직한 모습을 마음에 새기게 된다.

문화를 만드는 작업에는 약간의 역설이 내포되어 있다. 팀이 경기를 하는 방식과 서로간에 상호작용하는 방식은 코치(대부분은 감독)가 명확한 비전을 가지고 만들 필요가 있다. "감독으로서 저의 생각을 관철시킬 수밖에 없습니다. 내가 믿지 않는 것을 (선수들에게) 하라고 설득할 수는 없으니까요." 아르헨티나의 명장 마르셀로 비엘사 감독은 다큐멘터리 『테이크 어스 홈 : 리즈 유나이티드(Take Us Home : Leeds United)』에서 이렇게 말했다. 하지만 코치의 비전이 선수들에게 자신의 일부처럼 느껴지려면 팀 문화를 만드는 과정의 많은 부분은 선수들 사이에서 일어나야 한다. 그래야 '코치의 비전'이 아닌 '우리의 비전'으로 각인될 수 있다.

코치의 비전과 디자인, 선수들의 주인의식과 참여는 문화를 만들어 나가는 과정에 존재하는 양면성이다. 앞서 소개한 연습 경기의 장면은 그런 양면성을 잘 보여준다. 경기가 끝나기 직전에 결정적인 기회를 놓친 선수에게 팀 동료가 다가와 말을 건넨 장면이다. "다음 플레이!" 짧은 두 단어지만 그 안에는 깊은 의미가 담겨 있다. 먼저 낙담한 동료에게 응원의 마음을 보내 준다. 이러한 경험이 쌓이며 팀은 서로에 대한 믿음과 소속감을 키워나간다. 그리고 "다음 플레이!"라는 말은 애플 감독이 만든 문화를 상징하는 표현이다. 애플 감독과 코치들은 경기 중에 선수들의 마음이 어디를 향해야 하는지를 알려주기 위해 "다음 플레이!"라는 표현을 의도적으로 많이 사용한다. 함께 사용하는 언어는 문화를 만드는데 결정적인 영향을 미친다.

"우리가 많이 사용하는 두 가지 말이 있습니다. 이제는 선수들도 이 말을 자주 사용합니다. "다음 플레이"와 "공격적인 실수"입니다. 선수가 실수를 했거나 플레이가 마음에 들지 않아 고개를 숙이고 있을 때 우리는 서로에게 "다음 플레이"라고 말해줍니다. 이미 벌어진 과거의 일은 바꿀 수 없으니 현재에 집중하자는 의미입니다. "공격적인 실수"라는 말은 연습이나 스몰 사이드 게임을 할 때 도전 정신을 불어넣기 위해 자주 사용합니다. 때로는 경기를 하기 전에도 "공격적인 실수를 자주 하자"고 말해줍니다. 실수를 하지 않고 있다면 안전하게만 플레이를 하고 있는 것이죠. 한계를 뛰어넘으려고 하지 않고 한계 속에 머무르려고 하는 자세이기 때문에 발전할 수가 없습니다."

애플 감독의 팀에서는 실수를 한 동료를 책망하기 보다 다시 힘을 북돋아 주는 게 당연한 일이다. 감독과 코치가 직접 말과 행동으로 보여주기 때문이다.

문화에 대해 이야기할 때 많이들 소홀히 하는 요소가 바로 언어다. 팀은 저마다 고유한 언어를 사용하는 경우가 많으며, 팀 안에서 사용되는 언어가 그 팀의 문화를 드러낸다. 우리는 어떤 사람이 사용하는 언어나 말하는 스타일을 보고 그가 어디에 사는지, 어느 집단에 소속되어 있는지 알아내기도 한다. "다음 플레이!"라는 말은 애플 감독의 팀 문화를 선명하게 드러낸다.

코치는 자신이 원하는 문화를 만들기 위해 두 가지의 리스트를 만들면 도움이 된다. 첫 번째는 원칙 리스트다. 원칙 리스트에는 어떤 말과 행동을 통해 에너지 넘치는 문화를 만들 것인지를 기록한다. 애플 감독은 언어를 통해 좋은 습관을 뿌리내리려는 노력을 했다. 그런 결과로 선수들은 코치가 보고 있지 않은 상황에서도 서로를 응원하는 모습을 보여주고 있다. 이러한 형태의 활동을 원칙 리스트에 적는다.

두 번째는 특성 리스트다. 특성 리스트에는 선수들 사이에 어떤 가치와 신념이 흐르기를 원하는지 기록한다. 선수가 실수를 한 순간에 말과 행동을 자제하면서 애플 감독은 선수들에게 심리적 안정감을 표현했다. '너희가 실수를 해도 나는 너희들 편이 되어 줄거야. 그러니까 두려워하지 말고 도전해. 스스로 자기 플레이에 책임감을 가지면 돼.' 애플 감독은 이런 메시지를 전달하고 싶었다.

팀 문화를 만들기 위한 원칙 리스트

- 문화는 코치가 디자인한다.
- 문화는 선수들 사이에서 공유되어야 한다.
- 다른 문화와 구분되어야 한다.
- 문화는 습관으로 표현되어야 한다.
- 언어는 문화를 만드는데 가장 중요한 습관이다.

처음 두 가지 원칙은 서로 맞물려 있다. 양과 음의 관계처럼 서로에게 의존하는 원칙이다. 문화는 코치가 비전을 그리면서 계획해야 하지만 코치의 비전은 반드시 선수들 사이에서 말과 행동으로 공유되어야 한다. 아무리 선명하고 구체적인 비전이라도 구성원들의 지지와 참여가 없이는 현실로 만들 수 없다.

또한 비전은 진화한다. 정원을 가꾸는 일과 비슷하다. 정원사는 어디에 무슨 나무를 심을지를 계획하고 결정한다. 조심스럽게 나무와 씨앗을 심는다. 정원사의 고민과 관심의 크기만큼 씨앗은 잘 자랄 확률이 높다. 하지만 정원사의 노력만으로 나무나 꽃이 잘 성장하는 건 아니다. 정원을 둘러싼 환경이 그 자체로 생명력을 가져야 한다. 비옥한 흙도 준비해야 하고, 가끔은 말뚝을 박거나 가지치기도 해야 한다. 정원사는 자신이 심은 나무나 씨앗을 지속적으로 관찰하면서 대응해야 한다.

세 번째 원칙은 문화의 고유성을 이야기한다. 문화가 문화로서의 역할을 하려면 주변과 구분되는 보이지 않는 벽이 있어야 한다. 외부로부터 자신을 차단하기 위한 목적의 벽이 아니라 문화에 속한 사람들에게 특별한 소속감을 주기 위한 경계다.

내가 어느 프로팀의 미팅을 참관했을 때의 기억이다. 어쩐지 미팅룸 안에는 흥분한 분위기로 가득찼다. "1분!" "1분!" 몇몇 선수들이 소리를 지르기 시작했다. 또 다른 선수는 "바퀴를 돌려야죠!" 하며 환하게 웃으며 소리를 질렀다. 선수들과 감독의 웃음소리가 섞이며 미팅룸은 금새 소란스러워졌다. 나는 무슨 일이 벌어지고 있는지 무척 궁금했다.

"이 녀석들아. 내가 돌릴 거라는 거 알지?" 감독이 말을 꺼내자 선수 중 한 명이 "당연히 돌리셔야죠!"라고 외쳤다. "쿠키에 걸리면요?" 다른 선수가 장난스럽게 외치는 소리가 들렸다. 감독은 난감한 표정으로 선수들을 응시했다. 갑자기 심각한 척을 하고 있었다. 아니면 진짜로 심각한 일이 벌어진건가? 나는 구별하기가 어려웠다. "내가 쿠키를 무서워한다고 생각해?" 감독은 이렇게 말하고는 다시 진지한 표정으로 미팅룸을 둘러보았다. 그리고는 마치 윈스턴 처칠이 의회에서 연설을 하듯 천천히 큰 목소리로 말했다. "나는 우리 팀의 감독이다. 나는 쿠키가 두렵지 않아. 그까짓 쿠키! 괜찮아!" 미팅룸에는 환호성이 터져 나왔다.

나중에 알게 된 사실이지만 팀에는 '벌칙 바퀴'가 있었다. 팀 문화를 해치는 여러 사소한 위반 행위에 대해 벌금이나 벌칙을 부과했다. '벌칙 바퀴'를 돌려 해당되는 벌칙을 받아야 했다. 어떤 경우에는 진지하게 진행하기도 하고 어떤 경우에는 유쾌하고 민망하게 다루기도 했다. '벌칙 바퀴 돌리기'는 팀 전체가 정한 방식이었다. 쿠키가 어떤 벌칙을 의미하는지는 밝히지 않기로 해서 이 책에서 공개할 수는 없지만 상상할 수 있는 최악의 벌칙이라고 이해하면 된다. 그래서 선수들은 "1분!"을 목소리 높여 외친 것이다. 감독은 1분을 지각했고 벌칙을 정하기 위해 '바퀴를 돌려야' 했다. 선수들은 쿠키를 원했지만 아쉽게도 다른 벌칙을 받게 되었다.

외부인으로서 나는 감독이 자초지종을 설명해 주기 전까지는 그 상황을 전혀 이해하지 못했다. 어떤 면에서는 바로 그게 포인트였다. 외부인이 잘 모르는 자기들만의 문화가 있다는 것은 내부 구성원들을 결속시켜 주는 요소로 작용한다. 자기들끼리만 통하는 농담과 별명이 바로 그런 요소들이다. 『최고의 교사는 어떻게 가르치는가』에서 나는 데이비드 맥브라이드라는 역사 교사가 수업을 시작하기 전에 문 앞에서 학생들을 맞아주며 인사하는 장면을 소개했다. "좋은 아침이야. DJ." "굿모닝. 레드." "최고의 순간은 언제? 바로 지금!" 맥브라이드 선생님은 학생들이 교실에 도착할 때 저마다 약속한 인사말을 나눈다. 독특한 인사법을 매일 실천하며 맥브라이드 선생님은 학생들 모두가 한 팀이라는 메시지를 전달한다.

모든 선수에게 별명을 붙여야 한다거나 '벌칙 바퀴' 같은 재밌는 문화가 있어야 한다고 말하는 것은 아니다. 외부 세계와 구별되는 요소가 소속감에 은근히 영향을 미친다는 말을 하고 싶을 뿐이다. 다니엘 코일은 『최고의 팀은 무엇이 다른가』에서 좋은 문화를 구성하는 가장 중요한 감정은 소속감이라고 말한다. 그리고 소속감을 기존의 통념과는 다른 관점으로 바라본다.

"소속감은 개인의 내면에서 일어나 외부로 퍼져나가는 것처럼 보이지만 사실은 외부에서 나타나 내면으로 향하는 감정이다. 우리의 사회적 뇌는 눈에 잘 잡히지 않는 신호가 꾸준히 입력되어 쌓일 때 비로소 켜진다. 가깝게 연결되어 있다는 신호, 안전하다는 신호, 미래를 공유한다는 신호다."

강한 팀이 추구하는 좋은 문화일 수록 선수들이 소속감을 느끼도록 하는 방법을 끊임없이 찾는다. 『The Only Rule Is It Has to Work』은 데이터와 사회과학의 원리에 기반해 마이너리그 야구팀을 운영한 사례를 기록한 책이다. 저자인 벤 린드버그와 샘 밀러는 책에서 임상심리학자인 러셀 칼튼 박사에게 어떻게 하면 팀 케미스트리와 소속감을 형성할 수 있을지 자문을 구한다. 칼튼 박사는 '이게 뭐야?' 하는 기분이 들게 하는 황당한 선물을 주라는 아이디어를 제안한다.

"누군가는 미쳤다고 생각할 수도 있지만, 이를테면 막힌 변기를 뚫는 '뚫어뻥'을 선물하는 겁니다. 선수는 선물을 받고 황당해하죠. 다들 재밌어 하구요. 만약에 변기가 막히면 선물을 받은 선수는 그걸 들고 가서 뚫어야겠죠. 벽에 낙서를 할 수 있는 스프레이 페인트도 선물하면 재밌는 일이 벌어질 겁니다."

포상 문화는 팀마다 다르게 만들어갈 수 있다. 진지한 분위기에서 노력을 인정하는 방식으로 상품이나 상금을 전달할 수도 있고, '뚫어뻥'처럼 약간의 익살스러움과 재미를 곁들일 수도 있다. 재밌는 이벤트로 상을 주는 방식은 선수들의 참여 욕구를 불러일으킨다. 선수들은 자발적으로 '벌칙 바퀴'와 같은 고유한 이벤트를 만들게 된다. 이런 이벤트는 그 문화에 속하지 않은 사람은 이해할 수 없는 내용이기 때문에 자연스럽게 '우리'라는 소속감이 강해진다.

칼튼 박사는 선수들이 투표를 통해 상을 주는 방식도 좋지만, 가끔은 보이지 않는 곳에서 좋은 문화를 만드는데 기여한 선수를 코치가 추천하는 방식도 사용하라고 권한다. 비록 성공하지는 못했지만 악착같은 수비를 보여주었거나, 낙담하고 있는 팀 동료에게 다가가 위로해 준 행동에 상을 줄 수 있다.

문화는 습관의 산물이라는 네 번째 원칙은 일상의 활동이 문화를 만든다는 점을 말하고 있다. 부모의 너그러운 태도를 평소에 경험하지 못한 자녀에게 너그러운 태도를 아무리 강조해 보았자 자녀는 너그러운 사람으로 성장하기 어렵다. 안타깝게도 습관은 잘 인식하지 못할수록 삶에 더 많은 영향을 미친다.

저스틴 랑거 감독의 주문대로 팀에 대한 생각을 하며 함께 달리기 시작한 선수들은 구체적인 생각의 양상은 다소 다를 지 몰라도 시간이 지남에 따라 달리면서 생각을 하는 게 습관이 된다. 뛰면서 떠올린 팀에 대한 기대는 이제 생각의 차원이 아니라 습관의 차원에서 더욱 강력하게 영향을 미치게 된다. 기대가 팀의 일부가 되고 신념이 된다.

마지막 다섯 번째 원칙은 언어야말로 문화를 만드는 가장 강력한 습관이라는 사실이다. 언어는 선수들의 신념을 형성하는데 엄청난 영향을 미친다. 우리가 무언가를 '알게 되는 것'은 그 무언가를 가리키는 언어가 있기 때문이다. 무언가를 '생각하는 것' 역시 그 무언가를 생각할 수 있도록 정의된 언어가 있기 때문이다. 예를 들어 우리는 '감사'라는 단어가 있기 때문에 감사의 마음을 인식한다. 또한 감사의 마음을 상대에게 표현할 수 있다.

숀 아처는 『행복의 특권』에서 감사의 마음을 뜻하는 단어를 더 많이 사용할수록 감사할 만한 일을 더 많이 인식하게 된다는 흥미로운 이야기를 적고 있다. 내 안에 어떤 단어가 자리잡고 있다는 것은 세상 속에서 그것을 인식할 수 있다는 의미다. 뿐만 아니라 내가 어떤 언어를 사용하는지에 따라 세상을 바라보는 방식이 바뀐다는 의미이기도 하다. 이누이트족은 눈을 표현하는 단어가 50개 정도 된다고 한다. 그들은 눈을 가리키는 50개의 단어가 있기 때문에 서로 다른 눈을 구별할 수 있다. 하지만 나는 그들처럼 눈을 구별하지 못한다. 그저 가벼운 느낌의 보송보송한 눈과 바람에 흩날리는 고운

눈 정도의 차이만 구별할 수 있을 뿐이다.

시인이자 작가였던 W.H. 오든은 "언어는 생각의 하녀가 아니라 어머니"라는 말을 했다. 우리는 무언가에 이름을 붙임으로써 그 존재를 드러낼 수 있다. 코치가 원하는 것이 무엇이든 단어나 문구를 붙임으로써 선수들이 그것을 더 쉽게 인식하고 떠올리게 만들 수 있다. 애플 감독은 "다음 플레이"와 "공격적인 실수"라는 표현을 만들어 자주 사용했다. 선수들도 입으로 자꾸 말하게 했다. 이는 마치 이누이트족이 다양한 종류의 눈에 붙인 이름과 같다. 다른 팀에서는 그다지 대수롭지 않게 여길 수 있는 부분도 이름을 붙이고 자주 사용하면 중요성을 인식하게 된다.

> **레모브 노트**
> **'함께' 뛴다는 것은 무엇을 의미할까?**
>
> 랑거 감독의 주문처럼 '함께' 천천히 한 바퀴를 돌며 팀에 대해 생각한다는 것은 무엇을 의미할까? 해병대처럼 발을 맞추며 구호를 외쳐야 할까? 떠들거나 농담을 해도 되나? 가만히 입은 다물고 생각만 하며 뛰어야 할까? 모두가 다 한 마디씩 하면 너무 시끄러워지는 건 아닌가? 주장이 그날 연습의 목적과 방법에 대해 상기시켜 주는 게 나을까?
>
> '함께'의 의미를 물으면 선수마다 생각이 다를 것이다. 그렇기 때문에 언어를 통해 기대를 프레이밍하는 작업이 필요하다. 코치와 주장이 마주 앉아 이 작업을 할 수도 있다. "함께 달린다는 것이 무엇을 의미할까?" 이런 질문으로 시작해 대화를 나누면서 서로의 기대를 아래와 같이 구체적으로 적어보면 좋다. 그런 후에 선수들을 볼 때마다 표현해 주면 된다.
>
> '훈련을 시작하기 전에 우리가 '함께' 한 바퀴를 뛴다는 것은 다음과 같은 의미가 있다. 우리는 서로를 응원한다. 함께 달리며 우리의 비전을 떠올린다. 달리기는 가볍

> 게 시작한다. 가벼운 농담을 주고받으며 누구나 이야기할 수 있다. 우리가 함께 경쟁하는 이유를 되새긴다. 팀 동료가 지난 경기에서 보여준 멋진 모습을 소환해서 고마움을 표현한다. 가벼운 분위기를 유지한다. 웃으며 뛰고 있다면 제대로 '함께' 뛰고 있는 것이다. 경기장의 절반을 뛰고 돌아올 때는 분위기를 바꾸기 시작한다. 이때부터는 주장이 리드한다. 주장은 오늘 집중해야 할 포인트가 무엇인지 상기시켜 준다. 모두 훈련을 시작할 마음의 준비를 한다."
>
> 이렇게 구체적으로 정의하면 '함께' 뛰는 일은 보다 생생한 의미를 가지게 된다. 이 선언문에는 동료애와 집중이라는 요소가 담겨있다. 초반부의 달리기는 가벼운 농담과 수다를 나누며 동료애를 다지는 시간이다. 달리기의 후반부는 주장이 이끌며 집중 모드로 전환하는 시간이다.

"긍정적인 에너지가 정말 중요하다는 걸 깨달았습니다. 훈련을 원하는 느낌, 노력을 사랑하는 태도입니다. 매일 그런 에너지가 선수들 사이에 흐르게 하고 싶었습니다. 그러려면 그런 환경을 만드는게 중요했죠. 제가 먼저 에너지를 보여주려고 노력했습니다. 선수들이 저를 보면서 느끼게 하고 싶었습니다. 선수들과 함께 있는 시간을 좋아하고, 선수들이 열심히 노력하는 모습을 좋아한다는 느낌을 전달하고 싶었습니다. 그래서 선수들을 향해 웃는 모습을 자주 보여주었습니다. 너희들과 함께 있어서 행복하다고요. 선수들의 노력이 고맙다는 마음을 전달하고 싶었습니다."

FC 레드불 잘츠부르크의 감독인 제시 마치로부터 들은 말이다. 나는 제시 마치 감독이 뉴욕 레드불스에 있을 때 이미 그런 에너지를 느낀 적이 있다. 어느 날인가 나는 레드불스 경기장을 아침 일찍 방문했다. 아직 출근한 사람이 거의 없었고 나는 안내데스크라 생각하고 출입구 바로 옆 사무실로 고개를 내밀었다. 그런데 그 방에서는 마치 감독이 한 선수와 대화를 나누고 있었다. 마치 감독은 나를 보고는 웃으며 다가왔다. 우리는 마치 가족처럼

8장 팀문화 만들기　355

편하게 농담을 주고받았다. 그러자 또다른 선수가 방으로 들어와 대화에 합류했다. 마치 가족의 결혼식에 참석한 것 같은 분위기였다. 그 공간에는 긍정의 에너지가 흐르고 있었다. 나는 마치 원래부터 팀의 일원인 것 같은 느낌이 들었다.

사실 그건 마치 감독이 계획한 방식이었다. 그는 모든 선수가 경기장에 도착했을 때 반갑게 맞아줄 수 있는 곳으로 사무실을 옮겼다. 그의 사무실은 왔다갔다 하는 사람들이 많은 위치에 자리잡고 있었기 때문에 사무실 주변에는 늘 다양한 대화가 활발히 일어났다. 그는 자신이 원하는 긍정적 에너지의 문화를 자신의 방부터 만들고자 했다. 그의 사무실 문은 늘 열려 있어서 실제로 많은 선수와 직원들이 드나들며 북적거렸다.

또한 그는 클럽 안에 있는 모든 사람의 이름을 알고 있었다. 가끔은 가족에 대해 묻기도 했다. "당신은 우리 팀에 중요한 사람입니다. 우리는 가족이에요." 마치 감독이 직접 이런 말을 한 것은 아니지만 모두가 그의 마음을 느낄 수 있었다. 긍정적인 에너지가 흐르는 팀 문화를 만들려는 마치 감독의 노력은 거기서 멈추지 않았다.

"우리 팀의 디렉터인 알리 커티스는 측정 장비에 관심이 많았습니다. 제가 원하는 플레이 방식을 말하면 그는 KPI(Key Performance Indicators 핵심 퍼포먼스 지표)에 대해 묻곤 했습니다. 우리가 원하는 방식으로 제대로 플레이했는지를 어떻게 알 수 있는지 토론하곤 했죠. 우리는 팀에 필요한 요소들을 KPI 리스트로 작성했습니다. 리스트에는 일반적으로 많이 이야기하는 스틸이나 인터셉트같은 지표뿐만 아니라 제가 직접 만든 지표도 포함시켰습니다. 측정하길 원하는 요소에 새롭게 이름을 붙이기도 했습니다. 영상 분석관은 경기가 끝나면 경기 영상을 다시 보면서 이런 지표에 해당하는 움직임을 평가하고 점수를 매깁니다."

마치 감독은 특히 공을 소유하고 있지 않을 때의 움직임을 중요하게 여겼기 때문에 '볼을 향해(ball-oriented)', '포어체킹(fore-checking)', '공사냥(hunt the ball)', '공도둑질(ball thief)' 같은 표현을 만들어서 평가 지표로 사용했다. '볼을 향해'는 프레싱을 할 때 컴팩트한 대형을 유지하며 공을 가지고 있는 상대 선수의 앞 공간을 통제하는 움직임을 의미한다. '포어체킹'은 상대가 공을 가지고 우리쪽 골문을 향해 돌지 못하도록 막는 플레이를 말한다. 코치들은 주로 "허슬!" "몸을 던져!" 같은 표현을 자주 사용하지만 마치 감독은 그런 말들이 너무 추상적이라고 생각한다.

문화는 디테일에 있다. 원하는 디테일을 정확한 언어로 담아내야 한다. 그래야 구체적인 행동 습관으로 이어진다. 선수들은 연습 때 '포어체킹'을 하고 '공을 사냥하기' 때문에 경기에서도 '포어체킹'을 하고 '공을 사냥한다.' 구체적인 언어를 만들고 평가 지표를 만들어 기록하는 방식을 통해 습관으로 만들었기 때문이다. 마치 감독은 선수 개인이나 그룹으로 획득한 점수(태도 점수를 포함)를 기록하는 차트도 만들었다.

"경기가 끝나고 가장 높은 태도 점수를 획득한 선수에게 노래를 한 곡 선택하라고 합니다. 하이라이트 영상에 그 노래를 배경 음악으로 깔아주죠. 그 선수가 태도 점수를 얻은 모든 장면을 선수들에게 노래와 함께 보여줍니다."

차트로 점수를 매기는 방식은 프로 선수를 위한 훈련 도구로서는 다소 유치해 보이기도 한다. 하지만 임상심리학자인 러셀 칼튼 박사는 『The Only Rule Is It Has to Work』에서 동기부여의 수단으로 이 방식을 적극적으로 추천한다.

"스티커 차트로 시작한다. 스티커 10개를 받으면 부리토를 사준다. 선수의 습관을 강화시키고자 하는 어떤 항목이라도 스티커를 사용하면 효과적이다. 아동 심리학에서 효과가 입증된 방식은 아동기뿐만 아니라 삶의 전반에 적용할 수 있다. 선수들은 처음에는 스티커를 받고 웃지만 3일 후에는 스티커를 몇 개 받았는지 체크한다."

마치 감독에게 이 구절을 읽어주자 그는 웃음을 터뜨리며 말했다.

"전에는 저도 비슷한 생각이었습니다. '저 친구들은 프로 선수인데 너무 유치한 건 아닌가?' 하지만 지금은 그런 재밌는 이벤트를 시도하는데 두려워하지 않습니다. 해봤더니 정말 효과가 있더군요. 누군가 아이디어를 말하면 이제는 '한 번 해보자'고 말합니다."

반드시 차트를 사용해야 하는 건 아니다. 하지만 어떤 수단을 활용하든 코치가 중요하게 여기는 것을 기록해 나가며 인식하는 작업은 필수적이다. 그래야 코치가 중요하게 여기는 개념이 선수가 실천하는 습관으로 바뀐다. 측정할 수 있는 것만 실행할 수 있다는 경영 분야의 조언을 코치는 기억할 필요가 있다.

만약 자원이 부족한 소규모 클럽이라면 2장에서 소개한 루스 브레넌 모리의 '관찰 노트' 아이디어를 사용할 수 있다. 선수들에게 팀 동료가 경기하는 모습을 관찰하고 겉으로는 잘 드러나지 않는 작은 노력들을 기록하는 과제를 준다. 그런 방식으로 선수들의 숨은 노력에 빛을 비춰줄 수 있다. 연습이 끝나면 선수들 각자가 적은 내용을 발표하며 서로의 숨은 노력을 말해주는 시간을 가진다. 이런 시간을 통해 선수들은 '우리가 어떤 팀인지'를 표현하고 인식한다.

"그리고 저는 선수들이 매일 훈련에 올인하기를 원했습니다. 그래서 '탱크 비우기'라는 표현도 만들었죠. 저는 선수들에게 정의를 내려달라고 부탁했습니다. "여러분에게 탱크를 비운다는 것은 어떤 의미지?" 선수들은 모여서 이야기를 나누고는 이렇게 정의했습니다. '매일 내가 가진 모든 것을 팀을 위해 쏟아낸다. 특히 힘들다고 느껴질 때!' 저는 선수들이 만든 정의를 그대로 사용했습니다. 저를 위한 정의가 되어서는 안 되니까요. 선수의 생각을 반영하는 게 중요합니다."

감독이나 코치가 비전을 세우는 일이 음의 세계라면 선수들과 함께 비전을 구체화시키는 과정은 양의 세계라고 할 수 있다. 음의 세계를 시작하면 양의 세계가 드러나기 시작한다. 코치의 머릿속 개념은 선수들이 스스로 정의하는 과정을 통해 어우러진다. 그렇게 문화는 공유된다.

제시 마치 감독은 여러가지 재밌는 표현을 만들어서 사용한다. "로저 배니스터"와 "무하마드 알리"도 그가 만든 표현 중 하나다. 로저 배니스터는 인간이 1마일을 4분 안에 달리기는 불가능하다고 말하던 시절에 4분의 벽을 깬 최초의 선수다. 마치 감독이 이 표현을 사용하는 목적은 분명하다.

"로저 배니스터 선수가 기록을 깨고 나서, 그 후 10년 동안 23명의 선수가 기록을 계속 경신했습니다. 사실 선수들을 가로막고 있었던 건 멘탈의 문제였던 것이죠. 우리 마음 속의 벽을 깨자는 게 바로 "로저 배니스터"라는 말을 사용하는 목적입니다."

"뉴욕 레드불스는 한 번도 MLS 우승을 차지한 적이 없었습니다. 우승을 간절히 원하고 있었죠. 그러다보니 플레이오프가 다가오면 그만큼 두려움도 커졌습니다. '또다시 실패하나?' 이런 분위기가 있었죠. 그래서 저는 "무하마드 알리"라는 말을 사용하기 시작했습니다. 알리가 이렇게 말한 기사를 읽은 적이 있거든요. "나는 실제로 챔피언이 되기 전에 이미 챔피언이었다. 나는 챔피언이라고 스스로를 설득했다." 저는 알리의 이 말을 선수들에게 들려주면서 "무하마드 알리"라는 표현을 사용하기 시작했습니다. 우리는 무하마드 알리처럼 될 거라고 말하기 시작했습니다. 용감하고 당당하게 기회를 향해 돌진하자는 의미입니다. 이미 가진 것처럼 말하고 행동하면 실제로 현실이 된다는 의미이기도 합니다."

마치 감독에게는 이와 같은 표현이 수십 개가 넘는다. 이런 단어와 문구들로 마치 감독은 팀의 문화를 만들어 간다. 그는 라커룸과 벽에도 이런 문구들을 적어 놓는다. 때로는 영감과 용기를 불어넣어 주는 사진을 붙여놓기도 했다. 선수들은 그걸 보며 자연스럽게 이미지 트레이닝을 하게 된다.

"제가 처음 갔을 때 라커룸에는 슬로건도 없고 로고도 없었습니다. 아무 느낌도 없는 차가운 분위기였습니다. 저는 라커룸이 집처럼 편안하면서도 딱 들어섰을 때 에너지가 느껴지기를 바랐습니다. 길게 보면 결국 우리는 환경의 산물입니다. 솔직히 말해서 부정적인 환경에서 긍정적인 습관을 꾸준히 실천하는 사람을 본 적이 별로 없습니다. 환경은 우리의 삶에 엄청난 영향을 미치지만 우리는 환경을 바꾸어 삶의 방식을 바꾸려는 시도를 거의 하지 않습니다."

그런데 경기장 시설도 그다지 좋지 않고, 비전을 상징하는 이미지와 문구를 경기장 곳곳에 새길 수 있는 예산도 없는 경우에는 어떻게 해야 할까? 이미 존재하는 환경 속에서 작은 변화를 시도할 수 있다. 가장 먼저 경기장의 환경이다. 선수가 경기장에 도착했을 때 그리드와 마커가 깔끔하게 세팅되어 있고 조끼가 색깔별로 가지런히 놓여 있는 필드는 선수에게 분명한 신호를 전달한다. '코치와 트레이너들이 많이 고민해서 오늘의 연습을 준비했어. 너희도 준비되었지?'

경기장의 환경은 선수들이 경기장에 도착했을 때의 행동에도 영향을 미친다. 애틀랜타 유나이티드 아카데미의 선수들은 공식적인 훈련이 시작되기 전에 에너지 넘치는 론도 연습에 즐겁게 참여한다. 매트 로레이 감독이 디자인한 환경이 그런 행동을 유발하기 때문이다. 선수들은 질서정연하게 세팅된 론도 그리드를 보고 자발적으로 론도 연습에 참여한다.

여기에도 음과 양의 세계가 중첩되어 펼쳐진다. 코치가 치열한 고민으로 경기장을 디자인하는 일이 음의 세계라면, 선수들의 자발적인 참여는 양의 세계다. 6명의 선수가 도착하면 바로 그룹을 나눈다. 선수들은 서둘러 축구화를 신고 즐겁게 장난을 치고 떠들면서 자유롭게 플레이한다. 로레이 감독이 혹시라도 공식적인 훈련 시간 전에 그 자리에 있게 되면 마찬가지로 선수들과 농담을 주고받으며 가벼운 대화를 나누는 수준으로 참여한다. 자신이 디자인한 풍경이기는 하지만 훈련이 시작되기 전까지는 오롯이 선수들의 시간이다.

애틀랜타 유나이티드 아카데미를 방문했을 때 또 하나 인상깊었던 모습은 선수들끼리 인사를 나누는 모습이었다. 선수들은 새로 온 선수가 있으면 따뜻한 인사를 건네며 훈련을 시작했다. 이름을 부르며 환영 인사를 하고 모두가 악수를 청했다. 어른들에게도 마찬가지였다. "우리 팀에 오신 것을 환영합니다." 특별할 것 없어 보이는 이런 환영의 표현은 소속감과 주인의식을 불러일으킨다. 주인의식을 가지고 있는 사람이 환영의 마음을 낼 수 있다.

고참 선수가 신참 선수를 대하는 방식도 문화를 만드는 중요한 요소로 작용한다. 고참 선수는 신참 선수가 팀의 중요한 일원이라고 느끼도록 분위기를 만들고 있나? 그들은 서로 지나가면서 인사나 하이파이브를 하나? 큰 형, 큰 언니처럼 챙겨주고 있나? 그냥 헤드폰을 끼고 조용히 자기 할 일만 하나? 연습이 끝나면 함께 쓰레기를 줍고 도구들을 정리하면서 신참 선수들이 팀에 대한 자부심을 느끼게 하나? 이런 선후배 문화도 환경을 디자인하는 과정에서 신경써야 할 요소다.

그리고 오늘날 젊은 선수들에게는 물리적 환경 못지않게 온라인 환경이 많은 영향을 미친다. 선수들이 경기장에 도착하기 전에 문자를 보내 마음의 준비를 시키거나 기대감을 불러일으키는 작업도 환경 디자인의 일부다. "오늘은 프레싱 연습을 할 거야. 30초 짜리 바이에른 뮌헨 프레싱 영상을 보내

줄테니 보고 오길 바란다. 오늘 우리가 연습할 플레이야. 준비해서 와." "프리미어리그의 태클 영상을 보내준다. 다들 보면서 힘내자."

> **레모브 노트**
> ## 선수들 사이의 연결을 위한 노력
>
> 레슬리 갈리모어는 워싱턴대학교 허스키스 여자축구팀 역사상 가장 많은 승리를 기록한 감독이다. 허스키스를 NCAA 토너먼트에 15번이나 진출시킨 갈리모어 감독이 가장 우선시한 부분이 바로 문화다.
>
>
>
> "모든 선수들이 기억하는 건 결국 서로간의 연결입니다. 경기에서의 승리 뿐만 아니라 대학 시절에 경험한 모든 것들입니다."
>
> 스탬프를 찍듯이 팀에 하나의 만트라나 문화를 주입시킬 수는 없습니다. 대학팀은 매년 새로운 선수들로 시작합니다. 새로운 선수들이 들어오며 새로운 차원이 열립니다. 모든 선수들을 엮는 예술을 매년 새로운 느낌으로 시작해야 합니다. 이건 톱다운 방식으로 할 수 있는 일이 아닙니다. 선수들이 서로를 이끌 수 있도록 리더십을 불어넣어 주어야 합니다.
>
> 우리는 시즌이 시작하기 전에 책을 하나 골라서 함께 읽습니다. 리더십, 팀 빌딩에 도움이 될 만한 책을 선정합니다. 『언브로큰』, 『Legacy』, 『The Boys in the Boat』 같이 실제 스포츠의 세계에서 벌어진 일들을 다룬 책을 읽기도 하고 가끔은 정치를 다룬 책도 읽습니다.
>
> 어떨 때는 노래에서 영감을 얻어 선수들을 연결하기도 합니다. 어느 해에는 U2와 메리 J. 블라이즈가 함께 부른 『One』이 우리팀 문화의 일부가 되었습니다. 가사에 이런 구절이 나옵니다. "우린 서로를 캐리할 수 있어." 저는 불을 끄고 가사를 들어보라고 했습니다. 선수들은 그 가사에 푹 빠진 듯 했습니다. 우리는 멋진 시즌을 보냈지만 연말이 되자 몇몇 선수들이 경기장 안팎에서 어려움을 겪었습니다. 그때 우리는 이

> 노래를 함께 들으며 서로에게 힘을 불어넣어 주었습니다. 선수들은 이 노래의 가사를 떠올리며 서로를 캐리했습니다. 코치로서 꿈꾸는 팀의 모습이었죠.
>
> 시즌 초반에는 선수들끼리 소규모 그룹으로 어울리는 시간을 최대한 많이 만들려고 노력합니다. 포지션별, 연령별, 출신 지역별로요. 다양한 선수들과 시간을 보내도록 신경을 씁니다. 서로를 알아가는 게 중요하니까요.
>
> 경기장에서도 서로간의 연결을 위한 이벤트를 진행합니다. 훈련 첫 날에는 연례행사로 4대4 토너먼트 이벤트를 엽니다. 기존의 선수들은 그 이벤트의 의미를 분명히 알고 있습니다. 후배 선수들에게 이벤트를 하는 목적을 전달합니다. 팀은 항상 학년을 섞어서 나눕니다. 토너먼트에 참가하는 5~6개 팀에는 신입생이 늘 한두 명은 있습니다. 이러한 전통을 통해 우리는 유대감과 소속감을 형성해 나갑니다.

아래 영상에서 더그 맥커리 선생님은 학생들에게 문제지를 나누는 방법을 가르친다. 이런 것도 가르쳐야 하냐고 의문을 가지는 사람도 있으리라 생각한다. 하지만 맥커리 선생님은 이 작업을 일 년 동안 수백 번도 더 하게 된다는 사실을 잘 알고 있다. 자주 하는 일이라면 그 일을 효과적으로 하는 방법과 루틴을 고민할 필요가 있다.

 더그 맥커리 선생님이 문제지를 전달하는 장면

맥커리 선생님은 학생들에게 문제지를 전달하는 방법을 친절하고 자세하게 설명하고 있다. "덴젤은 한 장을 챙기고 제임스에게 전달하는거야. 제임스는 한 장을 내려놓고 브루스에게 전달하고." 설명이 끝나고 맥커리 선생님은 문제지를 전달하는 연습을 시킨다. 그러면서 시간을 잰다. "12초 걸렸어. 10초 안에 끝내야 해." "8초. 좋아."

집중해서 하지 않으면 시험지를 나눠주거나 다시 걷는데 1분은 걸린다. 2분 이상 걸릴 수도 있다. 이 작업을 10초만에 끝낼 수 있으면 수백 번 문제지를 나눠줄 때마다 1분을 절약할 수 있다. 하루에 열 번 문제지를 나눠준다고 하면 수업을 하는 180일 동안 30시간을 아낄 수 있다. 그만큼 2차 세계대전이나 복잡한 방정식을 공부할 수 있는 시간을 벌 수 있다.

또한 이렇게 집중해서 실행하는 문제지 루틴은 학생들을 수업에 몰입하게 만든다. 시험지가 오기를 기다리는 동안 주의가 산만해지는 경우가 많다. 코치들도 경기장에서 비슷한 경험을 한다. 다른 연습으로 전환할 때 느릿느릿한 동작으로 분위기가 흐트러질 때가 있다. 연습을 중단하고 모이라는 신호에도 선수들이 빨리 모이지 않는다. 잠깐 물을 마시고 오라고 했는데 선수들은 3분이 지나도 제자리로 돌아오지 않는다. 이런 모습들은 그 자체로 시간 낭비일 뿐만 아니라 팀 문화에도 악영향을 미친다. 선수들은 낭비되는 시간만큼 집중력이 떨어지게 된다. 한 번은 워크숍에 참석한 교사들에게 보통 교실에서 문제지나 자료를 나눠주는데 얼마나 걸리는지를 물어보았다. 전혀 예상하지 못한 답을 한 교사가 있었다. "0초요. 너무 많은 시간이 걸리기 때문에 우리 학교의 교사들은 왠만하면 자료를 나눠주지 않습니다." 맥커리 선생님처럼 자주 실행해야 하는 일을 사전에 가르치면 선수들이 좋은 습관을 갖추는 데 도움이 된다.

"가끔 연습이나 경기를 하다가 잠시 멈추고 너희들에게 무언가를 설명하거나 질문을 할 때가 있을거야. 나는 최대한 빨리 말을 끝내고 너희가 다시 플레이할 수 있게 하고 싶어. 너희들도 그걸 원할거야. 그러니까 내가 "잠시 멈춰!"라고 말하면 그 자리에서 바로 멈추고 나를 쳐다봐. 최대한 빨리 멈추어야 그 장면에서 바로 플레이를 이어나갈 수 있겠지? 그리고 나를 제대로 쳐다 봐야 내 말이 더 잘 들릴거야. 나도 여러분이 잘 듣고 있는 지를 알 수 있고. 한 번 연습해 볼까? 케빈이 공을 잡고 시작해! 내가 "잠시 멈춰!"라고 말하면 빠르게 멈추는 거야."

"지금처럼 모이라고 하면 내 말이 잘 들리게 가까이 모이는거야. 축구공은 그대로 놔두고 몸만 오면 돼. 눈은 나를 쳐다보는거야. 이렇게 너희들이 움직여주면 나는 하고 싶은 말을 빨리 끝낼 수 있어. 너희는 빠르게 연습으로 돌아갈 수 있고."

이는 대부분의 코치들이 간과하는 부분이다. 듣는 동작이나 자세는 실제로 경청에 영향을 미친다. 주변 선수들의 경청에도 영향을 미친다. 누군가 공을 가지고 딴짓을 하거나 엉뚱한 곳을 보고 있으면 주변 선수의 시선도 산만해진다. 그런 행동을 하는 선수들이 조금씩 늘어나게 된다. 잠깐 시간을 내어 코치의 말을 듣는 올바른 방법을 가르치면 집중의 문화를 만드는 데 도움이 된다. 좋은 설명은 항상 이유를 잘 전달한다. 이런 설명은 특히 어린 선수들을 코칭할 때 중요하다. 어린 선수들은 쉽게 산만해지기 때문이다. 스티브 코비뇨 코치의 영상을 보면 경기를 잠시 멈추었다가 다시 시작하는 과정을 다소 장난스럽게 가르쳐주고 있다.

 스티브 코비뇨 코치의 '멈추기' 설명

코비뇨 코치의 연습과 맥커리 선생님의 수업은 여러 면에서 공통점이 많다. 다른 무엇보다 아이들이 재밌게 배운다는 점이다. 이는 많은 사람들의 직관에 반하는 모습이다. 심지어 많은 교사들도 잘 짜여진 틀을 갖춘 수업이 배움의 재미를 빼앗고 학생들의 머리를 경직시킨다고 생각한다. 하지만 작은 루틴을 만들어 실천하고 있는 코비뇨 코치의 선수들과 맥커리 선생님의

학생들은 몰입의 에너지를 내뿜고 있다.

성인 선수와 유소년 선수의 차이는 있겠지만 궁극적으로 선수들은 기다리는 시간을 좋아하지 않는다. 몰입할 수 있고 집중력을 발휘할 수 있는 학습 환경을 좋아한다. 앞서 소개한 제임스 비스턴 코치의 선수들도 "얼음"이라는 신호에 바로 반응하고 있다. 비스턴 코치가 "얼음"이라고 말하고 2초 정도만 지나면 모두가 코치에게 집중한다. 데나리우스 프레이저 선생님이 자신을 보라고 신호를 보내면 학생들은 바로 선생님의 얼굴을 보며 집중했다. 이런 모습은 저절로 나타난 현상이 아니다. 교사와 코치가 그런 방식을 구체적으로 가르쳤고, 반복을 통해 습관이 된 방식이다.

좋은 문화를 만들기 위한 원칙 리스트에 이어 이번에는 특성 리스트를 들여다보자. 성공하는 팀은 어떤 문화를 가지고 있을까?[1] 여기서 소개하는 좋은 문화의 특성 다섯 가지는 내가 최고의 교실과 경기장에서 관찰한 모습에 나의 생각을 덧붙여 정리한 것이다. 선수의 잠재력을 최고로 끌어올리는 팀에 스며들어 있는 특성이라고도 할 수 있다. 하지만 문화를 바라보는 시각은 저마다 다르다. 좋은 문화를 정의할 수 있는 하나의 정답은 없다. 누군가는 중요하게 여기는 요소지만 나는 그다지 끌리지 않을 수 있다. 반대로 누군가에게는 별다른 문제가 아니지만 나는 이상하리만치 집착하는 요소가 존재할 수 있다. 자신의 상황과 여건에 맞게 변화를 주거나 흘려버리면 된다. 내가 관찰한 긍정적인 학습 문화는 다음과 같은 특성이 있다.

(1) 실수 환영 문화 (심리적 안전)

(2) 포용력과 소속감

---

[1] 여기서 '성공'이란 선수들의 성장과 발전을 극대화하는 환경으로 정의할 수 있다. 뿐만 아니라 서로의 목표 달성을 기꺼이 도와주는 분위기도 포함한다. 성공은 경기에서의 승리만을 이야기하지 않는다. 하지만 좋은 문화가 만들어지면 장기적으로 경기의 승리로 이어지는 경우가 많다.

(3) 높은 주의 수준 (집중력의 수준)

(4) 탁월함의 추구

(5) 인성과 진실함

실수 환영 문화 : 심리적 안전

실수 환영 문화에서 선수들은 실수를 두려워하지 않고 과감하게 도전한다. 그래야 빠르게 배울 수 있다는 믿음이 있기 때문이다. 실수 환영 문화에서는 '코치가 가르쳤다'와 '선수가 배웠다' 사이의 차이를 확인하고 바로잡기가 훨씬 쉬워진다. '심리적 안전'은 심리학자들이 자주 사용하는 표현으로 선수들의 학습에 필수적인 요소다. 적당한 위험을 기꺼이 감수하고자 하고, 정직하고 솔직하게 자신의 실수에 대해 말할 수 있으며, 창의성이 마음껏 발현되는 상태를 지칭하는 표현이다.

제시 마치 감독은 실패에 대한 두려움을 선수의 마음에서 없애기 위해 "실패에 대한 두려움 = 실패"라는 문구를 벽에 새긴다. 실패와 실수의 경험을 통해 학습과 성장이 이루어진다는 사실을 이해시키기 위해 노력한다. 마치 감독에게 실수는 처벌의 대상이 아니라 학습의 기회다. 그는 자신의 말과 행동, 그리고 환경을 디자인해서 그런 메시지를 전달하려고 노력한다.

혼이 날까봐 자신의 실수를 방어하려고 하지 않고 자신의 실수를 인정하고 돌아보는 선수는 배움의 속도가 빨라질 수밖에 없다. 최근에 하버드 비즈니스 리뷰에는 구글의 산업 책임자가 심리적 안전을 이야기하는 기사가 소개되었다. 그는 탁월한 학습 효과와 성과를 보여주는 조직에는 '심리적 안전'을 바탕으로 한 구성원들간의 신뢰가 있다는 말을 하고 있다.

"직장에서의 과제가 상당히 도전적이지만 위협받는다는 느낌은 없으면

"… 뇌의 옥시토신 수치가 높아지며 신뢰를 형성하는 행동을 이끌어낸다. 심리적 안전은 팀의 성공을 위한 중요한 요소다[2]."

사실 심리적 안전과 관련한 사례들은 앞에서도 이미 많이 소개했다. 크리스 애플 감독은 경기 막판 결정적인 실수를 한 선수에게 소리를 지르지 않았다. 데나리우스 프레이저 선생님은 수학 문제를 틀린 학생을 나무라는 대신 평상시와 다름없이 반응하며(감정적 일관성) 부족한 부분을 다시 배우는 기회로 삼았다. 이러한 실수 환영 문화에서 선수는 상처를 받지 않으려고 도전을 회피하지 않는다. 실수에 대해 이야기하는 걸 꺼려하지도 않는다. 코치 역시 잘못했다고 말하기를 주저하지 않는다. 실수를 했다는 사실이 코치와 선수 모두에게 그다지 대단한 문제가 아니기 때문이다. 심리적 안전은 위르겐 클롭 감독이 지향하는 문화이기도 하다. 알렉스 옥슬레이드-챔버레인은 인터뷰에서 이런 말을 한 적이 있다[3].

"클롭 감독님은 저한테 소리를 지르곤 했습니다. "슛을 쏘라고!!! 일주일 내내 슛을 안 쏘잖아. 이니에스타처럼 패스만 하려고 하잖아. 슛이야 들어가든 안 들어가든 하겠지. 그럼 어때? 살라랑 마네가 달려들거잖아!""

그렇다면 심리적 안전이 공기처럼 흐르는 문화는 어떻게 만들 수 있을까? 먼저 선수들에게 발전의 과정에서 어려움을 겪는 일은 지극히 정상이라는 사실을 알려줄 필요가 있다. 제임스 비스턴 코치는 선수들이 새로운 패턴 플레이를 연습하는 과정에서 자꾸만 실수하는 모습을 보고 이렇게 말했다.

"어렵지? 원래 어려운 플레이야. 너희들이 처음부터 이걸 해낼 수 있을 거라고 기대하지 않았어. 자. 다시 한 번 해보자."

---

2 www.bit.ly/2HcsBlo

3 www.bit.ly/35jacLU

실수 환영 문화는 선수의 노력에 코치의 태도가 더해져서 만들어진다. 코치들 역시 서로를 응원하고 어려움을 숨기지 않는 분위기를 만들어야 한다. 평소에 친하게 지내는 코치가 훈련을 보러가도 되는지 문의한다면 어떤 기분이 드는가? "내일은 새로운 연습을 시도해보는 날이라 곤란한데요." 이렇게 답을 하고 싶은 마음이 먼저 올라온다면 실수하는 모습을 보여주길 두려워하는 것이다. 실수 환영 문화를 원한다면 코치가 먼저 롤모델이 되자. "좋아요. 와서 보세요. 내일 새로운 연습에 도전해 보려고 하는데 잘 될지 모르겠네요. 보시고 나서 피드백을 해주세요."

위험을 감수한 도전적인 플레이를 칭찬해주는 행동도 팀에 심리적 안전을 채우는 좋은 방법이다.

"좋아. 그렇게 시도하니까 좋다! 통하지 않았지만 좋은 시도였어."

스티브 커 감독이 스테판 커리와 나누는 대화에서도 심리적 안전을 위한 그의 노력을 엿볼 수 있다. 커 감독은 팀의 스타 선수가 몇 번의 슛을 미스했다고 해서 걱정에 빠져 소극적으로 플레이하기를 원하지 않는다.

포용력과 소속감

포용적인 문화 속에 있는 선수는 스스로를 중요한 존재로 느낀다. 응원을 받고 있다고 느낀다. 포용력 있는 문화는 패거리 문화로부터 선수를 보호한다. 파벌이나 패거리 문화가 팀의 결속력을 무너뜨리는 경우가 무척 많다. 아래 내용은 벤 린드버그와 샘 미첼이 쓴 『The Only Rule Is It Has To Work』에 소개된 구절이다.

"한 그룹의 친구 5명이 모두 치어리딩을 좋아한다. 또 다른 그룹의 친구 5명은 모두 마칭밴드를 좋아한다. 그 10명은 두 그룹으로 나뉘어져 있어 서로

교류할 일이 없다. 그런데 각 그룹의 학생 일부가 학교의 모금 운동에 함께 참여한다. 이제 세 번째 그룹이 생겼다. 새로 생긴 이 그룹은 기존의 두 그룹과 친구들이 겹치게 된다. 이제 치어리더와 마칭밴드 사이에 갈등이 생기면 이를 해결할 수 있는 네트워크가 존재한다."

제시 마치 감독도 나에게 비슷한 이야기를 한 적이 있다.

"제가 처음 라이프치히에 갔을 때 함께 식사를 할 수 있는 테이블이 여러 개 있었습니다. 하지만 모두 따로 떨어져 식사를 했죠. 한 테이블에는 항상 아프리카 선수들이 앉았고요. 다른 테이블에는 프랑스 선수들이 앉았습니다. 독일 선수들도 자기들끼리 식사를 했고요. 스태프들도 따로 먹었습니다. 저는 먼저 식사하는 방식을 바꾸자고 제안했습니다. 일단 테이블이 떨어지지 않도록 붙이자고 했습니다. 다 같이 어울려 앉을 수 있도록 말이죠. 저는 그렇게 제안하는 이유를 설명했습니다. 저는 늘 앉던 자리 말고 다른 선수의 옆자리로 가서 앉으라고 은근히 압박했습니다. 편한 곳에 앉지 말라고요. 그러다 보니 시간이 지나면서 더 많이 섞여 있는 모습을 볼 수 있었습니다. 앉는 자리를 매번 바꾸는 것이 루틴이 되었습니다."

임상심리학자인 러셀 칼튼 박사 역시 함께 식사를 하며 어울리는 시간을 중요하게 여긴다. 칼튼이 함께 일한 팀에서는 시즌 첫 며칠 동안 '같은 사람과 두 번 식사하지 않기' 규칙을 시행한다. 물론 식사 시간은 선수들이 서로 어울릴 수 있게 만드는 여러 환경 중 하나일 뿐이다. 매트 로레이 감독이 훈련을 시작하기 전에 진행하는 론도 연습도 선수들간의 친목을 다지기 좋은 시간이다.

"먼저 6명이 준비되면 무조건 시작하는 것이 규칙입니다. 도착했는데도 들어가려고 하지 않으면 잔소리가 시작됩니다. "왜 서성거려? 어서 들어가." 하지만 처음에는 쉽지 않았습니다. 카풀을 해서 같이 오는 친구들은 도착 시간이 같기 때문에 항상 함께 론도를 하곤 했습니다. 시간이 지나면서 선수들은 친한 친구와 함께 론도를 하고 싶어서 교묘하게 잔머리를 굴리기 시작했습니다. 그래서 저는 선수들이 무작위로 섞이도록 가끔은 개입을 했습니다. 때로는 포지션별로 모이게도 하고, 과제를 주면서 참여하는 시간을 다르게 만들려고 노력했습니다. "도착하면 리프팅을 100번 하고 론도에 들어간다." 늘 새로운 방법을 동원해 선수들을 섞이게 만들고 싶었습니다."

다니엘 코일은 『최고의 팀은 무엇이 다른가』에서 사람들은 소속감을 느낄 때 행동이 달라진다는 말을 한다. 소속감을 느끼는 사람은 조직 안에서 생산성이 좋아진다. 창의성도 늘어나고, 위험을 기꺼이 감수하려고 하며, 보다 이타적으로 행동한다.

"소속감은 서로가 안전하게 연결되어 있다는 신호가 꾸준히 공급되어야 사라지지 않는다. 인간의 사회적 뇌는 그런 신호가 입력되며 쌓일 때 환하게 켜진다. 하지만 가깝게 연결되어 있다는 신호, 안전하다는 신호, 미래를 공유한다는 신호는 눈에 잘 잡히지 않는다."

다니엘 코일의 말은 작은 습관과 루틴을 강조하고 있다. 데나리우스 프레이저 선생님은 크게 드러나지 않지만 학생들과 눈을 마주치며 집중하게 만든다. 차분한 말투로 자신을 보라고 요청한다. 집중하지 않는 학생을 끝까지 확인하고 챙기는 모습을 보여준다. 이러한 행동은 '너는 나에게 중요한 존재'라는 신호를 전달한다. 제임스 비스턴 코치의 말과 바디랭귀지도 같은 신호를 보낸다. 선수들은 서로 의견을 나누라는 코치의 주문을 충실히 따른다. 눈을 피하거나 딴짓을 하며 상대의 말을 건성건성 듣는 선수는 없다. 집중해서 서로의 말을 경청하며 '너의 의견이 우리 팀에는 중요해'라는 신호를 전달한다. 비스턴 코치가 만든 이런 문화 속에서 선수들은 자신의 생각을 편안하게 말하며 소속감을 느낀다.

다니엘 코일은 책에서 사회과학자 알렉스 펜틀랜드의 연구를 인용하고 있다. 팀의 퍼포먼스에 긍정적인 영향을 미치는 행동이 무엇인지 관찰한 연구다. 그 중에 세 가지 항목을 소개한다. 제임스 비스턴 코치의 영상에서 선수들이 보여주고 있는 모습이다.

(1) 모든 멤버가 비교적 동등하게 말하고 경청한다. 발언 시간을 짧게 유지한다.
(2) 멤버들은 높은 수준으로 눈을 마주치며 대화한다. 대화와 제스처에 에너지가 넘친다.
(3) 그룹의 리더가 대화를 주도하는 게 아니라 멤버들이 서로간에 직접 소통한다.

높은 주의 수준 : 집중력 수준

좋은 학습 문화의 세 번째 특성은 비언어적인 습관과 관련이 있다. 말하는 상대와 눈을 맞추고, 상대의 말에 집중하고, 잘 듣고 있다는 신호를 보내고, 상대의 말과 행동을 중요하게 여긴다는 신호를 보내는 일이다. '높은 주의 수준(attentiveness)'은 소속감과 참여 욕구를 끌어올리는 연료가 된다. 좋은 팀 문화를 만들기 위한 기본 중에 기본이지만 대체로 간과되고 있는 부분이다. 조지타운대학의 칼 뉴포트 박사는 '주의력은 습관이자 능력'이라고 말했다. 주의력은 연습을 통해 단련할 수 있다는 뜻이며, 지속적으로 산만함에 노출되면 약해지는 능력이라는 의미이기도 하다.

스포츠의 치열한 경쟁에서 살아남으려면 모두가 흔들릴 만한 상황에서도 집중력을 유지할 수 있어야 한다. 집중력을 오래 유지할 수 있는 능력은 보통의 선수들과 구분되는 차별화 포인트다. 코치는 선수들이 신체적으로뿐만 아니라 정신적으로도 오래 몰입해서 훈련을 하기를 바라지만 말처럼 쉽지만은 않다. 그래서 연습이나 경기를 관찰하고 기록하는 '트래킹' 도구가 선수의 집중력을 유지시켜 주는데 도움이 된다. 자신의 동작이나 플레이를 코치가 기록하고 있다는 사실을 아는 선수들은 집중력의 수준이 높아질 수밖에 없다.

아무나 지목해 말을 하도록 시키거나 질문을 던지는 콜드콜 방식도 선수들을 지속적으로 몰입하게 만든다. 콜드콜을 통해 코치는 정신을 놓고 있어서는 안 된다는 신호를 보낼 수 있다. 또한 훈련이 연습 주제와 무관한 행동으로 산만해지지 않도록 신경을 써야 한다. 연습과 연습 사이의 전환은 빠르고 깔끔하게 이루어져야 한다. 이런 작은 노력들이 선수의 집중력을 훈련시키는 환경으로 작용한다.

선수들이 제대로 주의를 기울이지 않는 모습을 보았을 때 어떻게 대처해야 하는지에 대해서도 많은 코치들은 별다른 관심을 기울이지 않는다. 경기를 잠시 멈추고 선수들을 불러모아 피드백을 주고 있는데 선수들의 눈이 다른 곳을 향하고 있다. 한쪽에서는 몰래 떠들면서 킥킥거리는 소리가 들린다. 한 친구는 공을 가지고 장난을 친다. 이와 같은 산만한 행동에 잘못 대응하면 모든 선수들의 집중력이 흐트러지게 된다. 일부의 산만한 행동이 전체로 확산되지 않도록 대응할 필요가 있다. 코치에게 가장 어려운 기술 중 하나다. 단계별로 이런 상황을 대비하면 좋다.

가장 먼저 할 일은 가르치는 일이다. 더그 맥커리 감독은 "선수들이 코치가 원하는 대로 움직이지 않는다면 코치가 가르치지 않았기 때문일 가능성이 가장 높다"고 말했다. 먼저 선수들에게 상대의 말을 듣는 방법을 가르친다. 선수들이 하프타임에 휴대폰을 보지 않고 집중 상태를 유지하기를 원한다면 그 이유와 함께 친절하게 설명한다.

"3분 동안 물을 마시며 팀원들과 이야기 나눌 시간을 줄게. 내가 모이라고 하면 바로 모이는거야. 내 말이 잘 들리도록 가까이 모여. 너희들 모두가 어디에 있는지 내가 볼 수 있도록. 그리고 나에게 눈을 맞춰. 공은 놓고 와. 내가 질문을 할거야. 자신의 생각을 편하게 말하면 돼. 우리는 함께 문제를 해결해 나갈거야. 집중력도 그대로 살아있겠지? 우리가 나눈 대화를 다시 연습에서 적용하는데 도움이 될거야."

나는 특히 비스턴 코치가 영상에서 한 말을 좋아한다. 그는 대화에 참여하는 방법을 설명하면서 집중을 해야 하는 의미도 무척 와닿게 전달하고 있다.

"가끔은 손을 들지 않아도 말을 시킬 수 있어. 경기에서도 항상 스위치가 켜져 있어야 하기 때문이야."

이렇게 가르쳤어도 원하는 모습이 나오지 않으면 그때는 '코치가 보고 있다는 사실을 알게 해주어야' 한다. 초등학교 교사인 케이티 크로엘 선생님의 수업 영상을 보면 뒤에 앉은 한 학생이 다소 산만하게 행동하는 모습을 볼 수 있다. 가방에서 무언가를 뒤지는 듯한 모습이다. 하지만 이 학생은 크로엘 선생님이 자신을 바라보는 것을 인지하고는 산만한 행동을 바로 멈춘다.

 케이티 크로엘 선생님의 신호

선생님이 자신을 보고 있다는 사실을 알면 행동이 달라진다. 교사가 학생의 행동을 지켜보며 관심을 보이면 대부분의 부적절한 행동은 사라진다. 반대로 교사가 자신의 행동을 눈치채지 못하거나 신경쓰지 않을 거라고 믿는 학생은 딴짓을 할 가능성이 높아진다. 교사는 자신이 관심을 가지고 보고 있

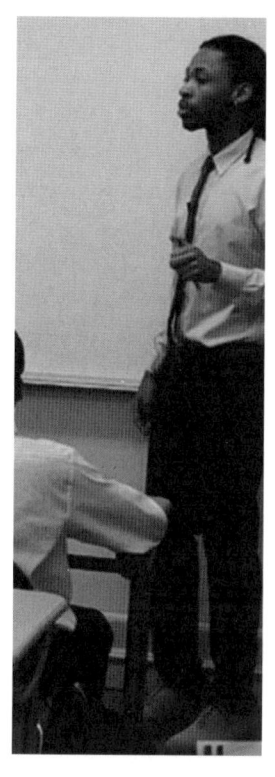

다는 신호를 가벼운 제스처를 사용해 전달할 수 있다. 크로엘 선생님은 고개를 내밀며 학생에게 신호를 주고 있다. 프레이저 선생님도 영상의 1분 33초 부근에서 턱을 살짝 들어올리고 발끝을 약간 내딛는 바디랭귀지로 학생들에게 신호를 보낸다. '내가 쳐다보는 거 보이지? 너희들이 잘 따라오는지 계속 신경을 쓰고 있어.'

이런 비언어적 교정 방식은 두 가지 장점이 있다. 먼저 은밀하게 이루어지기 때문에 교정의 대상이 되는 선수를 공개적으로 노출시키지 않는다는 점이다. 화가 나지 않은 평상시의 표정으로 신호를 보내면 선수와의 관계를 망가뜨리지 않으면서 코치가 원하는 행동으로 조용히 이끌 수 있다. 때로는 '다 이해한다'는 표정으로 살짝 웃으며 신호를 보낼 수도 있다. 선수는 코치가 자신을 이해하고 있다는 느낌을 가지게 된다. 비언어적 교정 방식의 또 다른 장점은 대화를 중단 없이 이어나갈 수 있다는 점이다. 코치는 학생들의 집중력을 유지하면서 대화를 계속해나갈 수 있다.

이러한 방법들이 효과가 없다면 따로 선수와 만나 문제를 바로잡을 필요가 있다. 선수를 위해서도, 팀을 위해서도 산만한 행동을 계속 방치해서는 안 된다.

"데이비드. 워밍업하기 전에 잠깐 시간 좀 내줄래? [데이비드가 다가온다.] 데이비드. 도넬이 이야기할 때 케빈한테 말을 거는 것 같았어. 도넬의 말을 잘 듣지 않더구나. 팀의 일원으로서 대화에 집중하는 모습을 보여줄 필요가 있어. 다음에는 몰입해서 듣는 모습을 기대할게. 시간 내주어서 고맙다. 가서 몸 풀어."

여기에는 "그랬지? 왜 그랬어?" 같은 질문이 없다. 그저 코치가 기대하는 행동과 이유에 대해 담담하게 일깨워줄 뿐이다. 차분한 목소리로 어깨에 가볍게 손을 얹으면서, 화가 나서 하는 말이 아니라는 점을 알려주면 좋다.

탁월함의 추구

탁월함을 추구하는 것은 운동을 하는 주요 목적 중 하나다. 선수로서, 그리고 팀의 구성원으로서 최고의 모습을 구현하려는 노력이다. 어떤 사람들은 재미와 즐거움이 운동의 일차적인 목적이라고 주장하기도 한다. 많은 사람들에게 운동은 그 정도의 가치일 수도 있다. 하지만 취미의 수준을 넘어 스포츠를 대하는 사람들도 있다. 그들에게 스포츠는 즐거움과 탁월함이 모두 목적이 된다. 그들은 성장의 과정을 통해 즐거움을 느낀다. 더 높은 수준을 성취하는 시간 속에 즐거움은 더욱 커진다.

먼저 탁월함은 제로섬 게임이 아니라는 생각을 선수들에게 전달해야 한다. 탁월함을 향해 나아가는 과정을 '내 옆의 동료가 발전하면 내가 발전할 몫은 줄어든다'는 제로섬 게임으로 여길 필요가 없다. 모두 다같이 최고의 수준에 다다를 수 있다. 오히려 팀 동료가 발전을 해야 자신도 함께 발전할 가능성이 커진다. 서로가 서로를 밀어주는 역할을 하기 때문이다.

그리고 탁월함이란 매일 온 힘을 다해 경쟁하겠다는 의지다. 기꺼이 자신의 모든 걸 쏟아내며 어디까지 해낼 수 있는지를 확인하고 싶은 태도다. FC 댈러스의 한 코치는 이렇게 말했다.

"우리는 거의 모든 영역에서 경쟁을 합니다. 우리 선수들은 늘 경쟁하고 있기 때문에 어지간한 도전에는 위축되지 않습니다. 우리는 늘 선수들에게 말합니다. 쇠를 날카롭게 만드는 것은 쇠라고요."

하지만 코치는 경쟁과 팀워크의 균형을 잘 잡아야 한다. 경기장에서의 건강한 경쟁은 선수들이 소속감을 느낄 수 있는 문화의 바탕 위에 이루어져야 한다. 경쟁이 지나쳐 종종 비윤리적인 모습을 띠는 경우가 있다. 선수의 경쟁이 아니라 주변 사람들의 경쟁이 되기도 한다. 또한 도전 과제가 선수에 맞게 적절하게 제공되지 않으면 경쟁은 잘못된 방향으로 갈 수 있다.

치열한 경쟁을 벌인 연습이 끝나면 자신을 밀어붙여 주어서 고맙다고 서로에게 감사의 말을 건네는 루틴을 만드는 것도 좋다. 가벼운 포옹이나 악수를 할 수도 있다. 경기장에서는 동료 선수에게도 얼마든지 분노의 감정이나 스트레스를 느낄 수 있다. 선수들은 경쟁 상황이 얼마든지 난감한 감정을 불러일으킬 수 있음을 이해하고 그런 문제를 서로에게 도움이 되는 방향으로 해결하는 법을 배워야 한다. 연습에서 자신을 힘들게 한 동료에게 감사 인사를 하는 의식은 "쇠를 날카롭게 만드는 것은 쇠"라는 메시지를 선수의 머리에 더욱 각인시킨다. 경쟁을 환영하는 멘탈을 키워나가게 된다.

인성과 진실함

결국 코치의 역할은 선수의 꿈이 현실이 되도록 돕는 일이다. 하지만 선수로서의 삶은 언젠가는 끝이 나고 선수에게는 꿈을 쫓는 여정 자체가 선물로 남게 된다. 선수 스스로도 그 때가 언제가 될 지 모른다. 부상 때문일 수도 있고, 학업이나 직장 때문일 수도 있다. 그 순간은 어느 날 갑자기 찾아온다. 선수들은 남편과 아내가 되고, 엄마와 아빠가 된다. 많은 선수들은 은퇴 후에 더 나은 삶을 살기도 한다. 구단의 임원이 되기도 하고, 정치인이나

CEO, 의사, 교사, 코치가 되기도 한다. 그러므로 코치에게는 다음과 같은 중요한 질문에 답할 책임이 있다.

선수의 미래를 코치가 알 수 있다면 코칭은 어떻게 달라질까?

인성은 중요하지 않으니 선수로서 최고만 되면 된다고 가르칠 것인가? 이기적인 배우자나 냉혹한 부모가 되어도 좋으니 세계 챔피언만 되면 된다고 가르칠 것인가? 선수가 팀의 성공에는 관심이 없고 자기밖에 모르게 행동해도 잘 한다는 이유로 그런 태도를 방치할 것인가? 대부분의 코치들은 그러지 않으리라 생각한다. 인성은 팀이 추구하는 문화의 근간이 되어야 한다. 실제로 스포츠를 통해 강화시킬 수 있는 덕목은 다양하다. 연민, 용기, 정직, 겸손, 감사와 같은 도덕적 덕목을 키울 수 있다. 결단력, 인내, 회복력, 팀워크와 같이 성과와 관련한 덕목도 발전시킬 수 있다. 공동체 정신, 시민 의식과 같은 시민으로서의 덕목도 키울 수 있다[4]. 이런 가치들은 코치가 마음속에 늘 우선시해야 하는 덕목들이다. 코치라는 직업이 지닌 진정한 목적이기 때문이다.

---

4 주빌리 센터의 인성 교육 프로그램에서 발췌한 내용. 독자들에게 적극 추천한다. www.bit.ly/3710MSp

9장

코치가 마주하고 있는 문제들

연습을 디자인하는 방법이나 피드백의 테크닉은 코치가 갖추어 나가야 할 여러 기술 중 일부에 불과하다. 코칭에는 보다 광범위한 이슈들이 관련되어 있다. 나는 코치들을 대상으로 워크숍을 하거나 구단에서 컨설팅을 할 때 코치들의 다양한 질문을 접한다.

한 코치는 관중석에서 계속 소리를 지르며 선수들에게 지시하는 부모를 어떻게 다루어야 하는지를 물었다. 어떤 코치는 모든 면에서 모범적이지만 실력이 부족해서 경기를 뛰지 못하는 선수에게 무슨 말을 해주어야 하는지를 궁금해 했다. 어느 클럽에서는 코치에 대한 질문을 받기도 했다. 그 클럽에는 경기 중에 끊임없이 소리를 지르는 코치가 한 명 있었다. 그는 다른 사람의 피드백도 전혀 받아들이지 않았다. 클럽의 임원은 코치의 사고 방식과 행동을 바꾸고 싶었지만 어느 정도까지 코치의 변화를 위해 노력해야 하는지 알고 싶어 했다. 어느 국가대표팀 코치는 하프타임에 선수들과 대화를 나눌 때 해야 할 말과 하지 말아야 할 말이 무엇인지 알려달라는 이메일을 보내기도 했다. 또 어떤 코치는 테크놀로지를 활용해 동기 부여를 해주는 방법을 물었다.

나는 이런 질문을 붙잡고 며칠 동안 씨름하곤 했다. 답을 찾기 위해 고민하다 보면 과연 답이 존재할 수 있는가 하는 의문에 사로잡히곤 했다. 이 장에서는 그런 고민에 대한 내 나름대로의 생각을 정리해 보려고 한다.

모두를 코칭하기

서문에서 나는 프레이저 선생님이 학생들에게 수학을 가르치는 영상을 보고 프로팀의 코치가 솔직한 자기 고백을 하는 장면을 소개했다. 그 코치는 모든 선수를 공평하게 코칭하지 못하고 있으며 일부 선수들은 코치의 관심으로부터 소외되어 있다고 털어놓았다.

학교는 모든 학생을 가르치는 걸 목표로 한다. 최대한 많은 학생에게 학습의 기회를 제공하는 것이 학교의 역할이라고 나는 이해하고 있다. 프레이저 선생님과 같은 모습이다. 그는 학생이 수학을 싫어하든, 실력이 다소 떨어지든 간에 모든 학생에게 관심을 보여주고 있다. 예전에는 학생들이 공부에 관심이 없거나 배우기 싫다는 신호를 보내면 교사가 어느 정도 관심을 끊어도 문제가 되지 않았다. 교사의 문제가 아니라 학생의 문제라 생각했다. 또 일부 학생들은 수학을 잘 하지 못하는 게 당연하다고 생각했다.

경기장에서의 코칭 역시 선수마다 차이가 큰 편이다. 때로는 의도적으로 코칭에 차별을 두기도 한다. 특히 프로 레벨의 코치는 팀이 승리해야만 직업을 유지할 수 있다. 이러한 시스템에서는 일부 선수의 발전이 다른 선수의 발전보다 더 중요하다. 종목에 관계없이 프로팀들은 1라운드 드래프트에 수십 억을 투자하고, 그 선수의 육성을 위해 보다 많은 자원을 투자한다. 프로팀 산하에 있는 아카데미도 비슷하다. 아카데미는 성인팀에 필요한 엘리트 선수 육성을 목표로 하기 때문에 그곳의 코치들은 아무래도 소수의 탑클래스의 선수들에게 코칭 역량을 집중한다. 가장 유망한 선수에게 보다 많은 자원을 배분하는 것이 경제학의 측면에서는 합리적인 결정이기는 하다.

그런데 코칭을 차별적으로 제공하는 모습은 최상위권 레벨 뿐만 아니라 훨씬 낮은 레벨에서도 흔하게 볼 수 있다. 많은 유소년 선수들이 팀에서 소외된 채로 제대로 된 코칭을 받지 못하고 있다. 상당히 많은 선수들이 불공평한 코칭으로 학습의 기회를 제공받지 못하고 있다. 문제는 코치가 그러한 사실을 제대로 인지하지 못하는 경우가 많다는 점이다.

1장에서 소개한 하비에르의 사례처럼 또래에 비해 체격이 작고 느린 아이들은 덩치가 좋아 일찍 두각을 나타내는 아이에 가려 관심에서 멀어지는 경우가 많다. 2008년에 나온 말콤 글래드웰의 베스트셀러『아웃라이어』에는 '상대 연령 효과'를 소개하고 있다. 책에는 캐나다 엘리트 주니어 하키 선수의 40%가 1, 2, 3월에 태어났다고 적고 있다. '상대 연령 효과'를 이해하지 못하면 분명히 이상한 구석이 있는 통계다. 12월 31일을 기준으로 컷오프를 하면 1, 2, 3월에 태어난 선수는 그 해의 12월에 태어난 선수보다 신체적으로 월등히 발달할 수 있다. 그 차이는 어릴 수록 엄청나게 유리하게 작용한다. 어린 선수들은 8~9세부터 엘리트 선수 육성 프로그램에 참여하기 시작한다. 잠재력 있는 아이를 찾는 코치는 같은 나이지만 생후 96개월보다 신체적으로 더 발달한 107개월 아이를 선택할 가능성이 더 높다. 선발된 아이들은 보다 좋은 환경에서 보다 좋은 코칭을 받게 된다.

글래드웰이 조사한 결과에 따르면 체코 축구 대표팀에는 10~12월에 태어난 선수가 한 명도 없었다. 인재의 풀을 25% 가량 사용하지 못했다고 볼 수 있다. 많은 나라에서 상대 연령 효과로 인해 잠재력은 풍부하지만 성장이 늦게 일어나는 선수들을 놓치고 있다.

포지션에 따른 차별 가능성도 늘 존재한다. 대부분의 코치들은 공격에 초점을 맞춰 연습을 진행하는 경우가 많다. 특히 유소년 레벨에서의 훈련은 주로 공격적인 측면을 가르치는데 포인트를 맞추곤 한다. 수비는 공격 연습을 하는 동안 상대의 역할을 하기 위해 보조하는 수준에 머물게 된다. 간혹 센터백이나 풀백 선수들에게 약간의 포지셔닝 연습을 시키고 몇 가지 주의할 점을 알려주기도 하지만, 수비수에 맞는 테크닉이나 전술에 집중해서 수비 훈련을 하는 경우는 별로 없다. 상대 공격수의 자세, 풋워크, 움직임 등 어떤 신호나 단서를 보고 결정을 내려야 하는지 구체적으로 가르치는 경우도 흔치 않다.

또한 코치는 아무래도 공을 가지고 있는 선수에게 눈길이 가기 쉽다. 그런 선수에게 피드백이 집중되곤 한다. 농구 코치는 주로 포인트 가드의 움직임과 패스를 보고 피드백을 주기가 쉽다. 상당수의 야구팀은 유격수가 2루수보다 두 배는 많은 관심을 받는다. 하지만 많은 코치가 자신의 코칭이 일부에게 집중되어 있다는 사실을 인지하지 못한다.

코치의 에고도 코칭에 영향을 미친다. 잘 하는 선수를 코칭할 때 코치는 더 큰 만족감을 느낀다. 자신의 피드백을 따라하는데 어려움을 겪는 선수보다는 잘 실행하는 선수를 보며 코치는 뿌듯함을 느낀다. 그런 선수를 보며 코치는 자신이 일을 잘 하고 있다는 자부심을 느낀다. '이거 봐! 내가 가르쳐 준 대로 하니까 잘 하잖아! 내 덕에 얘는 특별한 선수가 될거야.' 이런 생각은 코치의 마음에 마약처럼 스며든다.

코치가 아무런 편견 없이 선수를 관찰하고 피드백을 주는 것은 거의 불가능하다. 인간은 불완전한 존재이기 때문에 코치들은 이해할 수 없는 비합리적인 이유로 특정 선수에게 끌리기도 한다. 사이먼 쿠퍼와 스테판 시만스키는 『사커노믹스』에서 재밌는 사례를 소개하고 있다.

"영국의 한 빅클럽은 스카우트들이 금발의 선수를 계속 추천하고 있다는 사실을 발견했다. 이유는 단순하다. 금발이 눈에 금방 띄기 때문이다. 22명의 비슷한 선수들이 경기하는 모습을 지켜보다 보면 스카우트는 자신도 모르는 사이에 금발의 선수를 주목하게 된다. 금발의 선수를 잇달아 추천하는 스카우트들의 행동에 의문을 가진 그 클럽은 스카우팅 리포트를 판단할 때 그런 편견을 고려하기 시작했다."

코치들에게도 비슷한 일이 벌어진다. 어떻게 보면 코치는 매 순간 '스카우팅'을 하고 있다. 무의식적으로 경기장 여러 곳을 스캔하며 어떤 선수를 집중해서 관찰하고 피드백을 줄 지를 결정한다. 몇 년 전에 나는 데이터 분석에 관심이 많은 한 메이저리그 야구팀의 단장과 대화를 나눈 적이 있다. 나는 선수 육성과 관련하여 데이터가 알려주는 새로운 사실이 있냐고 물었다. 그는 이렇게 답했다.

"절대로 성공하지 못할 거라고 생각한 선수들이 생각 이상으로 많이 성공한다는 사실을 알게 되었습니다."

또 다른 메이저리그 구단의 임원에게서도 비슷한 말을 들은 적이 있다. 마이너리그 야구팀은 선수마다 다른 코칭을 제공하는 경우가 많다. 싱글A 레벨의 로스터에는 미래의 메이저리거 자원이라 생각하는 핵심 선수가 대체로 6~10명 정도가 있다. 하지만 한 시즌 동안 야구를 하려면 그보다 훨씬 더 많은 선수가 필요하다. 그래서 팀은 실제로는 적극적으로 투자할 생각이 없지만 그럭저럭 괜찮은 선수들을 로스터에 채운다. 그런 선수들이 더블A 레벨 이상으로 발전하기는 어렵다고 생각한다. 나와 이야기를 나눈 임원은 이렇게 말했다.

"저희도 그렇게 생각했습니다. 하지만 실제로는 그런 선수들이 우리가 생각했던 것보다 훨씬 더 많이 메이저리그까지 올라가더군요."

이제 많은 메이저리그 구단은 보다 많은 선수들에게 코칭 자원을 투자하는 방법을 고민하고 있다. 데이터 분석과 트래킹 기술의 발달로 인해 보다 효율적이고 균형잡힌 코칭이 필요하다는 사실이 드러나고 있기 때문이다.

'모두를 코칭하기'는 팀 케미스트리의 문제이기도 하다. 나는 최근에 코칭 컨설턴트인 마크 마넬라가 NBA의 코치들과 진행한 워크숍을 참관한 적이 있다. 그는 코치들에게 NFL팀의 비하인드 스토리를 소개하는 HBO 다큐멘터리 시리즈인 『Hard Knocks』의 영상 일부를 보여주었다. 휴스턴 텍산스의 코치가 수비 라인 선수들과 함께 연습 경기 영상을 리뷰하는 장면이었다. 코치와 선수들은 팀의 주전 선수인 J.J. 와트의 환상적인 플레이를 다시 보며 이야기를 나누고 있었다.

영상에서 코치는 와트가 상대의 태클을 밀어내고 안쪽으로 돌파하는 장면을 보며 "정말 훌륭해." "저런 각도로 달리는 거는 정말 죽여주네." "저렇게 움직이면 돼." 이런 말을 반복했다. '무엇'이 좋았는지 구체적으로 말하지 않고 그냥 "훌륭해"라고 해버리면 와트가 어떻게 그 플레이를 해냈는지, 그 플레이를 다른 선수들도 따라할 수 있는지를 알 수가 없다. 코치는 영상을 다시 돌려 보면서 와트가 어떻게 레버리지를 만들었는지, 움직임의 타이밍을 계산했는지, 손을 어디에 놓았는지 등을 자세히 분석하면서 선수들에게 주문해야 한다. 'J.J.와트처럼 달리는 플레이'가 무엇을 의미하는지, 나머지 선수들이 달리는 방식과 어떻게 다른지 설명해 주어야 한다. 그냥 '좋은 플레이'라고 말한다고 해서 선수들이 따라할 수 있는 건 아니다. 마넬라는 이런 이야기를 농구 코치들과 하고 싶었다. 하지만 농구 코치들은 영상을 보며 마넬라의 의도와는 다른 포인트에 주목했다.

"저는 이런 질문이 먼저 떠올랐습니다. '그런 환상적인 플레이를 만든 선수가 과연 와트뿐이었을까?' 저는 풋볼을 잘 모르지만 적어도 서너 명의 다른 선수들이 제 역할을 해주었기 때문에 와트가 그렇게 달릴 수 있었다는 생각이 들거든요."

"보통 최고의 선수를 코칭하는 일은 쉽습니다. 그래서 많은 돈을 받는거고 당연히 그런 플레이를 하는 겁니다. 다른 선수들도 그렇게 할 수 있게 만드는 방법을 고민하는 게 코치의 일이죠."

워크숍에 참석한 코치들은 스타 선수에게 칭찬을 남발하는 영상 속 코치의 행동에 불편한 감정을 드러냈다. 사실 MLB, NBA, NFL 등 최고 레벨의 팀에서도 편견이 작용하는 코칭은 늘 일어나고 있다. 겉으로 드러나지 않지만 모든 레벨의 선수들은 코치에게 끊임없이 묻고 있다. '저는 이 팀에 중요한 선수인가요? 감독님과 코치님은 저에게 관심이 있나요? 제가 무얼 하는지 감독님은 보고 계신가요? 코치님은 저의 성공에 관심이 있나요?' 이러한 질문은 선수의 마음 속에서 끊임없이 나타났다 사라지기를 반복한다.

프레이저 선생님의 학생들은 시험 성적이 좋지 않더라도 선생님에 대한 믿음을 잃지 않는다. 선생님은 여전히 나의 발전을 원한다는 것을 느낄 수 있다. 프레이저 선생님이 매 수업마다 모든 학생들에게 시간을 투자하고, 얼마나 발전했는지 확인하고, 자신이 보고 있다는 사실을 끊임없이 알려주기 때문이다. 코치도 마찬가지 신호를 보낼 수 있어야 한다.

"이번 주말 경기에는 선발로 나가지 못할거야." "몇 주 동안 2군팀에서 뛰어야겠다." 코치는 때로는 선수가 받아들이기 힘든 이야기를 해야 할 수도 있다. 그럼에도 불구하고 코치가 한 선택이라면 믿고 따라야 한다고 느끼게끔 만들어야 한다. 하지만 선수가 코치에 대한 믿음이 없으면 완전히 다른 세계가 펼쳐진다. "그래. 코치님은 역시 나한테는 관심이 없어. 나를 별로 좋아하지 않으니까." 무시당한다고 느끼는 순간부터 마음속에는 분노가 시작된다. 팀에 대한 소속감도 먼지처럼 흩어지게 된다.

'모두를 코칭하기'는 무엇부터 시작하면 좋을까? 경기장에서 서있는 위치를 의도적으로 바꾸는 일부터 가볍게 시작할 수 있다. 크리스 애플 감독과 함께 연습을 보면서 우리는 한쪽 사이드 라인에 서서 대화를 나누고 있었다. 그런데 갑자기 애플 감독이 자리를 벗어나 경기장의 반대편으로 걸어갔다. 나는 처음에 '내가 무슨 말을 했길래 그러지?'라고 생각했다. 하지만 애플 감독은 나중에 그 상황을 이렇게 설명했다.

"저는 항상 다양한 위치에서 연습이나 경기를 보려고 노력합니다. 아무래도 가까운 쪽에 있는 선수들만 보게 되니까요. 자리를 조금씩 바꾸면 더 많은 선수를 볼 수 있습니다. 특별한 목적이 있어서 위치를 바꾸는 건 아닙니다. 그냥 제가 코칭을 하는 방식입니다. 그렇게 의도적으로 신경을 쓰지 않으면 시즌이 진행되면서 저도 모르게 균형을 잃을 수 있으니까요."

때로는 가장 단순한 방법이 가장 효과가 좋을 때가 있다. 애플 감독의 말처럼 보통 코치들은 자신과 가까운 거리에 있는 선수에게 시선을 빼앗기곤 한다. 그래서 코치가 항상 같은 자리에서 연습이나 경기를 관찰하면 일부 선수에게만 티칭이나 피드백을 제공할 가능성이 커진다. 그런 이유로 일부 코치들은 알람을 사용하기도 한다. 10분마다 알람이 울리게 해서 위치를 바꾼다. 때로는 알람을 듣고 위치가 아니라 관찰 대상을 바꾸기도 한다. 공격에서 수비로 바꾸기도 하고, 주전 멤버에서 백업 멤버로 관찰 대상에 변화를 주기도 한다. 그런 방식으로 '모두를 코칭하기'를 실천하려고 노력한다.

'모두를 코칭하기'를 실천하고 싶은 코치는 일주일에 한 번씩 코칭 활동을 정기적으로 돌아보는 습관을 만들면 좋다. 지난 일주일의 연습을 돌아보면 자신이 특정 선수나 특정 플레이에 치우쳐서 코칭을 했다는 사실을 인식할 수 있다. '상대의 써드 지역에 수비가 밀집되어 있는 조건에서 공격하는 연습을 여섯 번 진행하는 동안 수비 전형을 바꾸는 연습은 한 번밖에 하질 않았네.'

마지막으로 추천하는 방법은 제3자의 도움을 받는 방식이다. 반드시 코치일 필요는 없다. 누구에게든 자신의 연습이나 경기에서의 행동을 관찰해달라고 부탁한다. 내가 누구에게 피드백이나 질문을 하는지를 기록해서 알려달라고 요청한다. 나는 가끔씩 교사들과 이 작업을 한다. 동료의 관찰을 통해 내가 세 명의 선수와만 주로 대화를 한다는 사실을 발견할 수 있다. 주로 미드필더 포지션의 선수에게 관심을 가지고 있으며 풀백 포지션의 선수에게는 좀처럼 시선을 보내지 않는다는 사실을 깨달을 수 있다. 자신의 코칭 패턴을 자각할 수 있는 좋은 방법이다.

선수를 평가하고 분류하기

코치는 습관적으로 선수들을 분류한다. 코치가 나름의 기준으로 선수를 나누는 게 문제는 아니다. 본질적인 문제는 코치의 판단이 언제든 틀릴 수 있다는 점이다. 또한 자신이 틀릴 수 있다는 사실을 잘 인식하지 못한다는 점이다.

2016년 맨체스터 유나이티드와 슈루즈베리 타운 FC의 FA컵 경기를 앞두고 가디언지의 저널리스트 스튜어트 제임스는 슈루즈베리의 수비수 매트 새들러의 프로필을 소개했다. 새들러는 잉글랜드 U17 대표팀에서 맨유의 스타 선수인 웨인 루니와 함께 뛰었던 선수였다. 루니의 부상으로 둘의 맞대결은 무산되었지만, 제임스의 기사는 두 선수의 커리어가 서로 다른 길을 걸어온 과정을 흥미롭게 다루었다.

새들러는 일찍부터 잉글랜드 대표팀에 발탁되어 17세의 나이에 버밍엄 시티 선수로 프리미어 리그에 데뷔했다. 이때만 해도 그는 성공이 보장된 선수처럼 보였다. 하지만 세 시즌 동안 15경기밖에 출전하지 못했고 이후 6번의 이적과 5번의 임대를 거치며 하위 리그에서 '실망스러운' 선수 생활을 보냈다.

하지만 새들러가 잠재력을 꽃피우지 못했다고 말하기는 다소 애매하다. 솔직히 새들러 정도의 경력도 웨인 루니와 함께 뛰었던 U17 대표팀 친구들과 비교해 보면 성공한 편에 해당한다. 당시의 멤버 18명 중 5명만이 여전히 프로 축구 선수로 뛰고 있기 때문이다. "당시에는 우리 모두 대스타가 될 거라고 생각했습니다. 정말 그랬죠." 매트 새들러의 말이다. 영국의 축구계도 마찬가지 생각을 가지고 있었다. 신체적으로 충분히 성장기가 지난 후에 내려진 평가였기 때문에 그런 기대는 타당해 보였다. 하지만 10여 년이 지난 지금, 상당수의 선수들은 축구가 아닌 다른 세계에서 직업을 구해야 할 처지가 되었다.

선수가 자신의 재능을 과대평가하는 경향은 충분히 이해할 수 있다. 하지만 프로팀의 코치나 스카우트들도 선수의 잠재력을 잘못 평가하는 경우가 많다. 스카우트들은 잠재력 있는 어린 선수가 등장할 때마다 환호한다. 프로팀들은 선수 평가와 육성에 수백만 달러를 투자한다. 그럼에도 불구하고 드래프트 1라운드 지명자의 절반 정도가 예상만큼 성장하지 못한다. 소위 말하는 '전문가'들의 평가는 늘 틀린다. 스카우트나 구단의 육성 책임자의 예상이 틀리는 것은 그들이 능력이 없기 때문이 아니다. 선수를 평가하는 일 자체가 원래 힘들기 때문이다.

2007년 텔레그래프지에는 유소년 선수의 평가와 관련해 재밌는 기사가 올라왔다.[1] 2003년에 데이비드 플랫 코치와 영국 축구협회는 유소년 유망주 선수들을 대상으로 선수 평가를 진행했다. 미래에 영국의 성인 대표팀에서 뛸 수 있는 가능성을 평가해 '확실함 / 가능성 있음 / 가능성 없음'으로 분류했다. 결과적으로 이 평가는 선수의 자질을 심각하게 과대평가했음이 드러났다.

플랫 코치는 몇 년 후에 다음과 같은 내용이 담긴 보고서를 발표했다. "확

---

1 www.bit.ly/34hVCF9

실하게 성인 대표 선수가 될 거라고 평가한 25명의 선수 중 현재까지 4명만 실제로 대표 선수가 되었다." '확실함'이라고 평가한 선수의 성공률도 불과 16%에 불과했다. 확실하다고 말하기 부끄러운 수준의 예측이다. 선수의 성장에는 예측할 수 없는 요소들이 너무나 많다. 신체적인 성장, 태도, 건강, 헌신과 몰입의 태도, 심리 등은 모두 평가하기 어려운 측면들이다. 그렇기 때문에 예측을 잘못하는 게 문제는 아니다. 예측에 너무 많은 베팅을 하는 게 문제라면 문제다. 우리는 미래를 볼 수 있다고 생각하지만 사실은 전혀 그렇지 않다.

선수를 평가하고 분류하는 작업의 어려움에도 불구하고 선수를 레벨에 따라 나누는 일은 충분히 의미가 있다. 좋은 평가와 분류 시스템을 갖추고 있으면 선수들에게 보다 나은 성장과 도전, 경쟁의 기회를 제공해 줄 수 있다. 이것이 바로 스포츠의 가치이며 스포츠가 공정성을 표현하는 형태라고 할 수 있다. 높은 수준에서 플레이하고 싶은 선수는 비슷한 목표를 가진 다른 선수들과 시간을 보낼 권리가 있다.

나는 학교에서 일을 할 때 교육계 일부의 반대에도 불구하고 학업 성취도 수준에 따라 학생들을 나눠서 가르치곤 했다. 하지만 학생들을 평가하고 분류하는 작업은 교사들에게 무척 어려운 과제이며, 언제든지 틀릴 수 있다는 생각을 전제로 진행했다. 학생들의 발전 수준에 반응하며 지속적으로 변화를 주려고 했다. '너희는 1년 동안 A그룹. 너희는 1년 동안 B그룹' 이렇게 융통성 없이 학생을 분류하는 작업을 고정하지 않았다. 팀이나 코치가 선수를 나눌 때도 작동하는 역학을 어떻게 구성하느냐가 중요하다. 현명하게 선수를 나누어야 하고, 어떻게 나누든 모든 선수를 코칭해야 하고, 선수가 지금 어느 레벨에 있든 미래의 잠재력을 믿어야 한다.

선수를 분류할 때의 첫 번째 룰은 언제든지 선수 평가가 틀릴 수 있다는 사실을 생각해야 한다는 점이다. 아무리 탁월한 안목을 가지고 있는 코치라도 22살의 톰 브래디를 놓칠 수 있다. 자신의 선택이 무조건 옳다는 생각으로 처음의 분류를 고집할 필요가 없다. 선수의 발전 과정에 따라 얼마든지 선수를 재분류할 수 있어야 한다.

경쟁 환경에서는 선수 분류를 얼마나 자주 하는지가 선수의 성장에 매우 중요한 요소로 작용한다. 1년은 학습 측면에서 보면 다소 긴 시간이다. 어린 학생들의 마인드셋을 생각하면 더욱 길게 느껴지는 시간이다. 선수의 성취도 수준을 가능한 자주 평가해 그룹을 재편성하는 게 좋다. 내가 이끌던 학교에서는 1년에 세 번 수학 그룹을 재편성했다.

두 번째 룰은 잠재력이 아니라 퍼포먼스(현재의 성취 수준)를 보고 분류할 뿐이라는 생각이다. 내가 몸담았던 학교에서 교사들은 '학업 능력'이 아니라 '학업 성취도'에 따라 학생들을 나눈다는 표현을 사용했다. 우리는 사용하는 말을 통해 학생들을 나누는 작업이 일시적인 일, 현재에 대한 평가라는 점을 교사와 학생 모두에게 전달하고자 했다. 학생들을 평가하고 나누는 일은 미래의 잠재력에 대한 판단이 아니라 현재 시점의 성취도를 반영한 결과라는 점을 분명히 알려주고 싶었다.

성취 수준을 일시적인 현상으로 여기는 코치는 '모두를 코칭하기'를 실천할 확률이 높아진다. 어느 선수가 3년 후에 팀에서 최고의 선수가 될 지 모른다는 생각으로 모든 선수의 성장에 관심을 기울인다. 문제는 보다 나은 평가를 받은 A팀의 선수가 아니라 B팀에 있다. B팀의 선수들에게 몰입과 참여의 동기를 제공해 주어야 한다. A팀의 선수와 마찬가지로 모든 기회의 문이 열려 있다는 믿음을 주어야 한다.

선수의 현재 퍼포먼스를 기준 삼아 그룹을 나눠 코칭을 하고자 하는 코치는 수시로 이런 질문을 던질 필요가 있다. '나는 선수 풀을 얼마나 자주 다시 살펴보는가?' '빠르게 발전하고 있는 선수는 누구인가?' '새로운 도전이 필요한 선수는 누구인가?' '자신감이 더 필요한 선수는 누구인가?' '낮은 레벨로 내려가 공을 더 많이 만져야 하는 선수는 누구인가?'

언제나 B팀에서 A팀으로 올라가는 선수가 있어야 한다. A팀으로 올라가는 선수를 보며 나머지 선수들은 기술적으로나, 멘탈적으로도 각성하게 된다. 비록 이번에는 승격의 기회를 얻지 못했지만 B팀 선수들에게도 항상 문은 열려 있다는 메시지를 전달할 수 있다. 또한 승격 장면은 A팀 선수들에게도 자극이 된다. A팀으로 올라오기 위해 치열하게 노력하는 B팀 선수들의 모습을 보며 현재의 자리가 영원한 것은 아니라는 경각심을 느끼게 된다. 프리미어리그에서 U17팀의 선수가 종종 성인팀의 부름을 받는 이유도 바로 여기에 있다. 누구에게나 기회의 문이 항상 열려 있다는 믿음이 선수들 사이에 자리잡을 때 경쟁은 저절로 일어난다.

하지만 현실적으로 A팀에 많은 선수를 한꺼번에 올리는 일은 쉽지 않다. 선수들은 B팀에 계속 머무르는 현실에 힘이 빠질 수 있다. 대회가 열릴 때마다 B팀의 몇몇 선수에게 돌아가며 출전 기회를 주는 것도 모든 선수의 에너지 레벨을 유지하는 하나의 방법이다. 아니면 가끔씩 몇 명의 B팀 선수들을 A팀의 연습에 참여시킬 수도 있다. 일주일 만이라도 좋다. 어린 선수들에게 1년은 인내하고 참아내라고 하기에는 너무 긴 시간이다. 이런 기회를 통해 코치는 A팀으로 선발하지 않은 선수가 어떻게 성장했는지를 꾸준하게 관찰할 수 있다. B팀에서 올라온 선수가 환경과 조건이 바뀌자 완전히 다른 퍼포먼스를 보여줄 수도 있다. 어떤 선수는 보다 어려운 조건에서 자신의 내면에 잠자고 있는 잠재력을 드러내기도 한다.

A팀에서 특정 기술에 어려움을 겪는 선수가 있다면 낮은 레벨에서 자신의 부족한 점을 보완하는 기회로 삼을 수도 있다. 어떤 선수는 잠시 B팀으

로 내려가 완전히 다른 역할과 책임을 맡으며 이전과는 다른 선수로 성장하기도 한다. NBA에는 육성 리그로 내려가 경기를 주도적으로 이끄는 경험을 반복한 후에 다른 차원의 선수로 탈바꿈한 사례가 많다. 물론 반대의 경우도 있다. 주로 다른 선수에게 의존해 플레이하는 성향의 선수가 그런 모습을 보인다. 경기를 주도적으로 풀어나가는 능력이 떨어지는 선수는 낮은 레벨의 경기력에 동화되어 오히려 경기력이 정체될 위험도 있다.

시즌 초반에 A팀 최고의 선수들을 B팀으로 보내 함께 뛰게 하는 것도 건강한 경쟁의 문화를 만드는 하나의 방법이다. 최고의 선수들이 B팀에서 경기를 하는 모습을 보며 선수들은 A팀과 B팀 사이의 이동을 자연스럽게 받아들이게 된다. 언제든지 팀이 바뀔 수 있다는 메시지를 선수들 모두에게 전달할 수 있다.

A팀의 로스터를 최대로 채우지 않고 시즌을 시작하는 것도 또 하나의 옵션이다. 이를테면 정규 로스터가 18명이라고 하면 16명으로 시즌을 시작하는 방식이다. 시즌 도중에 두 명의 선수를 추가로 승급시켜 치열하게 준비한 선수에게 보상을 해주는 방식이다.

어떤 방식으로 선수를 나누든 선수들에게 전달되는 메시지가 중요하다. "너는 A팀 선수야." 이런 식으로 꼬리표를 다는 게 목적이 되어서는 안 된다. 어느 팀에서 뛰든 클럽에 소중한 선수이며 선수가 가장 잘 성장할 수 있는 팀에서 뛰게 될거라는 믿음을 전달해야 한다. 선수들은 "A팀 선수", "B팀 선수"로 부를 필요도 없다. 그냥 이름을 부르면 된다. 어느 팀에 있든 코치도 최대한 많은 걸 알려주기 위해 노력할 거라고 말해주면 된다.

선수 평가와 분류는 어려운 과제이며 언제든지 틀릴 수 있다는 생각을 가지고 접근하는 클럽은 높은 수준의 훈련 프로그램과 커리큘럼을 준비한다. 선수들이 A팀과 B팀을 오가는 과정이 장점으로 작용하게 만든다. 클럽에 소속된 여러 팀이 서로 다른 것을 배우고 있으면 선수들을 필요에 맞게 이동시키기가 어렵다. 예를 들어 A팀에서는 후방 빌드업과 공의 소유권을 중요하게 여기는 플레이를 강조하는데 B팀에서는 수비 지역에서 공을 멀리 차내는 플레이 위주로 연습을 했다면 선수를 쉽게 이동시키기 어렵다. 사실 선수를 빈번하게 이동시키는 작업은 코치에게 책임감을 부여하는 방법이기도 하다. 선수가 팀을 이동해도 무난하게 적응하기 위해서는 코치가 각각의 팀에서 선수가 익혀야 할 지식과 기술을 제대로 가르쳐야 한다. 선수가 팀을 바꾸면 클럽이 지향하는 게임 모델을 따라하지 못한다면, 그로 인해 선수들의 이동이 유동적으로 일어나지 않는다면 조직 차원의 커리큘럼에 문제가 있다고 보아야 한다.

승리와 학습의 경계

선수들은 경쟁을 좋아한다. 경쟁과 승리에 대한 욕구는 선수가 잠재력을 최고로 끌어올리게 만든다. 어떻게 보면 선수는 경쟁을 통해 자신에 대해 알게 된다. 승리를 위한 노력을 통해 선수는 자신의 최고의 모습을 보게 되는지도 모른다. 그래서 나는 스포츠에서 승리와 경쟁의 가치를 중요하게 생각한다.

하지만 승리의 가치와 의미를 잘못 이해하면 여러 부정적인 결과로 이어진다. 승리의 체험은 너무나 강렬하고 기분을 들뜨게 만들기 때문에 우리는 눈앞의 승리에 지나치게 집착하곤 한다. 당장의 경기를 이기려는 노력만 되풀이하다가 장기적인 관점에서 얻어야 할 많은 학습의 기회를 놓치는 경우가 많다.

13살 짜리 아이들의 경기에서 심판의 판정에 대해 코치나 학부모가 큰 소리로 불만을 터뜨리는 모습을 본 적이 있을 것이다. 선심의 오프사이드 판정에 관중석의 학부모들은 소리를 지른다. 상대의 몸싸움에 파울을 부르지 않는다고 화를 낸다. 우리팀을 싫어하는 심판이 장난을 치는 거라고 부모들끼리 소근댄다. 상대팀 감독이나 코치를 비난하기도 한다. "저런 플레이를 팀에서 가르치니 문제야." "왜 대회 운영진은 저런 비매너 플레이를 방치하는 거야?" "스로인에 저렇게 시간을 낭비하면 되냐고! 심판은 뭐하는 거야?" "상대팀은 전부 팔꿈치를 사용하는데 우리 애들만 얌전하게 뛰네?"

다소 빈정거리는 듯한 말투로 적어서 미안한 마음도 들지만 여전히 관중석과 벤치에서 자주 듣는 말들이다. 이런 모습이 점점 더 심각해지는 듯 해서 걱정이 앞서는 게 사실이다. 승리는 최선을 다하게 만드는 동력이고, 경쟁을 통해 선수는 성장한다. 어려운 상대일 수록 우리팀은 더 성장할 수 있다. 어려운 경기를 했다면 그만큼 배울 것도 많았다는 이야기다. 그런 면에서는 승리뿐만 아니라 패배 역시 선물이다. 블랙워치 프리미어팀의 스티브 프리먼 디렉터는 팀의 부모들에게 이렇게 당부한다.

"모든 경기를 이기는 게 좋은 건 아닙니다. 만약 우리가 모든 경기를 이겼다면 충분히 좋은 상대와 경기를 하지 않았다는 걸 의미합니다."

당장의 승리만을 생각하면 선수가 장기적으로 성장하지 못한다는 말을 자주 듣는다. 어쩐지 이런 말을 들을 때마다 논리적으로 말이 안 되는 듯한 느낌이 들 때가 있다. 더 많이 이길수록 승리에 필요한 능력과 기술을 더 강화시킬 수 있는 게 아닐까? 왠지 이런 논리가 더 와닿기 때문이다.

먼저 어떤 코치들은 눈앞의 승리에 더욱 초점을 맞출 수밖에 없다는 사실을 인정할 필요가 있다. 프로팀 코치가 대표적이다. 하지만 대다수 유소년 레벨의 코치들은 선수 육성이 주된 목표가 되어야 한다. 다음 주말의 경기에서 승리하는 것도 중요하지만 선수들이 19세가 되었을 때 최고의 선수가 될 수 있도록 가르치는 게 우선이다. 최소한 6개월 후에 다시 팀을 나눌 때까지 최대한 발전할 수 있도록 가르치는 일이 승리보다 중요하다. 물론 최고의 선수를 넘어 최고의 사람이 될 수 있도록 이끌어주는 일도 포함되어야 한다. 세계적인 유스 클럽인 바르셀로나 FC 아카데미의 사비 에르난데스는 나에게 이런 말을 했다. "우리는 우승보다 교육을 먼저 생각합니다[2]."

제시 마치 감독도 최근 인터뷰에서 프로 코치들도 승리와 학습 사이의 경계에서 고민한다는 말을 했다[3]. 마치 감독은 프로팀 코치에게도 학습 환경을 조성하는 일은 중요한 과제라고 말했다. 그는 시즌을 준비하는 단계에서는 학습을 보다 강조한다. 실수를 피하려고 하지 말고 적극적으로 도전하고 시도하는 모습을 주문한다. 하지만 시즌이 진행되어 가면서 마치 감독은 어느 순간 선수들이 경기를 대하는 분위기가 바뀌었음을 감지한다. 선수들이 결과에 보다 신경을 쓰는 듯한 느낌이다. 이때 마치 감독은 결과보다 학습이 더 중요하다는 말로 선수들을 설득하려고 하지는 않는다. 하지만 학습 문화를 잘 간직해야 결국에는 좋은 결과로 이어진다는 관점은 그대로 유지한다.

"학습에 초점을 맞춘 프로세스를 만들어야 결국 팀의 성과로 이어집니다. 시즌 초반에 우리는 많은 실패를 통해 더 많은 것들을 배우는데 집중합니다. 그래야 시즌이 끝날 때면 승리와 우승이라는 결과를 얻을 수 있습니다. 프로에서도 마찬가지입니다."

장기적인 육성에 초점을 맞추면서도 내일의 경기를 승리하기 위해 최선을 다할 수 있다. 하지만 때로는 선수들의 올바른 성장을 위해 당장의 승리 가능성을 떨어뜨리는 결정을 할 수도 있어야 한다. 당연히 코치에게 어려운

---

2   www.bit.ly/31y1dVY
3   www.bit.ly/31yWFP3

선택이다. 선수의 10년 후 성공을 위해 코치 자신의 현재의 성공을 기꺼이 내려놓는 일은 코치 자신의 에고를 잠재우는 노력이 요구되는 일이다.

> **레모브 노트**
> **객관적인 피드백**

뉴욕 메츠의 제프 앨버트 코치는 휴스턴과 세인트루이스의 여러 마이너리그팀에서 선수들의 타격을 지도했다. 그는 객관적인 피드백을 통한 장기적인 관점의 선수 육성에 관심이 많은 코치다.

선수의 장기적인 성장을 위해서는 코치들 사이의 커뮤니케이션이 중요합니다. 선수는 모든 사람에게 자신을 어필하고 싶어 합니다. 특히 신인일 때는 더욱 그렇죠. 그렇기 때문에 코치의 역할이 중요합니다. 코치는 선수의 불안과 두려움을 잘 읽고 대처해야 합니다. 말과 행동으로 이런 메시지를 주어야죠. "우리에게는 오늘 경기에서 네가 보여주는 퍼포먼스만큼이나 너의 장기적인 성장이 중요해. 네가 싱글A팀이 아니라 메이저리그에서 잘 하길 바라거든. 오늘 안타를 치지 못하더라도 너는 내일 또 경기에 나갈거야."

먼저 공통의 언어가 있어야 합니다. 힙 로딩(hip loading), 스윙 플레인(swing plane)에 대해 말하면 그것이 무엇을 의미하는지 코치와 선수 모두 알고 있어야 합니다. 그리고 어떤 방식으로든 선수에게 객관적인 피드백을 제공해야 합니다. 얼마나 발전했는지 현재 상태를 자각할 수 있도록 적절한 피드백을 전달해 주어야 합니다. 저는 스윙을 촬영하고 측정해 영상이나 데이터를 보여줍니다. 스트라이크존을 벗어난 투구에 얼마나 스윙을 했는지 객관적인 수치로 알려줍니다.

스윙 플레인이 좋아졌고 하체의 움직임도 개선되었다는 사실을 측정가능한 데이터와 영상으로 확인한 선수는 자신감이 커집니다. 그냥 맹목적으로 사전에 정한 프로세스를 따라가서는 안됩니다. 선수가 발전 과정을 스스로 인지하며 갈 수 있도록

> 선수의 퍼포먼스를 꾸준히 측정하며 객관적으로 피드백을 해주어야 합니다. 선수의 발전 과정을 보여주는 객관적인 데이터를 보며 코치 역시 그만큼 책임감을 가지게 됩니다.
>
> 여러분이 저의 선수라면 저는 해결해야 할 문제를 찾아낼 겁니다. 그리고 그 문제를 해결하는데 도움이 되는 도구들을 제공할 겁니다. 여러분이 문제를 해결하는 과정을 유심히 지켜볼 겁니다. 중간중간 객관적인 데이터를 통해 얼마나 발전했는지 알려주며 힘을 불어넣어 줄 겁니다. 이것이 타격 코치로서 저의 역할입니다.

팀으로 승리하며 배우기

하키, 농구, 럭비, 축구 등 그룹 침략 형태의 경기는 평균적으로 선수가 공을 가지고 플레이하는 시간이 매우 짧다. 축구 경기의 90분 중에 보통 선수가 공을 갖고 있는 시간은 1~2분 정도라고 알려져 있다. 선수들은 대부분의 경기 시간 동안 공을 갖고 있지 않은 상태에서 경기장 여기저기를 움직인다. 공격을 하기 좋은 자리를 차지하기 위해 움직이고, 팀 동료를 돕기 위해 달려가고, 다른 선수와 수비 라인을 맞추기 위해 움직인다. 팀 스포츠를 하는 선수들은 팀 동료와 상대 선수의 움직임에 반응하면서 움직이는 능력을 키워나가야 한다.

축구 코치는 저마다 다양한 스타일의 경기를 추구한다. 그 중에 하나가 요즘 유행하는 소유권 중심 축구다[4]. 소유권 중심 축구도 어떤 측면을 강조하느냐에 따라 다양한 포메이션을 이용할 수 있다. 장기적으로 소유권 중심

---

[4] 다른 종목의 코치들에게도 해당하는 주제다. 여기서는 축구의 사례로 설명하지만 다른 종목의 코치도 충분히 고민해 볼 만한 주제라고 생각한다.

축구를 바탕으로 선수를 육성하고자 하는 코치는 기본적인 플레이 스타일을 가르치기 위한 시스템을 갖춰야 한다. 이를테면 다음과 같은 요소들을 포함한 시스템이다.

(1) 공을 소유하면서 빠른 패스를 추구한다. 그래서 선수들 사이에 많은 의사결정과 상호작용이 일어나도록 한다.

(2) 특정 선수나 특정 지역이 아니라 경기장의 모든 곳에서 소유권 중심 축구를 추구한다. 모든 선수가 의사결정과 상호작용에 참여한다.

(3) 오픈 플레이 방법을 가르친다. 선수들에게 공이 없는 상태에서 어떻게 움직여야 하는지를 훈련시킨다.

볼 터치 경험을 중요하게 여기는 어느 코치는 1대2나 1대3 상황에서도 선수들에게 적극적인 드리블을 주문하곤 한다. 그런 믿음을 가지고 있는 코치는 보다 많은 드리블 경험이 선수를 더 빠르게 발전시킬 수 있다고 생각한다. 여기에는 명과 암이 있다. 패스 대신 드리블 위주의 경기를 하면 아무래도 공을 자주 빼앗기게 된다. 드리블을 하는 선수는 5번의 터치 기회를 얻었지만 나머지 팀원들은 그 선수가 공을 빼앗기지 않았다면 경험할 수 있었던 10~20번의 터치 기회를 잃은 셈이다. 그리고 그 선수가 패스를 하지 않는다는 사실을 아는 나머지 선수들은 그 선수를 도우러 움직이는 법을 배울 기회도 놓치게 된다.

또한 모든 볼 터치 경험이 가치있는 것은 아니다. 대체로 처음 한두 번의 터치가 선수의 볼 컨트롤 능력을 크게 좌우한다. 기본적으로는 퍼스트 터치가 가장 중요하고 어렵다. 패스는 수천 가지 상황에서 수만 가지 다른 속도와 움직임으로 날아온다. 그 공을 잘 지켜내면서 선수는 다음 동작을 준비해야 한다. 상대를 속일 수 있다면 금상첨화다. 세컨드 터치 역시 비교적 가치가 높은 기술이다. 선수는 세컨드 터치를 위해 선택할 수 있는 옵션이 많을 수록 좋다. 세컨드 터치의 수준에 따라 선수는 할 수 있는 플레이가 많아진다. 하지만 처음 한두 번의 터치 이후에 공을 확실하게 소유하게 되면 이후부터의 터치는 대체로 가치가 비슷해진다. 그렇기 때문에 드리블에 의존하는 플레이는 단지 팀 전반의 터치 기회를 놓치는 문제에 더해 보다 중요한 터치의 기회(퍼스트 터치 & 세컨드 터치)를 놓치게 되는 문제를 안고 있다. 축구 경기에 정말 중요한 퍼스트 터치와 세컨드 터치를 연습하지 못하고, 별로 도움이 되지 않는 5~7번째 터치만을 반복해서 연습하는 결과로 이어지게 된다.

　물론 절대로 드리블을 길게 해서는 안 된다는 의미는 아니다. 때로는 기꺼이 위험을 감수하며 드리블을 통해 돌파해 나가야 하는 상황이 있다. 두려움 없이 달리며 기회를 창출하는 선수를 코치도 원한다. 하지만 팀이 경기 시간의 60%를 공을 소유하고 있을 때와 30%만 소유하고 있을 때는 선수의 학습 경험이 차이가 날 수밖에 없다.

　그런 이유로 소유권 중심의 플레이를 원하는 코치라면 연습 환경을 잘 디자인해야 한다. 공을 가지고 있지 않는 상황에서 공간과 기회를 만들기 위해 계속 선택하게 만드는 환경을 세팅해야 한다. 소위 말하는 '멘탈 터치' 기회를 제공하는 환경이다. 선수는 경기에서의 대부분의 결정을 공을 가지고 있지 않은 상황에서 내린다. 경기의 수준이 높아질 수록 공이 없을 때의 선택과 움직임은 더욱 중요해진다. 어릴 때부터 이런 환경에 자주 노출된 선수가 그런 능력을 발달시킬 수 있다. 영리한 움직임으로 공간을 침투했더니 결정적인 패스를 받게 된 선수는 그런 움직임을 보다 자주 시도하게 된다. 그러한 기회를 더 많이 만들기 위해 선수들의 움직임에서 단서를 '읽으려고' 노력하게 된다. 퍼스트 터치와 세컨드 터치로 찬스를 만드는 연습을 반복해서 하게 된다.

경기를 '읽는다'는 표현은 여러 면에서 적절하다는 생각이 든다. 언어를 읽는 과정과 비슷한 방식으로 이루어지기 때문이다. 뇌는 눈을 통해 수많은 지각 경험을 반복하며 읽는 법을 배운다. 어떤 정보는 해독하는데 성공하고 어떤 정보는 실패한다. 읽는 법을 배우는 과정은 끊임없는 시행착오의 연속이다. 시행착오와 반복을 통해 경기를 읽는 법을 배우지 못한 선수는 특정 위치에 있는 선수만 찾는다. 늘 세 번 이상 터치한 다음에 패스를 해온 선수는 팀 동료가 창의적인 움직임으로 공간을 만들어도 그 기회를 인식하지 못한다. 읽기 능력이 떨어지는 상태, 다시 말해 텍스트는 눈에 들어오지만 해석을 하지는 못하는 상태라고 할 수 있다.

선수들이 경기를 읽는 능력이 전반적으로 떨어지면 팀 전반의 학습과 전술 수행 능력도 떨어질 수밖에 없다. 좋은 선택과 움직임으로 기회를 만들어도 패스가 날아오지 않는 경험을 계속 하게 되면 선수는 공간 창출을 위한 노력을 하지 않게 된다. 경기를 읽는 뇌의 전원이 꺼지게 된다. 점점 더 많은 선수들이 마치 관중석에서 경기를 보듯 경기의 흐름과는 무관하게 플레이하게 된다. 일부 선수들만 공을 소유하는 경기를 반복하며 선수들은 경기를 뛰고도 제대로 된 학습 기회를 얻지 못하게 된다. 공을 가졌을 때의 '신체적 터치' 기회뿐만 아니라, 공을 가지고 있지 않았을 때의 '멘탈 터치' 기회도 얻지 못하게 된다. 경기를 하며 지식과 기술이 체계적으로 발전하기 보다 무작위한 배움의 과정만을 반복하게 된다.

물론 때로는 선수의 개인 능력에 의존하는 방식도 좋은 결과를 얻을 때가 있다. 특히 강한 상대와 경기를 할 때 통할 수 있는 방식이다. 농구와 같은 종목은 한두 명의 슈퍼 스타가 경기를 지배하는 경우가 제법 많다. 하지만 선수 육성의 측면에서 보면 그것은 미래를 희생해서 얻는 승리일뿐이다. 팀 전체의 학습을 생각하는 코치는 늘 팀 플레이를 먼저 고민한다. 일부 선수들의 맹활약으로 2-1로 승리한 경기보다 평소에는 공을 거의 잡지 못했던 선수들이 상대의 거친 프레싱을 이겨내고 팀 플레이를 통해 2-2로 동점을 만든 경기를 더 가치있게 생각한다.

> **레모브 노트**
> ## 후방 빌드업과 학습의 기회
>
> 선수의 성장과 학습을 최우선으로 지향하는 축구팀은 대체로 후방 빌드업을 중요하게 여긴다. 후방 빌드업 방식으로 플레이를 전개해 나가지 않으면 경기를 통한 학습의 기회가 일부 선수에게만 집중되기 때문이다.
>
> 그래서 어떤 코치들은 골키퍼가 공을 소유했을 때 쓰로우 패스나 짧은 패스를 기본적으로 주문한다. 최소한 절반 이상 그런 플레이로 시작하는 것을 경험 법칙으로 삼는다. 골키퍼가 롱킥을 주로 하게 되면 설령 공을 따내더라도 일부 선수에게만 학습의 기회가 주어진다. 포백 선수들은 공을 빼앗거나 걷어낼 때를 제외하고는 좀처럼 공을 터치할 기회를 얻지 못한다. 코치의 피드백도 일부 선수에게만 제공될 가능성이 높다.
>
> 경기의 효율성 관점에서도 롱킥을 통해 공의 소유권을 가져오는 일은 운에 가깝다. 실제로 50%도 되지 않는다. 보통은 롱킥을 하는 팀이 1/3, 상대 팀이 1/3 공을 소유하게 된다. 나머지 1/3은 라인을 벗어나거나 누구의 소유도 아닌 공간으로 튕겨져 나간다. 그렇기 때문에 경기를 풀어나가는 측면에서도 골키퍼가 공을 멀리 차는 플레이는 별로 좋은 선택이라고 보기 어렵다.
>
> 반면 상대가 압박을 하는 상황에서 후방 빌드업으로 전진하려면 계속해서 선택을 하며 움직여야 한다. 때로는 공을 빼앗기며 어이없이 실점할 수도 있다. 경기를 내줄 수도 있다. 경기를 지켜보는 부모들은 탄식한다. 하지만 당장 눈앞에 펼쳐진 그런 문제에도 불구하고 선수들은 다양한 프레싱 상황에서 공을 다루는 기술을 발전시킬 수 있다. 시행착오를 겪으면서 점점 침착하고 편안하게 상대의 프레싱을 뚫어내는 능력을 키울 수 있다.

쉬운 승리의 유혹에서 벗어나라

어느 유소년 축구팀이든 빠르고 체격이 좋은 선수가 한두 명은 있다. 기술은 다소 엉성해도 수비를 가볍게 제치고 골대로 달려가는 선수들이다. 농구팀에도 또래보다 훨씬 큰 키로 쉽게 리바운드를 따내는 선수가 있다. 하지만 그런 선수도 미래의 어느 시점에서는 자신과 비슷한 재능을 타고난 선수들과 경쟁해야 한다. 시간이 흐를 수록 다른 선수들과의 신체 조건 차이도 줄어든다. 그렇기 때문에 코치는 그 선수를 통해 얻을 수 있는 당장의 만족감을 지혜롭게 억제할 수 있어야 한다. 쉬운 승리의 유혹에 빠지지 않는 책임감이 요구된다.

선수의 미래를 생각하는 코치는 그런 선수가 신체적인 능력에만 의존해 플레이하지 않도록 가르친다. 탁월한 신체 조건 덕에 지금 당장은 팀도 승리하고 선수도 기분이 좋을 수 있지만 미래에도 통할 수 있는 방식은 아니라는 점을 분명히 인식한다. 신체 조건을 이용한 쉬운 승리에 도취되면 선수는 높은 수준에서 경기를 할 때 어려움을 겪을 수밖에 없다. 우리는 그런 과정을 밟아온 수많은 선수들을 알고 있다.

대부분의 부모들도 이런 문제에 둔감하다. 부모들은 자녀가 해트트릭을 달성한 모습을 보고 장밋빛 미래를 꿈꾸지만 성장과 학습에 대해서는 잘 생각하지 않는다. 부모의 자기 절제가 선수가 올바로 성장해 나가는 과정에서 매우 중요하다는 점을 부모 스스로 인식하기는 코치만큼이나 어렵다. 14살에 아이를 스타로 만드는 코치가 있고, 18살에 스타가 되도록 애를 쓰는 코치가 있다는 사실을 대다수의 부모들은 모른다. 그래서 장기적인 관점의 선수 육성을 지향하는 팀은 부모에게 올바른 관점을 전달하기 위해 신경을 쓴다. 가끔은 클럽 출신 선수나 졸업생 부모를 초청해 경험담을 나누어 달라고 부탁하기도 한다.

동작보다 의사결정 능력을 먼저 훈련시킨다

MLS 아카데미의 워크숍에 참석한 어느 코치가 들려준 이야기다. 그의 팀은 강한 상대와 연속해서 만나 계속 패배하며 어느 시즌을 시작했다고 한다. 하지만 코치는 꿋꿋이 자신의 게임 모델을 고수했다.

"우리는 아무것도 바꾸지 않았습니다. 계속해서 후방 빌드업을 통해 미드필드로 올라오는 플레이를 시도했습니다. 물론 덩치가 좋고 강한 선수들한테 공을 뺏겨서 실점하기도 했지만 그때마다 저는 사이드라인에서 외쳤습니다. "괜찮아! 다시 똑같이 하면 돼!" 저는 어린 선수들에게 실수를 해도 아무 문제 없다는 사실을 알려주고 싶었습니다. 선수들에게 중요한 건 18살이 됐을 때의 모습이니까요. 그때 클럽과 계약을 맺을 정도의 수준으로 성장하려면 지금처럼 훈련해야 한다는 사실을 알기 때문입니다."

선수가 경기를 하다 보면 올바른 선택이 좋지 않은 결과로 이어지는 경우가 있다. 그때 코치의 반응이 선수의 성장에 결정적인 영향을 미친다. 결정은 옳았지만 동작이 잘못된 경우는 바로잡기가 쉽다. 동작의 부족함은 결국에는 채워진다. 의사결정보다는 동작이 배우기 쉽기 때문이다. 그래서 선수가 어릴 수록 코치는 동작보다 의사결정 능력을 키우는데 보다 신경을 써야 한다. 불완전한 기술로 좋은 선택을 하는 것이 능숙한 기술로 나쁜 선택을 하는 것보다 낫다. 그리고 의사결정 능력을 먼저 발달시키면 좋은 동작과 기술로 연결될 가능성도 그만큼 커진다.

코치는 선수들의 플레이를 정신적인 부분(의사결정)과 신체적인 부분(동작과 기술)으로 구분해서 바라보면 좋다. 두 가지를 모두 주의 깊게 관찰해야 하지만 가능하다면 의사결정을 우선시하는 관점을 추천한다. 눈앞의 승리를 위해서는 신체적인 부분이 더 중요할 수 있지만, 선수의 미래는 정신적인 부분으로 결정될 가능성이 훨씬 높다.

피드백을 나눠서 제공하는 것도 하나의 요령이다. "좋은 선택이야. 움직임은 더 좋았고." 이렇게 의사결정에 해당하는 부분과 동작에 해당하는 부분을 따로 알려주면 선수는 둘의 차이를 분명히 인식할 수 있다. 선수는 어느 부분이 문제인지를 코치의 피드백을 통해 알 수 있다. 스티브 커 감독과 스테판 커리의 대화를 통해 우리는 최고의 선수도 그 차이를 제대로 인식하기 어렵다는 사실을 이해할 수 있다.

 신호와 노이즈 : 스티브 커 감독과 스테판 커리

스티브 커 감독은 타임아웃 시간에 실망스런 표정으로 벤치에 앉아 있는 커리에게 다가가 말을 건네고 있다. "이게 너의 슈팅 데이터야. 여기 플러스/마이너스 보이지?" 커 감독은 데이터를 가리키며 슛 성공률이 높은 위치에서 커리가 지난 몇 분 동안 슛을 많이 시도했다는 사실을 보여주고 있다. 비록 결과는 좋지 않지만 좋은 의사결정을 반복하다 보면 결국에는 시즌 전체에 긍정적인 영향을 미칠 거라는 점을 알려주고 있다. 선수는 경기에 몰입하다 보면 앞서 벌어진 일에만 집착하기 쉽다. 노이즈 속에서 올바른 신호와 주파수에 맞추도록 돕는 것이 코치의 역할이다. 지구상 최고의 슈터에게도 커 감독은 결과가 아니라 좋은 선택을 인정해 주고 있다.

"(선택과 결과가) 늘 일치하는 건 아니야. 지금 충분히 잘 하고 있어. 템포도 좋아. 여기 보면 나오잖아."

성장 마인드셋 : 두려움은 성공의 적이다

실수를 하면 안 된다는 두려움 속에서 뛰는 선수는 올바로 성장할 수 없다. 이런 말을 하면 많은 사람들은 초보자나 실력이 부족한 선수에게나 해당하는 말이라고 생각하는 경향이 있다. 나는 필라델피아 유니온 아카데미를 방문해서 성장 마인드셋이 엘리트 선수에게 특히(!) 더 중요하다는 사실을 깨달았다.

나는 그곳에서 레인 먼로 감독을 만났다. 필라델피아로 오기 전에 그는 스코틀랜드 프리미어리그 세 팀에서 감독을 했다. 스코틀랜드 국가대표로도 활동했었다. 먼로 감독은 실수에 대한 두려움을 없애기 위해 많은 노력을 기울이면서도 동작과 기술의 정확성을 결코 포기하지 않았다. 한 번은 그가 발의 여러 부위를 사용해 공을 컨트롤하는 법을 가르치고 있었다. 상대가 프레싱을 하는 상황에서 자신의 오른쪽에 있는 선수에게 왼발을 사용해 원터치 패스로 연결하는 연습을 하고 있었다. 선수들은 처음에는 왼발 안쪽을 이용해 패스(인사이드 패스)를 했다. 보다 쉬운 동작이기 때문이다. 하지만 먼로 감독은 보다 난이도가 높은 기술을 시도해 보라고 선수들을 독려했다. 왼발 안쪽으로 안전하게 차지 말고 발등으로 패스(인스텝 패스)하는 연습을 하도록 주문했다. "옆발로 차지 마! 신발 끈으로 찬다고 상상해 봐! 발등으로 차면 상대를 속일 수도 있잖아."

먼로 감독의 새로운 지침에도 불구하고 여전히 많은 선수들은 공을 완벽하게 차고 싶어 했다. 습관적으로 자신이 잘 할 수 있는 동작인 인사이드 패스로 돌아가곤 했다. 자신이 없는 인스텝 패스 연습을 회피하는 듯 보였다. 먼로 감독은 그런 분위기를 간파하고 다시 용기를 불어넣어 주었다. "너희가 인사이드 패스는 얼마든지 잘 할 수 있다는 걸 알아. 겁내지 마! 신발 끈으로 찬다고 생각해! 두려워 할 거 없어."

성장 마인드셋이라는 개념을 널리 전파하고 있는 캐롤 드웩 박사는 실패에 대한 두려움이 장기적인 성장에 걸림돌이 된다고 분명히 말한다. 드웩 박사는 학생들의 마인드셋과 학습의 상관관계를 연구했다. 일부 학생들은 '고정 마인드셋'을 가지고 있었는데, 그들 중에는 타고난 학업 능력이 뛰어난 학생들도 있었다. 그런 학생들은 '똑똑하다'는 칭찬을 자주 들으며 자랐기 때문에 자신의 재능이 타고났다고 믿었다. 고정 마인드셋을 가진 학생들은 위험을 회피하는 행동 패턴이 두드러졌다. 실패를 하면 자신이 똑똑한 사람이라는 믿음이 무너지기 때문이다. 좋은 머리를 타고난 그 학생들은 시간이 지나면서 '성장 마인드셋'을 가진 학생들보다 뒤처지기 시작했다.

'특별하다'거나 '재능이 있다'는 말을 듣는 어린 선수들이 있다. 학생으로 치면 '똑똑하다'는 말을 듣는 선수들에게 이런 말들은 조심해서 할 필요가 있다. 선수가 자신의 능력을 노력을 통해 얻은 것이 아니라 타고난 것으로 여기게 되면 위험을 회피하는 성향의 선수로 잘못 성장할 수 있다. '나는 재능이 있는 특별한 선수'라는 믿음이 깨질까봐 두렵기 때문이다. 선수가 성장 마인드셋을 갖추길 바라는 코치라면 선수가 실수를 기꺼이 감수하도록 용기를 불어넣어야 한다. 실수를 하는 게 지극히 정상이며 그래야 성장할 수 있다는 믿음을 심어주어야 한다.

성장 마인드셋은 '똑똑함'이란 타고나는 것이 아니라 어려움을 겪으면서 개발되는 능력이라고 믿는 태도다. 성장 마인드셋을 가진 선수들은 도전을 두려워하지 않고 오히려 좋아한다. 어려움과 도전이 있어야 성장할 수 있다는 사실을 알기 때문이다. 고정 마인드셋을 가진 선수는 '왜 이렇게 어려운 거야? 너무 어려우니까 재미가 없네!'라고 생각하며 중간에 포기하는 경우가 많다. 성장 마인드셋을 가진 선수는 '부딪혀 볼 만한 상대네. 오늘 정말 재미있겠다!'라는 생각으로 어려움을 마주 한다. 드웩 박사의 기념비적인 연구는 코치에게 중요한 메시지를 전달한다. 어린 선수에게 어떤 마인드셋을 심어주고 있는가? 시간이 흐를수록 그 선수가 어떤 마인드셋을 가지고 있느냐에 따라 선수의 성장은 달라진다.

레모브 노트
선수의 학업 이야기를 주의 깊게 듣기

레슬리 갈리모어 감독은 성장 마인드셋을 가지고 있는 선수를 어떻게 찾는지 설명한다.

언뜻 보아서는 선수가 성장 마인드셋을 가지고 있는지 알기는 쉽지 않습니다. 저는 훈련 중에 코치들과 이야기 나누는 모습을 유심히 보거나 경기에서 드러나는 선수의 바디랭귀지에 주목합니다. 선수가 말하는 방식에도 관심을 가집니다. 가끔은 축구를 하는 이유에 대해 묻기도 합니다. 내재적 동기가 강한지, 외재적 동기가 강한지를 확인합니다. 올스타 선수가 되고 싶은 꿈을 말하는 선수도 있습니다. 그저 동료 선수들이랑 즐겁게 축구를 하고 싶다고 말하는 선수도 있습니다.

동기가 무엇이든 어떤 방식으로 열심히 하려고 노력중이라거나, 어떤 도움이 필요한지에 대해 전혀 말을 하지 않으면 살짝 걱정이 됩니다. 자신이 어떻게 발전하고 싶은지 말할 수 있는 선수를 저는 원합니다. "저는 다리로 하는 플레이는 뭐든 자신 있는데 상체로 하는 동작은 부족해요. 특히 헤딩이요." 이렇게 말하는 선수에게서 저는 성장 마인드셋을 읽을 수 있습니다.

학교 생활에 대해 질문을 해도 선수에 대해 많은 것을 알 수 있습니다. 강의실 분위기는 어떤지, 교수님께 질문을 한 적은 있는지, 수업 시간은 어떻게 되는지 등에 대

> 해 물을 때 적극적으로 답하는 선수들이 있습니다. 그런 선수들은 훈련에도 적극적으로 참여하는 경우가 많습니다. 저에게 먼저 다가와 자신의 경기 영상을 보고 싶다고 말합니다. 주도적으로 자신의 성장을 위해 노력하는 선수들이죠. 그래서 저는 학생들이 학교 생활에 대해 이야기할 때 집중해서 경청하는 편입니다.

코치들은 보통 성장 마인드셋을 선수에게만 강조하는 경향이 있지만 실은 코치 자신에게도 중요한 개념이다. 코치도 장기적인 성공을 원한다면 어려움과 도전을 받아들여야 한다. '똑똑하다'거나 '잘 가르친다'는 말을 증명하기 위해 애쓰는 대신 매일 조금씩 더 발전하기 위해 노력하는 태도가 바로 코치의 성장 마인드셋이다. 노력의 결과는 저절로 따라오기 마련이다.

코치에게 프로세스는 장기적인 성공의 발판이면서 행복의 원천이다. 많은 코치들이 일시적으로는 이런저런 성공을 맛보지만 코치라는 직업 자체가 지닌 일상적인 과제와 도전에 흥미를 잃으면서 번아웃되고 만다. 어느 순간부터 선수의 문제를 해결하는 일이 즐겁게 느껴지지 않고 지쳐버린다. 노력에 대한 보상은 우승밖에 없다고 믿는 코치는 쉽게 포기하고 지치게 될 위험이 크다.

시카고의 컨퍼런스룸에 모인 최고의 프로 코치들은 어찌 보면 자신보다 성취한 게 많지 않은 다른 교사와 코치의 영상을 보며 겸손한 자세로 배우려고 했다. 영상을 보는 일은 코치에게 리트머스 시험지와 같은 역할을 한다. 다른 코치의 영상을 볼 때 특히 그렇다. '자신보다 수준이 떨어지거나 지위가 낮다고 생각하는' 코치의 영상을 볼 때는 더더욱 그렇다. 영상을 보고 나면 코치들은 두 가지 반응을 보인다. 한 부류의 코치들은 영상 속의 코치가 무얼 잘못하고 있는지 찾는다. 다른 부류의 코치는 영상을 보고 도움이 되는 부분을 찾으려고 한다. 모든 영상에는 이 두 가지 반응이 나올 수 있는 장면이 분명히 담겨 있기 마련이다. 영상에서 선수들을 가르치는 코치보다 그걸 보고 있는 코치가 실제로 열 배는 뛰어난 코치일 지도 모른다. 그럼에도 불구하고 영상을 보며 배울 수 있는 내용이 누구에게나 하나 정도는 있을 수밖에 없다. 겸손한 자세로 배우려는 코치는 어떤 영상을 보고도 배울 점을 발견한다.

SNS에서 다른 코치의 훈련 영상을 볼 때 무엇을 잘못하고 있는지 찾고 있지는 않은가? 평가의 목적으로 영상을 볼 필요가 없다. 무엇을 보든 자신의 코칭에 도움이 되는 정보를 뽑아내려는 자세가 바로 코치의 성장 마인드셋이다. 한 번도 만난 적 없는 코치의 영상을 보고 실력이 부족하다고 비난하거나, 잘못 가르치고 있다고 단정짓는 태도는 고정 마인드셋을 가지고 있는 코치의 자세다.

시카고의 컨퍼런스룸에 있던 베테랑 코치들 모두가 뉴저지의 초등학교 5학년 교사나 캘리포니아의 U14팀 코치의 영상을 좋아하지는 않았을 거라 생각한다. 하지만 몇몇 코치들은 나중에 영상을 보내줄 수 있는지 워크숍이 끝나고 나에게 부탁했다. 다시 보면서 동료 코치들과 함께 공부하고 싶다고 했다. 그들은 이미 자신의 분야에서 정상에 오른 코치들이었다.

탁월한 코치들은 배움에 대한 열정, 자신의 능력에 대한 겸손, 자신의 코칭 능력을 끊임없이 갈고닦으려는 태도, 언제나 선수의 발전을 우선시하며 선수 육성의 여정을 즐기는 태도를 가지고 있다. 그런 코치들은 별로 유명하지도 않은 U8팀 선수들을 지도하는 스티브 코비뇨같은 코치로부터 배우기 위해 눈과 귀를 집중한다. 실제로 코비뇨 코치는 MLS 선수 육성 아카데미에 참여한 적이 있다. 코비뇨 코치가 8살 짜리 아이들을 지도하는 영상을 보여주자 그는 쉬는 시간에 코치들에게 완전히 포위를(!) 당했다. 언제 어디서나 누구로부터든 배우려고 하는 최고 레벨의 코치들은 코비뇨 코치를 사정

없이 괴롭혔다. 마치 이렇게 말하는 것처럼 보였다. '네가 선수들에게 한 일을 모두 말해줘. 왜 그렇지 하는지도 빠짐없이 말이야.'

뉴질랜드의 럭비 코치들과 세션을 진행할 때는 발레 선생님이 피드백을 해주는 영상을 보여준 적이 있다. 그 때의 분위기도 크게 다르지 않았다. 키도 크고 몸무게도 100kg이 넘는 코치들은 공손한 태도로 영상에 관심을 기울였다. 대부분이 뉴질랜드 대표팀에서 뛰었던 코치들은 내가 미안하다고 말하며 중간에 끊을 때까지 질문을 계속 했다. 이런 마인드셋이야말로 정상에 오르는 문화의 특징이다. 인구가 500만 명에 불과한 나라가 세계 최고의 럭비팀을 만든 시작은 끊임없이 배우려는 성장 마인드셋 때문임이 분명하다.

10장

코치의 성장 마인드셋이 먼저다

에고를 관리하는 일은 코치에게 참으로 어려운 과제라고 할 수 있다. 눈앞에 보이는 승리보다 선수의 미래를 위한 선택을 할 수 있으려면 자신의 에고를 절제하는 노력이 수반되어야 한다. 크리스 애플 감독은 경기 막판에 결정적인 실수를 한 선수를 나무라지 않았다. 많은 코치들이 자신의 코칭에 면죄부를 주기 위해 그런 상황에서 소리를 지르곤 한다. '내 잘못이 아니야. 나는 그렇게 가르치지 않았어.' 본능적으로 자기 방어를 하기 위한 에고의 작용이다. 에고가 드러나고, 에고를 컨트롤하는 싸움은 코치 자신도 모르는 사이에 내면에서 계속 벌어진다.

코치의 에고 관리

자신의 성과와 업적을 인정받고 싶은 마음은 자연스럽다. 코치는 자신이 하는 일에 자부심을 가질 필요가 있다. 하지만 코치가 자신을 드러내고자 하는 태도는 선수를 올바르게 성장시키는데 장애물로 작용할 수 있다. 에고의 일부는 시상대의 맨 꼭대기에 올라 트로피를 들어올리는 순간을 꿈꾸어야 하지만, 다른 일부는 그 모든 욕망을 내려놓을 줄 알아야 한다. 프랑스 축구 협회 코칭 프로그램 강사인 장 클로드 준티니는 코치가 음지를 지향해야 하는 이유를 이렇게 설명한다.

"코치는 자신이 스포트라이트를 받으려고 하면 안 됩니다. 저 역시 자주 이 말을 되새깁니다. 벤치에서 일어나 심판에게 따지고 싶을 때도 이 말을 떠올립니다. 자신이 한 선택의 이유를 끊임없이 스스로에게 질문하면 좋습니다. '왜 그 선수에게 그런 말을 했지?' '왜 그런 교체를 했지?' '왜 그 상황에서 전술을 바꾸었지?' 이러한 질문에 대한 답에 '선수의 성장에 도움이 되니까'라는 말이 포함되어 있지 않으면 잘못된 선택으로 간주합니다."

스코틀랜드 럭비 대표팀 감독 그레고르 타운센드도 비슷한 맥락으로 이야기한다.

"선수가 성공하면 자신이 얼마나 중요한 역할을 했는지 떠들고 다니는 코치들이 있습니다. 코칭의 세계에서 그런 성공은 지속가능하지 않습니다. 장기적인 성공과 배치되는 경우도 많습니다."

울스터 럭비팀 감독인 댄 맥팔랜드도 과거의 실수를 솔직하게 고백한다.

"은퇴하고 얼마 지나지 않아 코치를 시작했을 때는 제가 아는 걸 선수들이 따라해야 한다는 믿음이 강했습니다. "내가 시키는 대로 해. 내 방식대로 하면 좋아질거야." 이런 태도였죠. 지금 돌이켜보면 부끄러운 방식이었습니다."

맥팔랜드 감독은 코치 생활 초반부에 경험한 시행착오를 통해 선수들이 스스로 생각할 수 있는 능력을 키우는 게 중요하다는 깨달음을 얻었다. 그는 '나를 따르라'는 방식이 결국은 자신을 지치게 만든다는 사실도 깨달았다. 그런 코칭 방식은 관리해야 할 것들이 너무나 많았기 때문이다. 결국 그는 과감히 뒤로 물러나는 선택을 했다.

탁월한 코치는 여러 사람에게 의견을 구하고, 계획을 상황에 맞게 조정하고, 때로는 리더십을 위임한다. 그러면서도 자신만의 비전, 게임 모델, 프로세스를 가지고 있다. 먼 길을 항해하기 위한 나침반같은 도구들이다. 코치에게는 이타심뿐만 아니라 결단과 자기 확신도 필요하다. 코치는 자신의 파워를 가볍게 드러내면 좋은 때가 언제인지, 언제 파워를 선수에게 위임하면 좋은지, 파워를 사용하면 안 되는 때는 언제인지를 알아야 한다. 그레고르 타운센드 감독은 이와 관련해 의미심장한 말을 남겼다.

"좋은 코치는 결정, 동작, 게임 플랜에 대한 책임이 선수 자신에게 있다고 느끼게 만듭니다."

좋은 팀에는 민주주의의 원리가 작동한다. 코치는 선수들에게 중요한 결정을 맡기기도 한다. 전략 수립에 참여시키기도 한다. 변화를 결정할 수 있는 재량권을 부여하기도 한다. 하지만, 위임의 조건은 코치 자신이 분명히 정한다. 얼마나 많은 결정을 위임해야 하는지, 언제 전략 수립을 함께 하면 좋은지, 언제 위임을 거둬들여야 하는지에 대한 기준을 가지고 있다.

에고는 떼어놓을 수 없는 삶의 동반자다. 에고는 코치가 일을 해나가는 과정에서 때로는 도움이 되기도 하고 때로는 방해가 되기도 한다. 에고를 통제 없이 방치하면 코치 자신과 팀에 큰 문제를 일으킨다. 자신이 감독이라고 상상하면서 다음 두 가지 상황을 떠올려보자.

상황A : 중요한 경기에서 팀이 힘든 경기를 하고 있다. 경기는 동점이고 끝나려면 30분 정도 남았다. 새로운 포메이션으로 전술을 바꾸고 연달아 선수 교체를 한다. 사이드라인에서 계속 목소리를 높이며 선수들에게 움직임을 주문한다. 손짓으로 선수들의 위치를 이동시킨다. 나의 노력이 통한 결과인지는 모르겠지만 경기 막판에 우리팀은 극적으로 골을 넣고 승리한다. 차를 타러 걸어가는데 한 학부모가 말하는 걸 우연히 듣게 된다. "감독님이 오늘 한 건 하셨네."

상황B : 시즌 내내 준비를 잘 해왔다. 팀이 추구하는 게임 모델을 충실히 훈련했다. 경기 일주일 전부터 상대팀의 주요 패턴을 파악하고 약점을 공략할 수 있는 준비를 마쳤다. 모든 선수가 자신의 역할을 이해하면서 움직이고 있다. 경기는 계획대로 진행된다. 나는 벤치에 앉아 선수들과 조용히 대화하며 상대의 움직임에 맞게 전술을 조정한다. 가끔 선수에게 말을 걸더라도 연습에서 익힌 내용을 상기시켜 줄 뿐이다. 우리는 3-0으로 승리한다. 차에 타기 위해 걸어가는데 한 학부모가 말하는 소리가 들린다. "오늘 모든 게 완벽했어. 감독님이 한 마디도 할 필요가 없었다니까."

A상황에서 모든 공은 감독에게 돌아간다. B상황은 선수들이 잘 했다는 말들로 가득하다. 이제 스스로에게 솔직하게 물어보자. 나는 어떤 상황을 원하는가?

배움에 대한 갈망이 코치의 성공에 중요한 자질이라면 인정에 대한 갈망은 코치의 성공을 가로막는 요소다. 마리아 코니코바는 자신의 책 『블러프』에 에고를 컨트롤하는 일이 포커 게임에서 승리하기 위한 결정적인 요소라고 적고 있다. 선수는 경기에서 지면 운이 없었다고 생각하고, 승리를 하면 자신의 실력 때문이라고 말하는 경향이 있다. 코니코바는 '진정한 적은 승리'라고 말하며 승리에 결부되어 있는 운의 존재를 받아들이는 태도를 강조한다. 그녀는 책에서 동전 던지기 실험을 통해 사람들의 심리를 관찰한 심리학자 엘렌 랭거의 연구를 소개한다. 동전 던지기 실험에서 참가자들은 세 그룹으로 나뉘어졌다. 초반에 결과를 많이 맞춘 그룹, 뒤로 갈 수록 결과를 많이 맞춘 그룹. 결과를 맞춘 패턴이 무작위로 일어난 그룹이다. 랭거 박사는 실험이 끝나고 참가자들에게 자신이 동전 던지기를 잘한다고 생각하는지 물었다.

놀랍게도 자신이 어느 타이밍에 결과를 많이 맞췄는지에 따라 참가자들의 대답은 달라졌다. 결과를 맞춘 패턴이 무작위로 일어난 그룹이나 마지막에 주로 결과를 맞춘 그룹은 자신의 동전 던지기 실력에 대해 그다지 높게 평가하지 않았다. 그저 운에 지배되는 게임이라는 사실을 정확히 이해했다. 반면 처음에 결과를 많이 맞춘 그룹은 자신의 동전 던지기 실력이 남들보다 좋다고 생각하는 경향이 나타났다. 그들은 동전 던지기를 맞출 확률이 철저히 운에 좌우된다는 사실을 잊고 다른 사람보다 결과를 잘 예측할 수 있다고 답했다. 초반의 성공에 도취되어 현실을 왜곡해서 인지하게 된 것이다.

좋은 성적을 보여주는 유소년 코치들 중에도 성공으로 인해 에고가 비대해져서 다른 코치들을 무시하는 이들이 있다. 그들은 다른 팀에 가서도 자신의 방식대로 하면 된다고 선수에게 주문하기도 한다. 새로 만나는 코치의 가르침은 한 귀로 듣고 흘려도 된다는 무책임한 조언을 하기도 한다. 어른으로서 책임있는 자세라고 보기 어렵다. 그런 조언을 선수가 실제로 따랐을 때 어떤 상황에 놓이게 될지 헤아리지 못하는 말이다. 자신의 에고를 만족시키기 위해 선수의 발전을 위해 나름대로 최선을 다하는 다른 코치를 깎아내릴 필요는 없다. 코치는 성공이 낳는 경고 신호를 잘 인식해야 한다. 랭거의 동전 던지기 실험처럼 이른 성공에 눈이 멀면 바라보는 현실이 일그러질 수 있다. 물리학자인 리처드 파인만은 이렇게 경고한다.

"첫 번째 원칙은 자신을 속여서는 안 된다는 것이다. 가장 속기 쉬운 사람은 바로 자신이다."

성공에 중독되어 견제받지 않는 에고는 위험해진다. 그런 에고를 컨트롤하기는 어렵다. 내가 이런 말을 하자 나의 친구는 회의적으로 반응하며 맞받아쳤다. "거의 모든 코치가 그럴걸? 에고의 문제를 스스로 인식하고 돌아볼 수 있는 코치는 거의 없을거야." 에고는 코치의 여정에서 은밀한 동반자다. 자기를 합리화하는데 능숙하고, 이기적인 행동을 그럴듯한 변명으로 포장하는 일도 잘 한다. 정신을 놓고 있으면 인식의 사각지대로 슬그머니 침투해 들어온다. 그런 에고와 싸우는 일이야말로 가장 인간적인 일이기도 하다. 그렇다면 에고는 어떤 방법으로 컨트롤할 수 있을까?

내가 아는 최고의 코치들에게 질문을 던졌다. 많은 코치들이 자기 인식의 중요성을 언급했다. 울스터 럭비팀 감독인 댄 맥팔랜드는 사용하는 말을 바꾸라고 조언한다. 쉽게 실천할 수 있는 실용적인 방법이다. 사용하는 언어는 대상을 인식하는 프레임을 바꾼다. 이를테면 자신이 속한 팀의 이름을 바꾸어 자신의 역할을 다르게 인식할 수 있다. 맥팔랜드 감독은 자신이 경험한 사례를 소개한다.

"많은 팀이 코치팀, 메디컬팀, 스트렝스&컨디셔닝팀, 운영팀 등을 묶어 '관리팀'이라고 부릅니다. 하지만 우리는 '지원팀'라고 부릅니다. 언어를 통한 사고의 전환입니다. 궁극적으로 경기를 하는 사람은 선수이며 코치나 나머지 스태프는 도와주는 역할을 할 뿐이라는 사실을 인식하게 해줍니다."

코치가 에고를 컨트롤하는 또 다른 방법은 질문이다. 선수나 부모, 다른 코치가 질문을 하면 자신의 생각을 말하고 나서 "너는 어떻게 생각해?" "저의 의견에 대해 어떻게 생각하세요?"라고 묻는 습관을 만드는 것이다. 맥팔랜드 감독은 다른 사람의 의견을 묻는 습관에 대해 이렇게 말한다.

"자신의 말을 분명히 해야 할 때가 물론 있습니다. 하지만 습관적으로 질문을 하며 다른 사람의 생각을 물으면 코치는 '모든 게 나한테 달렸어' 하는 압박감에서 벗어날 수 있습니다."

에고를 컨트롤하기 위한 방편으로 마지막으로 추천하는 방식은 선수와 마찬가지로 과정과 프로세스에 집중하라는 것이다. MLS 아카데미에서 워크숍을 진행할 때 한 코치가 나에게 다가와 이렇게 하소연했다.

"자신의 에고를 내려놓고 선수의 장기적인 성장을 위해 '올바른' 일을 하는 코치들이 구직 과정에서 밀려나는 경우가 많습니다. 그런 코치들은 "그런데 결국 못 이기잖아." 하는 이야기를 듣거든요. 그리고 그런 코치들은 성적이 좋아도 요란하게 떠들고 다니질 않습니다. 선수들 덕이라고 말하죠. 그러다 보면 알게 모르게 평가가 박해집니다."

굳건히 중심을 잡고 자신의 역할에 충실하고자 하는 코치라도 이런 이야기를 계속 들으면 마음이 흔들리게 된다. 그래서 그레고르 타운센드 감독은 프로세스 중심으로 접근하라고 코치들에게 권유한다.

"코치에 대해 떠드는 미디어를 신경 쓸 시간이 없습니다. 학부모의 시선을 걱정할 여유도 없죠. 경기에서 이기든 지든 코치는 자신의 프로세스에 집중하면 됩니다. 경기를 분석하고, 다시 전략과 계획을 세워야 합니다."

벤치에서의 태도와 경기 중 코칭

내가 이 책에서 소개하는 대부분의 내용에는 '틀릴 수 있다'는 경고가 포함되어 있다. 지금부터 이야기하는 내용에는 '틀릴 수 있다'는 경고 문구를 두 번 붙여놓고 싶다. 나의 부족한 경험을 바탕으로 이야기할 수밖에 없기 때문이다. 읽는 분들에게 와닿는 부분이 있다면 선수를 코칭하는데 힌트로 삼으면 된다.

먼저 경기 중에 새로운 지식이나 기술을 가르치는 일은 매우 어렵다는 점을 이해해야 한다. 또한 경기 중 코칭은 선수의 퍼포먼스를 떨어뜨릴 위험도 크다. 새로운 지식이나 기술을 배우려면 작업 기억을 사용해야 하는데 경기 중에 새로운 것을 알려주면 용량이 극도로 제한된 선수의 작업 기억이 코치의 말을 따르기 위해 주로 작동하게 된다. 경기가 요구하는 과제를 수행하기 위한 일에 작업 기억을 사용하지 못하게 된다.

그런 이유로 경기에서는 새로운 지식이나 기술을 가르치기 보다는 연습을 통해 장기 기억에 인코딩된 내용을 상기시켜주는 코칭 방식이 바람직하다. 연습을 하며 자주 사용한 언어로 큐를 주면 더욱 좋다. "올라가. 조던. 하이 프레싱!"이라고 말하면 조던은 연습 때 익힌 하이 프레싱 플레이를 떠올리며 바로 코치의 주문대로 움직일 수 있다. 특별히 작업 기억을 소모하지 않기 때문에 경기를 읽고 대응하는 능력도 그대로 유지할 수 있다. 언어의 중요성은 아무리 강조해도 지나치지 않는다. 코치가 같은 큐를 일관되게 사용해서 선수에게 친숙할 수록 선수는 경기 중에 그 큐에 올바르게 반응할 확률이 높아진다.

만약 연습 때 하이 프레싱 플레이를 충분히 연습하지 않아서 "하이 프레싱"이라는 단어가 장기 기억에 단단히 인코딩되지 않은 조던은 경기 중에 코치의 말을 듣고 다음과 같이 반응할 수 있다.

반응1 : 조던은 작업 기억을 사용해 프레싱을 하는 방법에 대해 생각하기 시작한다. 소모된 작업 기억만큼 조던의 지각 능력은 떨어진다. 자연스럽게 움직임의 질도 저하된다. 코치가 요구하는 하이 프레싱도 올바로 수행하지 못한다. 이런 조던의 모습을 보고 코치는 더 크게 목소리를 높여 주문한다. "올라가라니까. 조던. 하이 프레싱! 공이 어디로 갈 지 예상하면서 움직여. 패스를 읽어야지." 코치는 답답한 마음으로 지시를 하지만 상황만 더 악화시킬 가능성이 높다.

반응2 : 조던은 과거의 경험을 통해 이런 경우에 어떻게 행동해야 하는지 알고 있다. 전에도 잘 모르는 플레이를 코치가 경기 중에 요구했던 경험이 있다. 어떻게 해야 할지 생각하다가 경기에 집중하지 못하곤 했다. 조던은 코치의 말을 듣고 그냥 흘려버리는 선택을 한다. 코치가 경기 중에 전하는 말에 귀를 닫는 행동이 습관이 된다. 당연히 코치와의 관계에도 좋지 않은 영향을 미치게 된다.

비슷한 이야기이지만, 선수가 어떤 동작을 하려는 바로 그 순간에 큰 소리로 지시하는 코치도 있다. 선수가 어딘가로 패스를 하려는 바로 그 순간에 코치가 다급하게 소리를 지른다. "넓게. 카를로스. 넓게." 순간적으로 선수의 주의는 산만해진다. 그 정도의 멀티태스킹(multi-tasking)은 충분히 할 수 있지 않냐고 의문을 가지는 사람도 있을 것이다. 하지만 인지심리학자들은 멀티태스킹은 실제로는 불가능한 개념이라고 말한다. 동시에 두 가지 일을 하는 것처럼 보일 뿐 실제로는 주의가 산만해진 현상이라고 말한다. 동작을 수행하고 있는 선수에게 전달되는 코치의 큐는 퍼포먼스를 떨어뜨릴 가능성이 높다.

경기 중에 무슨 일이 얼마나 자주 일어났는지를 기록해 두면 선수와 대화를 나누는데 큰 도움이 된다. 경기 중에 펼쳐진 중요한 순간을 잊어버리지 않고 리뷰할 수 있다. 하프타임이나 타임아웃 시간에 중요한 포인트를 전달할 수도 있다. 경기를 보며 기록하는 습관을 지니고 있는 코치는 자신이 기록한 내용을 바탕으로 초점이 분명한 피드백을 해줄 수 있다. '조던의 프레싱이 느림. 상대의 느린 패스를 단서로 인식하지 못함. 두 배는 빨라야 함. 후반 2-2 동점이 된 직후' 이렇게 자신이 이해할 수 있는 방식으로 적어놓으면 경기를 마치고 조던과 할 수 있는 대화가 많아진다.

경기 중에 코치가 기록을 하면 좋은 또 다른 이유가 있다. 경기 중에 노트를 적는 행동은 코치가 지나치게 말을 많이 하지 않도록 자제시켜 주는 기능을 한다. 잠깐이지만 기록을 하는 시간 동안 감정도 누그러진다. 그렇게 기록을 하는 프로세스가 없으면 코치는 순간적으로 일어난 감정을 이기지 못하고 조던에게 소리를 지를 가능성이 높다. 코치는 치열한 경기를 하다보면 아무래도 소리를 지르거나 목소리 톤을 조절하지 못할 가능성이 있다. 바로 이 점 때문에 경기 중에는 가급적이면 코칭을 하지 않는 게 좋다. 감정이 격해지다 보면 표현도 거칠어지게 된다. 코칭은 차분한 분위기에서 이루어지는 것이 더 좋다. 코치의 말을 들을 수 있는 여유가 있을 때 선수는 잘 듣는다.

경기 중에 부득이하게 코칭을 하고자 한다면 유소년 선수들을 가르치는 크리스 클레멘스 코치의 방식을 추천한다. 클레멘스 코치는 연습 경기를 하다가 선수가 실수를 하거나 주문하고 싶은 플레이가 있을 때 잠깐 그 선수를 경기장 밖으로 나오도록 한다. 사이드라인 부근에 함께 서서 어깨에 손을 얹고는 조용하고 다정하게 하고 싶은 말을 전달한다. 그리고는 바로 선수를 경기장으로 돌려보낸다. 클레멘스 코치의 배려심이 느껴지는 그 장면이 나는 인상적이었다. 그는 경기가 있는 날에는 하프타임과 경기 종료 후에 단 두 차례만 선수들을 모아 놓고 가르쳤다.

경기가 끝나도 감정은 여전히 생생하게 살아있는 경우가 많다. 코치도 선수도 마찬가지다. 그만큼 성급하게 말하고 어리석은 행동을 할 가능성도 커진다. '간절함이 부족해서'였다고 함부로 선수들을 비난하기 쉽다. 경기 후의 코칭은 미리 계획하고 준비하기가 어렵기 때문에 '누구한테 책임이 있는지'를 색출하는 대화로 변질될 수 있다. 공개적인 자리에서 패배의 책임이 누구에게 있는가를 따지는 시간이 생산적인 학습으로 이어질 확률은 거의 없다. 그런 식으로 잘잘못을 가리는 피드백은 건너뛰는 것이 좋다. 감정이 격해진 상태에서는 하고 싶은 말을 제대로 전달하기가 어렵다. 오늘의 경기가 얼마나 중요했는지 하소연하고 싶은 마음에 아무 이야기나 마구 늘어놓게 될 위험이 있다. 그럼에도 불구하고 경기가 끝난 후에 몇 마디만 남겨주고 싶다면 미팅을 하기 전에 20초 정도 시간을 내서 먼저 계획을 세우라고 권하고 싶다. 휴대폰이나 노트에 말하고 싶은 주제를 두세 가지 적은 다음 말해주면 보다 평온한 분위기에서 핵심 메시지를 전달하는데 도움이 된다.

내가 컨설팅에 참여했던 어느 NBA팀은 실제로 이런 방식을 응용해 경기 리뷰를 한다. 경기 후에 선수들은 라커룸으로 가고, 코치들은 미팅룸에 잠깐 보여 경기를 돌아본다. 거기서는 선수들에게 차마 말할 수 없는 솔직한 대화를 주고 받는다. "스미스를 계속 믿고 써야 해요? 우리가 하는 수비를 이해하고 있기는 한 건가요?" "3쿼터보다는 4쿼터가 더 집중력이 좋았어요." "선수들의 투지가 좋았어요. 다들 눈에 잘 띄지 않는 플레이들을 최선을 다해 해주더군요. 루즈볼을 잡기 위해 다이빙을 하고, 자유투를 쏠 때 박스아웃하는 모습이 보기 좋았습니다." 이런 프로세스를 통해 코치들은 서로가 놓칠 수 있는 부분을 체크한다.

짧은 대화를 주고 받은 다음 감독이 선수들에게 전달할 메시지를 정리한다. "좋아요. 지금 어떤 메시지를 전달해야 할까요?" 코치들이 쏟아낸 말들 중에 가장 중요하다고 생각하는 한두 가지만 선택한다. 그런 다음 라커룸으로 가서 짧게 1분 정도 전달한다. 그게 끝이다. 많은 팀들은 "윌슨 코치님. 하실 말씀 있으세요?" 이렇게 코치들마다 돌아가며 말을 하곤 한다. 하지만 이 팀은 시간을 끌지 않고 1분 내외로 경기 후 피드백을 마친다. 선수들은 라커룸에서 전달되는 경기 후 피드백을 특정한 코치의 개인적인 의견으로 받아들이지 않게 된다. 감독을 포함한 코칭 스태프 전체로부터 나온 메시지로 여기게 된다.

우리는 말하려는 내용이 중요할 수록 말을 많이 해야 한다고 생각하는 경향이 있다. 하지만 둘 사이에는 상관관계가 별로 없다. 오히려 반대로 작용하는 경우가 많다. 코치가 말을 많이 할수록 선수는 코치의 말을 제대로 기억하기가 어려워진다. 말이 길어지면 선수는 딴생각을 하기 시작한다. '이미 말했잖아요. 다 들었다고요.' 코치가 반복해서 이야기할 수록 선수는 집으로 돌아가는 길에 무엇을 먹을지를 생각하며 산만해진다. 많은 코치들은 방금 끝난 경기에서 부족했던 부분을 너무 길게 말한다. 막판에 아쉽게 동점을 허용하면 길게 말한다. 큰 점수차로 졌을 때도 오래 말한다. 하지만 이야기가 길어질 수록 선수들의 눈빛은 흐려진다. 선수들이 자신의 말에 귀를 기울이지 않는 모습을 보고 코치의 말은 더욱 길어진다. 코치는 어떻게든 자신의 생각을 주입시키려 노력하지만 악순환만 되풀이될 뿐이다.

경기를 생산적인 방식으로 돌아보고 싶다면 다른 대안을 생각해 볼 필요가 있다. 질문을 먼저 던지는 것도 하나의 방법이다. "오늘 경기에서 무엇을 배웠어?" 하지만 내가 추천하는 옵션은 선수들에게 질문을 던지고 생각할 시간을 주는 방식이다.

"내일 아침까지 여러분의 생각을 문자로 보내줄래?"

"우리가 더 나아지려면 어떤 부분을 보완해야 할 지 문자로 남겨줘."

"우리의 게임 모델 두 가지를 문자로 보내줄테니 오늘 경기를 돌아보면서 생각해 보면 좋겠다. 게임 모델이 잘 드러난 장면이랑 어긋났다고 생각하는 장면을 다음 연습 시작하기 전에 하나씩 말해줄래?"

다음 연습을 시작하기 전에 잠깐 시간을 내서 선수들의 이야기를 들으면 선수의 사고 능력을 발달시킬 수 있다. 경기가 끝나고 일지를 쓰게 하는 것도 코치의 말을 대신할 수 있는 방법이다. 코트디부아르의 레전드인 야야 투레는 선수 생활 내내 노트를 가지고 다니며 적은 것으로 유명하다. 그에게 노트는 경기 뿐만 아니라 삶의 일부였다. 가끔은 모여서 일지에 적은 내용을 가지고 토론도 할 수 있다.

영상도 코치의 말 대신 활용할 수 있는 좋은 피드백 수단이다. 경기가 끝나자마자 상대 12번 선수를 왜 놓쳤는지 다그치기 보다는 다음 연습이 시작되기 전에 영상을 함께 보며 그 상황을 돌아보는 방식이 보다 효과적이다. 12번 선수를 제대로 마크하지 못해서 골을 허용한 선수는 경기가 끝난 직후에는 그 장면을 다시 떠올리고 싶지 않을 수 있다. 정신적으로 괴로운 상태일 가능성이 높다. 그런 상황에서 코치가 길게 말해봤자 선수는 코치의 말을 제대로 받아들이지 못하게 된다. 특히 유소년 선수들은 감정을 먼저 안정시키는 것이 중요하다. 그런 면에서 따로 시간을 내어 영상을 함께 보는 방식은 코치의 말을 대신할 수 있는 좋은 방법이다.

하프타임에 제공하는 피드백은 경기 후에 나누는 대화와 어느 정도 맥락은 같다. 하지만 피드백 제공이 경기 직후보다는 도움이 되는 경우가 많다. 코치의 말을 듣고 바로 후반전에 적용할 수 있기 때문이다. 코치는 하프타임을 이용해 필요한 변화를 이끌어낼 수 있다. 나는 워크숍에서 경기 분석을 기반으로 하프타임 대화 연습을 한 적이 있다. 코치들의 실습 장면을 보면서 정말 느끼는 바가 많았다. 코치들은 다른 코치의 하프타임 피드백을 선수의 입장에서 들으며 많은 것을 직접 느낄 수 있었다. 코치들은 후반전을 위해 전술에 변화를 주어야 하는 내용을 빠르게 전달했다. 때로는 열 가지 주제를 숨도 쉬지 않고 말하기도 했다. 어떤 코치는 다이어그램을 정신없이 그리며 마치 경기를 하듯이 하고 싶은 말을 쏟아냈다. 선수의 작업 기억이 처리하기에는 너무나 많은 정보였다.

선수의 입장에서 이런 피드백을 들으면 어떤 느낌이 드는지를 직접 경험하며 코치들은 새로운 깨달음을 얻었다고 이야기했다. 언제나 그렇듯이 머리로 '아는 것'과 실제로 경험을 통해 '느끼는 것'은 다른 문제다. 아무리 좋은 내용으로 가득차 있더라도 한꺼번에 많은 이야기를 해서는 안 된다는 교훈을 코치들은 체험을 통해 확실히 '느낄' 수 있었다. 자신의 작업 기억이 소모되어 주의가 산만해지는 것을 실제로 '느낄' 수 있었다.

하프타임에는 말하려고 하는 주제의 수를 과감하게 줄여야 한다. 그리고 가능하다면 말하고 싶은 주제에 대해 코치 혼자 말하지 말고 선수들과 대화를 나누면 좋다. 코치가 문제라고 생각하는 부분을 선수들은 어떻게 바라보는지 잠시 생각할 시간을 주는 것도 하프타임을 효과적으로 이용하는 방법이다. 원하는 플레이를 하려면 어떻게 해야 하는지 질문을 통해 선수들의 생각을 들어볼 수도 있다. 여건이 허락된다면 영상을 보여주어도 좋다. 눈을 감고 원하는 플레이를 상상해 보도록 할 수도 있다. 화이트보드에 각 포지션의 선수가 해야 할 일을 모두가 보는 앞에서 전달하는 방식만이 정답은 아니다.

구체적인 전술 변화가 아닌 동기 부여를 목적으로 하프타임 대화를 진행할 때도 있다. 전술이나 움직임을 알려주기 위한 시간과 멘탈을 자극하기 위한 시간은 분명히 구별되어야 한다. 다소 뻔한 말처럼 들릴 수 있지만, 무언가를 가르치는 일과 마음을 북돋워주는 일은 성격이 다른 과제다. 하지만 많은 코치들이 이 두 주제를 하나의 대화로 섞어버린다.

목적이 다르면 다른 도구를 사용해야 한다. 선수들의 승리에 대한 열망을 밑바닥까지 자극해 힘을 불어넣어 주고자 할 때는 상대의 오버래핑에 대응하는 방법을 설명할 때와는 모든 게 달라야 한다. 목소리, 바디랭귀지, 말의 속도 모두 변화를 주어야 한다. 가르치는 것이 목적일 때는 작업 기억, 집중력, 주의력, 자기 성찰 등의 요소를 우선 생각해야 한다. 선수들이 코치의 말을 경청할 수 있는 분위기, 질문을 통해 선수가 말을 하는 분위기를 만들어야 한다. 선수가 코치의 말이나 자신의 생각을 노트에 적을 수 있는 환경을 만들어 주어도 좋다. 가르칠 때는 우선 순위를 정해 차분한 톤으로 천천히 말하려고 신경을 써야 한다. 동기 부여가 목적이라면 다채로운 바디랭귀지와 목소리 톤을 동원해도 좋다. 선수들의 에너지를 끌어올리는 방법도 알아야 하지만 때로는 마음을 진정시키는 방법도 준비하고 있어야 한다.

선수의 연습 시간은 곧 코치의 연습 시간

스포츠 심리학자인 스투 싱어는 연습이나 경기에서 코치가 보여주는 말과 행동을 촬영해 코치들을 코칭하곤 한다.

"영상을 보며 자신의 모습을 자각하게 됩니다. 때로는 얼굴이 빨개지고 목에 핏줄이 튀어나오며 소리를 지르는 자신의 모습을 화면으로 보면서 놀라곤 합니다. 자기는 그런 사람이 아니라고 말하면서요."

코칭은 일종의 공연과 같은 일이다. 코칭은 실제 스포츠처럼 라이브로 벌어진다. 선수에게 소리를 지르는 행동이나 지나치게 감정적으로 반응하는 모습은 대개 습관의 산물이다. 감정이 살아서 들끓는 순간에 한 발짝 물러서서 마음의 여유를 찾기는 무척 힘들다. 자신의 말이나 행동이 선수들에게 어떤 영향을 미칠지 이성적으로 따져볼 여유가 없다. 코치는 당시에는 인식할 수 없었던 자신의 모습을 영상을 통해 분명히 자각할 수 있다.

변화를 원한다면 새로운 습관을 만들어야 한다. 선수가 연습을 하는 동안 코치 역시 연습을 해야 한다. 연습을 지켜보며 감정을 컨트롤하는 연습, 올라오는 감정을 알아차리는 연습을 해야 한다. 분명한 의도를 가지고 연습을 해나가면 감정적으로 반응하는 습관을 조금씩 고칠 수 있다. 새로운 기술을 실전에서 사용하려면 반드시 연습을 해야 한다는 사실은 코치라고 다를 바가 없다.

하프타임에 좋은 피드백을 해주고 싶으면 하프타임 피드백을 연습해야 한다. 초점이 분명한 피드백을 임팩트있게 제공하고 싶다면 동료 코치를 상대로 피드백을 제공하는 연습을 해야 한다. 질문을 적절히 사용하는 코칭 습관을 만들고 싶다면 자신의 코칭 영상을 촬영해 돌려 보며 질문을 얼마나 했는지 확인해야 한다. 연습 때 자신이 한 말을 모두 녹음한 다음 스크립트를 작성해 거울 앞에서 소리 내어 읽어보아야 한다. 동료 코치에게 보여주고 개선할 부분이 무엇인지 피드백을 부탁해야 한다. 혼자 연습하는 것보다는 동료들과 함께 연습하는 게 훨씬 효과적이다.

팀의 철학을 부모와 공유하기

선수의 성장은 코치의 개인적인 역량에 의해서만 결정되지 않는다. 선수 육성이 최적의 효과로 이어지려면 클럽 안에서의 상호작용과 부모와의 커뮤니케이션도 중요하다. 대부분의 클럽은 하나의 비즈니스로 운영된다. 그런 면에서 부모들은 고객이라고 할 수 있다. 클럽을 선택하는 과정에서 부모의 역할은 선수만큼 중요하게 작용한다. 부모가 클럽이 지향하는 커리큘럼을 제대로 이해하지 못하면 여러 문제가 생길 수 있다.

안타깝게도 부모들은 자녀의 장기적인 성장에 필요한 일상의 활동에 대해 올바른 판단을 하지 못하는 경우가 많다. 코치만큼이나 눈앞의 승리에 집착하는 부모들도 많다. 여전히 많은 부모들은 성적을 우선시하며 팀을 선택한다. 일부 극성스러운 부모들은 '더 좋은' 팀으로 옮기겠다고 협박 아닌 협박을 하기도 한다. 부모들의 이런 행동은 코치들에게 엄청난 압박으로 다가올 수밖에 없다. 내가 아는 한 코치는 이렇게 말했다.

"경기를 이겨야 비용을 지불하는 학부모들에게 어필할 수 있습니다. 지금의 클럽 시스템은 다른 지표를 희생하더라도 승리를 최우선 지표로 삼을 수밖에 없는 상황입니다. 아무도 입 밖으로 내지는 않지만 모두가 알고 있죠."

나는 많은 코치들로부터 비슷한 이야기를 들었기 때문에 이 말이 단지 한 명의 생각이 아니라는 사실을 알고 있다. 코치는 부모에게 휘둘리지 않기 위한 준비가 필요하다. 승리만이 어린 선수에게 중요한 지표가 아니라는 사실을 부모와 적극적으로 공유해야 한다. 장기적인 성장에 중요한 요소를 부모에게 알려주며 같은 방향을 바라보게 만드는 노력이 필요하다. 부모들이 승리에 끌리는 이유는 그것이 쉽게 눈에 띄는 기준이기 때문이다. 부모들이 승리나 우승 이외에 다른 측면을 보도록 하려면 그것이 무엇인지 실감나게 보여주어야 한다. 사람들에게 A를 중요하게 여기지 말라고 말할 때는 A를 대신할 수 있는 B를 보여주어야 한다. 바르셀로나 토보 아카데미의 토드 빈 코치는 부모들에게 팀이 지향하는 모델을 명확하게 전달하려고 노력한다.

"저는 항상 우리의 훈련이 어떤 방식으로 진행되는지, 그런 방식으로 운영하는 이유가 무엇인지 부모들에게 설명하는데 많은 시간을 할애합니다. 우리팀이 지향하는 이상적인 축구선수 모델을 말씀드립니다. 우리가 하는 모든 활동과 커뮤니케이션이 거기에 맞게 진행될 거라고 약속합니다. 경기에서 이기든 지든 관계 없이 우리가 추구하는 모델을 유지할 거라고 말씀드립니다. 물론 이런 이야기는 첫 경기가 시작되기 전에 해야 합니다. 흥분과 설렘으로 부모들의 가슴이 뜨거워지기 전에 해야죠. 부모들의 동의를 구하고 사인을 받습니다."

이러한 이야기를 시즌 중간에 하면 경기를 져서 하는 변명으로 받아들일 위험이 있다. 하지만 토드 빈 코치처럼 사전에 팀이 추구하는 모델을 전파하면 부모들은 경기의 결과와 관계 없이 올바른 방향으로 가고 있다는 믿음을 유지할 수 있다.

버지니아주의 알렉산드리아 축구협회의 기술 이사인 라이언 리치는 여기서 한 걸음 더 나아간다. 그는 선수의 성장에 중요한 주요 데이터를 수집해 부모들과 공유한다. 단순히 볼 소유 시간, 패스 횟수, 패스를 연속해서 이어나간 횟수가 중요하다고 말만 하지 않고 실제로 측정하고 기록해 부모들에게 전달하며 대화를 나눈다. 부모들은 자녀의 성장을 위해 무엇이 중요한지,

앞으로 어느 부분에 초점을 맞추어 경기를 보면 좋은지 명확하게 알게 된다. 부모들은 올바른 지표에 초점을 맞추어 자녀와 이야기를 나눌 수 있게 된다.

아래 단락은 라이언 리치 코치가 부모들을 위해 작성한 글에서 발췌한 내용이다. 선수의 성장에 중요한 지표에 대해 자세히 설명하고 있다. 이 글은 알렉산드리아팀과 상대팀의 데이터를 비교한 표로 시작한다.

(1) 퍼스트 터치 : 이 경기에서 우리 선수들은 상대팀보다 거의 두 배 가까이 많은 퍼스트 터치를 기록했습니다. 상대팀은 주로 '길게 걷어내기' 전술을 사용했기 때문에 중앙 수비수와 공격수의 볼 터치가 많았습니다. 하지만 우리 선수들의 볼 터치는 우리가 추구하는 플레이 스타일에 맞게 고르게 분포되어 있습니다. 이러한 볼 터치 방식은 선수들이 장기적으로 좋은 선수로 성장하는 데 밑거름이 됩니다. 경기 중에 상대팀보다 최소 두 배 이상 공을 다루는 테크닉과 의사결정 연습을 할 수 있기 때문입니다.

(2) 5번 연속 패스를 이어나간 횟수 : 5번 이상 연속해서 패스를 이어나간 횟수를 세어보면 선수들이 경기의 전술적인 측면을 잘 이해하고 있는지 판단할 수 있습니다. 5회 이상의 패스 시퀀스가 별로 없었다면 소유권 중심 플레이를 하지 못했다는 의미입니다. 짜임새있는 팀 플레이를 하지 못했을 때 이런 모습이 나타납니다. 선수 각자가 고립되어 움직이다 보면 경기가 예측할 수 없는 방향으로 흘러가게 됩니다.

우리는 지금 데이터와 통계가 모든 레벨의 경기에 혁신을 일으키고 있는 시대에 살고 있다. 그런 정보를 선수 육성에 활용하지 않을 이유가 없다.

심판에 관한 이야기를 자제해야 하는 이유

경기장에 가면 심판에게 소리를 지르는 부모의 모습을 자주 보게 된다.

공정하고 능력있는 심판은 왜 없을까 하는 의문을 가지기 전에 먼저 스스로에게 질문을 던질 필요가 있다. 코치나 부모로부터 매 경기마다 공격을 받는 일을 나라면 하고 싶겠는가?

코치는 자신의 말과 행동을 조심해야 하는 것은 물론 부모가 심판에게 부정적인 영향을 미칠 가능성도 생각해야 한다. 부모가 심판에게 소리를 지르는 모습을 방치하면서 선수들에게 스포츠맨십을 가르칠 수는 없다. 심판들 사이에 팀에 대한 평판도 안 좋아진다. 관중석으로부터 공격을 받은 심판은 방어적인 태도로 바뀌기 때문에 코치가 정상적인 대화를 나누기가 어려워진다.

코치나 부모가 심판에게 소리를 지르는 행동은 다른 무엇보다 선수들의 학습과 성장에 부정적인 영향을 미친다. 선수는 학습이나 성장과 관련된 생각을 자주 해야 한다. '내가 더 발전하려면 무엇을 해야 할까?' '이 상황에서 내가 배울 점은 무엇인가?' '다음에 더 좋은 플레이를 하려면 어떻게 하면 좋을까?' 하지만 코치나 부모가 심판의 판정에 대해 자꾸 말하기 시작하면 이런 자기 성찰을 하기가 어렵다. 어른들의 행동을 따라 심판을 탓하면서 귀중한 학습의 기회를 놓치게 된다. 벌어진 결과를 솔직하게 인정하지 못하고 누군가를 탓하거나 변명하는 선수로 자라게 된다.

최근에 나는 어느 유소년 경기를 보면서 부모들이 심판과 관련한 말을 얼마나 많이 하는지를 관찰했다. 여기에는 심판을 대상으로 직접 소리를 지르는 행동도 포함한다. 나는 10분의 시간을 정해 집중적으로 부모들의 말을 관찰했다. 놀랍게도 심판에 대한 이야기가 대략 50% 정도였다. 선수들이 경기가 끝나고 차에 탔을 때 심판에 대한 불만을 먼저 늘어놓는 것은 지극히 당연한 일이다. 어른들이 늘 심판의 판정에 대해 투덜거리기 때문이다. 내가 아는 한 코치는 시즌이 시작되기 전에 부모들에게 판정에 항의해서는 안 되는 이유를 설명한다.

"우리팀은 심판의 판정에 대해 절대로 따지지 않습니다. 가급적이면 심판이나 판정에 관한 대화도 하지도 않습니다. 그런 이야기를 하다 보면 선수들의 배움과 성장을 방해할 수 있기 때문입니다. 또 많은 경우에 나중에 영상으로 보면 우리가 틀렸다는 걸 알게 됩니다. 우리의 편견 때문에 판정을 비난했을 가능성이 더 큽니다. 심판들은 매주에 여러 경기를 진행하는 훈련받은 사람들입니다. 우리보다는 심판이 올바른 판정을 할 확률이 더 높습니다. 그리고 우리는 경기장에 아이들이 있다는 사실을 기억해야 합니다."

코치의 성장 마인드셋을 확인하는 법

클럽이 학교와 비슷한 역할이라면 코치는 교사와 비슷한 존재라고 할 수 있다. 학교를 수 년 동안 이끌어본 경험이 있는 사람으로 클럽 운영과 관련한 나의 생각을 공유하고 싶다.

훌륭한 학교와 그렇지 못한 학교를 구분하는 몇 가지 요소가 있다. 첫 번째는 수업 운영 방식의 공유다. 학업 성취도가 떨어지는 학교들은 쇼핑몰처럼 운영되는 경향이 있다. 교사들은 마치 작은 매장을 관리하듯 자신의 수업에만 관심을 쏟는다. 학교라는 울타리 안에 함께 있지만 각자의 일을 할 뿐이다. 반면 학업 성취도를 높게 유지하는 학교들은 교사들 사이의 코디네이션(협응)을 중요하게 생각한다.

나는 놀라운 학업 성취도를 보여주는 보스턴의 어느 학교 수업을 참관한 적이 있다. 교장 선생님이 교실을 나서면서 나에게 물었다. "보셨어요? 학생의 질문에 교사가 답하는 방식이 바로 우리 학교의 방식입니다." 그 학교에는 교사들이 공통적으로 실천하는 고유한 티칭 방식이 있었다. 스포츠 클럽이라고 하면 고유한 철학을 가지고 있는 클럽이라고 할 수 있다.

어떤 코치를 채용하느냐도 중요하다. 클럽의 철학과 방법론에 동의하는 코치를 뽑아야 같은 방향으로 나아갈 수 있다. 또한 클럽의 일원이라는 겸손한 마인드를 가진 코치로 구성해야 한다. 배우고 나누려는 자세를 가지고 있으면 더욱 좋다. 오직 자신의 이익을 우선시하는 코치를 고용하면 여러 문제가 생길 수 있다. 코치가 올바른 마인드셋을 가지고 있는지 체크하기 위한 방법으로 나는 다음의 프로세스를 추천한다.

⑴ 코치 후보자에게 클럽의 철학과 접근법을 담은 자료를 제공한다. 아니면 팀의 훈련에 초대해 참관시킨다. 그런 다음 자료나 훈련을 본 소감을 말해달라고 요청한다. 코치 후보자가 무엇을 주로 관찰했는지, 어떤 측면을 중요하게 여기는지, 클럽의 훈련 방식을 이해하려고 노력하는지, 자신의 방식을 주로 말하는지를 주의 깊게 살펴본다.

⑵ 코치 후보자에게 클럽의 훈련을 진행해 달라고 요청한다.

⑶ 훈련이 끝난 후 코치 후보자에게 피드백을 제공한다. "우리 클럽의 코치가 되면 우리는 당신이 최고의 코치가 될 수 있도록 투자할 겁니다. 피드백도 자주 해드릴 거에요. 지금 조금 드릴까요? 좋아요! 두 가지를 말씀드리고 싶은데요. 정말 좋았던 부분이랑 조금 더 신경써 주셨으면 하는 대목이 있습니다. 한 번 생각해 보시고 다른 방법은 없는지 살펴보시면 좋겠어요." 이렇게 피드백을 해줄 때 코치 후보자의 반응을 주의 깊게 관찰한다. 피드백을 들으면서 노트에 메모를 하는지, 질문을 하는지, 부정적인 피드백에 대해 어떤 기분을 드러내는지, 방어적으로 반응하는지, 영감을 받은 듯한 느낌인지 등을 살펴본다.

⑷ 코치 후보자에게 제공받은 피드백을 적용해 다시 훈련을 진행해 달라고 요청한다. 기꺼이 응한다면 겸손함을 갖춘 코치라고 할 수 있다. 또한

피드백을 받아들여 빠르게 훈련 진행 방식을 개선했다면 좋은 코치가 될 자질을 갖추었을 확률이 높다. 그런 자질을 갖춘 코치가 합류하면 성장을 우선시하는 문화는 더욱 깊게 자리잡게 된다. 코치에게서 성장 마인드셋이 느껴지지 않으면 아무리 탁월한 훈련을 진행했더라도 클럽의 구성원으로 받아들여서는 안 된다.

코치의 성장 마인드셋이 곧 선수의 성장 마인드셋으로 이어진다. 클럽은 코치들이 정기적으로 만나 코칭에 대해 공부할 수 있는 자리를 만들어야 한다. 영상을 함께 보기, 서로의 훈련을 참관하고 피드백 해주기, 자료를 읽으며 토론하기, 무엇이든 좋다. 코치에게 책임을 묻기 전에 먼저 코치의 성장을 위해 노력해야 한다. 그런 노력이 결국은 선수의 발전으로 연결된다.

감사의 말

이 책은 내가 코칭이라는 예술을 더 깊이 이해하기 위해 떠난 여행의 결과물이다. 캔자스시티, 애틀랜타, 웰링턴과 에든버러 등 말 그대로 수백 번의 여행의 산물이다. 이렇게 여행을 떠난 사이에 나의 아내 리사는 혼자 세 아이를, 각기 다른 시간에, 세 개의 학교에 데려다 주어야 했다. 아이들을 재우고 혼자 잠자리에 들어야 했다. 고장난 온수기를 혼자 고치고, 진입로에 쌓인 1미터 넘는 눈을 혼자 치워야 했다. 그러다 보니 아이들 학교의 학부모-교사 미팅 일정을 잡을 때도 늘 나의 일정에 맞추곤 했다. 나처럼 여행을 자주 다니는 사람들은 공감할 것이다. 가족을 두고 떠나며 공항 라운지에 앉아 느끼는 무게감에 대해. 하지만 나의 아내도 나 못지 않은 무게감을 느꼈을 것이다. 이 책을 쓰며 감사해야 할 사람들은 너무나 많지만 가장 앞 줄에 나는 아내 리사를 적고 싶다.

내가 이 책의 내용과 관련해 알게 된 것의 대부분은 우리 아이들의 스포츠 활동을 지켜보면서 곁다리로 얻은 것들이 무척 많다. 부인할 수 없는 사실이다. 세 아이들 모두 도전적인 환경에서 좋은 티칭의 영향을 받으며 스포츠를 즐겼다. 아이들이 경기를 하면서 성장하는 모습을 지켜보는 것보다 나를 더 행복하게 만든 것은 없을 것 같다. 아이들이 스포츠를 하며 인성을 키워나가는 모습에 나는 커다란 자부심을 느꼈다. 아이들의 경기를 보며 많은 인사이트를 얻었다. 그리고 우리는 경기를 하러 오고가며 많은 대화를 나누었다. 결과에 상관없이 스포츠가 어린 아이들의 삶에 엄청난 가치가 있다는 사실을 느낄 수 있었다.

그 과정에서 많은 훌륭한 코치들을 만났다. 그들은 열정, 지식, 경기에 대한 존중을 가지고 어린 선수들이 최선을 다하도록 가르쳤다. 이름을 한 분 한 분 언급하기가 몹시 꺼려진다. 분명 나중에 책이 나오고 나서 감사 인사를 드려야 할 분을 빼먹었다는 사실을 알게 될 가능성이 크기 때문이다. 그래도 감사의 말씀을 드린다.

스티브 코비뇨, 스티브 프리먼, 개럿 콥, 필 리지웨이, 크리스 클레멘스, 제임스 비스턴 코치님께 감사의 인사를 드리고 싶다. 아이들이 선수이자 인간으로서 성장할 수 있도록 관심을 보내준 분들이다. 나의 코칭 여정은 미국 축구협회의 애셔 맨델손으로부터 걸려온 한 통의 전화에서 시작되었다. 나는 그 이후에 나에게 펼쳐진 행운을 믿을 수가 없다. 그 순간 이후로 나는 스캇 플러드, 데이브 체슬러, 제이 호프만, 배리 파우웰스, 니코 로메인, 윔 반 즈왐, 알로이스 위인커 등의 많은 훌륭한 코치들과 함께 일하는 기회를 얻을 수 있었다. 가끔은 내가 도움이 되었고, 때로는 별로 도움이 되지 않기도 했다. 내가 하는 일이 신통치 않을 때도 뛰어난 코치들이 대부분 그렇듯 나에 대한 믿음을 보여주었다. 그 덕에 나는 자신감을 가지고 일을 계속해 나갈 수 있었다.

이 책에는 수십 명의 다양한 종목의 코치들의 아이디어와 노력이 크고 작은 형태로 반영되어 있다. 일부 코치들은 원고를 읽고 나서 자신의 생각을 공유해주었다. 어떤 코치가 워크숍에서 한 말을 담기도 했다. 또 어떤 코치들은 보다 생생하게 자신의 경험을 공유해 주었다. 나는 그들의 코칭 현장을 직접 관찰할 수 있었다. 일일이 열거하기에는 너무 많지만 몇 분께 특별히 감사 인사를 드리고 싶다. 먼저 각 장에 수록되어 있는 스페셜 콘텐츠를 채워주신 코치들이다. 제프 앨버트, 제임스 비스턴, 세푸 버나드, 레슬리 갤리모어, 캐빈 존스, 데이브 러브, 마크 마넬라, 조 마줄라, 댄 맥팔랜드, 제시 마치, 토드 빈, 크리스챤 레이버스, 크리스 애플, 그레고르 타운센드 코치에게 고마운 마음을 전한다.

다음으로는 내가 공부를 하고 토론을 하기 위해 준비한 세션에 참여한 코치들. 매트 로레이, 캐빈 존스, 러셀 페인, 키카 툴루즈, 스티브 코비뇨, 제임스 비스턴 코치에게 다시 한 번 감사 인사를 드린다.

흥미로운 주제에 대해 글을 쓸 기회를 준 알렉스 섀럿에게도 감사의 말을 전하고 싶다. 그리고 내가 오랫동안 존경해 온 올리버 카비글리올리가 멋진 일러스트를 그려주었다. 그는 오랜 세월 교육과 학습에 관한 책을 써왔다. 그가 일러스트를 그리겠다고 했을 때 나는 프리미어리그의 감독이 최고의 선수를 영입한 기분이었다. 그와 함께 작업을 하면서 책에 들어갈 이미지에 대해 이야기를 나누며 다듬는 과정은 정말 즐거웠다. 마크 콤브스는 작업 내내 유연하고 친절하게 통찰력을 발휘해 준 뛰어난 편집자였다. 그는 우리가 하는 수 많은 축구 이야기를 견뎌내며 재밌는 야구 이야기를 들려주었다. 그리고 편집을 맡은 조나단 울거는 내가 원래 쓴 글보다 나의 뜻을 제대로 전달할 수 있는 문장으로 만들어 주었다. 마지막으로, 에이전트라는 직함은 내가 하는 모든 프로젝트에서 라페 사갈린이 하는 역할을 제대로 담아내지 못한다. 이번에도 그는 프로젝트가 시작할 때부터 마지막 마침표를 찍고 책이 현실에 등장할 때까지 아낌 없이 지원을 해주었다.

코치를 위한 티칭 가이드

초판 1쇄 인쇄 2025년 5월 15일
초판 1쇄 발행 2025년 5월 20일

지은이 더그 레모브
번역 최승표
일러스트 올리버 카비글리올리
디자인 정면(본문) 올리버 카비글리올리, 조재영(표지)
편집 코치라운드
펴낸곳 코치라운드

출판등록 2022년 2월 8일 신고번호 제2022-000020호
주소 경기 용인시 기흥구 동백7로 96 2315-1901
전자우편 choopa3000@gmail.com
홈페이지 www.coachround.com

ISBN 979-11-981407-4-6 (03690)

책값은 뒤표지에 있습니다.